아시아적 신체

냉전 한국 · 홍콩 · 일본의 트랜스/내셔널 액션영화

저자

이영재(李英載, Yi, Young-Jae)

성균관대 국어국문학과를 졸업하고 영화 월간지 『KINO』 기자로 일했으며 도쿄대 총합문화연구과에서 석사와 박사 학위를 받았다. 부천국제판타스틱영화제에서 프로그래머로 일했고 현재는 성균관대, 서울대 등에서 강의를 하고 있다. 지은 책으로는 『제국일본의 조선영화』(현실문화연구, 2008), 『帝国日本の朝鮮映画』(三元社, 2013), 『トランスナショナルアクション映画』(東京大学出版会, 2016), *East Asian Cinemas1939-2018*(Kyoto University Press and Trans Pacific Press, 2019, 공저) 등이 있다.

아시아적 신체 냉전 한국·홍콩·일본의 트랜스/내셔널 액션영화

초판 인쇄 2019년 10월 5일 **초판 발행** 2019년 10월 15일
지은이 이영재 **펴낸이** 박성모 **펴낸곳** 소명출판
출판등록 제13-522호 **주소** 서울시 서초구 서초중앙로6길 15, 1층
전화 02-585-7840 **팩스** 02-585-7848
전자우편 somyungbooks@daum.net **홈페이지** www.somyong.co.kr

값 32,000원
ISBN 979-11-5905-453-2 93680
ⓒ 이영재, 2019

〈정무문〉 '패배자의 승리'라는 내러티브가 무한반복될 수 있는 장소, 이소룡이라는 신체.

1

〈귀문의 왼발잡이〉 기계보다 강한 육체. 중공업 시대 산업 노동자의 이데아.

〈돌아온 외다리〉 챠리 셸 바비 킴, 미국으로부터 온 권 스타. 이 트랜스내셔널 애국적 이름들은 어떻게 소룡의 열기를 한국영화 접속시켰는가.

장철의 〈금연자〉, 〈십삼태보〉, 〈복수〉. 양강의 신체, 비장미의 정치성.

1962, 서울, 아시아영화제. 아시아의 구원(舊怨)의 해소, 냉전이라는 새로운 시대에 발맞춘 조화로운 연대.

〈달기〉 한홍합작 시대극. 컬러 시네마스코프 스펙터클이라는 세계 표준시에 대한 지역의 응전.

〈대폭군〉 당대적 공통성이란 어디에서 기인하는가? 왜 두 내셔날 시네마의 횡적 결합은 실패할 수밖에 없는가?

〈이국정원〉 판문점이라는 전선 혹은 자유아시아 이데올로기의 방파제를 경유한 포스트 식민 분단국가의 재남성화.

〈자토이치〉 공동체의 외부자, 길 위의 남자, 정주하지 않는 자.

|의 사나이 외팔이〉 상실의 순간과
, 그리고 귀환. 냉전 아시아의 문화
고환 속에서 찾아낸 국지적이면서도
석인 수준의 치유 프로그램.

〈신자토이치 격파! 중국검〉, 〈독비도 대전 맹
협〉, 〈외팔이와 맹협〉. 일본, 홍콩, 한국이라
는 세 개의 지역, 세 개의 이름, 세 개의 서로
다른 접근.

7

〈원한의 거리에 눈이 나린다〉 유사 가족은 어떻게 내부로부터 붕괴되고, 복수는 파국으로 이끌리는가?

〈삼국대협〉 "중국의 외팔이, 일본의 맹협, 한국의 일지매가 한꺼번에 나온다!" 1972년 대한민국이 낳은 가장 국제적인 동시에 가장 국지적인 프로젝트.

[(이사쿠의 아내) 촉각, 시각으로부터 가장 먼 감각. 시각이 거리를 필요로 한다면 촉각은 손이 닿을 수 있는 범위, 피부와 피부가 닿을 수 있는 범위 안에서만 활성화될 수 있는 감각이다. 눈먼 남자는 여자를 안고 말한다. "장님이 되어서야 처음으로 너의 외로움, 외톨이인 인간의 고독을 알았다." '보통의 인간'이 된 그는 외톨이의 외로움, 그녀의 외로움을 느끼고, 이를 공유(common)함을 말한다. 이 공유 위에서 그들은 그들만의 공동체(community)를 형성한다. 촉각의 공동체, 연인들의 공동체, 이 한계 개념의 공동체.

〈라쇼몽〉 1950, 샌프란시
스코 강화조약 전야. 전후
'문화국가' 일본의 성립.

〈잊혀진 황군〉 전일본군 한ː
상이군인, 한국과 일본 각ː
국민국가를 초과하는 모순 ㅂ
로서의 '아시아'의 신체화.

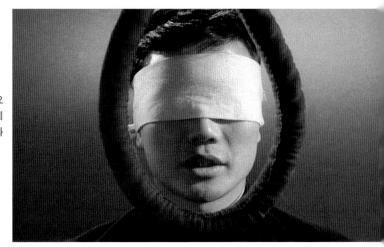

〈교사형〉 국가-국가에 의해 요
구받는 죽음-개인의 관계 속에
서 〈교사형〉은 〈잊혀진 황군〉과
정확히 겹쳐진다.

〈는 대륙〉 국가창생의 서사와 애도의 공동체. 자기정화의 과정과 역사적 과오를 장례지내는 상징적 죽음.

〈두만강아 잘 있거라〉 내전의 상처와 그 상징적 복수로서의 반공영화는 어떻게 1960년대 한국이라는 공간 속에서 죄와 부채 없는 대륙물이라는 장르로 이동하는가.

〈쇠사슬을 끊어라〉 국가 안으로 태어나지 않았을 뿐 아니라 독립이나 귀속을 희망하지 않으면서도 폭력을 여전히 소유하고 있는 자가 있다면 어떨까. 아마 그러한 영화는 불온할 것이다.

〈팔도 사나이〉 대동강, 무등산, 영도다리. 각각의 인덱스들은 서울 아래 복속한다. 강력한 중앙집권적 '국토'가 현현한다.

〈실록 김두한〉 범법자. 그들은 법을 범함으로써, 법을 드러내고 그 법에 포획당한다. 유신 시대 가장 안전한 방식의 폭력.

〈돌아온 팔도사나이〉 용팔이 박노식. 도시로 이주한 저학력의 하층계급 남성들의 적절한 반영물, '민중'이라는 이데올로기적 단위에 미처 끼지 못한 잉여적 존재.

한국연구원
동 아 시 아
심 포 지 아
5
EAS 005

아시아적 신체

냉전 한국 · 홍콩 · 일본의 트랜스 / 내셔널 액션영화

이영재

Asian Male Body and Transnational Asian Action Film in Cold War Era

소명출판

머리말

1.

새삼스럽게 부끄러운 고백을 하자면, 나는 처음 이 책을 구상했을 때 내가 하고자 하는 이야기가 어떤 방향으로 흘러갈지 충분히 예상하지 못했다. 다만 구상 단계에서의 관심사는 전후의 일본과 홍콩, 한국영화를 둘러싸고 벌어진 인적-물적, 정치적 차원의 긴밀한 연결과 이 연결을 가능하게 한 역사적 지층의 탐사였다. 이를 위해 먼저 해명해야 할 것은 각각의 전후 국가의 형성이라는 문제였다. 그런데 이 형성은 결코 일국 내에서 해명할 수 있는 문제가 아니었다. 두 가지 점에서 그러한데, 첫 번째, 당연한 말이지만 구제국과 구식민지(점령지)로 얽혀 있는 이 지역은 역사적인 기억을 공유하고 있었으며, 냉전의 한쪽 진영이라는 이데올로기적-경제적 블록에 '함께' 포함되어 있었다. 두 번째, 1945년부터 1950년까지 일어난 사건들, 즉 일본의 패전, 조선의 해방과 중국혁명, 한국전쟁은 개별 정치체에서 일어난 사건이 아닌, 이 지역 일대의 전후 형태를 결정지은 사건들의 연쇄이기 때문이다.

그 속에서 내가 발견한 가장 단단한 영화적 고리는 다름 아닌 '액션영화'였다. 이 지역에서 유통된 그 어떤 영화보다도 통국가적 교섭과 초국가적 유통의 흔적을 보여주고 있는 이 영화들은 하나의 정치체를 구성해내는 적대의 원리를 그 무엇보다 투명하게 보여주고 있는 동시에 국가와 자본이라는 영화에 고유한 두 벡터 사이의 길항관계를 명료하게 보여주는 것이기도 하였다. 즉, 액션영화는 트랜스 / 내셔널한 정치체의 성립과 정동, 자본과 광역질서의 연결을 보여주는 핵심 장치라고 할 수 있다.

이 책의 각 챕터는 위와 같은 사고의 단계적 이동에 대응하는 것이다. 혹은 개별 전후 국가(들)의 형성과 영화를 둘러싼 이 지역의 인적-물적 자원이 결합되어가는 양상에 대한 일종의 '연대기적' 기록이라고 보아도 무방하다. 그리고 이것은 '아시안 마샬 아츠 필름'이라는 외부로터의 명명에 의해 하나로 카테고리화된 일군의 영화들, 이소룡-브루스 리의 신체를 통해 촉발되었으며 그 몸을 모방하는 수많은 아류들에 의해 만들어진 방대한 (그러나 그 어떤 내셔널 시네마 히스토리에서도 잊혀진) 영화군에 의해 최종적 형태를 얻었다.

2.

그럼에도 불구하고 이 책을 구상하기 이전에 나는 두 개의 긴밀하게 연결된, 그러나 서로 다른 이미지-소리에 이미, 사로잡혀 있었다. 첫 번째는 〈정무문〉의 마지막 장면이다. 이소룡이 독특한 괴조음을 내지르며 공중으로 뛰어오른다. 앞에는(정확히는 그를 정면으로 촬영하고 있는 카메라의 뒤편으로 상정되는 공간) 경찰들이 포진해 있다. 그가 뛰어오르는 순간 화면은 정지하고, 그 위로(정확히는 화면의 바깥으로부터) 일제히 총소리가 울린다. 나는 오래전 이 장면을 보았을 때를 여전히 기억하는데, 어린아이의 단순한 소망 속에서 비상한 채 정지한 그가 죽지 않았다고 굳게 믿었다. 그런데 정말, 그는 죽은 것일까? 죽지 않은 것일까? 이미지의 연쇄 안에서 이 장면은 이 책의 논의의 가장 마지막에 위치한다.

요절한 브루스 리를 둘러싼 한 시기의 아시아적 열망들이 백인 남성에 대한 동양 남성의 오랜 좌절과 이 좌절에 대한 상상적 극복과 관련 있다는 것은 명백해 보인다. 또한 인종과 민족, 계급의 성좌에서 움직이는 저 몸에 대한 열광은 이 지역 공통의 역사적 지층과 세계경제체제 내에서 이 지역에 부과되었던 노동 분업과 분명 관련 있는 것일 게다.

그런데, 저 프리즈 프레임으로 돌아가서 말하자면 이 장면은 다른 맥락에서 소환이 가능하다. 내가 이 책에서 다루고자 했던 것은 '액션영화'라는 쟁투의 장이 그려내는 개별 정치체의 성립과 이 성립 자체에 내재되어 있는 '트랜스'한 개입들의 문제였다. 동시에 영화라는 표상 장치 위에 존재하는 각각의 개별자들이 어떻게 당대의 대중의 정치무의식을 '재현'하는 한편, 국가-영화(내셔널 시네마)가 이 개별자들을 국가의 내러티브로 소환하는가에 관한 것이었다. 말하자면 이 존재들은 오시마 나기사가 그 특유의 명석함으로 정확하게 간파해내고 있듯이 국가와 개인 사이의 피의 로직을 신체표상화한 결과라고 할 수 있다. 요컨대 이 책에서 다루고 있는 것은 결국 이 신체들이 속해 있는 국가 또는 종족 공동체가 어떻게 이 최종적 종결을 회수하거나 혹은 회수할 수 없는가에 관한 이야기이다. 그런데 저 프리즈 프레임 속의 신체는 결코 죽지 않는다. 말 그대로 저 몸은 필름이 상영되는 한, 공중에 걸린 상태로 영원히 지속된다. 말하자면 저 프리즈 프레임은 바로 이들 정치체가 회수하고자 하는 '죽음'에 대한 '영화적' 저항이라고 할 수 있다. 그러니까 이 '얼어붙음'은 신체의 국가로의 회수에 대한, 영화라는 시간-운동 장치에서 유일하게 가능했던 저항이 아니었을까?

두 번째는 〈귀문의 왼발잡이〉의 '철사장鐵沙掌, iron palm', 정확히는 철사족鐵沙足, iron leg이라고 해야 좋을 장면이다. 발차기 명수인 주인공은 노동자들과 결탁했다는 사실이 탄로나 탄광주와 그의 부하들로부터 린치를 당한다. 주인공의 몸은 만신창이가 되어있다. 특히 그의 너덜너덜해진 다리는 거의 회복 불가능으로 보인다. 이윽고 이 남자는 뜨거운 숯과 얼음통을 앞에 두고 자신의 다리를 번갈아 양쪽에 집어넣기 시작한다. 남자의 얼굴은 고통으로 일그러지고 단말마적인 비명이 터져나온다. 그럼에도 그 행위는 쉴 사이 없이 계속되는데, 바로 이 연마를 통해서만이 그의 다리가 다시 '강철' 다리로 재생될 것이기 때문이다. 이 이미지 속에서 다리는 정확히 '강철'과 겹쳐진다. 숯과 얼음을 오가는 이 연마는 제철의 행위에 다름 아니다. 본문에서 언급했듯이 철강 시대의 몸의 이데아와 그 파열에의 공포를 동시에 체현하고 있는 이 육체의 이미지가 나를 사로잡은 또 하나의 이유는 그가 내지르는 저 비명이 유창한 프랑스어 속에서 터져나오는 것이기 때문이었다.

　비디오와 DVD, VOD, 그리고 현재의 YOUTUBE에 이르기까지 매체의 이동 속에서 살아남은 이 '소프트웨어'는 이런 류의 영화들, 즉 위에서 언급한 브루스 리 영화의 전세계적 성공에서 촉발되었으며 이후 '아시안 마샬 아츠 필름'으로 갈무리된 영화들의 전형적인 사례를 보여준다. 복수의 제목들. 이를테면 이 영화의 제목은 다음과 같다. Blazing Fists, Noble Warrior, 無敵拳, Kowata tape dans le tas. 참고로 말하자면 이 제목들을 인터넷에서 검색한다고 할지라도 같은 영화를 찾으리라는 보장은 없다. 아마도 당신은 같은 제목의 무수히 다른 영화들과 만나게 될 것이다. 복수의 더빙 버전과 지역에 따라 달라지는 복수의 편집

버전. 이를테면 이 영화의 버전은 더빙된 언어에 따라 모두 '다르다'. 게다가 주인공과 그를 둘러싼 이 영화 속 세계는 그 어떤 에스니시티도 짐작 불가능하게 만든다. 주인공 바비 킴은 찰스 브론슨을 연상케 하는 콧수염과 몸에 붙는 바지, 오토바이로 1970년대의 미국식 남성성을 노골적으로 모방하고, 두 악당은 흰색 수트 차림으로 거들먹거리거나 오토바이 폭주족의 형상으로 남성성을 과시한다.

브루스 리의 성공에 대한 지역적 번안이자 결과적으로 전지구적 '상품'이 된 이 영화 〈귀문의 왼발잡이〉는, 이미 브루스 리의 영화의 성공이 상징적으로 보여주고 있는 전지구적 자본주의 내로의 이 지역 경제의 빈틈없는 편입과 역할 분담에 대한, 더할 나위 없이 지엽적인 동시에 국제적인 사례라고 할 수 있을 것이다. 더 나아가서 말하자면, 이 영화의 두 악당 역을 맡고 있는 배우들은 아마도 이런 류의 영화들에 익숙한 관객이라면 더없이 친숙한 얼굴들일 터인데, 그들의 이름은 이런 식이다. 權永文, Kuan Yung-Wen, Kuen Wing-Man, Chuan Yung-Wen, Sam Kuen, 金琪珠, Jin Chee Ju, Chin Chi Chu, Kam Chi Ku, Gam Kei Chu. 이 얼굴의 친숙함과 저 복수의 발음의 이름이 의미하는 바는, 이들이 1970년대(와 1980년대)의 홍콩, 대만, 한국 등지에서 만들어진 수많은 싸구려 '아시안 마샬 아츠 필름'의 단골 단역, 조역으로 등장했기 때문이다. 영화 산업의 하층에 존재했던 이 자들은 그들 스스로 '외국인 노동자'이기도 하였다.(물론 이름이 알려져 있는 이들은 그 안에서'는' 성공한 존재들이었다. 내가 지금 염두에 두고 있는 것은 이런 영화들의 단역으로 출연하기 위해 침사추이의 작은 아파트에서 공동생활을 했던 수많은 한국인 '외국인 노동자'들이다.) 아시아의 산업화 속에 동원된 하위계층 남성들의 꿈과 그 재현이 아시안 마샬 아츠 필름으로 '혼동'되어 '이름' 없이 소비되는 이 형상은 이미 세계체제적인 사건이다.

브루스 리의 프리즈 프레임 이후 등장한 이 형상들이 의미하는 바는 무엇일까? 국가가 개인의 죽음을 회수하는 것에 대한 저 '영화적' 저항의 형상을 모방한 무수한 아류들의 등장이 의미하는 바는 무엇일까? 한편으로 저 형상들이 세계 경제체제에서 이 지역에 부과된 분업체계, 전 지구적 자본주의라는 문제와 맞닿아있는 것이라면 이 확산은 또한 1980년대 전세계적 비디오 산업의 도래와 관련있다. 아시안 마샬 아츠 필름은 가장 싼 값에 가장 광범위하게 팔려나간 비디오 산업의 최하위 상품이기도 하였다. 이를 이해하기 위해서는 국민국가라는 틀을 벗어난 새로운 툴, 나아가 국민국가와 긴밀하게 결부되어 있는 시네마 이후적 개념이 필요하다. 이 영화들은 포스트 시네마적 논의의 장에 계급과 정치를 새롭게 기입하여 사유할 수 있는 하나의 게이트이다. 이 '당대적' 문제는 차후의 과제로 삼고 싶다.

3.
이 책은 2014년 도쿄대학대학원 총합문화연구과 표상문화론 코스에 제출한 박사논문과 이를 바탕으로 2016년 도쿄대 출판회에서 출간한 『트랜스 / 내셔널 액션영화—냉전기 동아시아의 남성신체 · 폭력 · 시장トランス/ナショナルアクション映画—冷戦期東アジアの男性身体 · 暴力 · マーケット』을 번역하면서 가필, 수정한 것이다. 일본어 책을 한국어로 번역하면서 몇몇 부분은 한국 독자를 고려하여 수정하였다. 또, 일본어 책의 출간 이후 한국에서 나온 그간의 연구 성과들을 가능한 반영하고자 하

였으며, 참고문헌의 경우 일본어 문헌을 한국어 문헌으로 바꾸고자 했으나, 미처 반영하지 못한 부분이 다수 남아있다. 전적으로 저자의 게으름 탓이다. 특히 제4장에서 다루고 있는 아시아 영화제와 이를 후원한 아시아 재단에 관해서는 그간 인하대 한국학 연구소와 상허학보에 다방면의 꼼꼼하고 세심한 연구들이 축적되었다. 이 책에서 미처 반영하지 못한 부분이 상당하다. 참고하기 바란다.

이 책의 한국어 판은 많은 이들의 도움으로 나올 수 있었다. 이 책을 동아시아 총서 중 한 권으로 기획해주신 박진영 선생과 게으른 저자 때문에 애를 먹은 편집의 장혜정 씨에게 감사인사를 전한다. 한국, 홍콩, 일본을 오가는 이 책의 아마도 가장 완벽한 이해자로서 번거로운 교정 작업을 도와준 홍지영 선생에게도 감사한다. 종종 한국어 책 소식을 물어오며 고질적인 나태함을 일깨워주던 이혜령 선배, 도와주었던 친우들, 김항과 박소현에게도 고마움을 표한다. 여전히 나의 영화 스승인 정성일, 이연호 선생, 그리고 옛 키노 동지들에게 책을 통해 또 한번 간만의 안부를 전한다. 그리고 나의 변함없는 '첫 번째 독자' 황호덕과 이제 막 첫 번째 독자가 되어주고 있는 이효에게도 고마움을 전한다.

2019년 9월
이영재

차례

서론
싸우는 신체

―――――――

1. 냉전 아시아라는 연대와 적대의 장

이 책은 전후의 냉전 아시아에서 펼쳐진 일련의 영화들을 대상으로 이 지역의 전후적 형태―의식이 어떻게 영화 속에 드러나고 있는지를 추적하고자 한다. 제국으로부터 단일민족 국가로 강제적으로 축소된 일본과, '해방'과 내전을 연이어 경험한 분단국가로서의 대한민국의 성립, 영국 식민지이자 중국혁명 이후 화교 디아스포라의 반영구적인 '피난처'이자 자본의 거점지로서 등장한 홍콩이 이 책에서 살펴볼 바로 그 '지역적' 대상들이다.

일본, 한국, 홍콩의 영화들을 대상으로 하는 이유는 각각의 개별 단위들의 평면적 비교에 있지 않다. 이 세 지역은 역사적으로, 실질적으로, 그리고 무엇보다 영화적으로 밀접하게 관련되어 있었다는 점을 상기해 볼 필요가 있다. 이 지역의 영화들은 테크놀로지와 인력의 교류, 시장의 공유라는 관점에서 실질적으로, 또한 구제국의 기억을 공유하는 한편 미국 주도의 냉전 아시아 문화장의 일원으로 참가하고 있다는 점에서 정치-역사적으로 연결되어 있었다.

잘 알려져 있다시피 1950년 한국전쟁의 발발은 냉전 아시아의 형성에 매우 중요한 기점으로 작용하였다. 일본은 한국전쟁의 발발과 동시에 샌프란시스코 강화조약(1951)을 통해 독립국가로서의 지위를 확보했으며, 이 전쟁을 통해 경제적으로도 전후 부흥의 기반을 마련하였다. 이를 바탕으로 일본은 한국전쟁 휴전 직후 아시아로의 문화적, 경제적 재진입을 꾀하였고, 그 결과는 성공적이었다. 한국전쟁의 결과, 강고한 '반공' 국가로서 고착된 대한민국은 '자유 아시아 진영'이라는 냉전적 이데올로기의 선명성을 부각시키는 데 일조하였다. 홍콩의 경우, 두 가지의 정치적 변동이 이 오랜 식민지의 진로를 결정지었다. 첫 번째, 1949년 중국혁명의 결과 일어난 중국 본토의 공산화(이는 또한 미국 주도의 냉전 구도하에서 아시아에서의 구심점이 일본으로 이동하는 계기가 되었다). 두 번째, 1950년대 동남아시아 지역의 신흥 독립국가들 사이에서 급증한 민족주의의 여파. 이 두 요건은 화교 자본으로 하여금 홍콩을 거점으로 하여 새롭게 형성된 자유 아시아라는 시장을 공략할 수 있는 문화상품의 개발에 박차를 가하도록 만들었다. 쇼 브라더스Shaw Brothers와 MP & GI 로 대표되는 화교 자본이 1950년대 중반 이후 홍콩에서 전개한 일종의 글로벌라이제이션 전략은 여기에서 비롯된다. 이때 이 지역 영화문화에서 선도적인 위치를 차지하고 있던 일본은 정치적 강화와 경제적 부흥을 거쳐 다시 한번 중요한 참조틀로서 재등장한다.

이와 같은 사실들은 왜 이 지역의 영화들을 개별 국가 단위가 아닌, 지역 단위로서 다시 보아야 하는지에 관한 이유를 보여준다. 즉 한국, 일본, 홍콩의 영화들은 각각의 개별 민족(국가)의 당대적 의식의 반영물임과 동시에, (동)아시아라는 '자유' 지역적 연관 내에서 생산·소비되고 있었다. '자유 아시아 진영'이라고 불리게 될 이 이데올로기적, 경제적 단위는 영화를 포함한 실질적인 인적-물적 교류가 펼쳐지는 장이었다. 즉 냉전 아시아 문화장이라고 할 만한 것이 존재했으며, 개별 국가의 영화들은 이 냉전 아시아 문화장을 구성하고 있는 역사-정치적 감각 속에서 만들어진 것이다.

구체적으로 이 책에서는 냉전 아시아의 자본제 영화산업이 생산한 액션장르 영화와 여기에 관계되어 있는 일련의 영화들을 주된 텍스트로 삼을 것이다. 물론 소위 액션영화라는 명칭은 고전적인 영화 장르론 안에서 보자면 매우 모호한 명칭이다. 이는 이 명칭이 호러, 스릴러 등의 프로덕션 카테고리가 아닌 일종의 마케팅 카테고리에서 연유하기 때문이다.[1] 즉 제작측이 아닌 어떤 대상에게 소구하는가라는 시장의 논리 속에서 생성된 용어인 것이다. 액션영화라는 명칭은 엄밀하게 말하자면 영화 장르가 아닌 일종의 영화 유통상의 통칭이며, 그러므로 이 명칭 자체만으로는 그 지시 대상이 불분명한 것만은 분명하다. 그럼에도 불구

---

1   여기에 대해서는 Paul Willemen, "Action Cinema, Labour Power and the Video Market", Meaghan Morris · Siu Leung Li · Stephen Chan Ching-Kiu ed., *Hong Kong Connection*, Duke University Press, 2006 참조.

하고 이 용어에 대상 적합성과 논제로서의 성격이 존재한다고 보는 이유는 다음의 세 가지 때문이다.

첫 번째, 바로 이 용어가 시장과 긴밀하게 결부되어 있다는 점이야말로 이 용어를 쓰고자 하는 이유이다. 영화가 만약 국가와 자본 양쪽으로 매개되어 있는 것이라면, 영화 자본가들은 그 자본의 국가적(혹은 종족적) 귀속에도 불구하고, 국가의 경계를 넘어 더 넓은 시장을 요구한다. 영화는 한편으로 내셔널 시네마로서 성립되지만, 동시에 이곳에서 만들어진 영화가 저곳에서도 소비되기를 '언제나' 욕망한다. 심지어 강력한 내셔널 시네마 구축기에 놓여 있었던 1960년대의 한국영화마저도 더 넓은 시장을 지속적으로 욕망하였다.

영화의 트랜스내셔널한 양상이 액션영화의 형태 속에서 빈번히 모습을 드러냈던 것은 우연이 아니다. 혹은 이미 시장에서 형성된 용어인 액션영화야말로 '국제적으로 통용 가능한' 영화의 형태를 지칭하는 데 유효할 것이다. 실제로 이 지역에서 가장 광범위하게 통국가적인 교환이 일어났으며, 공통의 도상뿐 아니라 실질적인 인적-물적 교류가 활발히 행해진 장르영화는 액션영화였다. 이 영화들은 냉전 아시아라는 시장을 회전하며 개별 국가의 논제와 무의식을 안고 통국가적으로 해석되고 소비되었다. 이를테면 1960년대 내내 바로 이 '국제적으로 통용 가능한' 장르 개발에 고심했던 쇼 브라더스라는 화교 자본은 드디어 그 영화적 실체를 무협영화에서 찾아낼 수 있었다. 그리고 이 장르에 직접적인 영향을 미친 것은 일본의 찬바라 영화들이었다.

두 번째, 액션영화는 당연한 말이지만 싸우는 영화이다. 액션은 '적대敵對'에서 비롯한다. 누구를 적으로 상정하는가의 문제는 액션영화에 있어서 고유한 전제이다. 적은 누구인가? 누가 나의 편인가? 액션영화는 적과 동지를 나누는 '정치적인 것의 개념'의 가장 순수한 영화적 환원물이다. 이 적대는 개별 공동체의 정치적 기반을 드러낼 뿐 아니라, 이 공동체가 전제하고 있는 '보편성'에 균열을 불러일으키는 계기로서도 작용한다. 종종 액션영화에 대한 분석이 정치적 무의식뿐만 아니라 정치적 적대 / 연대의 직접적인 반영으로서 읽히는 것은 이런 이유 때문이다. 또한 이 적으로부터 거둬들이는 승리를 통해 정치 공동체는 상상적으로 소망을 이루어낸다. 명징한 사례 하나. 이를테면 〈람보〉는 실패한 베트남전에 대한 기억을 슈퍼-남성의 신체와 액션을 통해 상쇄하고자 하는 레이거노믹스Reaganomics의 적나라한 반영물이다.[2] 이러한 사례가 보여주는 바는 액션영화가 개별 국가의 정치적 편제와 그에 대한 대중 무의식을 비교적 투명하게 읽어낼 수 있는 장치로서 기능한다는 것이다.

세 번째, 개별 국가의 정치적 편제와 무의식의 반영물이자 국제적으로 통용 가능한 장르로서 개발된 액션영화는 그만큼 내셔널한 충동에 긴박되어 있으며 동시에 시장의 요구라는 관점에서 이를 넘어서거나 혹은 조화를 이뤄낼 수 있는 방식을 찾아내고자 한다. 이때 액션영화에 대한 분석은 일본과 한국 같은 전후 국가의 정치적 당위의 문제뿐 아니라 냉전 아시아라는 지역적 이해, 지역적 공통성에 관한 접근을 가능하게 해 준다. 다시 말해 이 영화들은 '트랜스' 내셔널한 독법이 적용 가능한 구체적인 실례로서 제시될 수 있다.

이 책이 다루게 될 주요한 분석 대상은 남성 신체를 둘러싼 '운동'과

2   Yvonne Tasker, *Spectacular Bodies : Gender, Genre and the Action Cinema*, Routledge, 1993.

'적대', 즉 싸움의 내러티브로 구축되는 영화들이다. 오랫동안 이 지역에서 공적 정치 주체가 남성이었다는 점을 생각한다면, 남성 신체의 재현 방식과 이 신체를 둘러싼 내러티브에 관한 분석은 개별 국가의 정치적 당위와 무의식을 읽어내는 데 적절한 입구를 제공하기 때문이다. 이 지역에서 여성의 신체가 정체성과 관련된 내셔널 시네마의 '순수한' 문화적 표상으로 '재현'된다면, 남성 신체는 그러한 정체성을 '실현'하는 정치적 신체, 투쟁 중에 있는 국가 간·문명 간 관계를 반영한다.[3] 문화적 정체성과 투쟁하는 정치체의 관계를 염두에 둘 때, 액션영화 속 남성 신체는 한 국가의 정치적 신체political body의 표상이자, 그러한 정치적 기획을 국제적으로 확장하고 매개하려는 상상·욕망·행위에 의해 구성된다고 할 수 있다.

여기에서는 이러한 대상 및 논제와 관련해 다음의 두 개념과 방법을 제안한다. 대상에 내재한 개념으로서의 '트랜스 / 내셔널 시네마'와 대상의 토포스와 논제topic의 역사적 범주를 뜻하는 '조율 / 모순 범주로서의 아시아'가 그것이다.

---

3   한편으로 이를, 여성의 몸을 '민족'의 몸에 대한 은유로 환원시켜내고자 하는 이 지역의 끈질긴 문화 전통과 관련지어 생각해볼 수도 있을 것이다. 이를테면 전형적인 동아시아 근대화론자이자 포스트 식민 국가의 의식을 보여주고 있는 신상옥이 만든 일련의 '한민족 표상 만들기'에서 이 표상을 떠맡고 있는 것이 예외 없이 여성인 것은 우연이 아니다. 순수성의 체제가 어떻게 정체성을 대변하는가에 관한 프라센지트 두아라의 논의를 참고하자면, 여성은 가변적인 흐름을 거부하는 고정된 존재로서 민족적 정체성을 대변하게 된다. Prasenjit Duara, *Sovereignty and Authenticity : Manchukuo and the East Asian Modern*, Rowman & Littlefield Publishers, 2004. 특히 1장과 4장 참조. 이는 또한 자기민족지 (auto-ethnography)와 관련된 레이 초우의 원시적 열정에 관한 논의를 연상시킨다(레이 초우, 정재서 역, 『원시적 열정』, 이산, 2004). 즉, 거의 대부분 남성 근대화론자들에 의해 만들어진 표상의 영역에서 여성은 대내외적으로 고정된 민족적 '실체'의 역할을 부여받는다. 여성과 남성 표상을 둘러싼 이 문화전략은 왜 여성 주인공의 멜로드라마가 '국민문화'적 성격을 더 많이 요구받는가에 관한 단초를 제공해 준다.

2. 트랜스 / 내셔널 시네마 – 영화, 국가와 자본

영화와 (트랜스) 네이션

트랜스내셔널 시네마는 2000년대 이후 영화 연구에서 가장 활발하게 논의된 키워드 중 하나인 것 같다.[4] 이 흐름이 일종의 상황 추인적 논리 속에서 등장했다는 점은 분명해 보인다. 산업적 차원에서 또 재현의 차원에서 그러한데, 이를테면 할리우드 영화에서 비유럽 출신 영화 제작자들이 거둔 성공, 비할리우드 영화에서 빈번해진 합작 등에서 보이는 전 지구적인 영화 자본의 흐름이라는 차원, (이 차원과 이미 관계 맺고 있는) 급증하는 이민과 난민, 점증하는 재현들의 다양성이라는 현상을 어

---

4 물론 이 경향은 전 지구화라는 현재의 경향에 대한 반응이지만, 구체적으로는 1990년대부터 가시화되기 시작한 일본, 홍콩, 태국, 한국 등 아시아 지역 영화의 성공과 이 지역에서 활발해진 인적-물적 네트워크, 할리우드에서의 리메이크로 이루어지는 전 세계화, 인적 교류(라기보다는 정확히 말하면 비할리우드 영화 제작자들의 할리우드 입성과 성과), 세계 각 지역의 영화세라는 창구의 급증, 비서구권 영화에 대한 관심, 뭄바이 경제권의 세계시장 내에서의 위력과 이에 상응하는 뭄바이 영화 붐 등을 계기로 하고 있다. 각각의 지역영화의 범주화는 그 각각의 범주의 구체적 실체도 문제지만 이미 영화가 글로벌하며 보편적인 공간이라는 견해와 한 쌍을 이루는 민족주의적 공간으로서의 영화라는 영화의 내재적 역설을 다시 불러일으킨다. 또한 이는 실체와 개념으로서의 아시아와 연관된 오래된 역설에 상응하는 것인데, 이 자체는 이후에 설명하겠지만 국민국가와 자본주의의 산물이라는 근대의 두 항 위에 설정된 영화 자체에 내재해 있는 역설이기도 하다. 트랜스내셔널 영화에 관한 논의는 다음을 참조. Elizabeth Ezra · Terry Rowden ed., *Transnational Cinema, The Film Reader*, Routledge, 2006; Leon Hunt ed., *East Asian Cinemas : Exploring Transnational Connections on Film, Leung Wing-Fai*, I. B. Tauris, 2008; Nataa Durovicová · Kathleen E. Newman ed., *World Cinemas, Transnational Perspectives(AFI Film Readers)*, Routledge, 2009; Kenneth Chan, *Remade in Hollywood : The Global Chinese Presence in Transnational Cinemas*, Hong Kong University Press, 2009. 또한 2010년에는 *Transnational Cinema(Intellect)*라는 제목의 학술 잡지가 창간되기도 하였다.

떻게 설명할 것인가? 이와 같은 문제에 직면하여 트랜스내셔널 시네마에 관한 논의들은 사후적으로 등장했다고 보는 편이 타당할 것이다. 더 이상 국적을 물을 수 없는 이 다양한 재현들 속에서 내셔널 시네마는 어느 정도 과거의 것이 되어 버렸거나, 더 이상 그 틀로는 포착해 낼 수 없는 넘쳐나는 재현들 속에서 곤궁에 빠져들었다. 다시 말해 전지구화가 불러일으킨 구획된 영토에 기초한 국민국가의 논리 자체가 난점에 빠져들었을 때, 그 자체로 자본의 이동을 체현하는 산업 장치이자 동시에 재현 장치인 영화가 이를 반영하는 것은 당연한 것일 게다. 이런 상황 속에서 다음과 같은 논리는 전형적으로 트랜스내셔널 시네마를 새로운 개념으로 부상시킨다.

제3세계 영화라는 용어는 세계가 더 이상 사회주의, 자본주의, 그리고 나머지로 분리되지 않는 상황에서 점점 그 문제성이 지적되고 있다. 이 용어는 문화제국주의에 대한 저항을 추론하게 하는 단어였으나 곧 제3세계에서 만들어진 모든 영화를 지칭하는 것이 되었다. (…중략…) 그러나 현재의 수많은 영화작가들이 보여주는 잡종화되고 코스모폴리탄적인 아이덴티티 때문에 이 이항대립과 제3의 관계는 복잡하게 상호관련적인 세계체제 내에서 귀납적인 가치를 잃어버렸다. (…중략…) 제국의 억압이라는 특정 조건에 대한 기술(記述)적인 한계를 넓히려는 무수한 시도에도 불구하고, 포스트콜로니얼리즘은 상황에 대한 분석적 기반을 제공하려고 할 때 그 개념적 응집력을 잃고 있다. 더 이상 포스트콜로니얼리즘은 해체적 비평으로서 제국 혹은 식민지의 전(前)역사들을 독점적으로 설명해낼 수 없다.[5]

단도직입적으로 말해 트랜스내셔널 시네마를 주창하는 자들에게 기존의 할리우드 영화에 대한 비할리우드 영화, 서구영화에 대한 비서구영화를 개념화했던 어휘들, 즉 '제3세계 영화'(및 그 국내적 번안으로서의 '민족영화') 혹은 포스트콜로니얼리즘이 문제적인 이유는 제1세계 혹은 서구영화에 대한 대항개념으로서 제3세계 혹은 비서구영화라는 개념이 더 이상 설명력을 갖지 못하는 듯 보이기 때문이며, 이것이야말로 개개의 내셔널 시네마로의 복귀를 전제로 한 이들 개념의 폐기를 주장하는 이유이다. "제3세계와 제3세계 영화의 개념에 그러했던 것처럼 트랜스내셔널이라는 콘셉트는 문화적 진정성의 관습적 개념을 정당화하고 유지하려는 시도로서의 포스트콜로니얼리즘을 문제적인 것으로 만든다."[6] 트랜스내셔널 시네마를 옹호하는 논자들에 따르면 이 용어는 '복잡하게 상호관련적인 세계체제' 속에서 만들어지는 현재의 영화들을 이해하는 데 훨씬 더 적절한 분석틀이다. 덧붙여 트랜스내셔널 시네마는 트랜스 trans-라는 접두사가 부여하는 의미 확장을 통해 그 자체로 가치를 내장하는 개념으로서 이해된다.

트랜스는 공간을 통과하여 움직이거나 선을 가로질러 움직인다는 의미를 갖는다. 그뿐 아니라 어떤 것의 본성이 변화한다는 것을 의미하기도 한다. (…중략…) 그것은 국가와 자본주의의 변화하는 논리에 의해 조절되고 가능해지고 선동되는 현재의 행동과 상상들에 횡단적이고(transversal), 교

5 Elizabeth Ezra · Terry Rowden, "What is Transnational Cinema?", Elizabeth Ezra · Terry Rowden ed., *Transnational Cinema, The Film Reader*, Routledge, 2006, pp.4~5.
6 Ibid., p.4.

류적이며(transactional), 번역적이고(translational) 위반적인 측면을 암시한다.[7]

게다가 이들에 따르면 "영화는 급속히 코스모폴리탄적 앎과 아이덴티티에 관한 텍스추얼한 상징으로서 문학(특히 소설)의 지위를 대신하고 있"다.[8] 그런데 과연 영화에 있어서 트랜스내셔널이란 그토록 새로운 것인가? 혹은 내셔널 시네마 이후에 도착하는 것으로서 트랜스내셔널 시네마가 자리매김 될 수 있는 것인가? 트랜스내셔널 시네마라는 이 장밋빛 개념은 매우 단순한 한 가지 사실로부터 다시 고찰될 필요가 있다. '트랜스내셔널리티'라는 개념은 왜 하필 영화를 둘러싸고 벌어지는가? 이미 현상에서 보여지는바 영화의 무엇이 트랜스내셔널리티에 그토록 가깝게 다가가도록 하는 것인가? 트랜스내셔널이라는 방법, 가능성의 독해들이 간과하고 있는 것은 무엇인가?

내가 제안하고 싶은 것은 냉전 아시아라는 문화장을 형성해내고 있는 영화를 분석하는 데 세 가지 벡터를 염두에 두어야 한다는 점이다. 국가, 시장, 정치라는 문제가 그것이다. 먼저 국가와 시장. 앞질러서 말하자면 내셔널 시네마와 트랜스내셔널 시네마는 영화에 고유한 형식으로 서로 공모관계에 있었다. 내셔널 시네마가 (당연하게도) 국민국가 시스템의 산물이라면, 일국영화사national cinema history를 성립시켜 온 과정은 네이션

---

7 Aihwa Ong, *Flexible Citizenship : The Cultural Logics of Transnationaliity*, Duke University Press, 1999, p.4.

8 Elizabeth Ezra · Terry Rowden, op. cit., p.3. 이들의 진단에 따르면 매우 극소수의 현대 소설가들만이 페드로 알모도바르, 라스 폰 트리에, 빔 벤더스, 우스만 셈벤, 아네스 바르다, 크지시토프 키에슬롭스키, 아톰 에고이앙, 미라 네어와 같은 영화감독처럼 학제와 유행을 선도하는 그룹을 넘어서 국제적인 인지를 받을 수 있을 뿐이다.

이라는 구획 정리의 과정과 겹쳐진다. 내셔널 시네마의 성립이 많은 비서구영화 또는 탈식민 국가들의 국민국가 만들기의 욕망과 연결될 수밖에 없는 이유는 바로 여기에서 비롯된다. 동시에 그것은 구제국 / 구식민지의 분절 이후 등장한 전후 국민국가들을 '국가-영화'라는 자기회귀적 재현체계 혹은 문화정치적 식별부호로 파악하고자 하는 서구, 혹은 구제국들의 욕망과 관계되어 있다.

이때 내셔널 시네마로서 영화는 삼중의 작용을 한다. 첫 번째, 보여지는 것. 내셔널 시네마는 민족주의적 열정으로 자신의 표상 자원을 과거 혹은 현재로부터 찾아내고 끌어들이고 재조직함으로써 스스로를 완결된 것으로서 전시한다.[9]

두 번째, 보는 것. 이렇게 형성된 전시를 통해 보는 자들은 그 장소를 그러한 것으로서 이해한다. 우리는 일본영화, 인도영화, 중국영화, 한국영화를 보면서 그 장소를 '알게 된다'고 생각한다. 영화가 그 초기부터 인류학적 혹은 민족지적 열정의 산물일 수 있었던 것은 그것이 어떤 특정 장소를 표상하고 또 표상해낼 수 있다는 믿음 때문이었다. 우리는 아무 번역과 상상 없이도 그 장소, 그 인물을 어쨌든 '본다'고 믿는다. 우리는 종종 영화를 통해 어떤 장소를 이해하고ethnography 또 스스로의 표상을 만들어낸다autoethnography. 또는 할리우드 대 비할리우드 영화라는 구도 속에서 내셔널 시네마는 거의 언제 어디서나 할리우드 영화의 대립물로서, '보존되어야 할 가치'로서 규정되어 왔다.

세 번째, 다시 이렇게 형성된 민족표상은 내부를 향해 어떤 표상의 규

---

9 자기민족지(autoethnography)로서의 내셔널 시네마에 관한 논의는 다음을 참조. 레이 초우, 정재서 역, 『원시적 열정』, 이산, 2003.

율로서 작동한다. '우리'는 이러이러한 형상이며, 이러이러하게 재현되어야 한다. 예컨대 역사물의 오랜 도그마인 '고증'의 문제를 생각해 보자. 지나간 과거를 배경으로 하는 영화에서 고증은 과거가 얼마나 있는 그대로 재현되었는가의 문제가 아니다. 그것은 과거에 있었던 것을 재현하는 것이 아니라 있었을 법한 것을 '재현'한다. 많은 경우 시대극을 찍는 영화 창작자들은 과거의 '올바른' 재현보다 그 밖의 여러 가지 영화 내적 사정들을 고려하여 소품, 의상, 풍속, 몸짓을 선택하거나 만들어낸다. 고증이 있었던 것이 아니라 있었을 법한 것인 이유는 단지 재현해내고자 하는 시간대에 대한 자료 부족 때문이 아니라, '영화'라는 창조된 세계의 내적 규칙에 통합되어야 하기 때문이다. 신상옥의 1960년대 사극영화들의 화면은 그것이 조선의 궁을 배경으로 하든, 신라의 저잣거리를 배경으로 하든 시네마스코프적 고려에서 선택된 것이다.[10] 최종적으로 이 세계의 디테일은 리얼리티의 담보, 핍진성의 환상을 보증한다. 그렇게 해서 완성된 이 재현물은 이후의 재현들에 기준이 된다는 점에서 재현의 규율로서 자리잡는다.

만약 영화가 근대의 산물이라면 이는 추상적인 의미에서가 아니라 정확히 근대 국민국가 시스템의 산물이자 또한 세계적 규모의 자본주의 체제의 산물이라는 점에서 그러하다. 따라서 내셔널 시네마로서의 영화가 민족지 / 자기민족지의 순환 속에 자리잡고 있는 것이라면, 영화에는 또한 내셔널 시네마를 초과하는 사태가 언제나 이미 벌어진다. 그것은 두 가지 점에서 그러한데, 우선 내셔널 시네마로서 구획된 영화는 그 장

---

10 말년의 신상옥은 한국의 드라마와 영화들에서 고증이 자신이 했던 작업보다 훨씬 후퇴했다고 투덜거리곤 했다. 신상옥, 『난 영화였다』, 랜덤하우스코리아, 2007.

소의 전사前史로부터 자유로울 수 없기 때문이다. 당연히도, 한 편의 영화에는 이미 자본과 기술과 표상체계의 장기적 생성 과정이 개입되어 있다. 많은 포스트 식민 국가의 영화작가들이 구제국에서 인정받는 것은 구체적으로 그들이 구제국과의 연결 속에서 언어와 기억의 공동체로 서로 이어져 있기 때문이다.[11] 예컨대 1960년대 한국영화는 일본영화가 금지되어 있었음에도 불구하고 그 미학적 원천으로서 그리고 매우 직접적인 참조 대상으로 일본영화를 끌어왔다.[12]

두 번째, 산업적인 자본주의 문화형식으로서 영화는 자본주의 생산양

---

11 유럽 중심의 국제영화제에서 구식민지 출신의 영화작가가 어떻게 구제국으로부터 승인 받게 되는지를 염두에 둘 것. 여기에 대해서는 Marijke de Valck, *Film Festivals : From European Geopolitics to Global Cinephilia*, Amsterdam University Press, 2008 참조. 이 책은 또한 칸느, 베를린, 베니스 등 유럽의 국제영화제가 어떻게 세계영화라는 카테고리를 형성하는 데 지대한 영향을 미쳤는지를 추적하고 있다. 이는 이 책의 제4장에서 논하게 될 아시아 영화라는 카테고리와 아시아 영화제 사이의 상관관계와 관련 있다.

12 1950~1960년대의 한국영화는 일종의 굴절된 양상 속에서 일본영화의 영향권 아래에 놓여 있었다. 두 가지 이유에서 그러한데, 첫째, 영화의 창작주체가 생물학적으로 이미 식민지 시대로부터 이어진 일본어, 일본문화 세대였으며(이를테면 당대의 대표 감독인 신상옥은 도쿄미술학교 출신이며, 홍성기는 만영(滿映)에서 영화수업을 받은 것으로 알려져 있다), 둘째, 직접적으로는 만성적인 시나리오 부족에 시달렸던 한국영화계가 어차피 당시 한국에서는 볼 수 없던 일본영화를 도작, 혹은 표절해옴으로써 이 문제를 해결하고자 했기 때문이다. 식민지 시대 때 교육받은 대부분의 시나리오 작가가 일본어를 자유자재로 구사할 수 있는 상황에서 이들이 일본어 시나리오를 보는 것은 그리 번거로운 일이 아니었다. 표절 문제로부터 자유로울 수 있는 창작주체들이 거의 없는 상황에서 표절 논쟁은 모두가 알고 있으나 공론화될 수 없는 뜨거운 감자와 같았다. 이 문제를 처음으로 제기한 이는 1959년 당시 『한국일보』의 영화 담당 기자였던 임영이다. 그는 「몰염치한 각본가군」이라는 제목의 기사에서 시나리오 작가들의 실명을 거론하며 이 문제를 제기했고, 거론된 이름 중 하나였던 오영진은 임영을 명예훼손으로 고소하기도 하였다. 이 사건의 자세한 정황에 대해서는 한국영상자료원 편, 『한국영화를 말하다 ―한국영화의 르네상스』 1, 이채, 2005, 임영의 구술을 참조. 아마도 한국영화가 일본영화의 영향으로부터 완전히 벗어나게 되는 시점은 1970년대 초반 신상옥의 몰락과 더불어 미국 유학파 하길종을 위시한 영상세대의 등장부터일 것이다. 해방 후 세대이자 미국과 유럽영화의 수혜 속에서 자라난 이들은 일본영화를 세계영화제에 소개된 걸작 목록 속에서 파악했을 뿐이며, 그런 점에서 그들에게 일본영화란 유럽 작가영화의 하위 목록 정도에 불과하였다.

식에서 비롯된 상품으로서의 '보편성'을 추구한다.[13] 간단히 말해 영화라는 문화'상품'은 그것이 상품인 한 더 많은 시장을 목표로 하며, 또한 역시 순환한다. "영화 제작과 그 제작 과정은 산업적, 행정적, 기술적인 인프라 구조의 필연적인 자본 집중적 특성 때문에 투자에 대한 잉여창출이나 이윤은 물론, 제작비 상환을 위한 거대한 시장을 필요로 한다. 영화산업은 (어떤 영화산업이든) 국제 시장 혹은 매우 큰 내수 시장에 소구해야만 한다."[14]

폴 윌먼이 영화사史의 '고약한 인습적인 문제틀'이라고 명명한 사태가 발생하는 것은 바로 이 지점이다. 산업화된 문화상품으로서의 영화는 한편으로 '다분히 민족주의적 신비화로 볼 수 있는 피와 땅blood and soil 개념'과 함께 내셔널 시네마로 복귀한다.[15] 따라서 서구 근대 자본주의의 산물이자 국민국가와 연결되어 일국적 표상체계를 추동시키는 영화에는 국제적 특성과 민족적 특성 사이의 내재적 길항이 거의 선험적으로 존재하게 된다. 영화에 있어서 트랜스내셔널한 성격이 언제나 이미 잠재적으로 내장될 수밖에 없는 것은 이런 연유 때문이다. 요컨대 영화는 (적어도 미국 주도의 자본주의 진영에서는) 내셔널 시네마로서의 의미의 고정체를 지속시키고자 하는 동시에 '세계의 단일화를 위한 매체'[16]라

---

13 "영화의 역사가 19세기 말 이래 서구에서 시행되었던 문화의 산업화와 일치한다는 사실을 고려할 때, 영화는 결국 '보편주의'와 연관됨으로써 하나의 문화형식으로 규정될 수밖에 없다는 결론에 이르게 된다." Paul Willemen, "Detouring through Korean cinema", *Inter-Asia Cultural Studies* 3-2, 2002, p.167.

14 Paul Willemen, "The National", Leslie Devereaux · Roger Hillman ed., *Fields of Vision : Essays in Film Studies, Visual Anthropology, and Photography*, University of California Press, 1995, p.27. 번역은 인용자.

15 Ibid., p.168

16 아리프 딜릭이 발전주의의 전 지구적 확산을 문제 삼아야 한다고 말하면서 언급한 자본

는 자본주의의 '보편성'을 추구하였다. 트랜스내셔널의 문제는 영화 자체에 내재한 형상이자 지향이지, 새로운 경향이나 가능성이 아니다.

영화에 있어서 국가-시장의 문제는 지역을 개입시켰을 때, '정치'라는 또 하나의 벡터를 필요로 한다. 국가를 넘는 영화의 존재 방식에서 간과되고 있는 것은 이 월경이 '정치'와 관련되어 있다는 사실이다. 물론 정치politics가 하나의 정치적 공동체polis를 전제하는 것은 사실이지만, 이 공동체는 구심력과 구속력을 위해 배제된 존재들과 한 공동체의 바깥쪽으로 봉합된 갈등의 벡터들로부터 계속적인 간섭을 받는다. 정치와 정치적인 것the political의 관계를 다시금 상기한다면, 정치는 개별 폴리스의 것이면서 또한 폴리스 사이의 사건들의 이름이다. 이를테면 재일조선인 상이군인이나 국적불명의 검객 / 협객들의 형상, 중국인이면서 아시아인이고 또한 미국의 아시안 커뮤니티의 일원인 이소룡과 같은 존재들이 개입되어 있는 트랜스내셔널 시네마의 상황들을 이해하기 위해서는, 국가와 자본, 그리고 정치를 서로 다른 벡터로 분절하고 절합시킬 필요가 있다. 정치는 국가의 것이자, 국가 간international의 사건이다. 따라서 정치의 차원에서 보자면, 아시아 영화를 논하는 데 있어서 내셔널 / 트랜스내셔널한 구도는 훨씬 오래된 내셔널 / 인터내셔널의 개념 속에서 또한 사고되어야 한다. 왜냐하면 신흥 독립국가들의 성립과 이들을 하나로 엮은 '냉전 아시아'라는 이 정치적 테제는 그 자체로 내셔널한 동시에

주의에 대한 이 묘사는 고스란히 영화에 대한 묘사로도 가능할 것이다. "오늘날 우리가 알고 있는 세계의 배치가 18세기에 최고조에 이르렀다는 사실을 차치하더라도, 자본주의는 전 지구화를 위한 지속적인 동기를 제공해왔을 뿐만 아니라 새로운 유럽의 헤게모니하에서 세계의 단일화를 위한 매체가 되어왔다." 아리프 딜릭, 황동연 역, 『포스트모더니티의 역사들』, 창작과비평, 2005, 298쪽.

인터내셔널한 것이기 때문이다. 아시아는 개별 국가(민족) 간의 갈등과 조정이라는 국제 정치의 장소이며, '냉전'은 이미 이 아시아 개별 국가들의 공통된 정치적 의제로서 작용하고 있다. 이 지역의 개별 국가에서 벌어지는 문제들 중 상당수는 국가적 의제이지만 동시에 국제적인 범주로서밖에 제기될 수 없는 것이었다.

그럼에도 불구하고 이 책에서 인터내셔널이라는 용어를 사용하지 않는 이유는 두 가지 때문이다. 첫 번째는 내셔널과 동시 도착한 이 용어가 내포하는 국민국가라는 단위의 전제, 즉 개별 국가들 '간間'의 관계로서의 인터내셔널의 의미 때문이다. 두 번째는 이 용어의 역사적 변천 때문이다. 인터내셔널리즘의 역사적 변모를 추적하는 페리 앤더슨에 따르면, 1945년 이전 자산계급 및 자본과 짝지어져 있던 내셔널리즘과 노동계급 및 노동과 관련된 인터내셔널리즘의 관계는 1945년 이후 정반대로 역전된다. 서구 식민주의와 제국주의에 대한 저항 속에서 내셔널리즘이 제3세계와 노동계급이 즐겨 쓰는 단어가 되었다면, 인터내셔널리즘은 일국을 넘어서는 다국적 기업들의 성립과 함께 제국발帝國發 자본들의 희망에 연루되었다.[17]

그러나 '인터내셔널'이라는 논제는 일국 내의 모순이 일국을 넘어선 시야 속에서 파악 가능하며, 이 모순의 해결 역시 일국을 넘어선 계급의 연대를 필요로 한다는 점을 명확히 하였다는 점에서 여전히 중요하다. 이와 같은 사정 속에서 여기에서는 '인터내셔널'이라는 논제가 최초에 제기했던 국가를 넘어서는 정치의 가능성과 문제성을 염두에 두는 한에

---

17 Perry Anderson, "Internationalism : a Breviary", *New Left Review* 14, New Left Review Ltd, 2002, pp.5~25.

서, 트랜스 / 내셔널이라는 용어를 비판적으로 준용하려 한다. 이는 개별 국가와 그 국가들이 함께 연루되어 있는 역사적, 이데올로기적, 경제적 블록으로서의 자유 아시아 진영, 그리고 실제로 이동했던 자본과 인력의 흐름을 모두 염두에 두기 위함이다. 그리고 나는 이 개념을 경제와 문화(산업)의 차원에서 구출하기 위해, 이 개념을 하나의 형용사 혹은 명사로서가 아니라 빗금(/) 그어진 관계, 즉 긴장과 접촉, 정치적 갈등이 극화되는 순간으로 묘사하려 한다.

조율 / 모순 범주로서의 아시아 – '아시아적 신체'라는 물음

프라센지트 두아라의 '지역적 조율regional mediation'로서의 동아시아적 근대에 관한 논의는 내셔널과 세계라는 두 항 사이에 놓여 있는 영화의 개별적인 실천과 그 권역을 생각할 때 매우 유용한 참조점을 제시해 준다. 두아라는 '아시아'를 근대의 실행과 담론의 지구적 순환에 대한 조율 장치로서 파악함으로써, 모호한 실체에도 불구하고 남용되는 '아시아'라는 단어를 실천적 매개로서 구출해내고자 했다. 그에 따르면 아시아는 세계문화에 대한 일종의 '번안'이 이루어지는 조율 범주이다.[18] 이

---

18 Prasenjit Duara, *Sovereignty and Authenticity : Manchukuo and the East Asian Modern*, Rowman & Littlefield Publishers, 2004, pp.2~3. 'regional mediation'은 이 책의 한국어판 번역자 한석정의 의견을 따라 지역적 조율로 일괄한다. mediation의 일반적인 번역은 '매개'가 될 터이지만 mediation 자체에 두 항을 서로 연결한다는 의미 이상의 조정, 중재 등의 의미가 있으며, 두아라의 regional mediation에 관한 논의 또한 '세계문화'가 개별 민족, 국가의 레벨로 번안될 때의 조절항으로서 '아시아'라는 범주를 상정한다는 점에서 '조율'은 매우 적절한 번역어라고 판단된다. 한국어판은 다음을 참조. 프라센지트 두아라, 한석정 역, 『주권과 순수성 – 만주국과 동아시아적 근대』, 나남출판, 2008.

논의는 두 가지 점에서 우리의 논의를 끌어가는 데 이로운데, 첫 번째, 아시아를 불변하는 실체, 가치로서 인식하고자 하는 담론과 거리를 둘 수 있다. 두 번째, 그 모호성에도 불구하고 실제로 인력과 자본의 순환이 이루어지는 지역적 범주이자 상호 긴밀하게 연결된 역사적 사건을 공유하고 있는 이 '가변적' 장소에 관한 사고를 가능하게 해 준다. 요컨대, 여기에서 아시아란 토픽들을 조율하는 범주이자 그런 한에 있어서 토포스이다.

역사적 사건의 공유라는 관점에서 내가 덧붙이고자 하는 것은 아시아를 지역적 조율 범주로서뿐만 아니라, '모순 범주'로서도 파악할 수 있다는 점이다. 왜냐하면 이 지역에서 모순은 언제나 이미 일국을 초과해서 작동하기 때문이다. 이를테면 제2차 세계대전과 국공내전, 한국전쟁은 일본, 한국, 홍콩에 모두 영향을 미쳤으며, 개별 국가의 신체들에 직접적으로 역사적 상흔을 새겨 넣었다. 또한 구제국–구식민지(점령지)의 기억으로 얽혀 있는 이 지역은 '자유 아시아 진영'이라는 이데올로기적, 경제적 블록의 한 부분으로 재구성됨으로써 다시 하나로 얽혀들었다.

구일본제국의 유산과 미국의 강력한 영향권 아래에서 형성된 이 지역 블록의 문제는 1945년 이후 혹은 1950년 이후 새로운 '국민국가' 구성 프로젝트에 직면한 이들 개별 국가들에게 어떤 방식으로든 영향을 미쳤다. 패전과 미군 점령을 거쳐 '단일민족' 국가로 재탄생한 일본은 미국의 대對아시아 정책의 변화 속에서 아시아로의 경제적, 문화적 재진입에 성공하지만, 계속되는 과거사 문제와 '제한 주권론'에 시달렸다. 한국의 경우, 포스트 식민 분단국가라는 상황은 반공에 기반한 강력한 국가주의의 언설 공간을 창출해냈다. 식민지 홍콩은 본토 중국과 대만을 대신하여 분할된 전 세계 자본주의권의 화교 커뮤니티를 대상으로 가상적인 하나의 중국이라는 이미지를 만들어내는 발신지가 되었다. 반공이라는 당위와 반일이라는 심정, 공통된 문명사적 자부심은 이 지역적 조율 범주를 훨씬 복잡한 모순의 장으로 밀어 넣는다.

이와 같은 상황에서 조율 범주로서의 아시아가 개별 국가−지역−세계라는 매개의 연쇄 고리를 파악하는 데 유용하다면, 모순 범주로서의 아시아는 개별 국가들의 문화적 열망과 갈등, 해결의 과정이 지역적 범주에서 사고되어야 함을 알려준다. 예컨대 오시마 나기사가 재일한국인 상이군인의 신체를 통해 질문한 '전후'의 문제는 전전과 전후의 일본과 한국, 또 당대의 아시아 '국민국가' 전체를 심문한다. 그리고 모순은 두 개 이상의 정치적 의지의 충돌과 그로 인한 '문제'의 발생을 전제한다. 이 문제에 대한 질문과 응답의 장소는, 호소와 응전의 과정뿐 아니라 역사를 포함한 책임, 화해, 결렬의 시퀀스 나아가 '공동 번영'의 기획이라는 토픽을 구성케 한다.

모순 범주로서의 아시아라는 개념은 역사적−정치적 요구로서 제기되며, 귀책사유의 확인과정과 책임−응답의 전 과정에 관여되어 있다. 따라서 개별 국가 내의 신체이자 종종 그 국가를 넘어 통용되는 '아시아적 신체'는, 개별 국가 기획의 작위성을 노출하거나 혹은 그런 기획으로 인해 내던져진 것을 가시화한다. 요컨대 여기에서 트랜스 / 내셔널이라고 지칭하는 것은 내셔널들의 평면적인 트랜스를 의미하지 않는다. 트랜스 / 내셔널이라는 표현을 통해 내가 의도하고자 하는 것은 역사적 모순들이 걸쳐 있으면서, 일국 내에서 통용되는 각각의 국가 기획들을 질문할 수 있는 거점으로서 아시아적 신체를 제시하고자 함에 있다.

영화는 두 가지 점에서 조율 장치이자 모순 범주로서의 아시아를 사고하는 데 있어서 유용한데, 왜냐하면 영화는 자기 표상 장치로서 일국의 기획을 전시하는 한편 더 넓은 시장을 소구하는 자본의 운동 속에서 모순의 공통성을 드러내기 때문이다. 그것은 공동의 조율뿐 아니라 공동성의 파열도 드러낸다. 범박하게 말하자면 남성 신체표상과 관련된 일련의 영화들은 개별 국가들의 현재적 정치성의 반영물이라는 점에서는 일국가적 / 간국가적 관점을, 이 영화들이 생성되는 과정에서의 인적 -물적 교류와 최종 산물이 소구하는 시장을 염두에 둘 때는 통국가적 분석을 동시에 요구한다. 무엇보다 이 영화들은 역사적 유산과 르상티망, 현재의 정치적 충돌과 책임에 대한 요구를 '적'의 형상과의 대결을 통해 '내외'에 드러내고 과시한다.

요컨대 여기에서 제기하고자 하는 문제는 다음과 같다. 영화라는 내셔널하면서 동시에 트랜스 / 내셔널한 장치는 1950년대 이후의 '냉전 아시아'라는 조율 / 모순 범주 속에서 어떻게 작용했는가? 남성 신체의 표상과 움직임으로 구성된 액션영화는 이 지역의 정치적 맥락과 어떤 관계를 맺고 있는가?

3. 국가, 폭력, 법에서 시장까지 – 동아시아 액션영화의 계보

이 책의 첫 번째 장에서는 일국(액션)영화의 계보가 어떻게 한 국가의 정치적 무의식을 드러내는지, 또 내전과 쿠데타의 경험이 어떻게 영화 장르의 이행을 유도하게 되는지에 대해 살펴볼 것이다. 나아가 법질서의 경계에서 움직이는 액션영화라는 장르가, 왜 체제나 국가의 경계를 넘나드는 위기crisis와 비판critic의 국면을 드러내는 데 유효한 분석 대상이 될 수 있는지를 밝히고자 한다.

한국영화로 이야기를 시작하는 것은 동아시아 냉전 체제의 결정적인 전기가 된 한국전쟁의 결과 형성된 이 국가가 동아시아에서 냉전과 내전의 중첩을 직접적인 방식으로 겪었으며, 그 결과 이 국가의 영화야말로 폭력의 상흔을 가장 적나라한 방식으로 드러내고 있기 때문이다. 분단은 이 체제의 기원적 사건이면서 체제 정통성을 강변하기 위해서라도 극복되어야 할 사태이다. 이 사태 속에서 국민은 언제나 그것을 아우르는 상위 개념으로서의 민족 내에 위치한다. 따라서 같은 민족, 동족 간의 전쟁으로서의 내전의 경험과 휴전 상태의 지속은 적의 형상을 그리는 데 있어서 어떤 애매함을 낳는다. 적의 형상을 설정하는 것은 내부의 적의 지속적인 생성, 배제를 위해서 반드시 필요하지만, 동시에 이 적은 '절대적인 적'의 어떤 부분을 결여하고 있기 때문이다.[19]

---

19 한국의 반공 프로파간다가 그토록 '세뇌'라는 장치를 선호했던 것은 우연이 아니다. 본성은 '우리와 같이' 선한 자들이 나쁜 무리의 공작에 의해 일시적으로 악에 물들었다. 세뇌는 내부의 적으로서의 공산주의에 대한 메타포, 감염과 오염의 메타포와 근사하게 일치하는 것이다. 이 메타포의 작동은 두 가지 결과를 낳는다. 첫 번째, 그들은 우리와 같은 형상을 하고 있지만 세뇌의 결과 우리와 달라졌다. 두 번째, 그러나 이 세뇌에서 벗어나는 순간 다시 우리와 같아질 것이다. 또한 이 장치는 세뇌를 시키는 소수의 무리와 세뇌를 당하는 다수라는 분리를 가능하게 한다. 이는 정확히 북한의 경우에도 해당되는데, 미제국주의자와 그 앞잡이들의 압제에 시달리는 남조선 인민들을 해방시키고자 하는 북조선의 '민족해방' 논리는 위에서 언급한 '세뇌'와 동일한 구조의 담론이다. 저들 역시 결국은 우리와 같은 '사람'이며 한줌의 악당들만 물리친다면 본래 그러했던 것처럼 다시 우리와 하나가 될 수 있다. 이를 통해 본래 우리였던 자들과 진짜 적은 성공적으로

그런데 적의 형상의 애매함이라는 문제와 정면으로 마주칠 수밖에 없는 영화가 있다면 어떤가? 그러니까 스펙터클로서의 교전상태를 그리는 전쟁영화에서 이 문제는 어떻게 해결 가능한가? 혹은 해결 불가능한가? 반공 전쟁영화는 내부의 적의 지속적인 생성, 배제를 위해 만들어지지만, 동시에 그것이 물리적인 폭력을 서로에게 행사하는, 그리고 그것을 전시해야 하는 전쟁영화인 한 내전, '동족' 간의 전쟁이라는 사실과 마주칠 수밖에 없다. 반공 전쟁영화가 1960년대 한국의 독특한 장르, '대륙물'로 옮겨가는 과정은 이 장르가 맞닥뜨린 곤경을 보여주는 것에 다름 아니다. 물리적 폭력의 대치, 전쟁의 구도를 일본군 대 독립군으로 옮겨옴으로써 대륙물은 적의 형상의 애매함에서 기인하는 어떤 죄의식을 청산한다. 동시에 남과 북이 하나였던 시간, 식민지 시기의 만주를 배경으로 그려지는 이 국가 성립의 창세기는 국민과 민족의 착종으로 이루어진 내셔널 아이덴티티의 성립을 그린다. 역사적이지만 동시에 가상적인 공간에서 펼쳐지는 독립투쟁의 이야기는 상위 체계로서의 민족을 내장한 국민국가 생성의 내러티브에 다름 아니다. 동시에 이 국가 창생의 서사는 법이 정초되는 순간을 그리고 있다는 점에서 1961년 쿠데타로 집권한 제3공화국 성립의 순간을 '재현'한다. 요컨대 1960년대 한

나뉘어진다. 그런데 비록 세뇨가 '나'와 '너'를 가르는 데 효과적이라고 해도 그것이 즉각 '가시화'되지 않는다는 점에서 여전히 문제적이다. 즉, 구별되지 않는 '같은' 인간으로 등장한다는 점이 문제이다. 그 점에서 한국에서 만들어진 가장 성공적인 반공 프로파간다가 애니메이션인 것은 우연이 아니다. 대한반공청년회와 새소년사가 공동으로 참여한 어린이용 애니메이션 〈똘이장군〉(1978)은 인간 배우를 기용해서 만들어지는 '실사' 영화에서는 불가능했던 것을 가능하게 만들었다. 이 애니메이션은 말미에 놀라운 사실을 밝힌다. 김일성은 사람의 탈을 쓴 돼지였으며, 그의 수하들은 사람의 탈을 쓴 늑대들이었다. 즉, 이들은 사람이 아니었다.

국영화에서 보이는 반공 전쟁영화로부터 '대륙물'로의 전이는 냉전과 내전이 얽혀 있는 정치적 상상이 그 자체로 구조화된 반영물이라고 할 수 있다.

대륙물은 1960년대 말 이후 빠르게 사라져 갔다. 이 영화들이 사라져 간 자리에 대신 들어선 것은 '협객물'이라고 불려질 일련의 영화들이었다. 여기에 가장 광범위한 내러티브적 영감을 불러일으킨 것은 폭력배, 백색 테러리스트, 정치인으로 변모해 갔던 실존인물 김두한의 스토리였다. 식민지 시기부터 한국전쟁에 이르기까지의 한국 근대사를 개인사의 차원에서 체현해내고 있는 이 정치 깡패 이야기는 대한민국의 '고유한' 적, 즉 일본과 공산당을 선명히 부각시키는 동시에 그 적들로부터 승리를 거둔다는 점에서 대한민국이 소망하는 남성성의 전형을 보여주었다. 협객물은 또한 경제 개발과 군사 근대화military modernism에 의해 질서 잡힌 제3공화국 후반기와 1972년 이후 유신 체제의 직접적인 상관물이라고 할 수 있다. 이 영화들은 긴급조치의 이름으로 법이 가장 자의적인 방식으로 도처에 출몰하는 이곳에서 가장 안전한 방식으로 폭력을 전시할 수 있는 방식을 찾아냈다. 이는 법에 이미 포박당해 있는 자들, 법을 위반한다는 의미에서 이미 그 법과 상관하고 있는 자들, 즉 범법자들을 주인공으로 함으로써 가능해졌다. 그런 점에서 협객물은 폭력의 독점이라는 국가 기획의 성립 이후에 가능한 영화라 할 것이다.

제2장과 제3장에서는 1965년 한일기본조약 체결을 기점으로 두 개의 '국민국가'로서 재대면하게 되는 전후 일본과 한국영화를 대상으로 각각의 '국민국가' 기획의 영화적 형상을 추적하는 동시에 그 연장선에서 이 두 개별 국가의 서로 다른 신체장애의 표상을 중심으로 패전과 분

단으로 형성된 두 국가의 서로 다른 정치체의 형상을 살펴볼 것이다.

일본영화와 한국영화는 시장의 규모, 산업적 역량, 영화적 미학에서 거의 비교 불가능한 것인지도 모른다. 잘 알려져 있다시피 강력한 자국 시장을 기반으로 상대적으로 안정적인 시스템을 구축해낸 전후 일본영화는 이 지역의 산업적, 미학적 모델로서 내셔널 시네마 구축기의 개별 국가 영화들에 중요한 참조점으로서 기능했다. 적어도 '자유 아시아' 지역 안에서만 보자면 일본영화는 미학과 테크놀로지에 있어서 단연코 선두에 있었으며, 일본 영화시장과 여타의 아시아 영화시장 사이에는 강력한 비대칭성이 존재했다. 일본영화는 홍콩과 대만 등 아시아 전역에서 보여졌으나, 이들 지역 영화는 일본 영화시장으로 거의 진입하지 못했다. 일본 내 시장에서 유통된 대부분의 '외화'는 할리우드와 유럽영화였다(이소룡의 영화 중 처음으로 일본에서 개봉된 영화가 〈용쟁호투龍爭虎鬪〉였다는 사실을 상기해 보라. 이 영화는 워너 브라더스의 세계 배급을 통한 영어 버전으로 일본에서 공개될 수 있었다).

이에 반해 한국은 이 지역에서도 미학적, 산업적으로 가장 취약한 장소 중 하나였다. 강력하고 단일한 국가주의 언설, 냉전의 최전선 보루로서 더없이 강화된 반공 체제는 한국영화(뿐만 아니라 문화)를 매우 고립적인 것으로 만들었다. 한국에서 볼 수 있는 '외화'는 1960년대 말 홍콩영화가 등장하기 전까지 할리우드 영화와 소수의 유럽영화에 한정되어 있었다. 한국에서 일본영화는 공식적으로 보여질 수 없었지만, 한국영화는 계속 일본영화에 대한 과잉 참조 혹은 과잉 의식에 시달렸다. 적어도 1970년대 이전까지 한국영화에게 일본영화란 일종의 강박증의 대상이었다.

일본영화의 상대적 자율성과 한국영화의 강고한 폐쇄성은 서로 다른 방향에서 이 영화들을 일견 개별적으로 보이게 만든다. 그러나 내가 여기에서 제기하고자 하는 것은 이 '개별성'이야말로 동아시아라는 광역 질서의 전후적 결과라는 점이다. 물론 제국과 식민지, 구제국과 구식민지를 관통하는 광역 질서의 냉전적 변형이 상호 호혜적인 방식으로 나타날 수는 없다. 구식민지가 식민지의 기억과 제국으로부터의 탈각을 과제화하는 동시에 식민지적 유산colonial legacy을 내삽시킨 구도를 통해 형성된 '포스트' 식민적 문화 질서로 나타난다면, 구제국은 식민지 영유의 기억과 그에 따른 책임의 구조를 제거하는 일국화 속에서 의식적, 무의식적으로 동아시아라는 광역 질서의 냉전적 변형과 아울러, 그로부터의 상징적 고립을 문화 전략으로 택한다.

제2장에서는 패전이라는 사건, 전후 일본의 성립, 그리고 이 '성립'에 필연적으로 따라붙는 행위성에 대한 의식이 사라지는 과정을 추적한다. 전후 일본의 성립에 있어서 패전이라는 사건은 계속해서 이 성립에 영향을 미치는 하나의 원점으로서 작용했다. 일본은 망했고, 제국은 사라졌다. 이것이 의미하는 바는 패전이란 한 국가의 형태가, 나아가 그 국가를 지탱하던 '보편율'이 영속적인 것이 아님을 강제적으로 의식할 수밖에 없게 된 사태였다는 것을 뜻한다. 단적으로 말해, 이 순간은 이 국가가 상대화되는 순간이었다. 전후 일본의 어떤 영화들의 급진성은 여기에서 연유한다(이를테면 마스무라 야스조, 오시마 나기사). 즉 이 지점이란 '국가' 그 자체를 질문에 걸 수 있는 경험의 원점에 다름 아니었다. 한편 새롭게 생성되어야 했던 전후 일본 국가는 이미 깨어진 제국의 보편율을 대신할 새로운 '보편'을 설정해야 했다.

구로사와 아키라와 마루야마 마사오의 실천은 아마도 여기에 대한 답변이라고 할 수 있을 것이다. 이들은 국가라는 작위(作爲)를 일순간 노출해 버린 '패전'이라는 사건, 그리고 이 사건에 긴박되어 있는 상황에서 근대 시민적 주체(마루야마), 휴머니즘(구로사와)이라는 보편을 '만들어' 가려고 했다. 여기 새롭게 도래해야 할 것이라는 점에서 이 보편은 '과제'로서의 보편이었다고 해야 할 것이다. 중요한 것은 이 행위성이 패전이라는 역설적이게도 이 행위를 가능케 하는 '가능성'의 원점에 비추어 계속 의식된다는 점이다. 다시 말해 이 행위는 매 순간의 결단(혹은 선택이라고 말해도 좋으리라)의 계기를 포함함으로써 가능해진다.

그런데 이 행위성의 의미가 망각될 때 어떤 사태가 벌어지는가? 다시 말해 경제주의적인 방식으로 전후의 종결이 선언되고, 이 국가의 실패를 몸으로 웅변하고 있는 일군의 존재들(이를테면 상이군인)을 경제적으로 해결하는 순간 사라지는 것은 무엇인가? 전후의 단일민족 국가 일본의 성립은 존 다우어의 표현을 빌려 오자면 '패배를 끌어안음'으로써 패전이라는 사건을 소실시켜 버리는 과정이었는지도 모른다. 이 계기가 소실될 때 함께 망각되는 것―즉 다시 자연화되는 것은 전후 일본을 가능케 한 냉전의 구조이며, 배제되고 비가시화되는 것은 이를테면 이 공간에 여전히 남아 있는 전전의 신민이자 전후의 '비국민'의 존재였다. 오시마 나기사가 〈잊혀진 황군(忘れられた皇軍)〉에서 그리고 있는 전일본군 한국인 상이군인의 복합적 상해(傷害)의 형상은 식민지 문제와 전후의 두 '국민국가', 그리고 이 국가들을 형성시킨 냉전 체제를 그 자체로 폭로하고 있는 것에 다름 아니다.

제3장에서는 '신체장애 히어로'라는 한 시기 동아시아 전반을 휩쓸었

던 국가 횡단적 표상을 통해 각각의 장소를 지배하고 있던 정치적 무의식의 문제를 다룬다. 1960년대 일본에서 등장한 맹목의 히어로 〈자토이치座頭市〉는 일본 내에서 그리고 아시아 전역에서 광범위한 인기를 얻었다. 이 영화는 홍콩이라는 '자유 아시아'의 교통로이자 또 하나의 분단 / 식민지에서 '외팔이'의 형상으로 번안된다(〈의리의 사나이 외팔이獨臂刀〉). 한국에서 홍콩산 '외팔이 영화'는 지속적인 성공을 거두었으며, 수많은 외팔이, 외다리를 낳았다.[20] 이와 같은 '번안'이 의미하는 바는 무엇인가?

여기에서 제기하고 있는 가설은 다음과 같다. 만약 이 불구의 형상들을 각각의 정치체의 반영이자 그 불안까지를 보여주는 것으로 파악할 수 있다면, 맹목은 제국의 역사와 현재의 냉전구도 양쪽에 대한 전후 일본의 의도적 '망각'과 관련되어 있는 것은 아닐까? 맹목으로부터 외팔이라는 신체 절단 이미지로의 '번안'이 홍콩에서 이루어진 사정과, 이것이 대한민국에서 그토록 인기가 있었던 데는 이 두 지역에 공통된 내전과 분단(잘려진 '국토')이라는 역사적 상흔의 문제가 개입되어 있는 것은

---

20 한국영화의 외팔이, 외다리, 애꾸눈의 형상에 처음 주목한 이는 김소영이다. 김소영에 따르면, 이 불구의 형상들은 영화의 초국적 교환의 결과물임과 동시에 개별 지역의 정치적 상황의 무의식적 반영이다. 나아가 한국의 액션영화가 일본의 검술영화, 홍콩 액션영화, 할리우드 액션영화 등의 다양한 힘들이 붐비는 '콘택트존'에서 태어났음을 설득력 있게 해명해내고 있는 그녀는 그렇게 해서 형성된 한국 액션영화라는 복합적인 형상 앞에서 할리우드 모델에 기반한 장르 이론은 충분한 설명 방식이 될 수 없음을 지적하고 있다. 김소영, 『근대의 원초경』, 현실문화, 2010, 266~287쪽. 나는 이 통찰력 있는 지적에 덧붙여, 이 영화들을 '누가' 소비하는가의 문제, 즉 관객을 상정할 때 이 전통적인 장르 이론은 또한 불충분한 해석 방식이 된다고 말하고 싶다. 특히 홍콩영화와의 관련 속에서 말하자면, 빈번한 위장합작 속에서 내셔널리티의 소구 자체가 모호해진 이 소비 현상은 이 영화들을 오히려 전 지구적 상품의 형상에 더 가까운 것으로 만든다. 이 '상품'의 세계에서 누가, 어디서 그것을 만들었는지는 생각보다 그리 중요하지 않다.

아닐까?

그런데 이 장애의 이미지들은 각각의 맥락에서 또한 이 정치체들의 불안과 관련되어 있다. 일본의 경우, 맹목이 불러일으키는 시선과 권력이라는 주제는 오시마 나기사가 전후 일본을 질문의 대상으로 내걸었을 때 계속해서 반복되었던 문제였다. 이 주제는 1960년대의 일본영화에서 왜 그토록 시각에 대한 급진적인 사유가 가능했는지를 알려준다. 이를테면 전후 일본영화의 위대한 '개인주의자' 마스무라 야스조는 〈세이사쿠의 아내淸作の妻〉(1965)에서 시각의 공동체가 아닌 거의 한계 개념에 가까운 공동체, 촉각의 공동체라고 할 만한 것을 보여주었다.

한국의 경우, 국가 재건의 주체로서의 상이군인이 일종의 '흔적'으로서 신체장애 히어로 액션영화에 기입될 때, 이 형상들은 분명 분단과 그 극복, 육체적 고통을 전제로 한 산업화라는 국가주의적 공동체 재건 프로젝트와 관련되어 있었다. 외팔이, 외다리, 애꾸눈이 등장하는 이 장애의 서사들이 한결같이 한쪽이 떨어져나가는 순간과 이 상실을 극복하는 과정으로 이루어져 있는 것은 우연이 아니다. 요컨대 외팔이 서사는 분단국가 대한민국이 냉전 아시아의 문화적 교환 속에서 찾아낸 국지적이면서도 국제적인 수준의 치유 프로그램으로 작용하였다.

제4장에서는 냉전 아시아 문화장 속에 출현한 '아시아 영화'라는 카테고리를 둘러싼 일련의 기획 속에서 세계와 민족 사이에 위치한 '아시아'라는 조율-모순 범위의 전후적 형태가 어떻게 성립되었는지를 살펴볼 것이다. 한국전쟁 이후 아시아 지역으로의 경제문화적 재진입을 꾀했던 일본과 화교 자본을 중심으로, 아시아 신흥 독립국가들의 참여로 이루어진 이 지역 최초의 국제영화제인 '아시아 영화제'는 국가 창설이

라는 수행적 내셔널리즘과 자유 진영 아시아라는 블록의 연대, 할리우드라는 보편과 유럽 영화제에 대한 매개적 조절 장치로서의 아시아 영화라는 카테고리의 성립을 보여주는 데 매우 유효한 텍스트이다. 말하자면 이 영화제는 그 자체로 민족과 세계, 그 사이를 매개하는 아시아라는 항, 그리고 냉전 질서가 선 그어놓은 이 '지리'의 한계까지를 축자적으로 보여주는 것이었다.

영화 자본가와 제작자가 주축이 된 아시아 영화제는 또한 복수의 국민국가의 영화자본이 서로 결합될 수 있었던 실질적인 교류의 장이었다. 이 장에서 한국의 신필름과 홍콩의 쇼 브라더스가 결합하여 만들어진 두 편의 대규모 스펙터클 시대극 〈달기〉와 〈대폭군〉은 일국 영화자본(들)의 횡적 결합을 통해 대규모 할리우드 스펙터클 시대극에 대항하고자 한 세계성의 지역적 번안 사례라고 할 수 있다. 트랜스내셔널한 자본의 요구와 내셔널한 욕망의 구조, 양쪽을 모두 충족시켜야 했던 이 실천에서 문제가 되는 것은 공동의 역사정치적 표상, 공통감각의 문제였다. 양쪽의 '소비자'를 모두 만족시킬 수 있는 감각은 있는가, 있다면 어떤 것이어야 하는가? 이 대규모 스펙터클 시대극을 만들어냈던 한국과 홍콩 양측의 주체들은 '시각적 보편성'이라는 문제를 스펙터클과 두 내셔널 시네마의 평면적 결합을 통해 달성할 수 있으리라고 믿었다. 즉 이들은 '아시아적 공통성'이라는 가상적 가치(혹은 전제)에 대한 소박한(혹은 안이한) 믿음을 가지고 있었다. 국민문화 창출의 시대에 두 '민족문화' 내부의 공통성을 역사 안에서 발굴함으로써 양쪽 모두에게 환영받을 수 있으리라는 믿음이 그것이다.

그러나 결과적으로, 이 기획은 실패로 끝났다. 물론 여기에는 1960년대 말의 국제적이며 동시에 국내적인 영화 환경의 변화라는 요소가 크게 작용하였으나, 이 실패는 또한 고유한 네이션이라는 전제, 네이션들 사이의 공통 요소의 추출, 추출된 요소들의 기계적 결합으로서의 트랜스내셔널한 실천이 왜 진정한 의미의 '공통성'에 이를 수 없는가를 보여주는 것이기도 하였다. 공통성은 과거로부터가 아니라 이 합작이 실패로 끝난 지점에서 우연히 찾아왔다. 1970년대 이 지역의 산업화와 전 지구적 자본주의 속에서 차지했던 이들의 '공통된' 위치야말로 이 공통성의 물적 기반이 되었던 것이다.

제5장에서는 제4장과의 연결 속에서 아시아 개별 영화의 담론적, 인적, 산업적 결합이 하나의 장르 안으로 수렴되는 과정, 특히 시장으로서의 아시아 영화에 예기치 않은 출구를 제공한 액션영화라는 공유장에 대하여 검토한다. 왜 '액션영화'가 유독 아시아 영화의 물리적 실체이자 아시아적 공통성으로 '글로벌'하게 유포될 수 있었는가. 이 장에서의 핵심 질문은 왜 두 내셔널 시네마의 물리적 연결, 스펙터클과 '동양적 미학'에서 공통성을 찾고자 했던 시도가 파탄에 이르는 지점에서 비로소 이 공통성이 도래했는가 하는 점이다.

1960년대 중후반 홍콩의 쇼 브라더스를 중심으로 만들어진 무협영화(신파무협편)는 이 공유장이 어떻게 형성되었는지를 보여준다. 1960년대 내내 쇼 브라더스가 고심했던 '지구화' 프로젝트의 산물로서 무협영화는 이전 시기의 주력 장르였던 쇼 브라더스 시대극과 일본 사무라이 영화의 강력한 영향하에 만들어졌다. 즉 1960년대 중후반 동아시아 전반의 액션영화는 내러티브와 캐릭터, 도상적 측면에서 그리고 실질적인 인적-물적 자원의 교류라는 측면에서 활발한 통국가적 교섭을 행하였다. 냉전의 한쪽 진영에서 공유된 이 영화-이미지들은 매우 내셔널한 콘텍스트 내에 위치해 있는 동시에 영화산업의 논리 속에서 초국가적으로 교환되었다.

무협영화는 이전 시기의 한족 중심 문화 민족주의의 흔적을 갖고 있지만 동시에 이를 가능한 한 중성화시킬 필요가 있었다(이를테면 이 장르에서 가장 지속적으로 국제적인 성공을 거둬들인 장철張徹의 영화를 생각해 보라). 무협영화에서 1970년대 초에 이루어진 쿵푸영화로의 이동, 즉 칼에서 몸의 기예로의 이동은 드디어 '시각적 보편성'이라는 명제가 하나의 해결책을 얻는 순간을 보여준다. 이 영화들은 한국을 포함한 아시아 지역뿐만 아니라 전 세계에서 광범위한 히트를 기록하였다. 이는 단지 홍콩영화의 글로벌라이제이션의 성공만을 의미하는 것은 아니었다. 홍콩뿐 아니라 한국과 대만 등에서 단독으로 혹은 합작으로 만들어진 무수한 '국적 불명'의 아류 권격영화는 이 장르영화의 성립, 확산에 기여하였으며, 급기야 이 영화들은 비디오라는 새로운 기술복제 장치의 등장 이후 '아시안 마샬 아츠 필름Asian martial arts film'으로 (서구를 통해) 명명되게 된다. 조율과 모순을 넘어 하나의 지역이 '장르적 실체'로서 그 모습을 드러냈던 것이다.

4. 아시안 마샬 아츠 필름

─ 만국의 노동자여, '감각'으로 단결하라!

가령 당신이 어떤 상품을 선택할 때, 어디의 누가 그것을 만들었는지는 중요한 고려 대상이 아닐 것이다. 물론 당신이 지금 새 세탁기를 구입할 생각이라면, 삼성인가 엘지인가 혹은 독일제를 살까 따져 볼 수는 있겠다. 아마도 당신은 최소한 이 이름들이 당신이 구입할 상품에 대한 신뢰를 담보한다고 생각할 것이다. 그러나 그럼에도 불구하고, 바로 그 세탁기를 어디의 누가 만들었는지에 대해서는 아무런 관심이 없다. 바로 그런 의미에서 '아시안 마샬 아츠 필름'의 대부분을 차지할 국적 불명의 아류 권격영화들은 상품과 같은 것이다.

종종 이 영화들은 국적뿐만 아니라 제작 주체조차도 불분명해진 채 시장을 떠돈다. 어떤 영화는 이미 존재하는 복수의 영화들의 재편집으로 만들어졌으며, 그 위에 개별 지역의 유통업자들이(더 정확히는 그들의 관객들이) 선호하는 언어가 덧입혀져(더빙되어) 판매되었다. 짜깁기와 재편집을 통해 끝없이 변주, 복제되어 나가는 이 영화들에게 오리지널리티란 문제가 되지 않는다. 이후 전 세계의 비디오 시장에서 싼 값에 팔려나가는 과정까지를 염두에 둔다면, 이 영화들은 1970년대 이후 전 지구적 자본주의하에서 이 지역이 생산했던 염가의 상품들과 유사한 위치를 차지한다고 할 수 있을 것이다. 동시에 이 영화들의 주된 관객이야말로 바로 그 상품을 만드는 자들이었다.

도시 공장 노동자 또는 잉여 인력으로서의 룸펜 프롤레타리아. 이들이 이 영화들 속에서 보고자 한 것은 무엇인가? 혹은 무엇이 이들로 하여금 그토록 오랫동안 광범위하게 이 영화들을 소비하게끔 했는가? 혹시 이 지속적인 소구의 중심에 있었던 것은 벌거벗은 몸, 그리고 그 몸이 펼치는 격투 그 자체가 아니었을까? 그때 이 몸들이 펼치는 싸움이 한결같이 선진 테크놀로지가 아닌 말 그대로 강한 신체의 대결, 혹은 오래되고 숙련된 기술의 대결이라는 사실이야말로 의미심장해 보인다. 그러니까 이 '상품'으로서의 영화에 등장하는 신체는 1970년대의 전 지구적 자본주의하에서 이 지역에 부과된 역할 분담의 메타포인 것은 아닐까? 즉 이 지역의 산업화와 맞물린 이 '진정한' 공통성의 도래야말로 계급의 무의식적인 감각적 단결이자 영화가 '상품'으로서의 보편성을 획득한 하나의 사례라고 말할 수 있을 것이다.

이 책에서 다루고 있는 대상들, 특히 액션영화에 한정지어 말하자면 이 텍스트들은 몇몇 예외를 제외하고는 개별 일국영화사 안에서 거의 이야기된 바가 없다. 물론 몇몇 예외들이 있다. 이를테면 일본영화의 클래식으로 자리매김 된 구로사와 아키라, 1980년대 이후 홍콩의 영화 연구자들이 열정적으로 연구하기 시작한 호금전胡金銓과 장철, 그리고 이소룡이 그 예외적인 이름이다. 이 이름들은 영화 연구의 장에서 내셔널 시네마라는 틀이 얼마나 강력하게 작용하는지를 보여주는 한편 소위 내셔널 시네마의 정전이 외부(특히 서방세계)로부터의 평가와 얼마나 긴밀히 연관되어 있는지를 보여주는 사례이기도 하다. 서방세계 영화, 특히 할리우드 영화에 미친 구로사와 아키라의 영향과 1980년대 말 이후의 중요한 홍콩영화 인력의 할리우드로의 이동이, 전적으로라고까지는 말할 수 없으나 적어도 그들의 텍스트들을 계속해서 읽게 만든 중요한 계기가 된 것만은 사실인 것 같다. 그때 이 영화들은 영화 연구자를 포함한 고급 독자를 상대한다. 이 이야기는 거꾸로, 위의 예외적 이름들을 제외하고 본 논문에서 다루고 있는 텍스트들이 왜 거의 비평의 대상이 될 수 없었는가에 관한 이유를 알려준다. 간단하게 말해서 이들 예외적 이름을 제외한 액션영화는 하위 계층 남성들의 값싼 오락물로서 존재했다.

종종 이 영화들은 노골적으로 국가의 시책을 전파하거나, 문화자본가들의 전략에 노출되어 있었다. 게다가 이 하위계급 남성의 영화는 지배와 피지배의 관계를 젠더적으로 재생산하는 데 주력하였다. 그렇다면 이들 영화를 본다는 것은 대체 무슨 의미가 있는 것인가? 이 영화들은 지배 이데올로기와 관련된 수많은 바이어스를 가지고 있으며, 아마도 여기에 대해 가장 취약한 문화 산물 중 하나일 것이다. 그러나 바로 그런 이유로 이 영화들은 지배 이데올로기를 고스란히 드러내는 한편 하위계급 남성들의 열망을 (미묘한 반발과 과잉을 통해) 최대치까지 드러낸다. 지금부터 우리는 이 열망의 한계치를 탐사할 것이다.

제1장
대륙물과 협객물, 무법과 범법
한국 액션영화의 원천

———

국가란 일정 영역의 내부에서 정당한 물리적 폭력 행사의 독점을 (실효적
으로) 요구하는 인간 공동체이다.[1]

비행자(전과자)는 법의 바깥에 있는 것이 아니라, 이미 그 시작부터 법의
내부에, 법의 중심 그 자체에 (…중략…) 위치해 있다.[2]

---

1 マックス・ヴェーバー, 脇圭平 訳, 『職業としての政治』, 岩波書店, 1980, 9~10쪽.
2 미셸 푸코, 오생근 역, 『감시와 처벌—감옥의 역사』, 나남출판, 1975, 456쪽.(인용은 영
어판을 참고로 인용자 수정. Michel Foucault, Alan Sheridan trans., *Discipline and Punish
: The Birth of the Prison*, Vintage Books, 1977, p.301)

1. 한 불온시인의 꿈의 지리 ─ 김포, 반쪼가리 국제성의 이름

세계여행을 하는 꿈을 꾸었다. 김포비행장에서 떠날 때 눈을 감고 떠나서,
동경, 뉴욕, 런던, 파리를 거쳐서 (꿈속에서도 동구라파와 러시아와 중공(中
共)은 보지 못하게 되어 있었기 때문에 착륙하지 못했다) 홍콩을 다녀서, 다
시 김포에 내릴 때까지 눈을 뜨지 않았다. 눈을 뜬 것은 비행기와 기차와 자
동차를 오르내렸을 때뿐, 그리고 호텔의 카운터에서 돈을 지불할 때뿐 그 이
외에는 일절 눈을 뜨지 않았다. 말하자면 나는 한국에서도 볼 수 있는 것만
은 보았지만 그 이외의 것을 일절 보지 않았다. 꿈에서 깨어서, 김포에서 내
려서 집에 올 때까지의 일을 생각해보았다. 꿈에서와는 달리 나는 여간 마음
이 흐뭇하지 않았다.[3]

1965년의 어느 밤 한 시인은 꿈속에서 세계여행을 한다. 그는 많은
곳을 가지만 '세계여행'이 흔히 그렇듯이 모든 곳을 가는 것은 아니다.
꿈에서조차 그의 여정은 '자유세계'를 벗어나지 못하고, "한국에서도
볼 수 있는 것만은 보았지만 그 이외의 것은 일절 보지 않았다". 그는 '보
지 못했다'라고 하지 않고 '보지 않았다'라고 쓰고 있다. 즉 그는 '못했
다'가 아니라 '않았다'라는 의지형을 구태여 쓰고 있는 것이다. 이 유머
의 전략만큼 1965년의 남한이 처한 강요된 폐쇄성과 반쪽자리 지정학
에 대해 잘 말해 주고 있는 글이 또 있을까? 당신들의 뜻대로 나는 보지

---

3 김수영, 「시작 노우트 2」(1965), 『김수영 전집』 2(산문), 민음사, 1981, 293쪽.

않았소.

이 문장이 의미심장한 것은 다음과 같은 이유 때문이다. 김포비행장을 떠난 세계여행은 도쿄에서 시작되어 뉴욕, 런던, 파리를 거쳐 홍콩을 마지막으로 한다. 김수영은 '세계'여행이라고 쓰고 있지만 실상 이 여행은 지극히 한정적이다. 세계는 일본, 미국, 서유럽, 그리고 홍콩으로 제한된다. 거론되는 명칭들은 1960년대 한국에서의 세계 인식의 폭을 명징하게 보여주는 것들이라고 해도 지나치지 않을 것이다.[4] 한편 이 열거의 처음과 끝은 각각 도쿄와 홍콩이다. 두 지명은 1960년대 이후 한국이 실질적으로 그리고 상징적 차원에서 관계 맺고 있는 이름들이기도 하다. 이 글이 쓰이던 해 박정희는 격렬한 국민적 반대에도 불구하고 계엄령을 불사하며 한일협정을 맺었다.

아주 단순한 질문으로부터 시작해 보자. 무엇이 세계여행의 꿈에서 깨어난 김수영을 이토록 흐뭇하게 만들었을까? 왜 그는 꿈에서조차 한국에서 볼 수 있는 것만을 볼 수밖에 없었을까? 무엇이 그의 눈을 뜨지 못하도록 한 것일까? 김수영은 해방 이전 도쿄에서 유학 생활을 했고, 징병을 피해 만주로 간 경험을 가지고 있다.[5] 그는 일본어로 문학 습작

---

4 실질적으로 한국에서 북한을 넘어서는 북방, 대륙과의 접촉이 시작된 것은 1987년 이후의 일이며, 이는 한국 내부의 민주화와 탈냉전 시대로의 전환이라는 외부상황이 맞물린 결과이기도 하다. 1987년 이후 '북방정책'이라는 이름으로 추진되기 시작한 일련의 정책변화는 박명림의 언급처럼 "한국의 국제관계가 '역사상 최초'로 전방위 대외관계로 진입"했음을 알리는 것이었다. 박명림, 「민주화 이후 국제관계와 세계인식」, 『역사비평』, 역사비평사, 2007.9. 북방정책 전반에 대해서는 다음 책을 참조. 하용출 외, 『북방정책-기원, 전개, 영향』, 서울대 출판부, 2003.

5 김수영에 관한 매우 감동적인 평전으로 최하림, 『자유인의 초상』, 문학세계사, 1982 참조. 김수영과 한 세대의 차이를 두고 있는 시인(최하림은 1939년생이다)에 의해 쓰인 이 평전은 '김수영'이라는 텍스트에 대한 예민한 분석과 공감, 더불어 세대적 길항의식을 보여준다. 일례로 최하림은 김수영의 '자유'에 대한 인식이 광범위한 만큼 모호하다

을 시작했으며, 죽음에 이르는 곳이라 불리던 거제도 포로수용소에서 '영어' 통역으로 가까스로 살아남았다. 1966년에 김수영은 일본어로 쓰면서 "해방 후 20년 만에 비로소 번역의 수고를 덜은 문장"을 쓴다고 적고 있다. 그러면서 그는 말한다. "나의 휴식을 용서하라."[6] 이 전후 한국의 위대한 시인이자 번역가는 또 이렇게도 쓰고 있다. "해방 후에 한 번도 외국이라곤 가본 일이 없는 20여 년의 답답한 세월은 훌륭한 일종의 감금 생활이다."[7]

먼저 이 폐색감을 기억해 두자. 왜냐하면 이 폐색감이야말로 어떤 의미에서는 냉전 시기 포스트 식민 분단국가 대한민국에서 살아가야 했던 자들의 심정에 다름 아니기 때문이다. 이 도저한 네이션 빌딩nation building의 시기에 불온시인은 생각한다. 나는 왜 꿈에서마저 온건한 지리 안에서 맴도는가? 동경, 뉴욕, 런던, 파리, 그리고 홍콩. 이들 '장소'의 저편에 무의식에서조차 봉인되어 버린 광역의 공간이 있다. 동구라파와 러시아와 중공中共이라는, 이 특정할 수 없는 광역의 질서 사이에서 어떤 마음의

고 지적하고 있는데, 이 지적의 옳고 그름을 떠나서 최하림이 부여하는 이 분석은 세대적 엑추얼리티를 감지케 하는 것이다.

6 김수영, 앞의 글, 302쪽. 현재 우리가 전집에서 볼 수 있는 김수영의 글은 당시의 발표지에서 이미 한국어로 번역한 것이다. 그러니까 김수영의 "번역의 수고를 덜은 문장"은 누군가가 번역하는 수고를 거쳐 한국어가 된 셈이다. 일본어와 한국어, 영어 사이를 오갔던 김수영은 끊임없이 한국어의 외부라는 문제를 환기시켰다. 단일언어주의로 재편된 전후 한국문학에서 김수영은 이제 '망령'이 된 일본어와 새로운 헤게모니를 쥔 언어인 영어 사이에서 언어의 위계라는 문제와 외부 없는 내부, 도저한 자기동일성의 구조를 보았다. 김수영과 단일언어주의에 대해서는 서석배, 「단일언어 사회를 향해」, 『한국문학연구』 29, 동국대 한국문학연구소, 2005, 216쪽. 김수영을 비롯한 전후 세대의 문학을 언어적 정체성의 혼란이라는 관점에서 추적하며, 해방 후 '한국문학'의 자기동일성 문제를 질문하고 있는 한수영의 탁월한 논의도 참조. 한수영, 「전후세대의 문학과 언어적 정체성」, 임형택 · 한기형 · 류준필 · 이혜령 편, 『흔들리는 언어들』, 성균관대 대동문화연구원, 2008.

7 김수영, 「反詩論」(1968), 『김수영 전집』 2(산문), 민음사, 1981, 257쪽.

지리가 개시되고 있는가?

이 시기 "꿈에서조차 갈 수 없었던" 바로 그 금지된 공간을 상상한 어떤 영화들이 있었다. 공간적 배경으로 인해 그저 '대륙물' 혹은 '만주물'로 불린 이 영화들의 불온한 공간성은 '항일독립투쟁'의 서사로 상쇄되었다.[8] 이 영화들은 만주를 배경으로 한 '항일독립투쟁'의 액션활극들이었다.[9] 대륙물은 '우연히도' 만주군 장교 출신의 한 '대한민국' 군인이

---

8 만주를 배경으로 한 이 일련의 영화들을 '만주웨스턴'으로 칭한 것은 2003년에 출판된 오승욱의 『한국 액션영화』라는 책자에서이다. 그 스스로 영화감독이자 영화광인 오승욱에 의해 쓰인 이 소책자는 서울 변두리에서 유신 체제를 살았던 한 소년의 매력적인 영화 체험기이자(그는 1963년 생이다) B급 영화라는 이름으로 사라진 영화들에 대한 영화광의 애정으로 가득 차 있다. 2008년 만주웨스턴을 표방하며 만들어진 두 편의 한국영화, '유사' B급 액션영화 〈좋은 놈, 나쁜 놈, 이상한 놈〉(김지운)과 액션영화에 대한 무한한 애정을 과시하는 영화광의 영화 〈다찌마와 리-악인이여 지옥행 급행열차를 타라〉(류승완)가 만들어졌으며, 그해 8월 한국영상자료원은 '만주웨스턴 영화제'라는 이름으로 소위 이 영화들의 원전이라고 할 수 있는 영화들을 상영하였다. 〈좋은 놈, 나쁜 놈, 이상한 놈〉은 주지하다시피 동아시아 시장 전체를 겨냥하며 만들어진 메가톤급 액션 블록버스터이다. 한류라는 흐름 위에 놓인 한국영화가 자신의 영화사 속에서 끌어온 원천이 만주 액션영화라는 설정은 분명 흥미롭다. 한편 이 영화의 영어제목(The Good, The Bad, The Weird)은 이미 그 원천이 된 만주 액션영화 〈쇠사슬을 끊어라〉가 염두에 두고 있는 〈석양의 무법자〉의 영어 원제(The Good, The Bad And The Ugly)에서 비롯된 것이다. 이것이 의미하는 바는 간명하다. 한때 유럽과 미국 시장을 풍미했던 스파게티 웨스턴에 대한 서구시장에서의 향수까지 끌어오겠다는 의도이다. 한편 만주웨스턴이라는 명칭을 둘러싼 이 일련의 과정이 보여주는 것은 이 명칭이 저널리즘적 명칭이 대개 그렇듯 직관적이지만 매우 느슨한 것일 수밖에 없다는 사실이다. 이 명칭의 한계는 다음과 같은 점에서 두드러져 보인다. 오승욱이 그의 세대성 속에서 기술하는 영화들은 1960년대 후반, 더 광범위하게는 1970년대 초중반에 양산된 하이브리드 저예산 액션영화에 집중되어 있다. 또한 1960년대 초반부터 만들어진 대륙물 전체를 '웨스턴'이라는 매우 구속력이 강한 장르명으로 지칭할 경우, 웨스턴 장르에 대한 과도한 참조가 이루어질 가능성 또한 배제할 수 없다. 그러나 〈좋은 놈, 나쁜 놈, 이상한 놈〉의 예에서 볼 수 있듯 만주웨스턴이라는 명칭 자체가 대중문화적 상상력에 현재 지니고 있는 영향을 생각한다면, 이 명칭은 충분히 현재적인 의미가 있다.

9 이 영화들을 '대륙물'이라는 명칭으로 일괄한 것은 1969년에 발간된 이영일의 『한국영화전사』에서이다. 이 책에서 이영일은 대륙물을 스릴러 영화와 구별하여 '구형활극'의 범주에 집어넣었다. 이영일, 『한국영화전사』, 소도, 2004, 371쪽(초판 1969년). 이후의 협객물까지 포함하여 한국에서 액션영화들은 통칭 '액션활극'으로 칭해졌다(『1977년

쿠데타를 일으키기 직전에 도착했고, 이후 이 장르는 제3공화국 내내 성행했다.[10] 한편 대륙물이 사라져 가던 1960년대 말 '조선의 협객' 혹은 '대한의 협객'을 자처하는 일련의 한국식 야쿠자 영화들이 등장하였다. 이 영화들은 곧 '협객물'로 불리며, 1970년대 홍콩식 권격영화의 막강한 시장 점유의 한켠에서 "지방을 중심으로 남성 관객들을 끌어들이는 데 성공"하였다.[11] 지방에서의 인기에도 불구하고, 혹은 이것이야말로 그 인기의 비결이었는지도 모르지만, '협객물'의 배경은 식민지 시대의 경성 또는 대한민국 성립기의 서울을 벗어나지 않았다. 노골적인 '서울 중심주의'를 보여주는 이들 영화는 내러티브의 시대적 배경에 따라 항일과 반공의 서사를 오갔다. 대륙물과 협객물은 각각의 영화들이 배경으로 삼고 있는 시공간상의 차이에도 불구하고 한 가지 사실에서 동일하다. 이 영화들은 싸우는 영화들이고, 당연하게도 싸울 '적'을 필요로 한다.

이 차이와 같음이 의미하는 바는 무엇인가? 왜 1960년대의 시간에 한국영화는 처음으로 외부를 상상했으며, 그 외부는 하필 식민지 시기의 만주가 되었는가? 왜 1960년대 초반에 시작된 '대륙물'은 10년간의 흥망성쇠를 거쳐 1970년대 초반 사라져 버렸는가? 왜 '대륙물'의 조락기에 '정의로운 깡패'가 주인공인 협객물이 등장했는가?

도판 한국영화연감』). 한편 이영일은 '협객물'에 대하여 '명동깡패를 다룬 저질 액션물'(이영일, 『이영일의 한국영화사 강의록』, 소도, 2002, 102쪽)이라고 범주화시키고 있다.
10 대륙물의 시작은 1961년 2월에 개봉한 정창화의 영화 〈지평선〉으로 알려져 있다. 위의 책, 282쪽.
11 한국영상자료원 편거영 다큐멘터리 〈60년대 한국영화 가교가 되다〉(http://www.kmdb.or.kr/actor/mmmultimedia_list.asp?person_id=00001480 & div=2#).

만약 정치적인 것의 개념이 적과 동지를 가르는 것이라면,[12] 이들 영화에 등장하는 적의 형상이야말로 대한민국의 '정체政體'를 명료하게 드러내주는 것이리라. 단적으로 말해 이 적은 일본인이거나 공산당이다. 또 이들 영화가 설정하고 있는 공간은 1960년대의 대한민국이 상정하는 역사적이고 정치적인 지리 감각을 보여주고 있는 것에 다름 아니다. 냉전의 최전선 국가의 '국민'으로서, 그 전선 너머로 단 한발자국도 넘어갈 수 없었던 자들의 저 도저한 '폐색감'이 만주라는 '고토故土'를 상상하게 했다면, 대한민국이 상정하고 있는 영토와 실제 사이의 간극은 서울을 중심으로 한 '팔도'의 재편을 상상케 하였다. 즉 대륙물과 협객물이 설정하고 있는 공간은 그 자체로 식민지와 분단이라는 역사적 트라우마를 상상적으로 극복해내고자 하는 전략과 맞물려 있다.

마지막으로 이 영화들은 1960년대가 시작될 무렵에 있었던 하나의 (혹은 두 개의) 사건과 관련되어 있다. 1961년 당시 제2군 사령부 부사령관 소장 박정희와 육군사관학교 8기생들이 한강을 넘어 서울로 진격해온 5·16군사쿠데타는 1960년대를 결정짓는 사건이었으며, 나아가 폭력에 의한 '폭력의 독점'으로서의 국가가 성립하는 '기원적' 사건이었다. 물론 그 어떤 대륙물도, 협객물도 이 사건을 직접적으로 다룬 적은 없다. 당연하게도 권력은 자신의 기원이 상기되는 것을 바라지 않는다. 그러나 대륙물과 협객물은 어떤 식으로든 폭력을 전시하고 있다는 점에서, 이 사건과 연관된다. 대체 만주를 배경으로 한 독립운동 서사, 즉 아직 오지 않은 국가를 성립시키고자 하는 서사와 국가 내부의 범법자들

---

12 C. シュミット, 田中浩・原田武雄 訳, 『政治的なものの概念』, 未来社, 1970, 79쪽.

의 서사는 각각 어떤 식으로 이 사건과 연관되어 있었던 것일까? 분명한 것은 식민지기 만주를 배경으로 하고 있는 대륙물이 법을 세우는 폭력을 보여주는 것이라면, 폭력배가 주인공인 협객물은 법을 범하는 자들의 폭력을 보여준다는 점이다.

2. 혁명과 쿠데타의 봉합 — 제3공화국의 성립과 폭력의 기원

5 · 16군사쿠데타 세력은 자신들의 행위를 '혁명'으로 명명했다.

> 물론 군사혁명은 법실증주의의 견지에서 볼 때 현존 법질서에 대한 침범일지도 모른다. 그러나 그것은 법질서 이전에 있는 또 실지로는 현존 법질서의 기저에 있는 아무에게도 양보할 수 없는 국민의 기본권의 행사이며, 기본적 의무의 이행인 것이다.[13]

쿠데타 직후 발간된 『지도자도指導者道』는 박정희 스스로가 이 쿠데타를 어떻게 인식하고 있었으며, 어떻게 인식되기를 바랐는가를 보여준다는 점에서 흥미로운 텍스트이다. 무엇보다 쿠데타의 주체들은 쿠데타라는 사건과 '현존하는' 법질서 사이의 모순을 해결해야 했다. '현존 법질

---

13 박정희, 『지도자도 — 혁명과정에 처하여』, 국가재건최고회의, 1961, 27쪽.

x
x

x

x

x

서에 대한 침범'은 '법질서 이전에 있는 또 현존 법질서의 기저에 있는' 것으로 간주되는 '국민의 기본권'의 발로로서 이해되어야 하는 것이다. 잘 알려져 있다시피 박정희를 위시한 쿠데타의 주도 세력들은 '혁명'의 어휘들을 잔뜩 끌어들였다. 이를테면 다음과 같은 진술을 보라.

> 무릇 혁명은 낡은 가치관 낡은 질서를 부정하고 새로운 가치관 위에 새로운 질서를 확립하는 일입니다. 16세기 이래의 민주주의 혁명은 계급사회의 절대적 지배를 내용으로 한 절대주의를 부정하고 인본주의에 입각한 인민의 자유와 평등을 이념으로 한 새로운 질서 형성을 위한 투쟁이었고 그 투쟁의 결과 모든 사람은 정치 경제 사회의 모든 영역에 있어서 평등하고 자유스러운 권리가 있다는 가치관과 질서가 확립되었던 것입니다. (…중략…) 5·16혁명은 이와 같은 낡은 가치관 낡은 질서에 대한 부정이요, 새로운 가치관과 새 질서의 정립을 목적으로 한 자기 방어적 민족운동임은 재론을 요하지 않는 바입니다.[14]

물론 이 혁명 담론은 사후적 정당성의 확보를 위해서 불가결한 것이었다. 황병주의 탁월한 분석에 따르면 쿠데타 세력은 4·19와 5·16을 하나의 연속적 사건으로 구성해냄으로써, 즉 혁명의 시작으로서의 4·19와 그것의 완성으로서의 5·16이라는 언설을 구축함으로써 한편으로는 체제의 정당화를 기초 짓고 다른 한편으로는 4·19가 불러일으킨 광범위한 힘의 분출을 체제 내로 환원시키고자 하였다.[15]

---

14 박정희, 「사법부 독자성 발휘로 국민요청 부응하길」, 『사법행정』 3-11, 한국사법행정학회, 1962, 4쪽.

쿠데타 세력의 혁명 담론 구사가 의도했던 바가 무엇인지를 명확히 보여주고 있는 이 분석은 이 세력의 언설적 전략을 드러내는 데 유효하다. 그런데 언설이란 언제나 효과를 염두에 두는 것이다. 그렇다면 어떤 효과인가? '법실증주의'를 언급하고 있는 박정희의 말은 '현존 법질서에 대한 침범'이라는 점에서 혁명과 쿠데타의 차이를 봉쇄한다. 나아가 '국민의 기본권의 행사'의 위임자로서 스스로를 내세운다. 즉, 박정희는 오직 '법'의 형상이라는 관점에서 혁명과 쿠데타를 동일선상에 놓음으로써, 왜 그가 '위임자'여야 하는가에 대한 물음을 차단한다.

박정희가 법학자를 자처할 때, 그가 염두에 두고 있는 것은 권력 혹은 법의 두 계열이다. 구성하는 권력constituting power과 구성된 권력constituted power, 혹은 베냐민의 어법을 따르자면 법 정립적 폭력과 법 보존적 폭력이 그것이다.[16] 다시 말해, "법실증주의의 견지에서 볼 때 현존 법질서에 대한 침범"일지도 모르나 "법질서 이전에 있는 또 실지로는 현존 법질서의 기저에 있는 아무에게도 양보할 수 없는 국민의 기본권"의 발로라고 말하는 순간 박정희는 자신의 폭력이 바로 '법 정립적 폭력'이라고 선포하고 있는 것이다. 구성하는 권력constituting power이 제헌 권력으로 번역되는 사정은 이미 이 그 원어가 그러하듯이 헌법constitution의 위치와 관계한다.[17] 실제로 제3공화국의 성립은 '제5차 헌법 개정'과 함께하였다.

---

15 황병주, 「박정희 체제의 지배담론」, 한양대 박사논문, 2008, 86쪽.

16 발터 벤야민, 최성만 역, 「폭력비판을 위하여」, 『발터 벤야민 선집』 5, 길, 2008.

17 박정희는 다음과 같은 대한민국 재판정에서 내린 판결 속에서 결정하는 자로서의 주권자의 형상을 명확히 한다. "국가를 보위하며 국민의 자유와 복리의 증진에 노력하여야 할 국가 원수인 동시에 행정의 수반이며 국가의 통사자(統師者)인 대통령이 제반의 객관적 상황에 비추어서 그 재량으로 비상계엄을 선포함이 상당하다는 판단 밑에 이를 선포하였을 경우 그 행위는 고도의 정치적, 군사적 성격을 띠는 행위라고 할 것이어서 그

대한민국은 이 순간 이후로 강력하게 스스로를 구성해 나가기 시작하는데, 그 어느 때보다도 치밀하게 내부를 동질화하고 그럼으로써 외부를 실제적으로 또한 상상적으로 지워 나가려 하였다. 제3공화국이 성립된 기원으로서의 쿠데타의 기억은 지워져야 했으며 매우 적나라한 방식의 '폭력의 독점'(더 정확히 말하면 폭력의 권리에 대한 독점)이 이루어져야 했다.[18]

법의 외부와 내부 사이의 비식별역으로부터 스스로 주권 권력의 위임자를 자처하는 한 독재자[19]가 출현한 이 순간 이후, 두 계열의 '액션'영

선포의 당, 부당을 판단할 권한과 같은 것은 헌법상 계엄의 해제요구권이 있는 국회만이 가지고 있다고 할 것이고, 그 선포가 당연무효라면 모르되 사법기관인 법원이 계엄선포의 요건의 구비여부나 선포의 당, 부당을 심사하는 것은 사법권의 내재적인 본질적 한계를 넘어서는 것이 되어 적절한 바가 못 된다." 대법원판결 1964.7.21(김남진, 「통치행위와 사법심사」, 『사법행정』 30-5, 한국사법행정학회, 1989, 21쪽 재인용).

18 이 순간 박정희의 다음과 같은 말은 매우 의미심장하게 들린다. "법대로 하면 독재가 아니다. 개헌도 무엇도 법대로 하면 민주주의다. 사상, 이념보다 법이 중요하다. 선거도 법에 있으니까 해보는 것이다." 조갑제, 『내 무덤에 침을 뱉어라』 8, 조선일보사, 2001, 27쪽. 박정희의 시대를 재구성할 때 흔히 범하는 오류는 폭압적 정치상황으로 인해서 그의 법에 관한 언급을 거의 대부분 강제력(force)으로 이해해 버린다는 데 있는 듯하다. 실제의 차원에서 이 인식은 정당한 것이지만, 그렇게 이해하는 순간에 이 시간은 근대 주권논리의 폭력성이 명백하게 드러나는 시간이 아니라 우리가 극복해야 할 '독특한' 폭력의 시대 정도로만 분석되어 버릴 가능성이 있다.

19 여기에서 예외를 결정하는 자로서의 주권자, 구성하는 권력, 제헌적 권력과 관련된 주권자의 위치에 관한 아감벤 특유의 위상학적 사고를 참조할 수 있을 것이다. 아감벤이 인용하고 있는 정치학 전문서적에서 구성하는 권력과 구성된 권력은 다음과 같이 정의되고 있다. "즉 만약 제헌적 권력과 제정된 권력이라는 구분의 진정한 의미를 파악하려면 필연적으로 양자를 서로 다른 차원에 위치시켜야 하기 때문이다. 제정된 권력은 단지 국가 내부에 존재할 뿐이다. 즉 사전에 구축된 법질서와 분리될 수 없으며, 또한 국가라는 틀을 요구하는 한편 이러한 국가의 현실을 외부로 드러내는 것이다. 반대로 제헌적 권력은 국가의 외부에 위치한다. 그것은 국가에 아무런 빚도 지고 있지 않으며 국가 없이도 존재하고, 또한 아무리 끌어다 써도 결코 고갈되지 않는 원천과도 같다." Georges Burdeau, *Traité de science politique* t.IV(조르조 아감벤, 박진우 역, 『호모 사케르』, 새물결, 2008, 101~102쪽 재인용). 아감벤은 슈미트를 해석하면서 주권의 역설을 다음과 같이 명료하게 표현하고 있다. ""주권자는 법질서의 외부에 내부에 동시에 존재한다." (…중략…) 여기서 '동시에'라는 명확한 표현은 결코 사소하지 않다. 법의 효력을 정지시킬 법적 권한을 가진 주권자는 법적으로는 법의 외부에 위치한다는 것이다. 즉 그러한 역설

화가 순차적으로 나타나게 될 것이다. 1960년대의 한국영화가 시차를 두고 "광활한 만주 벌판을 배경으로 한 방랑자의 통쾌한 활극"과 "도시에 기생하는 폭력배들의 활극"[20]을 그리기 시작한 것은 우연이 아니다. 왜냐하면 이들 액션영화는 정치 영역의 폭력과 법을 역사적 기억과 뒷골목의 흥취로 재구성해낸 것이었기 때문이다. 폭력과 법의 기원은 영화라는 장치 안에서 다시금 반복된다.

3. 만주물─장르로 묻고, 역사에서 배우기

대륙물 장르의 생성과 변이─전쟁, 웨스턴, 무협

대륙물에 대한 영화사가 이영일의 간명한 요약을 빌려오자면 "소위 파란만장형의 활극오락물"인 이 영화들은 "일제 강점기를 배경으로 일본군, 비적, 팔로군, 국부군, 한국독립의 용사 등등이 얽히고설키면서 일대 로망을 엮는다는 줄거리"로 엮이어 있었다.[21]

이 영화들을 하나의 장르로 구성시켜내는 몇 가지 키워드들을 정리하자면 다음과 같다. 첫 번째, 이들 영화들의 시공간적 배경은 통상 식민지

은 이렇게 표현해볼 수도 있을 것이다. "법은 법 자체의 외부에 위치해 있다" 또는 "나, 주권자는 법의 외부에 위치하면서 법의 외부란 없다고 선언한다.'" 위의 책, 55~56쪽.

20 이영일, 『한국영화전사』, 소도, 2004, 282쪽(초판 1969).

21 위의 책, 372쪽.

시대의 만주이다. 두 번째, 따라서 이 공간에서 가장 주된 힘의 대치 상태를 이루어내는 것은 독립군과 일본군이다. 세 번째, 여기에 다른 힘들이 가세한다. 비적 혹은 전문적 도둑, 밀정, 국제 갱 등등. 그러면서 이 영화들은 두 개의 항 사이에 스스로를 위치시킨다. 즉 한편으로 실재했던 역사적 시간을 끌어들이지만, 실제로는 구체적인 어떤 시간적 지표도 의도적으로 탈각시킴으로써 상상적 지리[22]의 영역을 만들어낸다. 이 영화들이 제기하는 질문이 더없이 흥미로워지는 것은 바로 이 지점, 역사적 시간과 상상적 지리라는 이 두 개의 항의 거리와 엮임에서 비롯된다.

1960년대 초부터 1970년대 초까지 약 10년간 지속된 이 장르의 영화들은 이 기간 동안 매우 드라마틱한 내부적 변이를 거친다. 초중기 형태가 스펙터클을 강조한 대작 영화 중심이었다면,[23] 1960년대 중후반을 지나며 이 장르의 영화들은 저예산−양산화되었으며 그 규모의 특성상 당시 한국 영화시장에서 폭발적인 호응을 얻기 시작한 이탈리아 서부극의 영향을 직간접적으로 반영하였다. 다시 말해 한국 영화산업 내

---

[22] 김소영은 1960~1970년대에 만들어진 이 대륙활극영화를 지정학적 판타지로서 분석하고 있다. 그녀에 따르면 이 영화들은 박정희 독재정권하에서 그 어느 때보다도 '남한'이라는 폐쇄적 담론 공간이 형성될 수밖에 없었던 당시, 표상의 차원에서 수행된 일종의 상상적 확장이자 동시에 도시 하층 노동자로 대거 편입된 하층 계급 남성들의 '판타지적 해방구'로서의 역할을 수행하였다. 김소영, 「지정학적 판타지와 상상의 공동체−냉전시기 대륙(만주) 활극 영화」, 『근대의 원초경−보이지 않는 영화를 보다』, 현실문화, 2010.

[23] 이 장르의 초중기에 등장한 대륙물 영화들에 관한 기사는 한결같이 얼마나 큰 오픈 세트에서 얼마나 많은 비용을 들여 얼마나 큰 스펙터클을 만들어내었는가에 집중되어 있다. 이를테면 〈지평선〉은 거대한 오픈 세트가 만들어내는 실감나는 하얼빈 시가의 재현(『조선일보』, 1960.12.31)으로 주목받았으며, 〈대지의 지배자〉(정창화, 1963)는 최초의 컬러 시네마스코프라는 점이(『경향신문』, 1963.1.11), 〈두만강아 잘 있거라〉(임권택, 1962)는 제작비 1억, 엑스트라 10만, 실탄 소비량 5만 발이라는 수치(『경향신문』, 1962.1.22)가 실감나는 '스펙터클' 효과를 뒷받침한다고 선전되고 있다. 급기야 '스펙태큘러한 액션물' 〈정복자〉(권영순, 1963)는 20만 명을 상회하는 관객을 동원하며 공전의 히트를 기록하기에 이른다(『한국일보』, 1963.11.29).

부의 맥락에서 보자면 이 영화들은 1960년대 '한국영화의 르네상스'를 준비하게 될 영화 관객의 비약적 성장과 더불어 1958년부터 사용되기 시작한 시네마스코프[24] 촬영 및 스튜디오의 확립 등 인적, 기술적 확장의 결과[25]로서 등장했으며 이후 1960년대 후반부터 가시화되기 시작한 영화산업의 쇠퇴와,[26] 경제개발계획과 더불어 1960년대 중후반부터 도시로 대거 유입되기 시작한 하층 계급 남성들이라는 고정된 관객층의 형성 속에서 당시 이들 남성에게 인기 있었던 유행 장르, 스파게티 웨스턴의 영향하에 놓여졌다.[27]

----

24 시네마스코프는 1962년 이후의 한국영화에서 '기술표준'으로 자리잡았다. 이는 1960년대 초반 한국영화의 기업화 논리와 맞물리는 것이었다. 1962년부터 1978년까지 시네마스코프 시대를 고찰해 나간 김미현은 이 기간이 "한국에서 파시즘적 근대화가 진전된 시기와 일치"한다는 점에 주목, 시네마스코프라는 기술양식이 어떻게 1960~1970년대 한국사회의 근대화 논리를 내재화하고 있는지를 밝히고 있다. 김미현, 「한국 시네마스코프에 대한 역사적 연구」, 중앙대 박사논문, 2004.

25 1960년대 한국영화의 상황은 신필름과 영화법이라는 두 가지 키워드로 요약 가능할 것이다. 안양스튜디오를 거느린 최대 영화사 신필름은 한국영화의 산업화 요구에 대한 대답으로 이해될 수 있으며, 1941년 제정된 영화법을 거의 고스란히 반복해오고 있는 1962년의 영화법은 통제와 조성이라는 두 가지 원칙 위에서 국가 주도의 산업화, 근대화가 영화산업에 어떻게 적용되고 있는지를 보여준다. 초기 대륙물은 이와 같은 1960년대 초중반의 한국 영화산업이 맞닥뜨린 규모의 논리 속에서 제작되었다. 1960년대 중반을 기점으로 나뉘는 대륙물의 규모와 장르적 변화에 대해서는 다음을 참조. 김유진, 「트랜스내셔널 장르로서의 만주활극」, 중앙대 석사논문, 2008.

26 수치상 한국영화 관객 수의 최고점은 1968년과 1969년에 달성되었다. 당시 1인당 연간 영화관람수는 5.61과 5.5에 달했다(한국영상자료원 웹페이지 http://www.kmdb.or.kr/statis/statis_04.asp). 영화 관객 수 1억 7,800명에 이른 이 수치는 1970년대로 들어서면서 급격히 하강하기 시작했으며, 1976년에 이르면 3분의 1 가까이 축소되고 영화관람 횟수는 1.8회에 불과해진다. 고도성장에 따른 산업사회로의 이행이라는 한국사회의 변화 속에서 일어난 한국영화의 급격한 침체에 대해 변인식은 TV수상기의 대량 보급, 영화산업 내부의 적응 실패, 국가의 강력한 영화 통제 등에서 원인을 찾고 있다. 김미현 책임편집, 『한국영화사 開化期에서 開花期까지』, 커뮤니케이션북스, 2006, 219~223쪽.

27 이영일, 『한국영화전사』, 소도, 2004, 372쪽. 이영일이 이 경향의 대표작으로 꼽고 있는 신상옥의 1968년 영화 〈무숙자〉는 '오리엔탈 웨스턴'이라는 캐치프레이즈로 선전되었다. 참고로 〈황야의 무법자〉는 1966년 명보극장에서 개봉, 35만 명의 관객동원을 기록

잘 알려져 있다시피 미국 서부라는 공간성과 강하게 결부되어 있던 웨스턴 장르로부터 미국이라는 장소의 역사성을 분리시킨 최대의 공로자는 스파게티 웨스턴이었다. 그럼으로써 이 이탈리아 서부극은 미국의 건국 신화로서의 서부극의 역사적 감각으로부터 탈피하여 이를 개인의 서사로 옮겨왔다. 이 점에서 이탈리아 서부극이 그 자체로 '웨스턴'이라는 영화 장르에 대한 크리틱 시네마였다는 분석은 전적으로 옳다.[28] 그런데 이 이탈리아 서부극이 웨스턴에 대한 '크리틱'으로서 스스로를 형성할 때, 지대한 영향을 끼친 것은 구로사와 아키라黑澤明였다. 본격적인 스파게티 웨스턴의 시작은 세르지오 레오네의 1964년 영화 〈황야의 무법자〉의 전 세계적인 성공에서 비롯되었다. 〈황야의 무법자〉는 구로사와 아키라의 1961년 영화 〈요짐보用心棒〉의 번안작이었다. 그런데 원작을 명기하지 않은 이 영화는 〈요짐보〉의 제작사인 도호東寶로부터 도작이라고 고소당했으며, 여기에 대해 세르지오 레오네는 〈요짐보〉의 원작 또한 대실 해밋의 하드보일드 소설 『피의 수확』의 표절이 아니냐며 맞받아쳤다.[29] 세르지오 레오네의 언급은 그가 어디까지 의도했는지와 상

<hr />

하였다.

28 이 하위 장르 서부극은 1960년대 스튜디오 시스템의 강력한 규제력의 쇠퇴, 전후 세대 관객층의 등장 등으로 인한 미국 영화산업 내부의 변화와 더불어 유럽의 대중영화시장에서의 이탈리아 영화, 특히 치네치타 스튜디오의 위치라는 문제, 그리고 존 포드에게 경애를 바쳐온 세르지오 레오네라는 걸출한 감독의 존재와 맞물려 등장했다. 이 장르의 절정기였던 1960년대에만 치네치타 스튜디오는 약 400편에 달하는 스파게티 웨스턴 영화를 쏟아냈다. 스파게티 웨스턴에 대해서는 다음을 참조. Christopher Frayling, *Spaghetti Westerns:Cowboys and Europeans from Karl May to Sergio Leone(Cinema and Society)*, I. B. Tauris, 2006.

29 한편 구로사와의 고백이 이를 뒷받침하는데, 리얼한 살진(殺陣)이라는 양식상의 변화를 일으키며 찬바라 영화를 환골탈태시켰다는 일본 내에서의 〈요짐보〉 평가에 대해 구로사와 본인이 해밋의 '하드보일드'한 주인공을 모델로 삼은 산주로의 캐릭터야말로 이 영화 최대의 매력이자 새로움이라고 말한 바 있다. 黑澤明, 聞き手原田眞人, 『黑澤明語

관없이 구로사와 아키라의 찬바라 영화의 전위성이 어디에서 비롯되는지를 보여준다. 구로사와 스스로가 밝히고 있듯, 그의 찬바라 영화들의 뒤편에는 하드보일드 액션영화와 서부영화의 그림자가 드리워져 있었던 것이다.

전쟁영화로부터 변형 웨스턴으로의 이동이라는 대륙물 내부에서 일어난 이 변이는 이 장르의 캐릭터, 내러티브, 갈등의 구축 등에 변화를 가져왔다. 전자가 집단의 대결에 강조점을 두고 있다면, 후자는 강력하고 자유로운 개인의 역량에 초점을 두었다. 한편으로 이 변이가 1960년대 한국 사회가 경험하고 있던 변화와 관계 있는 것은 분명해 보인다. 1960년대 말 경제 개발의 성과가 모습을 드러냈으나, 일반 대중들에게 그 과실은 돌아오지 않았다. 현재의 고난을 상쇄하는 것으로 주어진 '잘 살게 될 것이다'라는 미래형의 약속은 피로감을 누적시켰다. 경제 발전은 필연적으로 분배와 평등에 대한 요구를 불러왔으며, 과도한 국가주의 서사는 이 피로감을 가중시키는 것이었다.

여기에서는 먼저 대륙물 내부의 이 급격한 변화에도 불구하고 이 영화들을 하나의 장르로 묶고 있는 절대적인 기준, 만주라는 배경에 대해서 논하기로 한다. 그러니까 왜 이 지역은 1960년대 주권의 공백 지대로 상상되었는가? 역사적인 실상을 말하자면, 1932년 설립된 만주국은 관동군의 정치적 상상력의 현실태로 등장하였다. 만주국은 그 성패 여부에 대한 평가와는 별도로 강력한 '국가 효과'를 실현하고자 했다.[30] 요

る』, 福武書店, 1991.

30 관동군이 기획한 만주국의 국가 효과에 대해서는 한석정, 『만주국 건국의 재해석』, 동아대 출판부, 1999; 岡部牧夫, 『滿州国』, 講談社, 2007 등 참조.

컨대 만주는 주권성의 공백 지대 혹은 관동군에 의해 이룩된 변종 국가가 아니라 그 인공성으로 인하여 오히려 근대국가 논리가 집약된 장소였다.[31] 그러나 1945년 8월 15일 이후, 근대사 속의 만주는 일본, 한국, 중국 모두에게 각각 패전, 피식민, 점령의 시간을 환기시키는 공간으로서 의도적 망각을 거듭해 왔다. 그런데 갑자기 왜 1960년대 대한민국이라는 시공간에서 새삼 만주가 불려 나오는가? 왜 그 '상상'된 폭력의 시공간 만주에 '구태여' 역사적 시간을 끌어오는가? 그럼에도 왜 구체적 시간(의 지표)은 명기되지 않는가?

외부 상상으로 정통성 만들기—대륙물의 역사적 기반

만주국 성립과 이후 제국이 수행한 전쟁 속에서 식민지말 조선은 명실 공히 '대륙병참기지'였다. 조선은 말 그대로의 후방, "내지內地의 연장"이 되어야 했으며, 그런 한에 있어서 대륙으로 이어지는 첫 번째 관문이었다.[32] 이 이야기는 조선 측에서 말하자면 인적, 물적 자원의 강제적, 반강제적 이동을 의미하는 것이었다.[33] 당시 일본인 7,000만 인구

---

31 Prasenjit Duara, *Sovereignty and Authenticity : Manchukuo and the East Asian Modern*, Rowman & Littlefield Publishers, 2004.

32 대표적으로 야스다 요주로의 『몽강(蒙彊)』의 행로를 떠올려볼 수 있을 것이다. 오사카를 출발한 그는 경주와 부여를 거쳐 경성을 지나 북령철로에서 북경, 그리고 드디어 몽강, 만주국에 이른다. 1943년, 조선이 이미 일본의 내부가 된 이후에 쓰인 이 기행문에서 야스다는 조선과 만주로부터 각각 두 개의 전혀 상반된 상을 찾아내고자 하였다. 경주와 부여에서 그가 보는 것이 일본의 먼 과거, 기원이라면 만주국에서 찾는 것은 제국의 미래이다. 保田與重郎, 「蒙彊」, 『保田與重郎 全集』16, 講談社, 1987.

33 만주국에 거주한 조선인의 수는 1945년 당시 216만 명에 달하였다. 같은 시기 재만 일

중 155만 대 조선인 3,000만 인구 중 216만. 누가 갔는가 하면, 일본인보다는 조선인이 갔다. 한국영화가 만주를 상상한 이유는 그 기억을 지닌 인민의 수와 무관하지 않다. 1960년대의 만주는 기억 가능한, 그러면서도 시간의 거리 속에서 변형 가능한 공간이었다.

첫 결절점은 1945년 8월 15일과 함께 찾아온다. 해방은 38선[34]과 더불어 대규모의 귀환을 낳았다. 해방은 분명 환희와 감격의 순간이었지만 또한 새로운 경계 긋기와 "귀환민들의 급작스러운 수적 팽창"을 의미하는 것이기도 하였다.[35] 그리고 두 번째의 결절점. 1953년 7월의 휴전협정과 함께 열전은 '잠정' 종결되었다. 내전인 동시에 미소 블록의 대리전의 결과로서 성립한 대한민국은 아시아에서의 '반공기지'로서 국가의 정당성을 확보할 수 있었다. 1961년 쿠데타로 정권을 장악한 새로운 세력 또한 변함없이 "미국을 비롯한 자유 우방과의 유대를 더욱 공고히 할 것"을 선언하고 있다. "미국을 비롯한 자유민주주의 여러 친구 나

본인은 약 155만 명이었다. 야마무로 신이치, 윤대석 역, 『키메라, 만주국의 초상』, 소명출판, 2009, 341쪽.

34 38선을 긋는 결정은 8월 6일과 9일 히로시마와 나가사키 원폭투하 직후인 8월 10일과 11일 사이 미국무성, 육군성, 해군성, 3성조정위원회의 야간회의에서 결정되었다. 브루스 커밍스, 김자동 역, 『한국전쟁의 기원』, 일월서각, 1986, 168쪽. 브루스 커밍스가 묘사하는 이 경계 긋기는 실로 우스꽝스러운 것이다. 그러나 브루스 커밍스 스스로도 밝히고 있듯 38도는 1896년 및 1903년에 러시아와 일본 사이에서 분할이 토의된 바로 그 경계선이기도 하다.

35 장세진은 해방과 분단, 그리고 민족, 계급의 대이동이 "예기치 않았던 수축과 폐색으로서의 공간감각"을 낳았다고 말한다. 장세진이 주의깊게 추적하고 있는 해방기 공간에서의 태평양에 대한 상상력의 등장은 바로 이 수축을 원점으로 미국 주도의 달러 블록으로 일시에 편입해 들어간 냉전기 대한민국의 공간적 상상력에 다름 아니다. "38선 이하 한정된 지역체인 남한의 입장에서 태평양은, 아메리카라는 새로운 정치적 파트너십과 더불어 '탈식민' 국가의 낙관적 미래를 아로새겨 넣을 수 있는 거대하고 텅빈 자유로운 공간이었던 셈입니다." 장세진, 「해방기 공간 상상력의 전이와 '태평양'의 문화정치학」, 『상허학보』 26, 상허학회, 2009, 122쪽.

라와의 우정과 의리로 얽히고 맺은 노끈을 한층 더 두텁고 굳건히 할 것이요 자유민주주의 원칙에 비쳐서 어긋남이 없는 국토의 통일을 한 사람도 빠짐없이 거족적으로 추진할 것이다."[36] 해방과 분단, 내전과 열전을 거치면서 기억은 남았지만, 경험 공간으로서의 외부는, 적어도 대륙쪽에서는 사라졌다. 남은 것은 기억뿐이었다. 그런데 해전海戰이 아닌 한전쟁의 기억이란, 증오하되 논하지도 규정하지도 말아야 할 '사건'인 내전, 6·25'사변'과 즉각적으로 연결되었다.

대륙물은 해방 이후 한국영화에서 거의 유일하게 '전쟁'의 이미지를즐긴 영화들이며, 이 쾌락의 근거는 이 영화들이 배경으로 삼고 있는 시공간적 외부성에서 비롯된다.[37] 그런데 1960년대의 시간에 호출된 이외부는 내부를 구성하기 위한 것이었다. 따라서 내부가 공고해지는 순

---

36 박정희,『혁명과업 완수를 위한 지도자의 길, 국민의 길－1962년도 시정방침』, 공보부, 1962, 23쪽.

37 시공간적 외부를 배경 혹은 서사에 지속적인 영향을 끼치는 하나의 근거점으로 삼고 있다는 점에서 대륙물과 더불어 (이영일이 '구형활극'의 두 범주 중 하나로 칭한) '마도로스물', 그리고 동시대의 홍콩과 도쿄라는 두 공간을 끌어들이는 영화들을 함께 이야기할 수 있을 것이다. 이때 외부는 흔히 두 가지의 기능을 하고 있는 것으로 보인다. 첫 번째, 오랜 부재로 인해 붕괴된 가족을 재건하고자 하는 자들의 귀환으로부터 서사가 추동되는 일련의 영화들에서 외부는 이 돌아온 자들의 부의 원천으로 상기된다(이를테면〈남(南)〉(권철휘, 1968)에서 거부가 되어 돌아온 리차드 정은 전 세계를 돌아다니며 부를 쌓았고 현재는 사라와크에서 목재상을 하는 거부이다. 혹은 〈홍콩서 온 마담 장〉(신경균, 1970)에서 마담은 홍콩 암시장의 거물이다). 두 번째, 서울에서는 도저히 불가능한 국제성을 담보하고 있는 홍콩과 도쿄라는 공간은 그 개방성만큼 매혹적인 동시에 '빨갱이'들과 조우할 수 있는 위험한 공간이기도 하다(〈국제간첩〉(장일호, 1966)에서 간첩은 도쿄와 홍콩을 주 배경으로 암약하며, 〈동경특파원〉(김수용, 1968)에서 도쿄는 조총련계의 음모로 들끓는다). 1960년대와 1970년대 초반 남한 사회에서 자본이 상상되는 방식과 관련하여 〈남〉과 같은 영화를 분석하고 있는 배주연의 논의는 시사하는 바가 큰데(배주연,『귀환 모티브로서의 '돌아온' 시리즈 연구－1960〜1970년대 남한에서의 민족국가 담론형성과 탈식민 동학을 중심으로』, 한예종 예술전문사논문, 2006), 매혹과 경계를 오가는 자유우방, 즉 태평양 달러 블록의 영화적 재현은 공간과 자본의 이동이라는 관점에서 분석될 필요가 있다.

간 대륙물이 사라져간 것은 어쩌면 당연한 일이리라. 여기서 외부가 시간적으로서는 과거(식민지 시기)이며, 공간적으로는 만주를 뜻한다면, 내부란 구성된 법질서의 공고화 및 국가주의의 심화를 함의한다. 그런데 이 외부의 재현은 그 자체로 내부에 상존했던 파열 지점을 보여주는 동시에 다시 한번 그 안에 모종의 균열을 일으키는 일이 될 터이다. 왜냐하면 자기동일성의 구조란 이미 외부가 필요 없는 기능적 내부의 창조를 의미하며, 이때 외부는 아예 재현조차 필요 없는 것이 되기 때문이다. 한편 외부 혹은 외부와 내부를 가로지르는 경계가 없는 한 내부란 성립 불가능하다는 의미에서,[38] 내부의 창조를 위해서는 이 경계의 창조 혹은 외부가 기억의 형태로라도 계속 존재해야 한다. 이러한 인식은 이 장르의 생성과 소멸에 관계하는 역사성에 대한 접근을 필요로 한다.

주지하다시피 대륙물이 설정하고 있는 구체적인 지명으로서의 '만주'는 대한민국과 조선민주주의인민공화국이라는 두 개의 분단국가가 민족이라는 수사를 경쟁적으로 동원하여 국가의 정통성을 끌어내고자 한 공간이었다. 김일성도, 박정희도 만주의 자식이다. 김일성에게 만주가 정통성의 근원으로서 끊임없이 호출되어야 하는 공간이었다면, 박정희에게 만주는 개인사를 덮어 버릴 수 있는 '상상'으로서의 집단 기억이 새롭게 주조되어야 할 공간이었다. 개인 기억의 집단화든, 개인 기억을 은폐하는 집단 기억이든, 그 기억의 실체는 독립전쟁이다.

이미 1946년의 시간에 당대 한국의 대표적 역사가 최남선은 이후 두 개의 분단국가가 공유하게 될 이 장소에 대한 재현방식을 다음과 같이

---

38 에티엔 발리바르, 최원·서관모 역, 『대중들의 공포』, 도서출판b, 2007, 446쪽.

선취하고 있었다. 해방과 함께 쓰이기 시작해, 어느 역사서보다도 빨리 대중화된 이 '독립운동사'는 만주에 대해 이렇게 쓰고 있다.

만주 건국의 후(後)에 만주에 있는 중국측의 불복군인(不服軍人)이 지방으로 분산하여, 게릴라적 항전을 시작하고, 조선 재래의 독립군이 새로 기세를 얻어서 반(反)만 항일전선에 합류하니 그 중(衆)이 삼십만에 넘고, 광대한 지역에 동섬서홀(東閃西忽), 이른바 치안이 언제나 확립될는지 앞이 캄캄하였다. 특히 조선계의 반만군(反滿軍)은 다년(多年)을 두고 산악 험준(險峻)의 지(地)에서 내핍인고(耐乏忍苦)의 작전에 백련(百練)한 나머지요, 장백산휘(長白山彙)의 지리를 촉조적(燭照的)으로 정통(精通)하여, 그 험이원근(險夷遠近)을 자유롭게 이용함으로써, 일본군이 아무리 가서 공격을 더하되 백전백패를 되풀이하고, 다만 자유자재로 잡았다 놓았다(擒縱自在)하는 그네의 신기묘산(神機妙算)을 감탄하고 돌아옴이 유일한 결과라 할 지경이었다.[39]

1945년 10월 동명사를 재건한 최남선이 1949년 2월 반민특위로 서대문형무소에 수감되기 전까지 출판, 간행한 역사서는 그 양만으로도 놀라운 감이 있다.[40] 그의 이러한 '분투'가 펼쳐낸 간명한 시공간 규정은

39 최남선, 『朝鮮獨立運動史』(초판 동명사, 1946), 『육당 최남선 전집』 2, 동방문화사, 2008, 654쪽.
40 최남선 전집에서 확인되는 1946년부터 1948년까지의 동명사 간행 저서는 다음과 같다. 『조선독립운동사』, 『신판조선역사』, 『조선상식문답』(재판), 『쉽고 빠른 조선역사』(이상, 1946년). 『국민조선역사』, 『역사일감 상』(1939년 「매일신보」 연재물), 『조선유람가』(재판), 『조선의 산수』, 『성인교육 국사독본』, 『조선상식문답 속편』, 『조선역사지도』(이상, 1947년). 『조선의 고적』, 『조선상식 지리편』, 『조선의 문화』, 『역사일감 하』,

차후 등장할 남한의 정권들이 애써 주조하려 했던 만주 기억의 원형적 모습이라 할 수 있을 터인데, 그럴 수밖에 없는 것이 박정희와 최남선은 그 둘 각자가 원하던 집단 기억뿐 아니라, 떠올리고 싶지 않은 '친일' 협력이라는 개인 기억까지 얼마간 공유하고 있었기 때문이다.

1946년 한 해에만 최남선은 『신판 조선역사』, 『쉽고 빠른 조선역사』 등 4권의 역사서를 간행하였다. 해방과 동시에 이제 '국어'가 된 조선어 초중등 역사 교과서가 단 한 권도 없다는 사실 앞에서 최남선은 매우 다급한 심정으로 이 일련의 저작들을 새로 쓰거나 덧써나갔는지도 모른다. 이는 「기미독립선언서」의 기초자이자, 민족 신화의 신봉자였으며, 무엇보다 새롭게 창건된 만주국의 국가 효과를 직접 경험한 만주 건국대학의 교수였던 최남선으로서는 어쩌면 당연한 선택이었을 것이다. 신생국에게 공동기억이란, 사실보다도 그 효과가 우선되는 '요청'의 일종이기 때문이다.

1946년 2월에 간행된 『조선독립운동사』는 1945년 10월의 동명사 재건 이후 처음으로 발간된 저작이었다. 그 속에 쓰인 이 문장, 최남선 특유의 고양감으로 가득 차 있는 이 문장은 일견 과장된 것처럼도 보인다. 그 광활한 땅에서 김일성 부대와 팔로군은 의미 있는 성과를 거두곤 했지만, 일본군이라고 "백전백패를 되풀이하고, 자유자재로 잡았다 놓았다擒縱自在하는 그네(독립군-인용자)의 신기묘산神機妙算을 감탄하고 돌아

_____

『조선상식 제도편』, 『중등국사』(수정판), 『중등동양사』(수정판), 『중등서양사』, 『조선상식 풍속편』(이상 1948년). 류시현은 해방 직후 최남선의 다양한 한국학 관련 서적 출판을 "친일활동에 대한 변명"이었다고 지적한다. 이는 당시 그에 의해 쓰인 허다한 한국통사에서 식민지기가 왜 그토록 3 · 1운동만을 중심으로 서술될 수밖에 없었는가를 염두에 둔다면 정당한 평가일 것이다. 류시현, 「최남선, 친일로의 자기부정, 해방 후 변명으로 이중부정」, 『내일을 여는 역사』 20, 내일을여는역사재단, 2005.

옴이 유일한 결과"만을 가져간 것은 물론 아니었다. 최남선이 이 글을 쓸 당시의 상황을 염두에 둔다면 이 과장은 오히려 미소 양국의 분할 점령이라는 해방 정국에서 조선이 앞서 끝난 전쟁에서 일정한 역할을 했다는 것을 입증할 절대적 필요에서 온 것이라고 보는 게 옳을 것이다. 한반도 내부에서 그런 일이 없었다면, 어디에서라도 독립전쟁은 있어야 했다.[41] 만주는 이 요청된 '기억'의 발명을 위한 최적의 장소였다.

일찍이 불함문화론부터 만주를 민족사의 본원적 공간으로 확인해 온 (비록 이 불함문화론이 만몽문화론으로 옮겨갔다고 하더라도)[42] 최남선의 만주에 대한 위와 같은 서술은 해방 이후 만주에 대한 지배적인 상상력의 시작을 보여준다는 점에서 주목을 요한다. 전쟁 및 교전 공간으로서의 만주가 그것이다. 이후 남한과 북한 양쪽에서 독립군 혹은 해방군(혁명군)이라는 명칭으로 불리며 남북한의 정통성 구성에 절대적인 구심점이 될

41 조선 내에서의 무력 투쟁의 결여는, 이 전쟁의 사후처리 문제에서 조선이 얼마만큼의 발언권을 가질 수 있는가의 문제와 직접 관련되어 있었다. 해방 직후의 건국준비위원회에 참여했던 함석헌의 "해방은 도둑처럼 왔다"는 언급(함석헌, 『뜻으로 본 한국역사』, 제일출판사, 1964, 330쪽), 김구의 다음과 같은 진술은 이 사정을 잘 보여주고 있다. ""왜적이 항복한답니다"고 하였다. 이 소식은 내게 희소식이라기보다는 하늘이 무너지고 땅이 꺼지는 일이었다. 수년 동안 애를 써서 참전을 준비한 것도 모두 허사로 돌아가고 말았다. (…중략…) 지금까지 들인 정성이 아깝고 다가올 일이 걱정되었다." 김구, 도진순 주해, 『백범일지』, 돌베개, 1997, 398~399쪽.

42 '만몽문화론'은 최남선이 만주 건국대에 재직 중이었던 1941년에 행한 강의를 기초로 하고 있다. 즉, 이 논의는 "황색인으로서 백색인에 대항하고, 동양인으로서 소련의 침략을 방어"하는 성전(聖戰)인 중일전쟁(최남선, 「동방민족의 중원 진출과 역사상으로 본 아세아 제민족의 향방」, 『在滿朝鮮人通信』, 1937.7, 5~7쪽) 이후 만주국의 의의를 설파하는 것이다. 여기에서 최남선은 중국과 만주, 몽골을 포함한 북방민족의 문화를 대비시킴으로써 북방 문화의 독자성을 역설하는 동시에, 그 결정체인 만주국에야말로 이 지역의 오랜 전통을 살리는 문화적 사명이 있다고 주장하고 있다. 최남선, 「滿蒙文化」, 『육당 최남선 전집』 10, 현암사, 1974, 316쪽. 불함문화론과 만몽문화론 사이에서 견지되는 최남선의 도저한 일관성에 대해서는 강해숙, 「최남선의 '만몽(滿蒙)' 인식과 제국의 욕망」, 『역사비평』 76, 역사비평사, 2006.8 참조.

바로 그 만주 말이다. 북한은 이 장소에 대한 담론을 확보함으로써 1920년대 이래 일본과 계속적인 교전 상태에 있었다는 내러티브를 형성할 수 있었다. 그럼으로써 국내적 정통성을 담보했으며, 나아가 이 점령의 인식은 식민지 배상 문제와 관련된 국제법적 정당성을 확보할 수 있는 근거가 되었다. 남한의 경우를 보자면, 이승만과 토착 지주 자본가 세력의 연합을 통해 구성된 대한민국의 정당성 결여는 '임시정부'[43]와 더불어 만주의 '독립군'을 통해 대리 보충되어 왔다.

요컨대 만주는 분단된 두 국가가 그들이 하나였던 순간을, 다시 말해 하나의 민족을 구상하고자 할 때 필수불가결한 공간으로서 작동하는데, 바로 이곳에서야말로 제국에 대한 가열찬 전쟁의 기억이 지속될 수 있기 때문이다. 그럼으로 각각의 국가는 이 장소를 전유함으로써만 민족 −국가의 정당성을 확보한다. 그런데 바로 이 점과 관련해서 이 영화들은 내전의 기억을 안고 있는 분단국가 '대한민국'의 어떤 표상의 딜레마와 연결되어 있다. 독립전쟁의 '영광'과 한국전쟁의 트라우마 사이의 이미지적 교착이 그것이다.

----

43 1948년 제정된 대한민국 헌법의 첫 문장은 대한민국이 '3·1운동으로 건립된 대한민국 임시정부의 법통'을 계승하고 있음을 분명히 하고 있다. 이 문장은 1987년 민주화 이후 개정된 현재 헌법에도 면면히 남아 있다. 현재 대한민국 헌법의 전문은 다음과 같다. "유구한 역사와 전통에 빛나는 우리 대한국민은 3·1운동으로 건립된 대한민국임시정부의 법통과 불의에 항거한 4·19민주이념을 계승하고, 조국의 민주개혁과 평화적 통일의 사명에 입각하여 정의·인도와 동포애로써 민족의 단결을 공고히 하고, 모든 사회적 폐습과 불의를 타파하며, 자율과 조화를 바탕으로 자유민주적 기본질서를 더욱 확고히 하여 정치·경제·사회·문화의 모든 영역에 있어서 각인의 기회를 균등히 하고, 능력을 최고도로 발휘하게 하며, 자유와 권리에 따르는 책임과 의무를 완수하게 하여, 안으로는 국민생활의 균등한 향상을 기하고 밖으로는 항구적인 세계평화와 인류공영에 이바지함으로써 우리들과 우리들의 자손의 안전과 자유와 행복을 영원히 확보할 것을 다짐하면서 1948년 7월 12일에 제정되고 8차에 걸쳐 개정된 헌법을 이제 국회의 의결을 거쳐 국민투표에 의하여 개정한다." 대한민국 법제처 국가법령센터(http://www.law.go.kr).

4. 두 적에 맞서 ─ 반공와 항일

대륙물의 시작 지점에 반공 전쟁영화가 놓여 있었다는 지적은 다시 한번 주의 깊게 검토될 필요가 있다. 그러니까 왜, 어떻게, 반공영화라는 지평에서 급작스레 대륙물이라는 통국가적 장르가 생성되었는가?

반공영화라는 것이 처음에는 순수했지만 나중에는 반공영화라는 미명하에 폭력영화가 나온 겁니다. 말하자면 폭력 액션영화가 만주를 배경해서 액션영화가 나와. 액션영화가 그때까지 한국에 불모지인데. 한국영화 옛날에 피스톨 나와서 사람 죽이는 장면이 하나도 없어요. 칼도 무슨 일본영화같이 검술 같은 것은 없었다고. 뭐 손으로 이렇게 당수나 하지. 한국영화는 정말로 폭력적인 것이 없었어. 그런데 반공영화가 오히려 거기 공산당을 들여놓고 공산당을 죽이는 일에 대해서 폭력을 행사하고 그 폭력적인 걸로서 액션에 대한 어떤 대리만족 받으니까.[44]

호현찬의 이 사소하달 수도 있는 증언이 흥미로운 것은 단지 한국영화사 안에서 액션영화 장르가 가져다주는 쾌감, '액션에 대한 어떤 대리만족'이 반공영화로부터 비롯되었다는 사실을 말해 주기 때문만이 아니다. 오히려 이 언급은 1950~1960년대 초반까지 꾸준히 만들어졌던 반공 전쟁영화가 왜 "만주를 배경"으로 하는 액션영화로 옮겨갈 수밖에 없

44 한국영상자료원 편, 「호현찬」, 『한국영화를 말한다, 1950년대 한국영화』, 이채, 2004, 373쪽.

는가를 보여준다는 점에서 흥미롭다.

"공산당을 들여놓고 공산당을 죽이는 일." 이 장면은 대한민국이라는 분단국가의 정치 공동체가 어떻게 성립되는지를 보여준다. 그러니까 이 것은 적의 현현인데, 결정적인 것은 이 적이 개인이 아닌 '공산당'이라는 이름의 집단이라는 사실이다. 그 혹은 그녀가 철수인가, 영희인가는 중요하지 않다. 그 혹은 그녀는 '공산당'이라는 점이 중요하다. 이 장면은 적을 확인하는 행위야말로 주권의 행위라는 슈미트의 명제를 떠올리게 한다. 이 적은 '공적인 적hostis'만을 의미한다. 당연히 이 적은 "물리적인 살육 가능성" 속에 있는 바로 그 적이다.[45]

반공이 국시國是라는 말은 진실로, 섬뜩하게 '옳은' 말이다. 왜냐하면 공산당이라는 '공적公敵'의 존재야말로 '정치적인 것의 개념'에서 보자면 정치적 공동체를 가능하게 하는 한계조건이기 때문이다. 그런데 이 전쟁은 내전이었다. 죽여도 되는 사람은, 너이면서 또 나이다. 왜냐하면, 또한 이 공적은 '우리'(민족)이기 때문이다. 마치 자본의 운동처럼, 죄(의식)만이 축적되고 속죄를 모르는 대리 만족은 자체 내에서 '공황恐慌, crisis'에 도달할 수밖에 없다. 계속 만족을 느끼려면, 위기 위에서 어떤 지연 혹은 대리 보충물을 만들어내야 하는 것이다. 내전civil war이라는 말 자체에서 보자면, 그들은 절대적으로 우리와는 다른 살육해야 할 적이면서, 또한 본래적으로는 우리와 같은 시민civil이다. 무엇보다 이 잔혹한 반공물은 내전의 기억을 통해 내재하는 외부를 계속 만들어내며, 그런 한에서 '공동체'의 내부성은 늘 위기 속에 있게 된다.[46] 과잉의 제어라는

---

45 C. シュミット, 田中浩・原田武雄 訳, 『政治的なものの概念』, 未来社, 1970, 18~26쪽.
46 물론 내전도 온전한 적의 개념을 설정함으로써 정당화될 수 있다. 한 서북청년회 출신

쾌락의 원칙과 내부의 안정적 창조라는 측면에서 이 국가 장치는 매력적이면서도 위험한 것이다.

공산주의자도 '인간' 인가—〈피아골〉 저편의 만주

내전에서 비롯된 한국 전쟁영화의 딜레마는 적이라는 형상 자체의 이중성에 놓여 있다. 적은 한편으로 대한민국이라는 국가의 내부를 지탱하기 위해 끊임없이 환기되어야 했지만, 이 적은 최악의 경우에조차 인간, 시민, 민족의 얼굴로 드러날 수밖에 없었다.

여기서 1950년대 중반 한 편의 '반공영화'를 둘러싼 논쟁을 상기하는 것은 우리의 논의에 유용한 참조점이 될 것이다. 논쟁은 당시 국방부 정훈국장(이자 시인이기도 한) 김종문이 이강천의 〈피아골〉이 '반공영화'로서 타당한가라는 질문을 제기하면서 시작되었다.[47] 그에 따르면 "'적

의, 그리고 사단법인 건국회 창립회원인 이의 다음과 같은 진술을 보라. "내가 죽느냐 사느냐 하는 문제도 있지만 대한민국이 자유민주주의 국가로서 유지가 되느냐 안 되느냐의 문제이기도 했어요. 같은 민족끼리 어떻게 죽일 수 있느냐는 말들도 많이 하는데, 내 말은 같은 민족이 아니라는 게 아니에요. '국민'과 '민족'을 구분해야 된다는 거지요. 만일 민족만 놓고 생각할 것 같으면 같은 민족인데 제2차 세계대전 때 미국에 살던 일본 놈들이 미국 국민으로서 싸운 건 어떻게 설명할 거냐는 말입니다. 민족이 내 생명, 내 재산을 보호해주는 게 아니에요. 국민이죠." KBS 광복 60주년 특별 프로젝트 편, 『8·15의 기억—해방공간의 풍경, 40인의 역사체험』, 한길사, 2005, 44쪽. 국민과 민족을 나누고 있는 이 발언은 국가(state)와 민족(nation)을 떨어뜨려 생각한다는 점에서 근대 민족국가의 형성 과정 전체를 다시 한번 상기시킨다.

47 〈피아골〉과 함께 김종문이 제기했던 또 한 편의 '문제적' 반공영화는 김기영의 데뷔작 〈죽엄의 상자〉(1955)였다. 김종문은 이 영화가 "관중의 심정취미에 영합하려는 상업적인 기도를 주목적으로 해서 제작된 엽기물"이라는 점에서 올바른 반공영화가 아니라고 공격하였다. 여기에 대한 반론은 오영진에 의해 이루어졌다. 리버티 프로덕션에서 제작한 한미합작 영화이자 (그 덕분에) 미첼 카메라 촬영과 해방 이후 영화 최초로 동시 녹

색 빨치산을 영웅화'하는 맹점을 내포한 것이라고 규정할 수밖에 없는"
이 영화는 "자유와 반자유라는 상반된 두 개의 세계가 대결하는 모습은
고의적으로 제외되고 있으며 따라서 화면에 등장하는 인물들은 전부가
공산빨치산들로만 국한되어 있"다는 점에서 문제적이다.[48]

　　김종문의 글에 대해 임긍재는 〈피아골〉을 옹호하는 반론을 제기하였다.

　　영화가 삐라가 아닌 이상 구호식 선전 도구화는 될 수 없으며, 그것이 예
　　술의 양식을 갖추고 있는 이상 형상화되지 않으면 안 되며, 또 백보를 양보
　　하여 선전적 입장에서 많은 관중을 끌기 위하여서라도 감명 깊은 영화를 제

음 제작된 영화 〈죽엄의 상자〉에 대한 오영진의 옹호는 다음과 같은 언급으로 요약 가능
할 것이다. "계몽적 가치와 목적을 가진 작품은 그 계몽성이 크면 클수록 교과서와 같은
무미건조한 교훈을 피하고 관객이 더욱 친근하고 재미있게 볼 수 있도록 가급적 풍부한
오락적 요소를 가미하여야 한다." 오영진은 영화를 언제나 효용과 권능의 차원에서 파
악해 왔다. "액숀 드라마로서의 대중성"을 살린 "반공영화의 또 하나의 타입의 가능성을
제시"한 〈죽엄의 상자〉에 대한 오영진의 평가는 이러한 그의 영화에 관한 생각을 정확
히 보여주는 예일 것이다. 오영진, 「반공영화의 몇 가지 형―〈주검의 상자〉를 중심으
로」, 『한국일보』, 1955.8.4~5.
48　"〈피아골〉은 ① 빨치산들의 산생활을 통해서 인간 본연의 존엄성을 역설적으로 표현하
고는 있으나 공산주의라는 '이즘'에 대해서는 아무런 적극적 비평이 없고, ② 이 영화에
는 자유와 반자유라는 상반된 두 개의 세계가 대결하는 모습은 고의적으로 제외되고 있
으며 따라서 화면에 등장하는 인물들은 전부가 공산빨치산들로만 국한되어 있다. (…중
략…) ④ 그러기 때문에 이 영화는 빨치산들을 영웅화하는 맹점을 갖고 있으니 대중을
위한 '마스 콤뮤니케숀'에 있어서나 나이 어린 청소년층을 위해서는 오히려 역효과를 가
져올 위험이 있다. ⑤ 본래 이 영화는 빨치산에 대한 일반대중의 엽기적인 호기심을 상
업대상으로 삼았을 뿐이요 반공영화라고는 인정할 수 없다(예술가치를 운위할지는 모
로나 작품이 현실을 반영하는 것인 이상 민족사적 내지는 세계사적 현실과업을 떠나서
순수한 예술 가치란 있을 수 없는 것이다.) 〈주검의 상자〉는 ① 상표만이 한미합동 반공
영화일 따름이요 정확한 의미에서 볼 때 이 작품은 관중의 심정취미에 영합하려는 상업
적인 기도를 주목적으로 해서 제작된 엽기물이다. ② 이 영화는 적의 공작원 내지는 빨
치산을 영웅화하는 반면에, ③ 우리의 군경에 대한 불신을 가져오게 하고, ④ 군인 가족
및 후방 국민들을 고의적으로 무지몽매하게 조작했으며, ⑤ 민족적인 반공투쟁의 대열
밖에서 제삼자적인 방관행위로 우리 국가와 겨레의 운명을 홍행화하고 있다." 김종문,
「국산 반공영화의 맹점―〈피아골〉과 〈주검의 상자〉에 대해서」, 『한국일보』, 1955.7.24.

작하지 않으면 안 된다고 생각한다. 이런 관점으로 보아 오늘날 시비의 대상이 되어 있는 〈피아골〉은 확실히 하나의 획기적인 작품이라 아니할 수 없다. 즉 〈피아골〉은 선전적 가치로 보나 영화예술성으로 보나 아직까지 한국영화로서는 볼 수 없었던 우수한 작품임에 틀림없다. (…중략…) 만일 이 〈피아골〉을 소화시킬 만한 의식 판단이 없다면 우리는 문화 국민의 자격을 의심하지 않을 수 없으며, 또 문화인에 있어서는 문화 감각에 대한 불감증의 고질병자라 아니할 수 없는 것이다.[49]

문화계의 전반적인 옹호[50]에도 불구하고 〈피아골〉은 상영 중지 처분을 받았으며, 약 한 달 후 문제의 장면들을 삭제하고 마지막 빨치산 노경희가 하산하는 장면에 태극기를 삽입('하산'으로부터 '귀순'으로)한 후에야 개봉될 수 있었다.[51]

---

49 임긍재, 「宣傳價値와 映畵藝術性 反共映畵批判의 是非—特히 「피아골」을 中心하여」, 『동아일보』, 1955.8.12.

50 〈피아골〉에 대한 옹호로는 다음과 같은 글들을 참조. 이청기, 「피아골에 대한 소견」, 『한국일보』, 1955.9.1~2; 이정선, 「한국영화의 새로운 스타일—〈피아골〉의 소감」, 『경향신문』, 1955.9.29~30; 김초문, 「〈자유부인〉〈피아골〉〈유전의 애수〉의 한국영화사적 위치」, 『한국일보』, 1956.9.9. 이 글들의 대체적인 논조는 〈피아골〉이 '한국영화예술에 있어서 새로운 스타일'을 보여준 '영화적 예술의 가능성을 제시한' 작품이라는 것이다.

51 〈피아골〉은 1955년 8월 24일부터 국도극장에서 개봉될 예정이었다. 이 영화는 이미 문교부에 검열을 신청하기 이전 국방부 측으로부터 '반공영화로서 타당하지 않다'는 지적을 받았으며, 문교부는 8월 23일 6개 신을 자르는 것으로 검열을 마쳤다. 그러나 다음날 내무부로부터 다시 한번 이 영화가 '국방과 치안상 공개 상연은 좋지 않다'는 내용의 권유를 받음으로 상영중지를 결정한다. 이 영화는 약 한달 후 문제의 장면들을 삭제하고 문교부, 국방부, 내무부의 합동검열 뒤 문교부의 최종 재검열을 받아 공개될 수 있었다. 〈피아골〉을 둘러싼 검열의 추이에 관해서는 『한국일보』, 1955.8.25; 『조선일보』, 1955.8.25; 『경향신문』, 1966.8.26; 『경향신문』, 1955.9.22 등 참조. 이 영화의 검열 과정 중에 불거진 문교부와 국방부, 내무부 등으로 나뉜 검열의 주도권 경합에 대해서는 이봉범의 「1950년대 문화정책과 영화검열」, 『한국문학연구』 37, 동국대 한국문학연구소, 2009.12 참조.

〈사진 1-1〉 〈피아골〉

김종문과 임긍재 사이의 논쟁을 다시 한번 흥미롭게 만드는 것은 이영일이 전하는(더 정확히는 이영일이라는 필터를 거친) 이 논쟁의 기억 때문이다. 이영일에 따르면 "이강천은 '사실상 공산주의자도 인간이다'라고 주장하면서 인간애, 고뇌, 감정을 가진 존재로 표현하고자 했고 임긍재가 감독의 생각을 대변했다."[52] 그리고 잘 알려져 있다시피 〈피아골〉은 남성 엘리트 민족주의에 기반한 한국영화 담론 속에서 "예술적 형상화에 성공한 대표적 반공영화"로 자리매김 되었다.

이 일련의 논쟁(과 기억)은 분단이라는 상황 속에서 한국영화 담론이 어떻게 가치의 위계를 만들어갔는가를('예술적 형상화'와 '휴머니즘'이라는 새로운 가치 기준의 접합) 보여주는 동시에 '예술적 형상화'라는 말로 봉합되지 않는 분단국가 대한민국의 근원적 문제로 우리를 이끈다.

"자유와 반자유라는 상반된 두 개의 세계가 대결하는 모습"은 삭제되어 있고 "화면에 등장하는 인물들은 전부가 공산빨치산들로만 국한되어 있다"는 김종문의 불만은 어떤 의미에서 매우 타당한 것이다. 그러니까 저들은 '적'인데, 어찌 '인간'일 수 있는가? 다시 말해 이 논쟁은 '민족'이라는 난해한 어휘를 회피하는 한에서, '공적'에 대한 적의가 가진 정당성과 공적 자체에 대한 의문을 포함하고 있었던 것이다. 그리고 무엇보다 "먼저 국민citoyen이 되고 인간이 된다"는 루소 이래의 명제가 내포하는 '적'도 '인간'을 분유分有하는가라는 문제를 건드리고 있었다. 국민국가와 분단국가의 아포리아를 동시에 건드리는 중대한 질문이었던 것이다.[53]

---

52 이영일, 『한국영화사 강의록』, 소도, 2002, 65쪽.
53 말년의 이영일은 이 논쟁을 전하며 통절하게 말하고 있다. "이 영화에는 만드는 이나 보는

내전의 상기는 시간뿐 아니라 공간의 재현과도 연결된다. 1962년 영화 〈두만강아 잘 있거라〉(임권택)는 마치 대륙물 내러티브의 전사前史와도 같다. 이 영화가 흥미로운 것은 식민지 시대를 배경으로 하는 영화 중에서 거의 찾아볼 수 없는 한 가지 표상을 보여주기 때문이다. 조선 내부에서 벌어지는 '무력 투쟁'이 그것이다.

그런데 한 가지 짚고 넘어갈 것은 이러한 교전상태가 조선 내부에서 가능했던 시점은 아무리 늦게 잡아도 1910년대 말, 1920년대 초를 넘어가기 힘들다는 점이다. 알다시피 이는 3·1운동에 대한 제국의 가혹한 탄압의 결과였다. 투쟁의 거점은 조선의 외부로 옮겨졌으며, 내부에서의 무력투쟁은 거의 찾아볼 수 없게 되었다. 1919년 4월 13일 상해에서 수립된 '대한민국임시정부'의 창설은 주권의 선포에 다름 아니었으며, 그런 한에서 대한민국임시정부란 현실적인 규모와는 별도로 제국 일본에 대한 심대한 도전이었다.[54] 왜냐하면 이로써 하나의 영토를 둘러싼 대한민국임시정부와 제국이라는 두 개의 주권 사이의 전쟁이 시작되었기 때문이다. "우리 대한국민은 3·1운동으로 건립된 대한민국임시정부의 법통"을 잇는다는 대한민국 헌법의 명기는 이와 같은 관점에서 이해되어야 한다. 대한민국임시정부라는 주권의 선포는 두 주권 간의 전쟁, 즉 '항쟁사'의 원점이 되는 사건이다.[55] 한편 투쟁의 공간이 외부

이에게 논쟁 혹은 잠재된 고통을 불러일으키는 점이 있다. 동족끼리 총질했다는 사실이 관객에게 주는 정신적 중압감이나 고통은 한국영화에서 커다란 문제다." 위의 책, 65쪽.

54 일본이 패전에 이를 때까지 임시정부는 지속적으로 제국 일본의 제1의 감시대상이었다. 『특고월보(特高月報)』는 거의 예외없이 매달 임시정부의 동향을 식민지 관련 감찰의 제1항목으로 삼고 있다.

55 김일성의 무장투쟁을 정치체의 정통성의 바탕으로 하고 있는 북한의 경우, 3·1운동은 남한과 다른 맥락에서 이해된다. 이 사건의 공식명칭은 '3·1 인민봉기'이며, 이 역사서

화될 때 조선 내부는 점령에서 식민의 상태로 이동해갔다(조선총독부의 무단통치에서 문화통치로의 이동). 그러나 여전히 식민이 아닌 점령이라는 인식을 지속시킬 수 있던 장소, 그리하여 가열찬 무장투쟁 ― 두 주권 사이의 '전쟁'을 전개해나갈 수 있는 장소로서 만주는 생활공간으로서의 조선 반도와 주의 깊게 분할된 채 1948년 이후 성립된 남북한 양쪽의 정치체 모두에게 정통성의 근원적 공간으로 자리매김될 수 있었다.

그런데 〈두만강아 잘 있거라〉의 경우 실제에 가까운 '식민지' 재현을 전적으로 거부하고 있다는 것은 영화의 초반부터 명확하게 제시되어 있다. 경성의 산에 단원들이 모여든다. 이들은 여기에서부터 출발할 것이다. 한쪽에 쌓아놓은 무기들이 보인다. 이 무기들은 어디에서 온 것인가? 어떻게 식민 권력의 중심인 경성에까지 전달될 수 있었는가? 실제로 이것은 무리가 있는 설정이다. 이를 가능하게 하기 위해 이 영화는 형상에 있어서 일종의 시간적 도치를 동원한다. 그러니까 이 영화의 '학생독립당'의 형상은 '빨치산'의 형상에 다름 아니다. 악전고투하며 산을 넘고, 지엽적인 전투를 수행하고, 민가에서 식량을 조달하는 이들은 해방 이후 남한 지역에서 유격전을 펼치던 빨치산의 모습이다. 또는 식민지라는 배경하에서라면, 이는 한반도의 외부 혹은 국경 지대에서나 가능한 설정이다. 그렇게 형상 속에 두 개의 시간을 접어 넣음으로써 이 영화는 식민지 조선 내부에서의 무장 투쟁이라는 내러티브를 가능하게 만듦과 동시에 새삼 예기치 않은 내전의 기억을 불러오는 역할을 한다. 이

술의 관점에서 보자면 월슨의 민족자결주의의 영향 속에서 무저항을 표방한 이 봉기는 일정한 한계를 가질 수밖에 없는 것이었다. 이 봉기는 김일성의 무장투쟁이 요청되는 '계기'였다는 점에서 의미를 갖는다. 북한의 3·1운동 인식에 대해서는 다음 논문을 참조. 홍종욱, 「북한 역사학의 3·1운동 인식」, 『서울과 역사』 99, 서울역사편찬원, 2018.

러한 뒤섞임 혹은 기억의 교착이야말로 대륙물의 역사적 생성 기반이 내전과 매우 밀접하게 관련되어 있음을 보여준다.

단적으로 말해 〈두만강아 잘 있거라〉는 어떤 역설 속에 잠겨 있는 것 같다. 첫 번째 역설. 해방 이후 '빨치산'의 형상을 차용해 옴으로써 내러티브 내의 조선 내 독립군이라는 형상의 리얼리티는 강화될 수 있는데 (게다가 국경 지대로 향하는 '학생독립당'과 실재했던 빨치산의 목적은 동일하다. 이들의 목적은 모두 '38선'을 넘어 북으로 향하는 것이다), 다른 한편 이 리얼리티가 강화되면 강화될수록 이 영화는 내전의 이미지에 빠져들며 '동족상잔'의 기억을 재활성화한다. 두 번째 역설. 다시 한번 강조하건대 이들의 목적은 국경을 넘는 것이다. 살아남은 자들은 앞으로의 가열찬 투쟁을 결의하며 만주로 향할 것이다. 그것은 의도와 무관하게 식민지 조선이라는 이 영화의 내러티브적 시간 속에서 무장 투쟁이 지속될 수 있는 장소는 국경 저 너머 만주라는 것을 거듭 상기시키는 효과를 낳는다. 식민지를 점령의 상태로 인식할 수 있는 장소. 그러므로 만주는 또 다시 투쟁의 장소로 거듭난다. 그러나 그러한 변환은 반공영화라는, 극한의 정치영화를 통과하면서 일어난 기억의 교착을 거쳐 가능해진다. 〈두만강아 잘 있거라〉는 내전의 상처와 그 상징적 복수로서의 반공영화가 어떻게 1960년대 한국이라는 공간 속에서 죄와 부채 없는 대륙물이라는 장르[56]로 변환되는지를 보여주는 실례이다. 반공보다는 항일이 안전한 쾌

---

56 한 액션영화광의 다음과 같은 진솔한 진술을 보라. "전쟁영화들을 액션영화에 끼워 넣기는 좀 망설여진다. 국가시책상 반공 전쟁영화들이 만들어졌는데, 같은 동족들끼리 서로 죽이는 내용이 주를 이루는지라, 영화들의 밑바탕에는 죄의식이 숨어 있어서 활력의 쾌감이 장점인 액션영화가 되기에는 정말 불편했다." 오승욱, 『한국 액션영화』, 살림, 2003, 7쪽. 물론 이 진술은 냉전의 봉인이 풀린 이후의 소회이지만, 이러한 불편함이 당대에는 없었다고 가정하기는 어렵다. 반공영화는 가장 많이 만들어진 영화 중 하나였지

〈사진 1-2〉 〈두만강아 잘 있거라〉

락을 제공한다.

　이용호의 〈불붙는 대륙〉(1965)은 식민의 장소로서의 조선과 투쟁의 장소로서의 만주를 연결하고 있다는 점에서 〈두만강아 잘 있거라〉의 후속편 혹은 심화 학습편으로 이해되어야 한다. 전쟁영화와의 노골적인 연계 속에서 만주로 배경을 옮겨 만들어진 〈불붙는 대륙〉은 아마도 이 장르가 낳은 가장 강력한 국가주의적인 서사 중 하나일 터인데, 이 영화가 더없이 흥미로워지는 것은 이 서사를 뒷받침하고 있는 공간 배치 때

만, 반강제적 관객 동원에도 불구하고 흥행에서 거의 성공한 적이 없는 '장르'이기 때문이다.

문이다.

〈불붙는 대륙〉은 만주국의 수도 신경新京(지금의 창춘)에서 시작한다. 배신자 김창배가 독립군으로부터 탈취한 금맥 지도를 들고 경성으로 가는 기차에 오른다. 김창배가 경성에 도착하던 날 밤 뒤따라온 독립군 한동민(장동휘)은 그를 죽이고 다시 신경으로 표표히 사라진다. 일본군 대령은 조선인 출신의 마쓰시타 중위(황해)에게 조선 사람 강지석으로 돌아가 금맥 지도를 찾아올 것을 명한다. 지석은 독립운동을 하러 떠난 아버지에게 버림받은 채 성장하여 일본군 장교가 되었다. 만주로 떠난 지석은 한동민의 독립군 부대에 잠입한다. 남은 이야기는 지석의 회개 과정이다. 먼발치에서 아버지를 보던 지석은 아버지의 죽음을 통해 다시 진정한 조선인으로 거듭나고 한동민을 도와 보급로를 파괴하는 데 공을 세운 후 장렬히 전사한다. 창씨개명기의 조선과 항일투쟁기의 만주와 맥거핀으로서의 지도가 마구 뒤섞이는 이 이야기 속에서, 한 가지 분명한 것이 있다면 바로 민족과 국가의 '영생'이다.

안태, 영생, 번영─폭력의 독점과 상상적 지리의 소멸

민족과 국가라는 것은 영생하는 것입니다. 특히 하나의 민족이라는 것은 영원한 생명체입니다. 따라서 민족의 안태(安泰)와 번영을 위해서는 그 민족의 후견인으로서 국가가 반드시 있어야 하겠습니다. (…중략…) 나라가 잘 되어야 우리 개인도 잘 될 수 있는 것입니다. 나라와 나라는 것은 별개의 것이 아니라 하나인 것입니다.[57]

대륙물이 (적어도 전쟁영화의 영향 속에 놓여 있던 1960년대 중반까지) 강력한 국가-민족주의 속에서 만들어졌다는 것은 주지의 사실이다. 국가＝민족＝나의 결합을 보여주는 한에서, 대륙물의 '폭력'은 허용되었다. 이 탈식민지 서사극들은 대한민국의 정당성을 떠받쳐 주는 공간으로서 만주를 상정하고, 이 공간을 통해 식민지 경험을 투쟁의 서사로 소환, 피식민의 상처를 봉합한다. 바로 이 점에서 대륙물의 주인공들이 거의 예외 없이 죽음을 맞이한다는 것은 의미심장하다. 이 죽음의 순간, 국가의 서사가 가장 강력한 설득력을 획득하기 때문이다. 이 죽음들은 자기 정화의 과정과 역사적 과오를 장례 지내는 상징적 죽음이라 할 수 있을 것이다.

〈불붙는 대륙〉과 〈소만국경〉(강범구, 1964)의 마지막 장면은 아마도 이에 대한 적절한 예이리라. 죽은 지석을 팔에 안은 한동민을 중심으로 독립군 대장, 지석의 여동생 등이 앞으로 걸어 나온다. 양쪽으로 갈라지며 길을 터준 독립군 병사들이 이들 뒤를 천천히 뒤따른다. 혹은 〈소만국경〉에서 영웅적으로 죽은 권춘조(장동휘)의 시신 뒤에 늘어서 있는 독립군 병사들의 얼굴이 길고 느린 패닝을 거쳐 화면을 가득 채운다. 불한당으로 살다가 영웅처럼 죽은 권춘조. 영화 후반부 갑작스러운 긴 플래시백이 시작된다. 권춘조는 본래 독립군이었는데 비적떼 두목의 배신으로 군자금을 뺏겨 갱이 될 수밖에 없었고, 이제 그에 대한 속죄로 군자금 수송을 도우려고 한다.

이 두 편의 영화는 모두 돌아온 탕아 이야기이다. 이들이 죽어야 하는

---

57 「1966년 대통령 연두교서」(1966.1.18),『박정희 대통령 연설문집』3, 대통령 공보비서관실, 1967, 29쪽.

〈사진 1-3〉〈불붙는 대륙〉(위) 〈소만국경〉(아래)

것은 해방의 기쁨 속에서 만들어진 광복영화 〈자유만세〉의 주인공 최한 중(전창근)이 8월 15일 해방이 되는 그날 아침 죽어야 했던 것과 같은 이 유 때문이다. 새벽에 죽은 그는 안타깝게도 해방을 맞이하지 못한다. 이 죽음이 의미하는 바는 명확하다. 그는 남은 자들을 위해 죽어야 했다. 더 정확히는 해방이라는 시간에 의해 한꺼번에 대속代贖된 조선 인민들 에게, 이 죽음은 제의로서의 '희생'을 거쳐 새롭게 태어나는 재생의 신 화이면서, 또한 그 희생으로 인해 남은 자들은 애도의 공동체로 거듭날 수 있다.[58]

58 국가와 희생의 논리, 그리고 애도의 공동체의 성립에 대해서는 高橋哲哉, 『国家と犠牲』, NHKブックス, 2005.

그런데 주목해야 할 것은 만주라는 공간을 배경으로 한 이 애도의 공동체가 특정 시점에서 급격히 약화되어 간다는 사실이다. 1960년대 후반으로 넘어가면서 이 장르 안에서 일어난 급격한 민족주의 언설의 약화에는 세 가지 정도의 이유가 있을 것이다. 첫 번째, 후반기 대륙물이 스파게티 웨스턴 등 타 장르의 강력한 영향하에 놓이게 되었다는 점(다시 말해 1960년대 중후반 동아시아 전반의 액션영화를 둘러싼 통국가적 교섭의 영향하에 놓이게 되었다는 점). 두 번째, 고도 경제 개발에 동원된 하층 계급 남성들이라는 새로운 관객층이 점차 공정하지 못한 분배 속에서 느끼게 된 피로감[59]으로 인해 반복적인 민족주의적 봉합의 모호성과 복합성이 증대되었다는 점. 세 번째, '만주'라는 공간 자체의 설득력이 약화되었다는 점. 즉 이 공간은 언제나 (하나의 힘이 아닌) 복수의 힘들로 점유될 가능성에 열려 있었고, 따라서 이 정치 공동체는 민족주의적 구심력과 함께, 초국가적 원심력에 노출될 수밖에 없었다. 〈소만국경〉은 '만주'라는 복수의 힘들로 점유된 공간에서 어떻게 민족주의적 서사가 약화될 수밖에 없는가를 보여주고 있는 이른 시기의 예이다.

〈소만국경〉의 민족주의적 서사가 〈불붙는 대륙〉보다 더 약해 보이는 까닭은 일본군과 독립군의 대결 위에 또 다른 두 개의 강력한 힘의 소유

---

[59] 이호걸은 남성신파라는 독특한 감성구조-재현양상 속에서 한국영화의 남성성에 관한 설득력 있는 논의를 개진해가고 있는데, 특히 이 장에서 대상으로 삼고 있는 1960~1970년대의 대륙물과 협객물에 한해서 논하자면 어떻게 신파가 각기 달리 배치됨으로써 지배이데올로기와의 길항을 드러내는지를 분석해내고 있다. 그에 따르면 이 영화들은 표면상 일괄적으로 과도한 민족주의적 서사로 일관되는 것처럼 보인다. 그러나 1960년대의 경우 "신파를 절제함으로써 무산계급 판타지를 다루었"다면, "1970년대에는 신파를 과도하게 동원함으로써 무산계급의 고통스러운 현실을 다루었다". 이호걸, 「신파양식 연구—남성신파 영화를 중심으로」, 중앙대 박사논문, 2007, 181쪽.

자들을 추가 배치해 두고 있기 때문이다. 하나는 권춘조이고 또 하나는 비적떼들이다. 문제는 주인공 권춘조가 '국적 불명의 국제 갱 두목'이었을 때 훨씬 근사해 보인다는 점이다. 매력적인 여가수의 구애를 받는 이 신출귀몰한 악당은 자신을 본 자는 누구든 죽임으로써 아무도 그의 진짜 얼굴을 알지 못하게 한다. 영화 속에서 가시화되는 바에 따르면 실크해트와 슈트 차림의 권춘조는 때에 따라 일본군 장교복으로, 중국인 복장으로 계속해서 옷을 갈아입는다. 한마디로 갱 두목 권춘조는 부유하고 여자들에게 인기가 많고 힘이 세다. 이 영화의 플래시백이 갑작스럽게 느껴지는 이유는 간단하다. 근사한 국제 갱 권춘조에게 러닝 타임의 4분의 3이 할애되다가, "보헤미안에게도 조국은 있는 거야"라는 읊조림과 동시에 느닷없는 참회가 시작되기 때문이다. 플래시백은 더할 나위 없이 경제적인 방식으로 서사를 봉합시킨다. 요컨대, 이 영화를 통해 우리가 즐기는 것은 악당 권춘조의 이미지이지 그의 참회의 서사가 아니다. 게다가 과거의 실수를 만회하려고 할 때 그에게 주어지는 것은 죽음이다.

또 권춘조와 더불어 이 영화에서 가장 유쾌하게 그려지는 것은 벌판을 점유하고 있는 '비적'이다. 그들은 벌판 여기저기서 '놀이'를 하며 시간을 보낸다. 이들이야말로 권춘조와 더불어 이 영화에서 가장 모호한 힘의 집단인데, 왜냐하면 이들이 어디에서 온 것인지 당최 알 수 없기 때문이다. 이들을 이끄는 대장은 과거에 권춘조를 배신한 복미(이예춘)이다. 회상 신에서 러시아어에 능통한 복미는 소련군과의 협상에서 통역을 맡고 있다. 카메라가 나무로 만든 표지판 '소만국경蘇滿國境'을 주의 깊게 보여주며 이동해가면 권춘조와 복미, 일군의 소련군이 보인다. 복미가 소련군의 제안을 통역한다. "북만주에 사는 조선인들에게 공산주의

〈사진 1-4〉〈소만국경〉

사상을 주입시켜" 주는 조건으로 무기를 무상으로 주겠다는 제안. 권춘
조는 공산주의자들과 타협할 수 없다는 이유로 이를 거절한다. 소련군
들이 물러난 이후 복미가 권춘조에게 총을 쏘고 무기 구입비를 탈취한
채 사라졌다는 것이 배신의 경위이다. 그렇다면 복미라는 중국 의상을
입은 한국인이 이끄는 이 비적들은 대체 누구인가? 군벌잔당인가? 순수
한 도적떼인가? 팔로군인가?[60] 이예춘이라는 악역 전문 배우가 맡고 있

---

60 실제로 이마이 다다시(今井正)의 1943년 영화 〈망루의 결사대(望楼の決死隊)〉에서 일

는 복미와 이 무리는 과연 한국인이기는 한 건가?

이 복수의 힘이라는 문제는 〈소만국경〉이 몇 가지 장르들을 혼용하고 있는 데서 기인한다. 왜냐하면 장르의 혼용 자체가 각각의 장르를 등에 업은 힘의 등장과 결부되기 때문이다. 이 영화의 오프닝 시퀀스는 전쟁영화, 웨스턴, 갱영화 등 자신이 의거하고 있는 '장르영화들'의 긴 나열처럼 보인다. 전쟁영화의 약호를 동원한 독립군의 등장, 이어서 벌판을 말 달려가는 두 명의 밀사들(웨스턴), 어둠을 등지고 배에서 내리는 권춘조의 등장(갱스터), 권춘조의 목에 현상금을 내거는 일본군 대장, 그리고 비적들. 이 상황은 1960년대 중반 이후 하이브리드 장르화된 대륙물이 왜 그토록 급속하게 민족주의적 서사를 벗어나는가에 대한 단초를 제공해 준다. 그러니까 시공간적 배경과 장르(들) 자체의 약호가 의도와 무관하게 복수의 힘을 배치시키고 있는 것이다. 그 결과 독립군과 일본군 외에, 비적과 도적, 적군赤軍이 등장한다.

〈소만국경〉의 예가 보여주고 있는 것은 대륙물이 전쟁영화에서 비롯되었지만 전쟁영화는 아니라는 사실이다. 왜냐하면 이들은 조국을 위해 싸우지만, 이 조국은 언제나 (내러티브의 시간상) 미래태이기 때문이다. 물론 주인공들은 이미 독립군이거나 독립군과 힘을 합치거나 알고 보니 독립군이거나 이 몇 개의 변수들 중 하나이고, 독립군 측은 대륙의 '보헤미안'들에게 함께 힘을 합쳐 싸울 것을 요구한다. 그럼에도 이 모든 상황은 변덕스러워 보이는데, 왜냐하면 목숨을 요구하고 목숨을 바치는 이 행위의 전제나 계기가 결여되어 있기 때문이다.

본인을 중심으로 조선인, 중국인이 차곡차곡 위계 지어진 국경마을을 위협하는 것은 비적=무장독립군이었다.

여기서 프랑스 혁명을 준비했던 루소의 유명한 명제를 떠올려 보자. "군주가 시민에게 '네가 죽는 것이 국가를 위해 필요하다'고 말할 때 그는 죽어야만 한다." 그런데 이 명제는 다음과 같은 언급으로 이어진다. "왜냐하면 그가 지금까지 안전하게 살 수 있었던 것은 오직 이 계약 조건 하에서만 가능하였고, 또 그의 생명은 이제 자연이 베푼 은혜만이 아니라 국가로부터 조건부로 받은 선물이기 때문이다."[61] 그러나 권춘조나 여타의 비적, 도적들을 위해 국가는 해 준 것이 없다. 왜냐하면 국가 자체가 없었기 때문이다. 그는 국가를 위해 목숨을 바치지만, 아직 그 국가는 오지 않았다. 갑작스레 국가를 상상한다고 해서 이 간극이 채워지지는 않는다. 이들의 회심의 정당성은 회복된 주권―대한민국 혹은 조선민주주의인민공화국의 '정통성'을 투사할 때만 완성되는 게 아닐까?

〈소만국경〉의 처음과 마지막 장면은 바로 이 시간의 낙차에서 오는 난감함을 봉합시키기 위한 노력을 보여준다. 영화의 시작과 함께 자막이 뜬다. "제2차대전 말기, 조국광복을 위해 산화된 수많은 애국열사의 넋이 잠든 북만주 벌판!" 권춘조의 죽음 이후 그의 장인인 독립군 대장이 이끄는 독립군의 행렬이 비치고 이 행렬의 마지막을 권춘조의 아내와 아이가 뒤따른다. 그 위로 처음이자 마지막 내레이션이 흐른다. "애국자는 갔다. 그러나 산화된 젊은 넋은 이렇게 조국을 지켜왔다. 그는 갔어도 굳은 의지를 굽힐지 몰랐던 그의 뜻대로 독립군은 조국 광복의 그날까지 행군하고 있는 것이다." 자막과 보이스는 이미지와 내러티브의 결합 밖에서 개입하는 '외부적' 장치이다. 즉, 현재의 '국가'가 이 자

---

61 장 자크 루소, 이환 역, 『사회계약론』, 서울대 출판부, 1999, 47쪽.

막과 보이스라는 형식으로 영화의 내러티브 상의 시간 속으로 개입해 들어가는 것이다. 의미심장하게도 자막과 보이스는 각각 화면의 전방으로 행진해 오는 독립군과 화면의 후방으로 행진해 가는 독립군의 형상과 연결되어 있다. 그런데 이 장치는 그것이 외부적 장치, 일종의 코멘트, 개입이라는 점에서 영화 본편과 유기적으로 연결되어 있지 않으며, 그러므로 매우 급작스럽다는 인상을 지울 수 없다.

그렇다면 이 영화들이 제기하는 이 난감함의 근원에 있는 것은 과연 무엇인가? 근대국가의 고전적 패러다임이 '세큐리티安泰'의 논리 위에서 성립한다면(이것이야말로 징병제의 논리이다), 이 논리 자체가 처음부터 아포리아 속에 잠겨 있는 것이라 할지라도[62] 이를 벗어나기는 힘들어 보인다. 그러나 이미 벗어나 있는 자들이 있다면, 즉 국가 안에서 태어나지 않았을 뿐 아니라 독립이나 귀속을 희망하지 않으면서도 폭력을 여전히 소유하고 있는 자가 있다면 어떨까? 아마 그러한 영화는 불온할 것이다.

요컨대 강력한 민족주의 서사의 구축을 위해 필요한 전쟁의 이미지, 적의 필요성이 식민지의 외부인 만주에 교전 공간을 상상하도록 한 것

---

[62] 누가 나를 보호해 주는가. 국가다. 국가는 누가 보호하는가. 나이다. 나의 생명을 보호하는 것으로 알려진 국가를 위해 나의 목숨을 버린다는 이 아포리아는 '국가'가 '선험적'으로 존재하지 않는 상황, 혹은 국가의 '선험성'이 의심받는 상황에서 더욱 강화될 수밖에 없다. 아마도 이 아포리아를 가장 선연하게 드러내고 있는 영화는 1943년 조선반도 최초의 징병제가 결정된 그때 징병제 실시를 기념하여 만들어진 영화 〈조선해협〉(박기채)일 것이다. 징병제를 기념하며, 혼인장애를 극복하기 위해 전쟁터로 향하는 '육군특별지원병(학도병)'의 이야기를 그리고 있는 이 영화는 이 강요된 자발성의 형식(육군특별지원병)을 통해 국가가 개인에게 죽음을 요구하는 근대국가의 피의 논리가 결코 자연화될 수 없는 것임을 역설하고 있다. 이 프로파간다─눈물의 멜로드라마는 1943년이라는 시간에 맞서는, 그리고 현재까지 지속되는 이 징병제 국가에 맞서기 위해서 어떤 감정의 진지가 구축될 수 있는가를 보여주는 사례이기도 하다. 이상의 논의는 이영재, 「황군(皇軍)의 사랑, 왜 병사가 아니라 그녀가 죽는가─〈조선해협〉, 기다림의 멜로드라마」, 『여성문학연구』 25, 한국여성문학학회, 2011을 참조.

은 분명하지만, 그 공간의 역사성 아래서 교전은 만인에 대한 만인의 투쟁과 주권 간의 경쟁과 개인과 집단의 귀속 여부라는 어려운 난제들을 끌어들인다. 만주 자체가 주권의 공백 지대도 아니었을 뿐 아니라, 그 필연성이나 정당성 자체가 의심 받는 공간이었기 때문이다. 그렇다면 강력한 민족주의 서사로서의 저항의 역사가 완성되어 민족이 영생하는 것으로 증명되고, 그 위에 번영이라는 근대화의 논리가 중첩되는 순간, 이 장르의 '쓸모'는 급격히 약화될 수밖에 없다. 저항 신화에 기대어 장르 장치를 운용하던 대륙물은 1970년대에 이르러 사라진다.

5. 협객물─'혁명재판'과 정치 깡패

대륙물이 역사와 상상을 뒤섞었듯이 협객물 역시 전후 한국의 정치 폭력의 역사를 서사적 질료로 삼았다. 대륙물이 저항의 신화와 관련된 것이었다면, 협객물은 쿠데타의 정당성과 국가에 의한 폭력 독점의 필연성을 과시하는 형태로 등장했다. 협객물에 대한 이해에서 중요한 사실은 이 영화들이 '실존'했던 정치 깡패의 삶의 이력을 끌어들였다는 점에 있다. 따라서 이 협객물에 대한 본격적인 분석에 앞서 이후 이들 영화에서 서사적으로 변용되게 될 쿠데타 전후의 대표적 정치 깡패들의 활동을 불법적인 것으로 일소하는 과정에서 쿠데타의 정당성을 확보하려 했던 박정희 군사정권의 대응을 살펴볼 필요가 있다. 주지하다시피 이승만 정권은 경찰과 군대 외에도 일종의 사병으로서 정치 깡패 집단을 적극적으로 활용하였다. 이들 정치 깡패는 그 시기 공포정치의 가장 중요한 기반이었다. 4·19의 혁명적 열기와 민주화를 가로채며 등장한 박정희 군사정권은 사회적 무질서의 일소를 쿠데타의 정당성으로 삼으려고 했다. 극단적으로 말해, 쿠데타 정권은 무질서의 요소라는 차원에서 데모집단과 정치 깡패를 하나의 범주로 묶어 버리려 했다.[63]

이 부분에서는 정치 깡패 일소의 논리로서의 '단체 폭력' 금지와 국가에 의한 폭력 독점의 실현 과정에서 변형된 액션영화의 체제 내화라는 문제를 검토한다. 특히 항일전쟁의 신화를 '개인사'적 차원에서 상속하는 한편 해방 후 한국의 정치 폭력의 역사를 상징하는 인물인 김두한을 소재로 한 일련의 협객물이 주요한 분석 대상이 될 것이다. 독립군 아버지를 둔 정치 깡패의 반공 활동이라는 한국 액션영화의 복합 주제를 개인사의 차원에서 체현한 인물인 김두한의 일대기를 다룬 영화가 노정하는 체제 내적 폭력의 문제와 그 정치적 배경과 함의가 이 부분의 논제이다.

---

63 박정희를 위시한 쿠데타 세력들이 내건 '혁명공약'은 다음과 같다. ① 반공을 국시의 제1의로 삼고 지금까지 형식과 구호에만 그쳤던 반공의 태세를 재정비 강화함으로써 외침(外侵)의 위기에 대비하고 ② UN헌장을 충실히 준수하고 국제협약을 이행하며 미국을 위시한 자유 우방과의 유대를 강화함으로써 국제적인 고립에서 벗어나야 하고 ③ 구정권하에 있었던 모든 사회적 부패와 정치적인 구악을 일소하고 청신한 기풍의 진작과 퇴폐한 국민도의와 민족정기를 바로 잡음으로써 민족·민주정신을 함양하며, ④ 국가 자립경제 재건에 총력을 경주하여 기아선상에 방황하는 민생고를 해결함으로써 국민의 희망을 제고시키고, ⑤ 북한 공산세력을 뒤엎을 수 있는 국가의 실력을 배양함으로써 민족적 숙원인 국토통일을 이룩한다. 한국군사혁명사 편찬위원회, 『한국군사혁명사』 1(上), 국가재건최고회의 한국군사혁명사편찬위원회, 1963.

정치 깡패와 혁명재판─ '혁명'의 대중화

정치 깡패에 대한 일소는 5·16군사쿠데타 이후 이루어진 혁명재판 과정에서 '혁명'의 정당성을 전시하는 가장 대중적인 이벤트 중 하나였다. 이 이벤트는 새로운 영화 장르를 모색하던 1960년대 말 한국 영화 시장의 주요한 소재로 다시 불려나왔다. 식민지기부터 1960년대까지의 대한민국사를 영화적 대상으로 삼으려 할 때, 소위 협객들의 이야기는 가장 '폭력적'이고 대중적인 한편 가장 '안전'한 소재였다. 더구나 정치 깡패들의 활동 반경 안에는 임화수로 대표되는, 소위 영화계를 포함한 흥행장이 포함되어 있었다. 이들의 이야기가 대중적으로 확산된 원점이자 쿠데타의 논리 구조가 선명히 드러났던 '혁명재판'의 시점으로 돌아가 보자.

1961년 7월 12일 혁명재판소가 설치된다. 쿠데타의 주역들에 의하면, 5·16 군사 쿠데타 이후 6월 6일 공포된 국가재건비상조치법國家再建非常措置法 제22조에 의거한 이 혁명재판소의 설치는 "5·16군사혁명 이진 또는 이후를 통한 반국가적, 반민족적 부정행위자 또는 반혁명행위자 등을 엄정히 처단함으로써 구악舊惡의 뿌리를 뽑고 혁명의 대도大道를 닦아 민족정기를 바로잡고 그 터전 위에 새나라를 건설해야 한다는 사회적 요청"[64]에 따른 것이었다.

이 '비상조치법'에 기초한 재판의 대상은 "국민 경제를 파탄에 몰아넣은 밀수범"과 독직범 및 반혁명행위사건, "언론, 출판, 결사의 자유를

---

64 위의 책, 1826쪽.

악용하여 반국가조직을 만들고, 용공사상을 고취 선전하는 출판물을 공공연히 발간"한 특수반국가행위사범, "폭력단체를 조직하여 불안한 사회를 더욱 암흑의 사회로 몰아넣게 한" 폭력범, 부정축재범 등이었다. '비상조치법'은 기존 법의 상위에 있는 것이었으며, 일벌백계주의[65]에 입각한 판결은 빠르고 가혹하게 내려졌다. 같은 해 8월 17일 혁명재판소 최초의 사형 선고가 언도된다.

> 특수범죄처벌에 관한 특별법 제7조 제1항 제1호 전단(前段)에 해당하며 형법 제37조 전단소정(前段所定)의 경합범(競合犯)인 바 피고인의 소위(所爲)는 그 범정(犯情)이 전대무비(前代無比)의 극악한 것이라 하겠으므로 전시(前示) 해당법조소정형중(該當法條所定刑中) 사형을 선택하고 형법 제38조 제1항 제1호에 의하여 피고인 이정재를 사형에 처하는 것이다.[66]

이 최초의 사형 선고에 대한 항소는 기각되었고, 형은 선고 두 달 만인 10월 19일 신속하게 집행되었다. 대체 이정재라는 깡패에게 내려진 사형 선고와 재빠른 집행의 근거는 무엇이었는가? 물론 이정재는 일개 깡패가 아니었다. 그의 공식 직함은 동대문상인회 회장이었으며, 그는 부통령 이기붕의 가장 강력한 사병 조직인 화랑동지회의 우두머리였다. 그에게 내려진 사형 선고의 근거는 '단체적 폭력 행위'를 대상으로 하는 특수

---

65 최영규 혁명재판소장의 「취임의 변」에 따르면 "특수범죄처벌에 관한 특별법위반사건, 부정축재처리법위반사건, 부정선거관련자처벌법위반사건 등 그 범죄의 성질상 국가안위에 관련된 중범자들에게는 일벌백계 중점적 처벌주의를 택하여 추상과 같이 처단할 것"이 다짐되고 있다. 위의 책, 1828쪽.
66 한국혁명재판사 편찬위원회 편, 『한국혁명재판사』 5, 한국혁명재판사 편찬위원회, 1962, 293~294쪽.

범죄처벌에 관한 특별법 제7조였으며, 제1항이 명시하는바 수괴 또는 주도적 간부는 최고 사형까지 구형될 수 있었다. 재판에서 논쟁의 핵심은 이정재가 행한 폭력이 단체적 폭력인가, 개인의 폭력인가에 있었다. 변호인단은 한결같이 그의 비범한 육체적 능력을 강조한 데 반해, 공소장은 그가 화랑동지회의 신분증을 발급해 준 주체임을 입증하고자 했다.[67]

이 재판이 의미심장한 것은 다음과 같은 질문을 던지고 있기 때문이다. 왜 단체적 폭력이 문제인가? 국가가 이 순간 극한의 형벌, 개인의 목숨까지도 취할 수 있었던 근거는 무엇인가? 다시 말해 특별법 제7조의 성립은 과연 무엇을 의미하는가? 사형을 언도한 검찰 논고의 핵심은 "민족정기를 바로잡기 위하여 폭력괴수는 극형에 처해야 한다"는 것이었으며, 여기에 대한 이정재의 최후 진술은 "법대로 하라"였다.[68]

혁명재판소에서 사형 선고를 언도받은 또 한 명의 깡패는 임화수였다. 한국전쟁 당시 불하받은 평화극장의 극장주이자 한국연예주식회사

---

67 이정재의 변호사였던 이수욱은 상소문에서 특별법 제7조가 단체적 폭력 행위를 규정하고 있다면 "폭력행위와 단체 또는 집단과의 직접, 간접적 견련(牽連) 관계 즉 행위의 단체성 대유(帶有)"가 입증되어야 한다고 주장한다. 여기에서 그는 흥미로운 예를 제시하고 있는데, 전문을 인용하자면 다음과 같다. "원판결이 인정하는 대로 피고인을 화랑동지회의 회장이라고 가정하고 일례를 들어보기로 하자. 이정재가 누구인지 모르는 낯선 지방에서 어떤 불량배가 이정재에게 폭력을 가해왔고, 그가 이에 반격했다고 해보자. 다시 말해 격투 당시 상대방은 그가 화랑동지회 회장이라는 사실을 몰랐을 때 이정재의 폭력을 단지 그가 행사했다는 이유만으로 단체적 폭력으로 볼 수 있는가? 게다가 원판결에 명시된 바처럼 '피고인의 체력의 비범함'에 세인이 실로 경탄하는 바 있다고 한다면, 피고인이 어떠한 개인에 대하여 폭력행위를 하려면 화랑동지회의 위력을 이용하지 않더라도 소기의 목적을 달성할 수 있을 것이다. (…중략…) 이러한 설례(設例)의 경우는 폭력행위에 단체적 성격이 전연 없음이 명백하다. 따라서 특별법 제7조를 적용할 여지가 없음에도 불구하고, 동조(同條)에 의하여 처단하여야 한다는 해석을 한다면, 이러한 해석이야말로 얼마나 위험한 결과를 초래할 것인가를 넉넉히 짐작할 수 있는 것이다." 위의 책, 299~300쪽.
68 위의 책, 861쪽.

사장으로 한국영화제작가협회 부회장, 한국무대예술원 심의최고위원, 한국반공예술인단 단장 겸 전국극장문화단체협의회 부회장, 서울극장협회 부회장 등의 직함을 달고 있던 그는 1950년대 영화계의(그리고 연예계 전반의) 최고 파워맨이었다. 임화수는 제1, 제2공화국 내내 이승만 정권이 수행한 대중문화 동원의 핵심에 있었다. 이정재와 마찬가지로 임화수에게 적용된 것은 부정선거관련자처벌법 위반 및 특수범죄처벌에 관한 특별법 위반이라는 두 개의 특별법이었으며, "무법지대에 군림하여 민주국가의 법질서를 파괴하여 온" 그를 사형까지 이르게 한 것은 단체적 폭력행위죄의 적용 때문이었다.[69]

이 장면은 말 그대로 물리적 폭력의 독점으로서 국가-시스템이 어떻게 성립되고 있는가를 보여준다는 점에서 의미심장하다. '깡패' 이정재의 "법대로 하라"는 진술에는 어떠한 아이러니도 없다. 왜냐하면 그가 요구한 법은 어디까지나 특별법이 아닌 '형법'이기 때문이다. 그러니까 개인이 개인에게 행한 폭력인 한 특별법은 해당되지 않는다. 두 번째, 바로 이 점과 관련하여 그에게 사형이 내려진 근거가 '특별법'에 있음을 상기해보자. 즉 '혁명'재판소에서 적용되는 법은 예외적인 법, 임시의 법, 특별법인 것이다.

다시 한번 우리의 논의로 돌아가 보자. 외부의 전쟁 상태를 상정했던 저 일련의 '대륙물' 영화들은 바로 이 특별법이 제정되던 순간과 더불어 왔다. 그러나 다른 한편 복수의 힘들의 격전으로 이루어진 이 영화들은 외부를 배경으로 해서만 비로소 성립 가능해지는 것이다. 왜냐하면 특

---

69 위의 책, 935~948쪽.

별법의 결과 내부의 폭력은 독점당했기 때문이다. 이 이야기는 만주를 배경으로 하는 대륙물이야말로 바로 그 복수의 폭력이라는 형태 속에서 예기치 않게 특별법이 제정된 순간을 반복, 모방할 수 있었다는 이야기이기도 하다.

이 사건으로부터 10년이 흘러 우리는 "법대로 하라"가 아니라 법 없이 사는 자들이 등장하는 한국영화사에서 매우 희유한 예와 만나게 된다. 폭력의 기원은 잊혀지고, 대륙물이라는 장르는 이미 쇠퇴기에 이르렀을 때이다.

이만희의 〈쇠사슬을 끊어라〉(1971)는 하나의 장르가 마지막에 이른 순간에야 만들어질 수 있는 영화일 것이다. 관객들은 이미 장르의 규약을 속속들이 인지하고 있고, 이 '앎'의 전제 위에서 대륙물을 구성하는 내러티브, 캐릭터, 이미지는 약호화된 채 등장한다. 그 결과 이 영화는 대륙물이라는 장르 자체를 메타화시킨다. 이 영화가 국가 주도의 한국 영화사 안에서 거의 유례를 찾아볼 수 없는 순간을 제공하는 것은 우연이 아니다. 왜냐하면 (쿠데타에서 비롯된) 1960년대의 강력한 국가 논리 속에서 내러티브를 구성해낸 대륙물은 동시에 복수의 힘들로 들끓는 외부―만주를 설정함으로써 (의도와 무관하게) 개인을 회수하는 근대국가의 논리와 정면으로 마주하기 때문이다.

독립군의 명단이 적혀 있는 불상이 사라지고, 이 불상을 찾기 위해 독립군과 일본군이 경쟁하기 시작한다. 그런데 독립군도 일본군도 문제의 불상을 손에 넣기 위해 직접 개입하지는 않는다. 대신 불상 찾기는 이 두 집단과 계약을 맺은 개인들(청부업자와 밀정)에 의해 수행된다. 청부업자 (남궁원)와 일본군을 위해서 일하고 있는 조선인 밀정(허장강) 그리고 정

〈사진 1-5〉〈쇠사슬을 끊어라〉

체불명의 도적(장동휘)이 협력과 배신을 거듭하며 금불상을 찾아간다. 물론 이들은 자신들의 '욕망'에 따라서 이 일에 참가한 자들이다. 게다가 도적은 그 어느 쪽에도 속하지 않는다. 이 세 꼭짓점은 시종 적절한 균형을 유지한다.

　문제의 장면은 독립군과 일본군이 서로 대치해 싸우고 있는 마지막에 등장한다. 그 와중에 밀정과 도적이 싸움을 시작한다. 두 집단의 싸움이 있고, 두 개인의 싸움이 있다. 이 장면의 공간 배치는 의미심장한데, 독립군과 일본군이 싸우고 있는 바로 그 중간에 밀정과 도적이 위치 지어져 있다. 이 두 개인은 집단의 싸움에 아무런 관심이 없다. 마지막 순간에 이들이 독립군에 가담하기로 결정하는 것은 단지 독립군이 '형편없이' 지고 있기 때문이다. 밀정과 도적은 전멸 위기에 처한 독립군을 구해낸다. 두 개인의 힘으로 흔적으로서 개입되어 있던 국가가 되살아난다. 전도는 개인과 집단 사이에서 일어난다. 국가는 어차피 이들보다 힘이 약하고 이들의 안전을 보장해 줄 수도 없다. 국가에 무심한 인간, 수중의 폭력에 충실한 인간, 진정 "법 없이도 살 사람"들은 그렇게 등장했고, 이 시작을 마지막으로 사라졌다.

　그리고 〈쇠사슬을 끊어라〉가 등장한 거의 같은 시기에 법에 완전히 포박당한 일련의 영화가 등장한다. 법을 범함으로써, 법과 관련을 맺는 범법자lawbreaker들의 영화가 그것이다.

김두한, 죽은 아버지를 구하고 국가를 세우는 깡패

이정재와 임화수가 형장의 이슬로 사라지던 당시 이와 극적인 대조를 보여주었던 것은 김두한이었다. 그는 해방 이전 종로를 거점으로 조선인 폭력배들을 통솔하였으며,[70] 대한청년단의 행동대장으로 활동하던 해방 정국에서는 악명 높은 극우 테러리스트로 이름을 떨쳤다. 이 와중에 대한청년단 단장이었던 엘리트 정치인 유진산으로부터 정치술을 배운 그는, 휴전 이후인 1954년 민의원 당선을 기점으로 합법적 정치 공간으로 들어왔다(그러나 1950년대 내내 그가 거느린 집단이 물리적 폭력을 쓰고 있다는 의혹이 제기되었다). 김두한은 대표적인 '독립군' 김좌진의 숨겨진 아들이자, 식민지 시대에는 일본에 맞서 조선 상인들의 방패 노릇을 한 것으로 알려졌다.[71] 김두한의 이러한 이력은 어떻게 그만이 '단체적 폭력 행위'에 대한 죄목에서 벗어날 수 있었는지를 보여준다.

70 김두한은 1930년대 중반 종로 일대의 가장 영향력 있는 폭력배로 성장하였다. 1943년 당시 조선총독부의 고등계 형사로 재직하였던 장명원은 '불량청년'들을 규합, 총독부 협력단체인 반도의용정신대(半島義勇挺身隊)를 조직하였다. 김두한은 사실상 이 조직의 주도자였다. 1949년 '반민족행위특별위원회'는 이 단체의 설립 및 활동에 근거하여 장명원을 기소한다. 그러나 이 기소는 반도의용정신대가 "표면상 倭정책에 협력하는 것 같이 보이"나 불량청년들을 "감화 지도하여 선량한 청년을 육성"하였다는 이유로 기소유예된다(반민족행위특별검찰부, 단기 4282년(1949년) 刑第 297號). 1949년 당시 김두한은 대표적인 백색 테러리스트로 강력한 힘을 행사하고 있었다. 장명원에 대한 반민특위조사기록은 국사편찬위원회 한국사데이터베이스(http://db.history.go.kr)에 전문이 게재되어 있다.

71 김두한이 김좌진의 아들이라는 것은 김두한 자신의 주장에 따른 것이다. 사실의 진위 여부를 따질 증거는 없다. 그러나 김두한 본인은 이를 진심으로 믿었으며, 그 믿음 위에서 자신의 모든 행위를 설명하고자 했다. 또 대중은 그의 자서전에 기반한 영화와 드라마를 수용하면서, 그를 '장군의 아들'로서 받아들였다. 대중문화 속에서 김두한의 의미를 추적할 때, 이 사실의 진위 여부를 따지는 것은 그렇게 큰 의미가 없는 것인지도 모른다. 김두한, 『김두한 자서전』, 메트로신문사, 2002(초판『피로 물든 건국 전야』, 1963).

5·16군사쿠데타 직후 박정희와 김두한의 관계는 그럭저럭 괜찮았다. 1963년 당시 김두한을 단장으로 애국단이라는 청년운동 단체가 조직되었는데, 박정희가 승인한 이 단체는 "구정치인의 재기를 철저히 저지할 것"을 목적으로 하고 있었다. "국민을 기만한 민주당 신구파와 그밖의 모든 구정치인을 고발하겠다"는 김두한의 호언장담과 함께 이 단체에는 당수, 유도유단자, 재향군인 등으로 이루어진 27,000명 규모의 별동대가 설치되었다.[72] 박정희와 맺은 이 은밀한 관계는 김두한에 따르면 '청년운동 당시 오야붕'이었던 공화당 의장 윤치영을 매개로 가능했던 것 같다. 그러나 이 밀월 관계는 1964년이 되면서 금이 가기 시작한다. 김두한은 학생들이 꾀하는 모종의 행동에 선도적 역할을 하려고 했다는 혐의로 수사를 받게 된다.[73] 폭력 일소와 질서 회복이 완성되자, 이 '청년운동'이라는 이름의 폭력은 별반 필요가 없어졌고, 오히려 '혁명'의 정당성을 위협하는 것이 되었기 때문이다.

　1965년 11월 9일 한독당(한국독립당韓國獨立黨) 공천으로 보궐선거에서 당선(용산구)된 김두한은 당선 직후 한독당 내란음모 사건으로 기소된다. 당시 경찰이 밝힌 혐의의 내용은 5단계 폭력혁명 모의였으나 실상 구체적인 근거로 제시된 것은 한일협정 반대 데모를 조종해 왔다는 데 있었다. 김두한은 그 자금줄로 지목되었다.[74] 한독당 내란음모 사건은 계엄령마저 불사하며 강행한 한일협정의 후폭풍을 무마시키고자 한 사건이었다. 김두한은 이듬해 1월 구속되지만, 이어지는 재판에서 무죄

---

72 『동아일보』, 1963.8.10.
73 『경향신문』, 1964.3.4.
74 『경향신문』, 1965.11.20.

판결을 받았다. 같은 해 삼성의 사카린 밀수 사건과 국회의 미온적 대처에 대한 항의로 벌어진 김두한의 국회 오물 투척 사건은 급기야 내각 총사퇴로 이어졌으며, 국회 위신 손상에 대한 제명론이 비등한 가운데 그는 의원직에서 자진 사퇴한다. 국회의장 모욕죄와 공무집행 방해죄로 김두한이 구속되면서 종결된 이 사건은 1966년의 가장 큰 정치적 이슈로 기록되었다.[75] 1967년 총선에서 신민당 공천(수원)으로 나온 김두한은 "서민층에 호소력이 강하"다고 평가받고 있었다.[76] 그러나 이 선거운동 기간 중 그는 반공법 위반("북괴에는 농촌까지 전기가 들어와 있는데 우리 농촌은 헐벗고 있다"는 요지의 연설)으로 다시 한번 구속된다.[77] 결국 그해 11월 보석으로 출감된 이 사건을 마지막으로 정치판에서 김두한의 자취는 사라졌다. 하지만 그의 높은 대중적 인기는 이후 대중문화에서 반복될 협객 김두한 신화의 출발점이 되었다. 백색 테러리스트로 시작한 정치 깡패는 이 일련의 과정을 거쳐 부정부패에 대항하는 정의로운 협객으로 거듭났다.

김두한의 인기가 절정에 다다른 1969년 〈팔도사나이〉가 공개되었다 (1969.1). 이후 1970년대를 풍미할 '협객영화'의 효시가 될 이 영화는 김두한이라는 실명을 주의 깊게 피하고 있지만, '김두한 스토리'의 첫 번째 버전이었다. 〈팔도사나이〉는 10만 7천 명의 관객 동원을 기록하였다.[78] 이 성공 이후 감독 김효천과 시나리오를 담당했던 편거영은 각자 김두한 이야기를 시리즈화하기 시작했고, 그 방계라 할 수 있을 일련

---

75 『동아일보』, 1966.9.23~25.
76 『동아일보』, 1967.5.13.
77 『경향신문』, 1967.6.9.
78 『매일경제』, 1969.12.20.

의 '용팔이' 시리즈가 쏟아져 나왔다. 이후 1970년대 내내 성행할 이른바 '협객물'은 이렇게 등장했다. 이들 영화는 하위 계층 남성을 상대로 한 '오락영화'이자 종종 '우수영화'와 '반공영화' 쿼터를 따내기 위한 프로파간다로서 제작되었다. 이 영화들은 박정희 시대의 정책 이념을 그 가장 낮은 차원에서 구체화한 것이었다.

〈팔도사나이〉의 내러티브를 요약하자면 다음과 같다. 고아인 어린 호虎(장동휘)는 자신을 길러준 노인으로부터 실은 그의 아버지가 유명한 독립 투사라는 이야기를 듣는다. 어른이 된 호는 주먹으로 종로 일대를 평정한다. 그런 그에게 전국의 주먹들이 하나 둘 도전장을 내밀며 찾아온다. 호는 이 싸움에서 거듭 승리를 거두고, 도전자들은 그를 '형님'으로 모신다. 이제 조선 주먹을 대표하게 된 호는 종로를 넘보는 일본 야쿠자와 한판 승부를 벌이고 그들을 내쫓는다.

거듭되는 도전과 절대강자의 부상浮上, 그리하여 등극한 최종 승자는 외부의 적(일본 야쿠자)에 대항하여 형성된 내부(조선 야쿠자)의 대표로서 적을 물리친다. 놀랍도록 전형적인 이 이야기는 김두한 본인이 구술한 그의 자서전에 느슨하게 기대 있다. 이 영화로부터 시작된 '김두한' 스토리는 이후 수많은 영화와 소설과 텔레비전 드라마를 통해 꾸준히 재현되었으며, 한국 대중문화의 중요한 원천 중의 하나로 작용하였다.[79]

---

[79] 1990년 임권택에 의해 만들어진 영화 〈장군의 아들〉은 대한민국 사회에서 김두한 스토리가 특정 시대를 넘어 얼마나 지속적인 소구력을 지니고 있었는가를 보여준다. 1960년대 대륙물, 검객물 등의 영화를 주로 찍은 임권택은 1970년대 새마을 영화와 반공영화를 통한 일종의 '습작기'를 거쳤으며, 1980년대에 〈안개〉, 〈길소뜸〉, 〈티켓〉 등으로 동시대의 가장 중요한 한국 영화감독으로 부상하였다. 〈장군의 아들〉은 그가 거의 20년 만에 되돌아간 '액션영화'였다. 이 영화는 그해 흥행 1위, 당시까지의 역대 한국영화 흥행 2위를 기록하는 대성공을 거두었으며, 결코 속편을 찍지 않는다는 임권택의 원칙에

〈사진 1-6〉〈팔도사나이〉

도 불구하고 제작사의 요청으로 3편까지 이어졌다. 〈장군의 아들〉은 임권택의 오랜 파트너인 프로듀서 이태원의 '돈을 벌어야 한다'는 제안으로 만들어진 영화였다. 그러나 임권택 본인은 "아무 것도 아닌 줄 알았던 자기를 스스로 깨닫고 자기의 민족적 정체성을 찾아가는" 이 영화의 테마가 어느 정도 시대착오적인 것이라고 생각했다. 그래서 그는 이 이야기가 가지고 있는 '향수'를 동시대와 소통시키는 것이야말로 이 영화의 성공에 가장 중요한 요인이라고 보았다. 임권택, 『임권택이 임권택을 말하다』 2(정성일 대담), 현실문화연구, 2003, 179~211쪽. 이 새로운 '김두한' 시리즈의 시대 배경은 일제 시대를 벗어나지 않음으로써, 김두한 스토리의 영화가 빠져들곤 했던 반공영화의 포맷으로부터 벗어날 수 있었다. 〈장군의 아들〉 시리즈와 이전의 '종로 액션영화'의 연속성과 차이, 이에 대한 관객의 해석 지평에 관해서는 다음을 참조. 송효정, 「식민지 배경 종로 액션영화 〈장군의 아들〉 연구」, 『한국문학이론과 비평』 60, 한국문학이론과 비평학회, 2013.

대체 무엇이 이 이야기를 그토록 오랫동안, 그토록 광범위하게 소비할 수 있도록 만든 것인가? 김두한 스토리의 클라이맥스는 고아 소년이 어느 날 자신의 진짜 혈통을 깨닫는다는 데 있다. 그는 더 이상 거리의 불량소년일 수 없다. 소년은 나라를 구하고자 한 아버지의 뜻을 이어받아 민족을 위해 뜻 있는 일을 해야 한다. 식민지의 남성들이 겪어야 했던 그토록 강렬했던 고아 의식과 전후의 한결같이 비루한 아버지의 형상을 떠올린다면[80] 거리의 고아가 독립운동가 '장군'의 아들로 거듭나는 이 스토리는 확실히 매혹적인 것이다. 게다가 그는 태생적으로 강한 힘을 가지고 있다. 이제 그의 주먹은 아버지의 명성에 걸맞은 방향성을 가지게 될 것이다. '민족적 자각'과 탁월한 폭력이 뒤섞이며 한국 현대사를 관통하는 이 이야기의 호소력은 역사적인 한편 대중적인 것이었다.

한편 〈팔도사나이〉라는 제목이 명징하게 보여주는바, 이 영화는 국립영화제작소에서 만들어진 국책영화 〈팔도강산〉이 거둔 성공을 끌어들이고자 했다.[81] 1967년 대통령 선거를 두 달 앞두고 이해 끝난 제1차 경제개발계획의 성과를 과시하고자 만들어진 영화 〈팔도강산〉은 서울에서만 관객수 30만 명에 육박하는 공전의 히트를 기록하였다.[82] 물론

---

80 잘 알려져 있다시피 김윤식은 식민지 경험과 거의 동시에 도착한 한국의 근대문학을 고아 의식의 운동 위에서 그려 나갔다. 김윤식, 『이광수와 그의 시대』, 솔출판사, 2001. 그 고아는 이광수인데, 그는 끊임없이 새 아버지를 찾아 나섰다. 이광수는 후쿠자와 유키치(福澤諭吉), 또는 도쿠토미 소호(德富蘇峰)와 유사부자의 관계를 맺고자 하였다. 식민지 이후, 그리고 전후의 한국문학 혹은 영화에서 역시 아비들은 처음부터 존재하지 않거나, 무력하거나, 비굴한 부정적 존재로 그려진다. 그런 아비들의 부채를 짊어져야 하는 것은 아들의 몫이었다.

81 박정희의 정권 재창출을 위한 프로파간다로서 기획 제작된 〈팔도강산〉의 성격, 국토와 경제 개발을 연결짓는 이 영화의 풍경에 관한 전략에 대해서는 김한상이 상세한 분석을 행한 바 있다. 김한상, 『조국근대화를 유람하기─박정희정권 홍보드라이브 '팔도강산' 10년』, 한국영상자료원, 2008.

이 수치는 대규모의 조직적 관객 동원에 힘입은 바 크지만 이 놀라운 성공이 오직 동원의 결과라고 말하기는 힘들 것이다. 이 영화의 성공으로 1960년대 후반부터 1970년대 초까지 〈팔도며느리〉, 〈팔도사위〉, 〈팔도기생〉, 〈팔도가시나이〉, 〈팔도식모〉, 〈팔도검객〉 등 '팔도'가 붙은 일련의 영화들이 우후죽순처럼 쏟아져 나왔다. 〈팔도사나이〉는 이 중에서 흥행에 가장 성공한 영화였다. 1968년 공사에 착수한 경부고속도로가 1970년에 개통했으며, 전국은 일일 생활권 안으로 접어들었다. 이 사실은 두 가지를 의미한다. 서울로의 인구 집중의 가속화와 함께 전국의 시공간적 근접화는 팔도라는 오래된 국토의 '환유'를 새롭게 불러왔다.

〈팔도강산〉의 이야기는 다음과 같다. 남편의 환갑을 맞아 노부부는 전국에 흩어져 살고 있는 딸들의 집을 방문하기로 한다. 그런데 청주, 광주, 울산, 부산, 속초로 이어지는 노부부의 여정에는 경제 개발의 성과뿐만 아니라 불균등한 발전의 결과 또한 포착된다. 이를테면 경상도의 울산과 부산은 놀라운 발전의 속도를 보여주고 있으나, 전라도의 광주는 그에 훨씬 못 미치는 저개발의 모습을 보여주고 있다. 강원도 속초는 거의 개발의 손길이 닿지 않은 가난한 어촌 마을의 모습으로 등장한다.[83] 그러나 모두 같은 노부부의 딸이자 사위인 각 지역의 '주민'들은

---

82 이 수치는 1967년 당시까지 최고의 흥행기록을 보유하고 있던 신상옥의 1961년 영화 〈성춘향〉의 관객수에 육박하는 것이었다. 『경향신문』, 1967.3.18. 대통령 선거 두 달 전이자 국회의원 선거 석 달 전에 공개된 이 영화의 상영을 선거법 저촉이라고 본 야당 신민당은 상영중지를 촉구하였으나, 중앙선거관리위원회는 해당사항 없음이라는 해석을 내렸다. 『동아일보』, 1967.4.14.

83 박정희 시대에 경제 개발은 경상도 지방에 집중되었다. 이 집중화는 단기적으로 경제적 성과를 과시하는 데 효율적이었을 뿐 아니라, 박정희의 정치적 지지 세력을 특정 지역과 결부시킴으로써 정권의 지지 기반을 안정화시키는 데 유효하게 작용하였다. 박정희의 최대 정치적 라이벌이었던 김대중은 박정희 정권의 지역감정 조장이 정치적인 고려 속

그들의 위치에서 최선을 다해 살아가는 모습을 보여주면서, 발전의 과실이 순차적으로 돌아오게 될 것임을 확신해 마지않는다. 노부부의 여정은 일종의 국토 순례와 같은 것이다. 이들이 도착하는 마지막 장소는 아들이 장교로 근무하고 있는 최전방이다.

아들은 말 그대로 '국토'를 방위하고 있는 자이며, 그가 지키고 있는 철책 저편의 공간은 회복되어야 할 땅으로 표현되지만 동시에 철책 자체가 대한민국의 영토가 어디까지인가를 웅변적으로 가시화하고 있다. 즉 이 영화는 철책을 넘어 북한 '괴뢰' 정권하의 동포를 구해야 한다고 주장하는 한편 바로 그 명확한 경계선으로 인해 대한민국의 영토가 어디까지나 휴전선 이남임을 '확정'짓는다. 대한민국과 비非대한민국을 가르는 철책을 둘러싸고 벌어지는 이 반공 이데올로기와 민족주의, 그리고 경제 개발 언설의 결합은 대한민국의 영토를 확정 짓는 데 있어서 (이 국가 자체가 이미 그러한 것처럼) 어떻게 '민족'이 보충되어야 할 '한계 지점'으로 기능하는지를 전형적으로 보여준다. 바로 이 점에서 '팔도강산'이라는 이 영화의 타이틀과 (이 제목하에서 보자면) 절반의 국토 여행인 이 영화의 여정 사이의 불일치야말로 1948년의 대한민국 수립 이후 부족한 국가적 정통성을 민족이라는 수사를 통해 보충해 올 수밖에 없었던 전략이 그대로 노출된 사례라고 볼 수 있을 것이다.

에서 행해졌다고 주장하고 있다. "텔레비전이나 라디오 등 매체를 통해 경상도 사람은 좋은 이미지를, 전라도 사람에게는 나쁜 이미지를 심었다. 사투리까지 차별을 받았다. 이는 엄연한 문화차별이었다. 무서운 일이었다. 나라를 분열시키는 망국적인 책동이었다." 김대중, 『김대중 자서전』 1, 삼인, 2010, 247쪽. 실제로 1960년대 이후 전라도 방언에 대한 대중문화적 재현은 하층 계급의 이미지와 결부되었다. 〈팔도강산〉에서 광주의 사위 역이었으며, 〈팔도사나이〉에서 전라도 출신 '용팔이'로 분한 박노식은 도시 하층 노동자로 편입된 전라도 출신 남성의 이미지를 대표하였다.

그에 반해 〈팔도사나이〉는 철책 너머의 장소까지를 아우른다. 명실 공히 팔도다. 평양 박달이부터 광주 용팔이까지 팔도의 사나이들이 차례로 경성의 호에게 도전장을 내민다. 각각의 인물들은 진한 지역색을 전시한다. 강한 사투리와 함께 지리적 상징물들이 등장인물들을 수식한다. 대동강, 무등산, 영도다리 등. 각 지역을 대표하는 구체적 지명은 팔도를 아우른다. 여기에서 지리적 상징물들은 그 지역을 인덱스화하는 작용을 한다. 한편 도전과 굴복, 형제의 연을 맺는 이 과정은 '종로'의 주인 김두한을 통해, 서울을 중심으로 한 지역의 위계화를 완성하는 과정이기도 하다. 김두한의 이력 그리고 완력을 통해 한국 근대사와 '팔도강산'으로서의 국토가 완성된다. 요컨대 각각의 인덱스들이 서울 아래 복속하는 방식으로 수렴되면서 강력한 중앙집권적인 '국토'가 현현한다. 그런데 같은 말이지만, 이 국토의 절반은 사실상 상상의 영역이다. 이는 물론 이 영화의 배경이 남과 북이 갈라지기 전의 시간, 그리하여 민족이 온전히 상정되었던 시기, 즉 식민지기를 배경으로 했기 때문에 가능한 것이었다. 〈팔도강산〉에서 반으로 끊긴 국토는 〈팔도사나이〉에서 '상상적'으로 복원되는데, 여기에서 중요한 것은 이 복원이 서울에 있는 호의 남성적 힘에 의해 이루어진다는 점이다.

'독립투사의 아들'로서 자신의 정체성을 확립시켰으며, 해방 공간의 극우 테러리스트에서 1960년대 부정부패한 정치인들을 응징하는 정치 '협객'으로 재등장한 김두한은 '대한민국'이 소망하는 강력한 남성성의 체현자로서 부각되기에 부족함이 없어 보인다. 호-김두한은 온갖 시리즈로 변주된 '협객' 영화들에서 내내 민족과 반공이라는 대한민국의 강력한 키워드 속에서 적을 선명히 하며 이들과의 대결을 수행하였다. 이후 각각 연출자 김효천과 시나리오 작가 편거영에 의해 '명동' 시리즈와 '사나이' 시리즈로 양분, 반복 / 복제되어 간 이 시리즈는 수많은 방계들을 낳으면서 1960년대 말부터 1970년대 내내 번성하였다.[84] 아마도 이런 유의 영화들이 이토록 많이 만들어질 수 있었던 것은 선명한 적의 부각을 통해 반공영화의 포맷에 맞추면서도, 반공영화라는 이 인기 없는 장르를 액션영화로서의 활극적 재미를 통해 만회할 수 있었기 때문이리라.[85] 게다가 역사가 신체 안에 각인된 김두한이라는 인물의 이력을 통해 별다른 설명 없이도 한국 근대사를 전제할 수 있었다.

---

84 〈팔도사나이〉의 성공 이후 감독 김효천과 시나리오 작가 편거영은 각자의 방식대로 이 성공을 이어가고자 했다. 같은 해 만들어진 〈속 팔도사나이〉와 〈돌아온 팔도사나이〉부터 각본 / 연출을 맡기 시작한 편거영은 이듬해 〈한국 제일의 사나이〉(1970), 〈원한의 팔도사나이〉(1970), 〈예비군 팔도사나이〉(1971), 〈바보같은 사나이〉(1971)를 만들었으며, 김효천은 〈명동출신〉(1969), 〈명동노신사〉(1970), 〈명동백작〉(1970), 〈명동에 흐르는 세월〉(1971), 〈명동을 떠나면서〉(1973) 등의 '명동' 시리즈를 만들었고 1974년 드디어 〈실록 김두한〉을 만듦으로써 김두한 스토리의 '실록화'를 이루었다.

85 해방 직후를 배경으로 한 〈명동노신사〉(김효천, 1970)는 남한 사회가 누구를 동지로 삼고 있으며, 누구를 적으로 하여 형성되었는지를 적나라하게 보여준다. 강룡(장동휘)과 덕팔은 해방 전 함께 독립운동을 했던 '형제 같은' 사이이다. 남조선노동당의 앞잡이가 된 덕팔(허장강)은 강룡을 포섭하려고 하나, 그의 완강한 거부로 뜻을 이루지 못하자 강룡의 노모와 누이를 살해하고 빨치산이 되어 산에 들어간다. 한편 강룡이 과거 덕팔과 함께 모셨던 형님 덕진은 국방경비대 창설의 주역이다. 강룡은 덕진 형님을 찾아가 자신의 부하들로 특별부대를 편성, '공산비적'을 소탕하겠다는 비장한 결심을 밝힌다. 팔도에서 온 부하들을 이끈 강룡의 공비소탕전이 펼쳐진다. 부하들은 임무를 완수하고 장렬히 전사해 간다. 홀로 살아남은 강룡이 이들을 추모한다. 이 이야기에는 세 개의 결절점이 있다. 첫 번째, 형제애의 수사로 강조되는 하나의 민족. 함께 일본에 대항했던 덕팔과 강룡은 '형제 같은' 사이였다. 두 번째, 그러나 이 '형제'는 이데올로기의 이름으로 서로 총구를 겨눈다. 마지막으로 홀로 살아남은 전투의 증언자가 우리를 또 하나의 애도의 공동체로 초대한다. 이 영화의 마지막 장면은 〈불붙는 대륙〉이나 〈소만국경〉 같은 대륙물이 보여주고 있는 애도의 공동체에 대응하는 또 하나의 애도 공동체를 보여준다. 요컨대, 이 영화의 질문은 다음과 같다. 이 국가, 대한민국을 형성하기 위해서 누구의 피가 흘려졌는가? 강룡과 덕팔의 이야기는 김두한의 실제 스토리와 유사하다. 1947년 김두한은 죽마고우 정진용을 그가 좌익 행동대장이라는 이유로 린치, 살해하였다. 이 사건으로 김두한은 미군정에 의해 사형을 언도 받았으나, 1948년 대한민국 건국과 함께 이승만에게 특별사면 받았다.

1970년대에 들어서는 김두한이라는 실명을 그대로 사용한 일련의 '김두한 시리즈'가 만들어졌다. 김두한이 죽은 지 2년 후인 1974년에 만들어진 〈실록 김두한〉을 시작으로 4편까지 만들어진 이 시리즈는 1970년대 몰락기에 들어간 신필름의 마지막 흥행영화이기도 했다.[86] 이 영화들의 시간적 배경은 식민지와 미군정기를 거쳐 대한민국 정부수립기까지를 관통한다.

긴급조치 시대의 깡패와 경찰

그때는 싸워서 잘못하면 법에 고소를 하고 그런 것들이 생기기 시작할 무렵이었지요. (…중략…) 당시에 분풀이 할 데가 없잖아. 대리만족을 시켜줘야 할 것 아니에요. 그래서 그 영화들을 만들었던 거예요. 인정사정없이 쥐패는 게 좋았지. (…중략…) 멋있는 한국의 사나이들, 그림이 괜찮게 나오는 거예요. 이 영화들이 흥행이 됐어요. 돈 많이 벌었어요. 빚도 엄청 많이 빠르

---

86 〈실록 김두한〉(김효천, 1974), 〈협객 김두한〉(김효천, 1974), 〈김두한 속 3부〉(고영남, 1975), 〈김두한 속 4부〉(고영남, 1975). '김두한' 시리즈의 마지막인 〈김두한 속 4부〉는 신필름이 아닌 합동영화사 이름으로 제작되었다. 신필름 소속의 프로듀서이자 감독이었던 최경옥에 따르면 이는 신필름의 영화사 허가 취소에 따른 대명(代名)제작이었다. 신필름채록연구팀, 『최경옥, 박형준, 최승민, 김갑의, 2008년도 한국영화사 구술채록연구 시리즈 〈주제사〉 신필름 1』, 한국영상자료원, 2008, 196쪽. 1975년 11월 신필름은 영화사 허가를 취소당한다. 허가 취소의 이유는 신필름 영화 〈장미와 들개〉의 예고편 검열에서 삭제된 키스 장면이 개봉 필름에 포함되었다는 것이었다. 당시 영화계에서는 신필름의 영화사 허가 취소에는 정권의 의지가 개입되었다는 소문이 파다했다. 신상옥 스스로도 이 사건에 중앙정보부가 개입되어 있었다고 주장하고 있다. 이후 신필름이 기획하거나 제작중이던 영화는 신상옥과 친밀한 관계를 유지했던 합동영화사의 이름으로 발표되었다. 신필름 허가 취소의 경위에 대해서는 다음 책을 참조. 조준형 『영화제국 신필름-한국영화 기업화를 향한 꿈과 좌절』, 한국영상자료원, 2009, 179~187쪽.

게 갚았지요. 그 시대가 필요로 하는 영화였던 거예요.[87]

1970년대 초반 신필름 전속 프로듀서로서 '김두한' 시리즈를 기획했던 기획자 김갑의의 진술에 따르면, 이 영화들은 모두 흥행에 성공했고, '돈벌이'가 됐다. 이 기획자가 생각할 때, 이유는 간단했다. "분풀이 할 데가 없는 자"들에게 이 "인정사정없이 줘 패는" 영화들이 훌륭한 '대리만족'이 되었기 때문이다. 그런데 분풀이 할 데가 없는 자들은 과연 누구이며, 이들은 왜 대리만족이 필요했는가? 이 진술이 흥미로운 이유는 이 기획자가 어떤 갑갑함을 감지하고 있는데, 그 갑갑함이 "그때는 싸워서 잘못하면 법에 고소를 하고 그런 것들이 생기기 시작할 무렵"이었기 때문에 발생하는 것으로 본다는 데 있다.

'김두한' 시리즈가 지속된 1974년부터 1975년까지 9차례의 긴급조치가 행해졌다. 이 긴급조치는 1971년의 국가비상사태 선언, 1972년의 비상계엄 선포, 그리고 이어진 유신헌법의 산물이었다.[88] 유신헌법 제53조의 긴급조치권은 국가 위기의 '예방'이라는 차원에서 남발되었

---

87 신필름채록연구팀, 앞의 책, 494쪽.
88 1974년 1월 8일, '헌법 제53조에 의한 긴급조치의 선포에 즈음하여'라는 대통령 담화와 함께 선포된 긴급조치 1호의 내용은 다음과 같았다. "대한민국 헌법을 부정, 반대, 왜곡, 비방, 개정운동, 폐지운동, 유언비어의 날조 및 유포하는 일절의 행위를 금한다. 이러한 금지된 행위를 권유, 선동, 선전하거나 방송, 보도, 출판 등의 방법으로 이를 타인에게 알리는 일체의 언동을 금한다. 이 조치를 위반한 자와 이 조치를 비방한 자는 비상군법회의에서 심판, 처단한다." 1975년 선포된 긴급조치 9호는 지금까지의 긴급조치의 집대성과 같았다. 주요 내용은 "유언비어 날조·유포·왜곡전파, 집회·시위·방송통신에 의한 헌법부정, 이 조치에 대한 비방금지, 위반내용의 전파보도 등의 금지, 조치에 위반한 경우 제적·휴교·폐간·면허취소 등의 권한부여, 이 조치의 사법심사 대상으로부터의 제외"였다. 유신헌법 제정과 이에 기반한 긴급조치의 구체적인 내용에 대해서는 김민배, 「유신체제와 긴급조치 세대」, 『역사비평』 32, 역사비평사, 1995 참조.

다.[89] 이 순간 법은 그것의 가장 자의적인 형태로 다가왔다. 긴급조치의 시간은 흉흉한 소문의 시대이기도 했다. 수많은 처벌과 금지가 이루어 졌으나, 처벌과 금지의 이유는 불분명했으며, 따라서 대개가 소문의 형 식으로 떠돌았다.[90] 동시에 '이미' 개인들의 사적 폭력은 회수되었으며,

89 유신 체제의 가장 큰 특징은 선거를 통한 제한적 대중정치에 대한 부정에 있었다. 1970 년대 유신 체제로의 변모를 당시 대중사회의 형성과 균열이라는 맥락에서 이해하는 황 병주는 유신 체제를 통해 대중정치를 포기한 박정희가 1960년대 구사했던 인민주의적 선동을 더 이상 써먹을 필요가 없어졌음을 지적하고 있다. 대신 근대화(산업화)의 폐해 를 집중적으로 부각시키는 민족주의적 담론이 중요한 대중 동원의 논리로 부상하였다. 물론 민족주의 담론은 1960년대에도 중요한 동원의 논리였다. 그러나 1960년대 민족주 의적 담론의 논리가 민족이 나아갈 미래적 가치를 지향하는 것이었다면, 1970년대의 논 리는 있었던 것에 대한 재발견에 집중했다. 1960년대 박정희가 자주 써먹었던 지양해야 할 것으로서의 민족의 구습이란 언설은 1970년대 들어 전통으로의 회귀, 혹은 재발견이 라는 언설로 바뀌었다. 1970년대 박정희는 경제발전과 함께 증가하는 대중의 욕구를 통 제해야 할 필요가 있었다. 박정희는 자원배분을 둘러싼 갈등조절의 메커니즘으로서의 '정치'가 아닌 '협동의 노력으로 인해 개인과 국가의 힘과 부를 생산하는 과정'으로 정치 를 재규정하였으며, 이는 서구와 달리 한국의 '고유한' 것으로 제시되었다. 이때 농촌은 한국적 가치의 저장소로서 새롭게 부상하였다. 농촌이 도시를 선도하는 '새마을 운동' 은 실제로는 경제발전의 과정에서 소외된 이 지역이 가치의 차원에서 이를 만회할 수 있게 하는 것이었다. 황병주, 「유신체제의 대중인식과 동원 담론」, 『상허학보』 32, 상허 학회, 2011.

90 1970년대의 대중가요 생산자와 곡들을 겨냥해 정기적으로 가해진 대마초 파동과 금지 곡 리스트는 처벌하는 자의 자의성을 보여주는 대표적 사례일 것이다. 1970년대 초중반 새롭게 등장한 '청년문화'에 대한 정권의 불안과 대처를 보여주는 이 일련의 과정은 수 많은 소문들을 동반했다. 이를테면 1973년부터 1975년 사이의 가장 대표적인 '청년문 화'의 아이콘이었던 가수 이장희가 1970년대에 당해야 했던 가혹한 금지와 처벌의 배경 에는 그와 동년배였던 박정희의 아들 박지만과의 연관설이 꾸준히 '소문'으로 나돌았 다. 또, 한국 록의 대부로 일컬어지는 신중현에게 가해진 박해는 개인적으로 그가 정권 의 미움을 샀기 때문이라는 '소문'으로 이해되었다. 1970년대 중후반 청년문화와 관련 있던 대다수의 뮤지션들은 활동을 접거나 미국으로 거처를 옮겨야 했다. 신현준, 「이장 희와 1970년대—실종된 1970년대, 퇴폐 혹은 불안?」, 『당대비평』 28, 생각의나무, 2004; 신현준, 『한국 팝의 고고학 1970—한국 포크와 록, 그 절정의 문화』, 한길아트, 2005. 한편 1970년대 초중반의 청년문화를 대표하는 한 편의 영화는 1974년의 〈별들의 고향〉이었다. 최인호의 신문 연재소설을 바탕으로 이장호가 감독하고, 이장희가 음악 을 담당한 이 영화는 청년문화의 트리오가 결합한 영화로 센세이셔널한 반향을 불러일 으켰다. 한 순진한 여자가 남자들을 거치면서 전락해 가는 이야기를 그린 〈별들의 고향〉 은 이후 1970년대 한국영화의 가장 중요한 장르가 될 '호스티스' 영화의 효시가 되었다.

개인들 간의 다툼은 법의 조정을 통해서 해결되어야 했다. 요컨대, 개개인의 물리적 폭력은 '금지'되었고, 법은 예측할 수 없는 형태로 도처에 있었다. 더구나 경제 성장에 따른 이익 갈등이 곳곳에서 민사·형사상 충돌을 낳고 있었지만 법이 약자를 보호하지 않는다는 사실에는 변함이 없었다.

〈팔도사나이〉의 성공 직후 만들어진 〈돌아온 팔도사나이〉(편거영, 1969)에는 이와 관련하여 흥미로운 장면이 등장한다. 이 영화의 주인공은 호가 아니라 그에게 도전했다가 져서 아우가 된 전라도 광주 출신 깡패 용팔이(박노식)다. 호는 조직을 해산하고, 부하들은 깡패의 세계에서 손을 씻고 성실하게 살아가기로 한다. 용팔이도 짐꾼이 되어 가난하지만 행복하게 살고 있다. 그런 어느 날 용팔이는 사업가로 성공한 옛 동료에게 아내를 빼앗기고, 어떻게든 돈을 벌어 복수할 것을 다짐한다. 하지만 그가 다시 주먹을 쓰려고 하는 순간 매번 그럴 수 없게 된다. 그럴 때마다 형사가 나타나기 때문이다. 이 형사는 말 그대로 '불쑥' 등장한다.

어느 날 용팔이는 자신을 자처하는 가짜 용팔이를 만난다. 이 가짜에게 주먹을 들어 응징하려는 순간 홀연히 등장한 형사가 용팔이의 팔을 잡으며 말한다. "우리는 법치 국가의 민주 시민입니다. 억울한 일이 있으실 때는 법에 호소하면 정당한 판결을 내려줍니다." 용팔이가 가짜 용팔이와 대치하고 있는 장소에서 거울을 통해서 마치 환영처럼 모습을 드러낸 형사는 다음 숏에서 용팔의 팔을 잡음으로써 이 상황에 개입한다. 이 형사의 등장은 거의 초현실적으로 보이는데, 왜냐하면 그의 등장을 예고하는 어떤 단서도 이전 장면에서 찾아볼 수 없기 때문이다. 거울을 통한 이 맥락 없는 등장은 이 형사를 전지적 존재로 보이게 만든다.

그는 보이지 않지만, 어디에나 있고, 어디서나 용팔이를 보고 있다. 형사의 말에 용팔이 역을 맡고 있는 박노식이 그 특유의 전라도 사투리로 다음과 같이 응답한다. "아이고 내가 공부를 좀 했으면 그 법인지 뭔지 알 거인데 말입니다잉 미치겠네라우, 아이구 요 새끼가 말입니다잉 남의 이름을 빌려서 용팔이 행세를 했는데 그것이 사기로 들어갑니까, 강도로 들어갑니까? 내가 참 대갈통이 나빠가지고." 용팔이는 형사의 말대로 결국 주먹을 쓰지 않지만, 눈을 부라리며 자신의 머리를 툭툭 치는 박노식의 제스처는 희극적이면서 도발적이다. 이 제스처는 마치 이렇게 말하고 있는 것 같다. "당신은 법에 대해 말하고 있지만, 나는 배우지 못해서 법에 대해 잘 모르겠소."

〈팔도사나이〉 시리즈는 박노식이라는 악역 전문 배우에게 용팔이라는 독특한 캐릭터를 안겨 주었다. 이 영화 이후 1970년대 내내 그 자신이 감독을 겸한 영화들까지 포함해서 박노식의 필모그래피를 채운 역할의 절반은 용팔이였다. 영화들에서 반복되는 이 극단적인 마초 캐릭터는 전라도에서 서울로 상경한 촌놈이고, 힘이 세고, 다혈질이다. 용팔이 캐릭터를 1970년대 대중문화의 중요한 아이콘으로 만들어낸 것은 상당 부분 박노식이라는 배우의 기묘한 매력 때문이었다. 우직하면서 비굴하고 때때로 우스꽝스러운 잔인함을 발산하는 박노식의 용팔이는 종종 체제 순응적인 내러티브의 층위와 상관없이, 과시적인 제스처를 통해 가진 자와 배운 자에 대한 은밀한 경멸을 표현해내곤 했다.[91] 도시로 이주

---

91 박노식-용팔이라는 캐릭터의 대중적 설득력은 용팔이가 처음 등장한 〈팔도사나이〉에서 이미 예고된 바 있다. 술집에서 우연히 만난 역사교수와 그의 제자들과 함께 호 일당은 요정에서 연회를 갖는다. 배운 것 없음을 한탄하는 호에게 교수의 민족의식에 관한 장황한 연설이 시작된다. 모두들 그의 연설에 고개를 끄덕거리고 있는 사이 프레임의 왼

〈사진 1-7〉〈돌아온 팔도사나이〉

한 저학력 하층 계급 남성들의 적절한 반영물로서 용팔이는 1970년대부터 발견되기 시작한 '민중'이라는 이데올로기적 단위에 미처 끼지 못한 잉여적 존재라고 할 수 있다. 순치馴致의 대상으로서 그는 법과 가까울 수밖에 없는 존재이기도 했다. 용팔이는 감옥을 들락날락한다. '성격적 결함'이 종종 그를 잘못된 길로 이끌지만, 그는 매순간 갱생의 의지를 불태운다.[92] 무엇보다 '경찰'이 그를 관리하고 있기 때문이다.

김두한에서 용팔이에 이르기까지 협객영화 속에서 이 캐릭터들의 가장 큰 특징은 이들 모두가 과거를 청산하고 '새사람'이 되어야 한다는 당위에 사로잡혀 있다는 점이다. 이 영화들에서 깡패들은 법의 체제에

편에 박노식의 얼굴이 비춘다. 그 자리에서 유일하게 동의할 수 없다는 표정으로 앉아 있는 그의 얼굴은 너무나 이질적이어서 이 동의의 숏 전체를 무너뜨려버릴 지경이다. 이어지는 신에서 그는 교수에게 춤을 추자고 강권한다. 박노식의 손에 이끌려 교수는 바보춤을 춘다. 박노식이 이 시리즈 안에서 가지고 있는 이미지는 박정희 정권의 대외적 인 민주의 노선과 일치하는 것처럼 보인다. 박노식은 1960~1970년대 한국영화에서 가장 흥미로운 스타 중 하나일 것이다. 하층 계급 남성들의 판타지를 고스란히 채현해내는 그는 그러나 그 판타지의 과잉 속에서 언제나 좌절에 이르는 경로를 또한 보여준다.
92 이 캐릭터는 반공영화의 포맷 안에서도 활발하게 활동하였는데, 예를 들어 〈방범대장 용팔이〉 같은 영화에서 의리를 사랑하는 용팔이는 민족을 '배신'하는 공산주의자들을 처단한다. 이때 공산주의자는 배운 자의 모습과 겹쳐진다. 그들은 배운 자들의 병폐인 말만 앞세우는 자들로 묘사된다. 한마디로 그들은 말이 너무 많다.

순응하기 위해 정말로 안간힘을 다한다. 김두한은 그의 부하들에게 이제 폭력배의 시대는 갔고, 새 시대가 왔으니, 새로운 삶을 살아야 한다고 강변한다(〈김두한 속 4부〉). 새사람 되기란 '유신'과 얼마나 근사하게 합치되는 것인가? 이 영화의 주인공들이 범법자라는 사실은 다시 한번 강조될 필요가 있다. 그들은 법을 범함으로써, 법을 드러내고 그 법에 포획 당한다. 그것이 제국 일본의 것이든(〈팔도사나이〉, 〈실록 김두한〉), 미군정의 것이든(〈김두한 속 3부〉), 대한민국의 것이든(〈김두한 속 4부〉). 감시와 예방으로 대변되는 유신 체제는 범법의 폭력을 정리해 줄 힘으로 이들 협객물 안에서 계속 얼굴을 드러낸다.

이를테면 〈팔도사나이〉와 〈실록 김두한〉의 다음과 같은 장면을 보라.

첫 번째 장면, 부하들을 구하기 위해 호가 헌병대에 자수한다. 일본 '헌병'이 그를 잔인하게 고문하기 시작한다. 호가 마치 어린아이를 달래듯이 헌병에게 말한다. "이제 화가 풀렸니?" 이 장면은 대장 앞으로 인도될 때와 대조적이다. 호는 지극히 공손한데 심지어 그는 상대의 논리(내선일체)를 받아 안음으로써 자신이 원하는 결과(부하들과 학생들을 풀어주는 것)를 얻어낸다. 그의 태도가 고문 헌병과 대장 앞에서 다른 이유는 간단하다. 헌병은 일개 '어린애' 같은 개인인 데 반해(그러므로 호는 이 헌병에게 자신의 육체적 힘을 과시하고 그 효과를 볼 수 있다), 대장은 공권력의 상징이기 때문이다.

두 번째 장면은 〈실록 김두한〉의 마지막 장면이다. 이 영화의 마지막은 김두한 일파와 야마구치 일파의 일대 격전이다. 드디어 싸움이 끝나고 승리의 기쁨과 죽어간 동료들에 대한 애도의 시간이 끝나갈 무렵 김두한에게 일본인 형사가 다가온다. 이 일본인 형사는 이 싸움 장면이 시

〈사진 1-8〉 〈실록 김두한〉

작되기 직전에 잠시 모습을 드러낸 적이 있다. 김두한 일파가 싸움의 장소로 달려갈 때 슬쩍 이를 지켜보고 있는 그의 모습이 비친다. 이 시퀀스만을 떼어 놓고 보자면, 이 형사는 의도적으로 깡패들 간의 싸움을 방조함으로써 한쪽을 없애는 데 성공하고, 김두한을 잡아감으로써 폭력배 일소의 목적을 달성한다. 김두한은 순순히 손을 내밀고 수갑을 받는다.

이들이 이토록 공손한 이유는 (호 스스로가 말하고 있듯이) 그들이 '감옥을 들락날락거린' 범죄자이기 때문이다. 여기에는 푸코가 '범죄의 식민화'라고 부른 일련의 과정 끝에 이루어진 "범죄에 대항하고 범죄와 더불어 활동하는 경찰 기구의 대상이자 도구라는 범죄의 애매한 지위"[93]가 관계해 있다. 그런데 이들 장면들은 단지 '범죄의 식민화'라는 심급에서 끝나지 않는다. (혹은 이 심급 자체에 이미 관여하고 있는 것이지만) 이 영화들이 만들어진 시간을 염두에 둘 때 다시 한번 부상하는 질문은 일본 식민 권력으로부터 포스트 식민 국가라는 주권의 전이가 일어났음에도 불구하고 이 '범죄자'들의 형상 속에서는 결코 이를 질문할 수 없다는 점이다. 혹은 이를 드러낼 수 없다는 편이 좀 더 정확한 표현이 될 터인데, 다시 말해 이미 '범법자'인 자는 그의 행위가 '법을 범한' 것으로 규정되는 한 결코 법 자체를 문제 삼을 수 없다. 법 밖이 금지된 시대, 수중의 폭력을 넘어 대의제하의 민중의 잠재력까지 장악한 유신 체제에 이보다 더 어울리는 (액션)영화도 드물 것이다.

협객물은 끊임없이 폭력을 전시하지만, 그 순간 필연적으로 발생할 수밖에 없는 폭력의 독점에 대한 질문은 대상을 미끄러지게 함으로써

---

93 미셸 푸코, 오생근 역, 『감시와 처벌』, 나남출판, 1994, 408쪽.

안전하게 차단당한다(폭력배 '간'의 싸움과 형사들의 정리). 이 점에서 협객물은 범법과 법의 관계 그 자체를 모방하고 있는 것처럼 보인다. 범 / 법은 이미 법이 성립한 이후에야 가능하다. 더불어 법은 범 / 법을 지적하고 포획함으로써 지속적으로 스스로를 법으로서 성립, 유지시킨다. 이들 협객물, 깡패영화의 정치적 효과는 저 '혁명재판'의 과시적 질서권 발동을 보다 안정적으로 실현한다.

6. 한국 액션영화에서의 폭력의 계보

1960년대 초 만주군 출신 장교가 일으킨 쿠데타와 거의 동시에 한국영화에는 식민지 시기 만주를 배경으로 한 일련의 액션영화가 도착하였다. 이 동시성이 의미하는 바는 과연 무엇인가? '대륙물'로 불린 이 영화들은 약 10년의 짧은 기간 동안 국가 주도의 산업화, 근대화에 조응하며 스펙터클 액션 대작으로부터 도시 하층 계급 남성들이라는 새롭게 형성된 관객층을 대상으로 한 저예산 영화로의 전이를 거쳐, 1970년대에 이르러 급격히 사라져 갔다. 이 장르 내부의 변모는 초기 대륙물이 견지했던 강력한 국가주의 서사가 약화되어 가는 과정이기도 하였다. 이 글에서 주목하는 것은 대륙물이라는 이 '통국가적' 장르가 반공 전쟁영화라는 지평으로부터 등장했다는 점이다. 이것이야말로 대륙물이 대한민국이라는 분단국가의 정치 공동체의 성립에 내재되어 있는 어떤 모순에서 비롯되었다는 가설을 증명한다. 즉 전쟁과 내전의 교착이 그것이다. 내전에서 비롯된 한국 전쟁영화의 딜레마가 적이라는 형상의 이중성에 놓여 있다면, 식민지의 외부에서 교전 공간을 상상하는 대륙물은 말 그대로 그 어떤 죄의식도 없이 국가의 영속성과 정당성을 보증한다.

그런데 다른 한편 만주라는 공간의 외부성이야말로 이 서사를 위협하는 것이기도 하다. 왜냐하면 현재의 주권국가는 독립군의 형태로서 그곳에 개입하지만 이것은 어디까지나 흔적-국가이기 때문이다. 요컨대 강력한 민족주의 서사의 구축을 위해 필요한 전쟁의 이미지, 적의 필요성이 식민지의 외부인 만주에 교전 공간을 상상하도록 한 것은 분명하지만, 그 공간의 역사성 아래서 교전은 만인에 대한 만인의 투쟁과 주권 간의 경쟁과 개인과 집단의 귀속 여부라는 어려운 난제들과 맞닥뜨리게 되는 것이다. 따라서 강력한 민족주의 서사로서의 저항의 역사가 완성되어 민족이 영생하는 것으로 규정되고, 그 위에 번영이라는 근대화의 논리가 중첩되는 순간, 이 장르의 '쓸모'는 급격히 약화될 수밖에 없다. 외부의 상상력은 내부로 전이된다.

대륙물이 끝난 자리에 협객물이 등장하고 있는 것은 우연이 아니다. 쿠데타라는 폭력의 기원을 상기시키는 일체의 상상은 금지되어야 한다. 기원은 은폐되거나 망각되어야 한다. 협객물의 주인공들은 무법자outlaw들이 아니다. 그들은 언제나 경찰과 함께 존재한다. 혹은 경찰의 존재야말로, 이 깡패들의 서사를 가능하게 해 주는 것이라고 말할 수 있으리라. 이미 법에 포획되어 있는 자, 범법자야말로 협객물의 전형적인 등장인물인 것이다. 대한민국이 상정하는 두 개의 적, 일본과 공산당에 맞서 싸우는 이 깡패영화들은 항일과 반공이라는 국가적 요구를 반영하는 한편 폭력의 전시와 그것이 불러일으키는 쾌락을 법의 테두리 안에서 성취해낸다. 그런 의미에서 협객물은 경제 개발과 군사 근대화military modernization에 의해 질서 지워진 제3공화국 후반과 1972년 이후의 유신 체제와 직접적으로 관련되어 있는 것이라 할 수 있다. 이 영화들은 긴급조치의 이름으로 법이 가장 자의적인 방식으로 도처에 출몰하는 이곳에서, 안전한 방식으로 폭력을 개진할 수 있는 방법을 보여주었다. 요컨대 전쟁은 무법으로, 거기서 다시 범법과 질서의 회복으로 전이되는데, 이러한 이행이야말로 분단과 (혁명에 이은) 쿠데타, 유신이라는 한국 현대사의 영화적 압축이었다.

제2장
국민의 경계, 신체의 경계

구로사와 아키라와 오시마 나기사의 '전후'

---

1. 패전과 독립─사라진 일본인과 도래할 일본인

그날 구로사와 아키라는 천황의 방송을 듣기 위해 촬영소에 가는 길이었다. 이미 촬영소 내부에서는 며칠 내로 전쟁이 종결되리라는 소문이 파다했다.

그때 걷던 길가의 정경을 잊을 수 없다. 집에서 기누타 촬영소까지 가는 동안 내가 목격한 상점가의 모습은 일본인 모두가 정말로 죽을 각오를 한 듯이 비장한 분위기였다. 심지어 일본도를 가지고 나와 칼을 뽑아든 채 칼날을 노려보고 있는 가게 주인도 있었다. 조칙은 분명 패전 선언일 것이라고 예상하고 있던 나는 그런 모습을 보면서 '이제 일본은 어떻게 될까?' 생각했다. 하지만 패전 조칙을 듣고 집으로 돌아가는 길은 분위기가 완전히 바뀌어서, 상점가 사람들 모두가 축제 전날처럼 신나는 표정으로 부지런히 일하고 있었다.[1]

1945년 8월 15일 천황의 '옥음玉音방송' 전후를 묘사하는 구로사와의 기술은 어떤 당혹감으로 가득 차 있다. 말 그대로 조변석개朝變夕改라고밖에 할 수 없는 이 "일본인의 유연성"은 어디에서 연유하는 것인가? "만일 패전 조칙이 아니었다면, 아니 만일 그것이 국민 모두에게 자결하자고 호소하는 것이었다면 그 거리의 사람들은 거기에 따라서 죽었을지도 모른다."[2]

아마도 이 순간을 전후 구로사와의 맹렬한 정치 미학의 시작 지점이라고 해도 좋을 것이다. 그에게 이 장면은 "자아를 악덕으로 보고 자아를 버리는 것이야말로 양식 있는 태도라고 배운 일본인"의 모습이 고스란히 드러난 것에 다름 아니었다. 그에게 패전이 열어젖힌 공간이란 바로이런 일본인이 자아를 확립하는, 혹은 해야만 하는 곳이다. "그런 자아를 확립하지 않는 한, 자유주의도 민주주의도 없다고 나는 생각한다."[3]

---

1 구로사와 아키라, 김경남 역, 『자서전 비슷한 것』, 모비딕, 2014, 250쪽.
2 이 장면은 구로사와에게 패전이라는 사실보다도 더 큰 충격이었던 것 같다. 그는 심지어 패전으로부터 50년 가까이 흐른 시점에서 다시 한번 이 이야기를 꺼낸다. 1993년의 다큐멘터리 〈나의 영화 인생 구로사와 아키라〉에서 구로사와는 인터뷰어 오시마 나기사에게 거의 같은 이야기를 전하며 "그래도 (아마 그들은) 천황이 명령하면 뭐든지 했을 것"이라고 덧붙이고 있다. 이 인터뷰는 『大系 黒澤明』 4(浜野保樹 編, 講談社, 2010, 230~258쪽)에 활자화되어 있다.
3 위의 책, 250쪽.

또는 다음과 같은 진술을 보라.

패전은 오히려 흔히 내셔널리즘의 불꽃을 북돋우었음에도 불구하고 (…
중략…) 일본의 경우에는 앞에서 말한 것처럼 외국인들을 놀라게 할 정도로
침체, 오히려 허탈감이 상당히 오랫동안 지배했다. (…중략…) '국체'는 그
런 모든 가치의 통합체에 다름 아니었다. 만약 부분적 사명감이라면 그것이
심리적인 좌절이나 좌초를 경험하더라도 또 다른 영역에서의 사명감으로
전환하여 다시 시작할 수가 있다. 그러나 일본의 사명감은 전체적인 것이었
던 만큼 그것의 붕괴가 가져다주는 정신적 진공 상태는 컸다.[4]

1951년 한국전쟁의 와중이자 샌프란시스코 강화조약을 목전에 둔 시
점에 쓰인 마루야마 마사오의 「일본에서의 내셔널리즘」은 정확히 이 두
가지 사건, 즉 한국전쟁이라는 냉전 아시아에서 일본의 위치를 결정지은
사건과 곧 당도하게 될 독립국가 일본의 탄생이라는 사건 사이에서 가능
했던 어떤 명료한 인식을 보여준다. "다른 극동 여러 지역에서는 내셔널
리즘은 생동하는 에너지로 충만된 청년기의 위대한 혼돈을 그 내부에 가
지고 있는 데 대해서, 유독 일본은 그 발흥―난숙―몰락이라는 사이클이
일단 완결되었다"[5]라고 쓰고 있는 마루야마가 여기에서 묻고 있는 것은
패전으로 '완결'되어 버린 근대 일본의 내셔널리즘의 정신 구조이다. 요

---

4 마루야마 마사오, 김석근 역, 「일본에서의 내셔널리즘」, 『현대정치의 사상과 행동』, 한
길사, 1997, 210~211쪽.

5 위의 책, 199쪽. 마루야마의 이 진술은 이미 그의 맹우 다케우치 요시미가 제안한 "방법
으로서의 아시아"를 통한 '내셔널리즘'의 확보라는 방법론에 공명하고 있다는 점을 지
적해 두자.

약하자면 그 정신 구조란 "자아가 국가에 매몰"되어 있는 형식이며, "인민주권과 결부되지 않은 내셔널리즘"이자, 위로부터 만들어진 내셔널리즘에 다름 아니다. 이 내셔널리즘은 다시 등장할까? 마루야마는 전쟁 이전의 내셔널리즘 그대로의 부활은 아닐 것이라고 단언한다. 간단히 말해 일본은 졌으며, 제국은 공중 분해되었기 때문이다. 따라서 여기에 "동원되는 내셔널리즘은 그것 자체가 독립적인 정치력으로는 될 수 없으며, 오히려 보다 상위의 정치력 — 아마도 국제적인 그것 — 과 결부되어 후자의 일정한 정치적 목적 — 예를 들면 냉전의 세계 전략 — 의 수단으로서 이용성을 갖는 한에서 존립이 허용되지 않을까 하고 생각한다."[6]

민족운동이 "거대한 혁명"으로 등장하고 있는 "오늘날 아시아의 내셔널리즘 동향", 또 "고도의 자발성과 주체성을 수반"하는 인민주권의 원리와 결부된 서구 근대 내셔널리즘이라는 두 내셔널리즘 사이에서 일본의 내셔널리즘을 고찰하는 마루야마에게 문제는 이제 새롭게 독립국가로 거듭날 이 나라에서의 근대 시민적 주체의 탄생이라는 문제였다.

그러니까 여기에 두 개의 계기가 있다는 점을 염두에 두자. 첫 번째 "정신의 진공상태"를 불러온 패전이라는 경험이 있으며, 두 번째 "메이지 유신 당초의 아주 작은 섬나라로 위축"[7]된 현재가 있다. 이 두 계기 혹은 상황은 마루야마에게도 구로사와에게도 새로운 주체 혹은 '자아'의 성립을 요구하는 것이었다. 마루야마에게 이것이 이 '작은 섬나라로 위축'된 이곳에서 어떻게 '과제'[8]로서의 민주주의를, 근대 민주주의적

---

6 위의 책, 215쪽.
7 위의 책, 210쪽.
8 마루야마 마사오, 김석근 역, 「어느 자유주의자에게 보내는 편지」, 『현대정치의 사

주체를 형성시킬 수 있을까의 문제였다면, 구로사와에게 이 과제는 자유주의와 민주주의를 떠받칠 '자아의 확립'이라는 문제로 이해되었다.

마루야마와 구로사와의 상동성은 그것이 근대 민주주의라는 언사로 표현되든, 휴머니즘이라는 언사로 표현되든 상정해야 할 '보편'을 설정한다는 데 있다. 이를테면 새로이 와야 할 근대 시민적 주체 혹은 휴머니즘적 자아. 다시 말해 이들은 모두 구제국의 보편율에 대항하여 도래해야 할 새로운 세계에서의 보편을 설정하지 않으면 안 되었다. 덧붙이자면 구로사와는 1910년생이며, 마루야마는 1914년생이다. 전후 민주주의와 이를 떠받칠 수 있는 근대적 개인에 대한 마루야마의 구상과 구로사와의 고민 사이의 유비적 관계는 그들의 동일한 세대성에서 비롯되고 있는지도 모른다.

나는 이 장에서 구제국이 국민국가로 이동하는 순간과 이런 국가가 자연화되어 버린 순간의 두 지점을 두 명의 영화감독을 통해서 이야기하려고 한다. 1950~1952년 사이에 만들어진 구로사와 아키라의 두 편의 영화〈라쇼몽羅生門〉과〈살다生きる〉, 1963년에 만들어진 오시마 나기사大島渚의〈잊혀진 황군〉과〈교사형絞死刑〉(1968)이 구체적인 분석 대상이다. 제국으로부터 '단일민족' 국가로의 이동은 어떤 '보편'의 설정을 통해서 가능해졌는가? 이 설정이라는 '행위성'이 지워지고 그 결과만이 자연화된 채 위용을 과시하게 될 때, 그 '보편'에 불현듯 균열을 불러일으키고 전후 민주주의 국가 일본을 공중에 매달아 버리는 존재－신체는 어떤 신체인가?

상과 행동』, 한길사, 1997, 191쪽.

2. 〈라쇼몽〉 — 도래해야 할 과제로서의 '보편'

'관광적인 것'과 보편적인 것

1951년 9월 베니스 영화제에서의 〈라쇼몽〉 황금사자상 수상은 이제 막 강화조약에 조인한(9월 8일) 직후였던 일본에게 '국가적 경사'였다. 무엇보다 "구미 각국의 우수 영화와 어깨를 겨뤄 당당히 최고 영예"를 받아 안았다[9]는 사실이야말로 이 수상의 '값진' 의미였으며, 구로사와 자신을 포함한 일본인들에게 "일본인이여, 자신을 가져라"[10]라는 자기 긍정을 회복시킨 대사건으로 받아들여졌다.

이듬해 3월 이 영화가 아카데미 외국어영화상을 수상했을 때, 이 언설은 최고조에 달했다. 말하자면 공교롭게도 전전 일본의 동맹국이었던 이탈리아와 점령국 미국에서, 우연히도 1951년과 1952년이라는 시점에 〈라쇼몽〉이 연거푸 거둬들인 이 두 번의 수상은 패전과 점령을 거친 일본이 당당한 독립국가로서 세계와 마주하게 되었음을 입증하는 것이자, 그 조우의 방식은 '문화적인 것'이 되리라는 '문화 일본'의 선언으로 비춰졌다.

실제로 〈라쇼몽〉에 대한 서구에서의 열렬한 반응은 일본영화계 안에 "일본영화 수출에의 확신"[11]을 불러일으켰으며, 서구 국제영화제를 겨

---

9 永田雅一, 「『羅生門』グラン・プリ受賞記念特別ロード・ショウに就て」, 『SUBARU(有楽町・スバル座・会報)』71, 1951.12.

10 ジュリアーナ・ストラミジョーリ, 「日本人よ, 自信を持って」, 『映画新報』, 1951.10.

11 松山英夫, 「日本映画輸出への確信」, 『映画旬報』, 1951.10.

냥한 일군의 프로젝트로 현실화되었다. 〈라쇼몽〉을 제작한 다이에이大映의 나가타 마사이치가 '예술적 시대극'이라는 흐름을 주도하게 된 것은 우연이 아닐 것이다. 1953년 베니스 영화제에서 〈우게쓰 이야기雨月物語〉(미조구치 겐지)가 은사자상을, 이어서 1954년 칸느 영화제에서 〈지옥문地獄門〉(기누가사 데이노스케)이 그랑프리를 수상했다. 그리고 같은 해 〈산쇼다유山椒大夫〉(미조구치 겐지)가 베니스 영화제에서 역시 은사자상을 수상하였다.[12] 그리하여 1950년대 일본영화는 우리가 알다시피 서방세계에서 가장 먼저, 가장 널리 알려진 비유럽권 영화로 자리매김 되었다. 물론 1950년대 일본영화가 거둬들인 성과는 전전 일본영화부터 이어진 오래된 산업적, 미학적 결실이었으나(미조구치도 기누가사도 1920년대부터 영화를 찍었다), 〈라쇼몽〉의 수상이 결정적인 계기가 되었음은 부인할 수 없는 사실일 것이다.

그런데 여기에서 한 가지 주목해야 할 것은 〈라쇼몽〉의 수상과 그 효과, 이를 둘러싼 일본 내의 언설에 대한 구로사와의 방어, 그리고 〈라쇼몽〉이라는 텍스트 자체가 서로 미묘하게 공명하면서 엇갈리는 지점이다. 다음과 같은 언급을 보라.

---

12 〈라쇼몽〉의 기획단계에서 나가타 마사이치가 이 프로젝트에 거의 무관심했다는 건 잘 알려진 사실이다. 나가타가 이 프로젝트를 용인했던 이유는 단지 세트 하나로 영화를 찍을 수 있다는 경제성 때문이었다. 심지어 완성된 프린트를 보고 나가타는 이 '상품성 없는 영화'를 추진한 중역과 프로듀서를 좌천시켰다. 물론 〈라쇼몽〉 수상 이후 나가타는 태도를 바꿨는데, 그의 이 돌변한 태도에 구로사와는 오랫동안 상처받았음을 고백하고 있다. 구로사와 아키라, 김경남 역, 앞의 책, 318쪽. 〈라쇼몽〉이 열어젖힌 일본영화의 국제화 과정과 나가타 마사이치의 프로젝트들에 대해서는 다음을 참조. 佐藤忠雄, 『日本映画史2』, 岩波書店, 1995, 233~239쪽.

나는 기뻐하기 전에 이 영화가 각국에서 어떻게 받아들여졌는지가 궁금합니다. 일본에서는 '엑조티즘'이기 때문에, '관광적이기 때문에'라고들 하는데 그런 이치로 재단하지 말고 먼저 솔직히 받아들일 필요가 있다고 생각됩니다. 지금의 일본은 전후 통제의 틀이 벗겨지고, 모든 것이 부족했던 시대는 지났습니다. 강화 후의 차분한 재건이 필요할 때입니다. 게이샤 걸, 요시와라, 후지산의 일본이 아닌 일본의 진짜 모습을 이해받는 것이 선결문제입니다. (…중략…) 영화계에서도 〈라쇼몽〉 다음은 〈겐지 모노가타리(源氏物語)〉라고 하는데, 그런 근성은 버리기 바랍니다. 일본은 엑조티즘이 아닙니다.[13]

"일본은 엑조티즘이 아닙니다"라는 이 단언이 의미하는 바는 무엇인가? 해외에서의 수상이라는 결과에 대해 구로사와의 생각은 확고하다. 이 영화가 거둔 성과는 엑조티즘이나 "관광적인 것"에 기댄 것이 아니다. 이 수상 결과에서 그가 확인했고, 기뻐했던 것은 전혀 다른 풍토와 전혀 다른 생김새의 사람들이 이 영화를 "잘 이해하고 있다"는 사실이었다.

그 영화가 수상작에 들었다는 이야기를 들었을 때는 좀 부끄러운 느낌이 들었다. 폐허가 된 일본에서 이런 작품이 나온 것이 불쌍해서 주는 상이라고 생각했다. 그런데 하나둘 모여든 이 영화에 대한 (해외―인용자) 비평을 읽어 나가면서 알게 된 게 참으로 만든 사람의 생각을 잘 이해하고 있다는 점이다. 그때 가장 많이 배운 건 일본인은 대체 어디까지 비굴한가, 라는 거다.

---

13 黒澤明, 「足を地につけよう」, 『映画新報』, 1951.10.

칭찬을 받아도 스스로를 비하해 버리는 것은 다시 한번 생각해 봐야 되는 점이 아닐까?[14]

이 언급을 위의 진술과 함께 읽어 보자면, "불쌍해서 이 상을 준 것"이라고 생각한 구로사와 자신을 포함해서, 엑조티즘이나 "관광적인 것" 때문에 상을 받았다는 일본 내에서의 평자들의 태도야말로 "칭찬을 받아도 스스로를 비하해 버리는" 전형적인 '패배 의식'이자 전후 일본적인 근성이다. 그에 따르면 뉴욕의 한 관객도 있는 그대로 받아들일 수 있게 하는 〈라쇼몽〉이 가진 어떤 '보편성'이야말로 서방세계에서 이 영화가 거둬들인 성과의 이유이다.[15] 즉 패전과 점령을 거쳐 이제 막 독립국가가 된 일본의 한 영화작가의 심정과 자신감 회복을 가감 없이 보여주는 이 언급은 동시에 외부(서구)로부터의 인증을 거쳐 일본적인 것과 보편적인 것이 일치할 수 있다는 확신이 자리잡게 되는 과정을 잘 보여주는 것이다. 이것이 "일본은 엑조티즘이 아닙니다"라는 단언의 의미이다.

〈라쇼몽〉이 세계(서구)가 발견한 첫 번째 일본영화로 자리매김 되었을 때 이 영화가 불러일으킨 양상은 분명 인도의 사티야지트 레이가 1955년 〈길의 노래〉로 서구에서 발견되었을 때와 다른 것이었다. 거칠

---

14 〈라쇼몽〉의 수상 직후 구로사와 아키라와 그의 맹우들인 기노시타 게이스케, 다니구치 센키치가 함께 한 좌담회에서 다니구치 센키치와 기노시타 케이스케는 이 수상소감에 적극 동감하면서, 외국의 칭찬을 칭찬으로 받아들일 수 있게 된 점이야말로 "이번 수상이 가져다준 가장 커다란 선물"이라고 말한다. 구로사와의 기분은 그 혼자만 아니라 당시의 일본 영화인들에게 공유되고 있는 것이었다. 「『羅生門』と日本映画界」, 『婦人公論』, 1951.12(現代日本映画論大系編集委員, 『戰後映画の出發』(現代日本映画論大系 1), 冬樹社, 1970, 422쪽).

15 黒澤明, 「人間を信ずるのが一番大切なこと」(對談), 『映画の友』, 1952.4(浜野保樹 編, 『大系 黒澤明』 1, 講談社, 2009, 582쪽).

게 말해 〈길의 노래〉가 이탈리아 네오리얼리즘의 연장선상에서 이해되며 이후 제3세계적 영화의 특질이라고 불리게 될 것의 원형으로 인식되었다면(소위 '제3세계 리얼리즘'), 〈라쇼몽〉은 전후 서방세계 영화가 직면한 모더니즘 영화와 접속되었다. 말하자면 구로사와 아키라는 서방세계의 입장에서 보자면 훨씬 '주류적'이었다. 1954년 마찬가지로 베니스 영화제에서 은사자상을 수상하며 전후 서구와 비서구를 막론한 장르영화에 막대한 영향을 미친 〈7인의 사무라이七人の侍〉(1954)는 범박하게 말하자면 〈라쇼몽〉이 모더니즘 영화에서 했던 것과 거의 같은 작용을 장르영화의 영역에서 수행했다. 이 영화는 존 스터지스의 〈황야의 7인〉(1960)부터 힌두어 액션영화 〈차이나 게이트〉(1998)에 이르기까지 액션 장르영화에 하나의 원형으로서 제시되었으며, 이 수많은 번안 속에서 구로사와 아키라는 명실공히 '최초의 트랜스내셔널 아시아 영화감독'[16]으로 자리매김 되었다. 이것이 전후 '세계'영화가 최초로 발견한 일본 영화감독으로서 구로사와가 "일본에 대한 서구 이미지와 일본의 자기 이미지를 모두 문제적으로 만드는" 사정이다.[17]

그렇다면 1951년의 시점에 구로사와가 상정한 보편성은 어떻게 그 자체로 세계성을 갖게 되는가? 독립국가 일본의 성립 순간 그가 설정한 보편성과 세계성의 관계는 어떻게 매개되고 있는 것인가? 구로사와는 〈라쇼몽〉에서 아쿠타가와 류노스케적인 회의론의 정점이라고 불리는 단편소설 「덤불숲」을 빌려온 후, 거기에 하나의 이야기를 더 덧붙임으

---

16 Leon Hung · Leung Wing-Fai ed., *East Asian Cinemas : Exploring Transnational Connections on Film*, I. B. Tauris, 2008, p.6.

17 Mitsuhiro Yoshimoto, *Kurosawa : Film Studies and Japanese Cinema*, Duke University Press, 2000, p.2.

로써 이 회의론과 불가지론의 세계를 전혀 반대의 것으로 만들었다. 어떻게? 왜?

인간을 믿는다는 것 -불가지론 너머의 휴머니즘

'라쇼몽', 폐허가 된 이 절의 지붕 절반은 무너져 내렸고, 남은 쪽도 서까래가 다 드러나 있다. 나무 기둥은 굵은 금이 간 지 오래이며, 쓰레기가 된 판자들이 여기저기 나뒹군다. 비는 쉴 새 없이 쏟아지고, 아마도 이 습기는 저 나무 기둥과 판자들을 쉬이 썩게 하리라. 이 건물의 부분 부분을 이어붙인 오프닝 크레딧이 끝나고, 화면이 정면 숏으로 바뀐다. 승려와 한 남자가 그곳에서 비를 피하고 있다. 그들의 표정은 한없이 어둡다. 문득 한숨과 함께 나무꾼이 중얼거린다. "모르겠어, 정말 모르겠어."

〈라쇼몽〉의 이 인상적인 초반 시퀀스와 이 시퀀스의 마지막에 등장하는 "모르겠어, 정말 모르겠어"라는 중얼거림은 중의적으로 작동하고 있는 것처럼 보인다. 첫 번째, 내러티브 내에서 이 중얼거림은 이제부터 전개될 하나의 사건을 둘러싼 세 개의 서로 다른 증언에 대한 반응이다. 사무라이가 죽었다. 누가 그를 죽였는가? 재판이 열리고 사무라이의 아내, 그녀를 범한 도적, 그리고 무당에 빙의한 사무라이의 망령이 증인으로 불려나온다. 세 개의 증언이 차례차례 사건을 재구성한다. 그러나 재구성된 사건은 모두 다르고, 이 자기본위의 진술 속에서 우리는 무엇이 진실인지 알 수 없다(여기까지는 이 영화가 원작으로 하고 있는 아쿠타가와의

〈사진 2-1〉 〈라쇼몽〉

「덤불숲」의 이야기이기도 하다).

두 번째, 저 폐허로서의 절. 조각조각 난 파편으로 등장하다가 무너져 내린 전모를 드러내는 저 절은 공습과 원폭으로 파괴된 패전 일본이라는 장소의 알레고리로 읽힌다. 그 폐허는 또한 그 속에서 살아가는 자들의 마음의 형상이기도 하였다. 일본은 졌고, 한순간에 세상의 룰은 뒤죽박죽이 되어 버렸다. 8월 15일 아침에 다짐했던 일억 옥쇄玉碎의 결의는 '옥음방송' 이후 한순간에 사라져 버렸다. "모르겠어, 정말 모르겠어"라는 탄식은 이 알레고리 안에서 보자면, 제국에 통용되었던 보편율이 깨어진 데 대한 반응으로 읽을 수 있을 것이다.

구로사와 아키라는 패전 공간에서 그 누구보다도 맹렬하게 '폐허의 정치'를 사유하였다. 그는 무엇보다도 모두를 침묵하게 하는 곳에서 '말한다'는 것이야말로 새로운 정치의 시작이라고 생각했으며(〈우리 청춘 후회는 없다〉), 이 폐허 속에서 '산다'는 것이 그 정치를 실현하는 행위 자체라고 생각했다(〈어느 멋진 일요일〉, 〈주정뱅이 천사〉). 의미심장하게도 구로사와가 패전 직후 쓴 첫 번째 시나리오의 제목은 〈말하다喋る〉였다. 그리고 그는 1952년에 〈살다〉를 찍는다. 말하자면 〈라쇼몽〉의 첫 장면은 저 폐허적 사유의 마지막 자락과 겹쳐져 있는 것이라고 할 수 있다. 어떻게 시작할 수 있을까? 이제 그 이후의 전개를 검토해 보자.

아쿠타가와의 원작은 위에서 언급한 저 세 개의 이야기로 구성되어 있다. 구로사와는 여기에 하나의 이야기를 덧붙이고, 전혀 다른 결말을 준비한다. 세 개의 서로 다른 이야기가 끝나고, 나무꾼이 실은 자신이 이 사건의 목격자였음을 뒤늦게 고백한다. 그에 따르면 도둑도, 사무라이의 아내도, 사무라이의 망령도 모두 스스로에게 유리하게 사건을 왜

곡했을 뿐이다. 이 '목격자'의 등장으로 우리는 무엇이 이 사건의 진상이었는지를 알게 된다. 그럼으로써 이 이야기는 불가지론으로부터 구출된다. 나무꾼의 이야기가 모두 끝난 순간 아기의 울음소리가 들린다. 이미 아이가 여섯인 나무꾼이 버려진 아기를 거둔다. 나무꾼은 아기를 안고 집으로 향한다. 어느새 비는 그쳐 있다. 이 나무꾼의 행위를 통해 구로사와가 결별하는 것은 일단 아쿠타가와적인 인간에 대한 회의론이다.

> 저는 원작인 「덤불숲」은 아쿠타가와 씨의 거짓말이라고 생각합니다. 그것이 정직하게 자신의 것이었다면 아마 살 수 없지 않을까요? 아쿠타가와 씨가 정말로 그걸 믿었다면 더 빨리 자살했을 겁니다. 잘도 빼기면서 인간을 믿지 않는다고 하지만, 인간을 믿지 않는다면 살아갈 수 없습니다. 저는 그 점을 〈라쇼몽〉에서 이야기하고 싶었습니다.[18]

아마도 이 결말은 구로사와 본인이 언급하고 있는 것처럼 그 특유의 인간에 대한 믿음과 연결되어 있을 것이다. 먼저 이 휴머니즘은 구로사와의 전 작품에 걸쳐 있는 그의 기질적이고 작가적인 특징이라고 할 수 있다. 그런데 여기 1951년이라는 시간과 구로사와의 전후 정치영화의 연쇄를 다시 도입해 보자. 그러니까 "모르겠어"라는 탄식을 패전 직후의 일본을 뒤엎은 보편율의 깨어짐에 대한 반응이라고 해석한다면, 이 휴머니즘의 역설은 또한 제국의 보편주의가 무너진 이후 그럼에도 불구하고 새롭게 만들어진 독립국가 일본이 만들어나가야 할 보편성에 대한

---

18 黒澤明, 「人間を信ずるのが一番大切なこと」(対談), 『映画の友』, 1952.4(浜野保樹 編, 『大系 黒澤明』 1, 講談社, 2009, 585쪽).

역설에 다름 아니라고 할 수 있다.

　그런데 구로사와에게 이 보편성은 결코 그냥 주어진 것이 아니다. 그 것은 한번 붕괴되었으며, 그래서 이 붕괴된 세상에서 간절하게 다시 세 우고자 하는 것이다. 다시 말해 이 보편성은 만들어가야 할 과제로서의 것이었다. 앞질러서 말하자면 1951년의 〈라쇼몽〉이 과제로서의 보편 성의 문제를 제기했다면, 1952년에 만들어진 〈살다〉는 그 위에 성립해 야 할 공동체에 대한 질문이자 그 나름의 답변이다. 그렇다면 과연 이제 부터 창설해야 할 보편성은 '누구'의 보편성이어야 하는가? 〈살다〉가 샌프란시스코 강화조약이 성립된 직후, 즉 일본이 국민국가로 축소 혹 은 재형성된 직후 만들어진 영화라는 사실은 이 순간 더없이 의미심장 해 보인다.[19]

19　일찍이 사토 다다오는 구로사와의 이 민감한 동시대성을 예리하게 간파한 바 있다. "구 로사와 아키라는 천진한 태도로 실은 체제의 저 밑에서 소리도 없이 준동하고 있는 힘을 무심코 잡아내어 우리들의 간담을 서늘하게 하고 있는지도 모른다. 〈7인의 사무라이〉 가 만들어진 것은 한국전쟁의 전화가 아직 남은 상태에서 자위대가 발족해 자위권의 시 비가 절실한 문제가 되고 있는 때로, 몹시 조마조마한 심정으로 보았던 것이다." 佐藤忠 男, 「刀にまつわるヒロイズム」, 『映画芸術』, 1962.3(現代日本映画論大系編集委員, 『日本 ヌーベルバーグ』(現代日本映画論大系 3), 冬樹社, 1970, 394쪽).

3. 〈살다〉 – '살기' 위한 망각

모든 주민은 '모든' 주민인가?

먼저 일본이 현재의 본토로 축소, 독립국가로 탄생하는 바로 그 지점 샌프란시스코 강화조약의 순간으로 돌아가 보자. 조약 제2조는 다음과 같다.

제2조 (a) 일본국은 조선의 독립을 승인하고 제주도, 거문도 및 울릉도를 포함한 조선에 대한 모든 권리, 권원 및 청구권을 포기한다. (b) 일본국은 대만과 평후제도에 대한 모든 권리, 권원 및 청구권을 포기한다. (c) 일본국은 쿠릴열도와 일본국이 1905년 9월 5일의 포츠머스 조약의 결과로 주권을 획득한 사할린의 일부 및 이에 근접해 있는 제도에 대한 모든 권리, 권원 및 청구권을 포기한다. (d) 일본국은 국제연맹의 위임통치제도에 관련된 모든 권리, 권원 및 청구권을 포기하는 한편, 이전 일본국의 위임통치하에 있었던 태평양 제도에 신탁통치제도를 가져온 1947년 4월 2일의 국제연합 안전보장이사회의 행동을 수락한다. (e) 일본국은 일본국민의 활동에 유래하건 또 다른 것에 유래하건 관계없이 남극지역의 어떤 부분에 대한 권리 혹은 권원 또 어떤 부분의 이익에 관해서도 모든 청구권을 포기한다. (f) 일본국은 난사군도 및 시사군도에 대한 모든 권리, 권원 및 청구권을 포기한다.[20]

----

20 佐々木隆爾, 『サンフランシスコ講和』, 岩波書店, 1988, 12쪽.

'영토국가'의 경계 설정에 집중되어 있는 이 조약과 함께 재빨리 외국인등록법(1952.4.28)이 공포된다. 이로써 한때 구제국의 신민이었던 자들, 즉 조선인·대만인의 일본 국적은 일제 박탈된다. 일본 땅에 여전히 거주하고 있는 자들, 그럼에도 불구하고 이 순간 국적을 상실한 구식민지인들은 '외무성관계의 제 명령의 조치에 관한 법률'(1952.4.28 법률 제126호)에 의해 일본 재류의 자격을 얻는다.[21] 전후 일본의 성립은 또한 미국 점령지로서의 군사기지 오키나와를 담보로 한 것이기도 하였다.

국민국가 일본의 국민들이 확정되는 순간 거대한 배제(이자 '조치'에 의한 잠정적인 재류 자격을 얻고 있다는 점에서 포함이기도 한)가 동시에 일어나고 있는 것이다.[22] 그런데 이 사태는 생각보다 단순하지 않다. 총력전과 공습의 경험이 안겨 준 '운명 공동체'[23]란 의식은 '전후 국민국가' 일본의 범위를 결정짓는 매우 강력한 심정적 기반이 되었다.[24] 그런데 총력전

---

21 "법률 제126호 2조 6항 : 일본국과의 평화조약 규정에 기초한 동조약의 최초 효력발생일에 일본의 국적을 이탈한 자로, 소화 20년(1945년-인용자) 9월 2일 이전부터 본 법률시행일까지 계속해서 본방에 재류한 자(소화20년 9월 3일부터 본 법률시행일까지 본방에서 출생한 자를 포함)는 출입국관리령 제22조의 규정과 상관없이 별도의 법률로 정해진 바에 따라, 그 자의 재류자격 및 재류기간이 결정되기까지의 사이, 계속 재류자격을 갖는 것 없이 본방에 재류하는 것이 가능하다." 佐藤勝巳 編, 『在日朝鮮人の諸問題』, 同成社, 230쪽. 재일조선인들에게 부여된 법적 자격의 변천에 대해서는 小熊英二·姜尚中 編, 『在日一世の記憶』, 集英社, 2008 참조.

22 여기에 1951년 이후의 미점령지 오키나와와 오키나와의 일본 '본토' 복귀까지를 덧붙여 생각한다면 일본인의 경계에 대해서 묻는 일은 그 자체로 '국민'이라는 것의 경계에 대해서 묻는 작업이 될 수 있다. 오구마 에이지의 문제의식은 이 지점에서 출발한다. 小熊英二, 『「日本人」の境界』, 新曜社, 1998.

23 丸山眞男, 「『文明論之槪略』を読む(一)」, 『丸山眞男集第十三巻』, 155쪽.

24 이에 대해서는 전시기의 언설 체계가 어떻게 패전 직후의 언설의 기반이 될 수밖에 없었는가를 추적하는 오구마 에이지의 논의를 참조. 오구마의 논의를 따르자면 마루야마의 적극적인 근대에 대한 모색, 근대적 개인의 재평가는 전전의 '근대의 초극'론에 대한 반

체제에 동원된 것은 피공습지의 '내지인'들만이 아니었으며, 당연한 말이지만 공습의 공포를 함께 나눴던 것은 '그들'만이 아니었다. 이를테면 다음과 같은 두 개의 증언을 보라.

저는 철저하게 일본의 황민화 교육을 받았습니다. 17세에 종전을 맞았습니다만, 일본이 졌다는 사실을 믿을 수 없어서 이틀 밤도 사흘 밤도 울면서 날을 지샜습니다. 거의 밥도 먹지 못할 정도로 비탄에 빠졌지요. (…중략…) 종전이 되는 순간, 지금까지 꾸준히 길러왔던 모든 것, 그 가치 기준이라는 것이 바닥부터 뒤집혀진 세대의 한 명입니다. 내가 알 수 없는 곳에서 나라를 빼앗기고, 또 나라를 되찾았다. 그러나 그 조국이란 것이 제2차 세계대전이라는 격동의 소산이다. 그런 점에서 저는 이 부활과 지나치게 상관이 없었던 겁니다.[25]

이때 내 나이 17세, 식민지 교육 밑에서, 나는 그것이 당연한 줄만 알았을 뿐 한번 회의조차 해 본 일이 없었다. 한국어를 제외한 모든 관념, 이것을 나는 해방 후에 얻었고 민족이라는 관념도 해방 후에 싹튼 생각이었다. 이제 친일문학론을 쓰면서 나는 나를 그토록 천치로 만들어준 그 무렵의 일체를 증오하지 않을 수 없었다.[26]

김시종과 임종국은 모두 1929년생이다. 1948년 제주도 4·3항쟁 관

발에서 등장했다. 그렇다면, '세계시민'에 대한 혐오는 전전의 대동아공영권으로 확장된 제국의 보편주의에 대한 반발과도 연결되어 있을 것이다. 小熊英二, 『『民主』と『愛国』―戦後日本のナショナリズムと公共性』, 新曜社, 2002.

25   金時鐘, 『「在日」のはざまで』, 平凡社, 2001, 223쪽.
26   임종국, 「서문」, 『친일문학론』, 민족문제연구소, 2002, 11쪽.

여로 밀항선을 타고 일본에 온, 일본문학 내의 소수자 문학자 김시종과 대한민국 문학사 최초로 '친일문학론'을 집대성한 임종국의 이 거의 동일한 증언은 전전과 전후, 제국과 그 식민지로부터 두 개의(혹은 조선민주주의인민공화국을 포함해 세 개의) 국민국가로의 재편성이라는 과정 속에 놓인 자들의 이후 행로가 얼마나 '우연적'일 수밖에 없는지를 보여주는 한편 이들에게 일본과 대한민국이라는 두 개의 전후 국민국가란 그것이 수축의 결과로서 등장한 것이든, 과제로서 있는 것이든 결코 자연화될 수 없는 것이었다는 점을 또한 보여준다.

그럼에도 불구하고 일본이 "세계 6대 열강과 어깨를 나란히 했던 국제적 지위를 하루아침에 실추하고 극동의 작은 섬나라로 전락"[27]한 그 순간 이 일군의 존재들은 비가시의 영역이 되어야 했다.[28] 몸은 재류하는데 법 권리는 예외(조치) 속으로 사라졌다. 신체와 정체political body 사이에서 무언가가 사라진 것이다. 이를테면 주민. 모든 주민은 과연 '모든' 주민인가? 이 비가시의 문제야말로 〈살다〉의 어떤 비가시와 겹쳐지고 있는 것은 아닐까?

---

27 丸山眞男, 「戦後日本のナショナリズムの一般考察」, 『丸山眞男全集第5巻』, 岩波書店, 1995, 108쪽.

28 마루야마의 「전후 일본 내셔널리즘의 일반 고찰(戦後日本のナショナリズムの一般考察)」에 등장하는 이 인상적인 구절을 문제삼으면서 마루카와 테쓰시는 마루야마의 사상 구조 속에서 어떻게 구제국의 '외지(外地)'들이 사라지는가를 보고 있다. 이 평가는 꽤 부당하거나, 혹은 현재적인 시점에 종속되어 있는 평가인지도 모른다. 마루야마는 분명 미국이라는 상위 체계를 끊임없이 의식했고, 냉전이라는 전체적인 조망도 속에서 '국민국가' 일본에 관해 사고하였다. 그러나 현재 여전히 작동중인 동아시아의 냉전 체제를 벗어나기 위해서는 일국 안에서가 아닌 지역(region) 속에서 문제를 파악해야 한다는 마루카와의 시점은 분명 설득력 있는 것이다. 구 '외지'를 소거했을 때 전전과 전후의 연속이라는 문제는 축소되며, 국민국가 내부의 외부인으로 남게 된 구식민지 출신자들의 문제 또한 사라진다. 丸川哲史, 『リージョナリズム』, 岩波書店, 2003. 특히 제2부 참조.

'만든다'는 것의 행위성

　구로사와 자신과, 〈라쇼몽〉 이후 구로사와의 시나리오 집단이라고 불리는 오구니 히데오小国英雄, 하시모토 시노부橋本忍가 시나리오에 참여한 영화 〈살다〉는 현재까지 지속되는 전후 일본을 형성시킨 한 사유를 보여준다는 점에서 여전히 다시 읽어야 할 텍스트이다.

　시청의 시민과장으로 근무하고 있는 늙은 공무원 와타나베(시무라 다카시)는 위암을 선고받는다. 30년 근속의 이 모범 공무원은 지난 20여 년 동안 살아 있으나 죽은 것과 같은 삶을 살아왔다(그의 서랍 안쪽에는 1931년에 그가 올렸던 색 바랜 기안서가 나뒹굴고 있다. 1931년은 주지하다시피 만주사변이 일어난 해이기도 하다). 그는 그저 기계적으로 책상 위에 산더미처럼 쌓인 서류들에 도장을 찍어 대기 위해 그 자리를 지켜왔을 뿐이다. 젊은 여직원이 그에게 붙여준 별명은 미라이다. 죽음을 앞에 두고 이미 지나가 버린 시간을 후회하는 자가 처음 시작한 일은 자신이 살아온 삶의 흔적을 찾는 일이다. 그러나 그의 삶의 유일한 이유였던 아들은 이미 장성해서 자신의 삶을 꾸려가고 있고, 우연히 만난 소설가가 인도한 쾌락의 세계는 그에게 익숙하지 않다. 어느 날 그는 퇴사한 젊은 부하 여직원 토요(오다기리 미키)로부터 영감을 받아(현재 장난감 공장에 다니는 그녀는 무언가를 만든다는 즐거움에 대해 말한다), 주민들의 숙원이었던 공원을 만드는 일에 착수한다. 그는 시청에 다시 출근하고 오래 비워 둔 그의 자리에서 주민들의 탄원서를 찾아낸다.

　다음 장면은 이 영화의 가장 큰 미학적 야심이 드러나는 장면이라 할 만하다. 와타나베가 탄원서를 들고 급하게 유리문을 나선다. 부하 직원들이 그 뒤를 따른다. 그로부터 5개월 후라는 내레이션과 함께 죽은 와타나베의 영정 사진이 이어진다. 영화의 3분의 2 지점에서 일어난 일이다. 이제 와타나베의 장례식장에 모인 사람들이 그에 대한 이야기를 나누면서 죽음으로 끝난 내러티브를 그 삶이 끝난 자리에서 다시 끼워 맞추기 시작한다. 그는 주민들의 청원이 계속되었던 시민공원을 만들었고 어젯밤 그 공원의 벤치에서 죽었다.

이 나머지 3분의 1은 마치 〈라쇼몽〉의 서사 구조를 다시 한번 끌어들이고 있는 것처럼 보인다. "모르겠어"라고 중얼거리던 〈라쇼몽〉의 승려와 나무꾼처럼, 장례식에 참석한 자들은 와타나베의 열정과 그 이유들에 대해 각자의 의문을 꺼내 놓기 시작한다. 왜 와타나베는 그토록 열정적으로 공원을 만드는 일에 매달렸는가, 왜 그는 그렇게 갑자기 바뀌었는가? "정말 모를 일이야", "도무지 모르겠어". 그들은 와타나베가 위암이었다는 사실을 몰랐고, 그가 그 사실을 알고 있었다는 것 또한 알지 못한다. 그런데 이 "모르겠어"의 연발은 〈라쇼몽〉과 반대 방향에서 오는 듯하다. 〈라쇼몽〉에서 우리-관객은 정말로 무엇이 진실인지 알지 못했으나(그래서 〈라쇼몽〉은 각각의 시점에 따른 네 개의 동일 규모의 단위로 구성되어 있다), 〈살다〉에서 우리-관객은 이 자리에 모여 있는 산 자들과 달리, 그가 위암이고, 자신의 죽음과 대면하고 있었다는 사실을 안다.

와타나베의 영정 사진의 클로즈업에서 시작되는 이 시퀀스는 산 자와 죽은 자 사이에 놓여 있는 이 절대적인 앎의 비대칭성을 세심하게 시각화한다. 카메라를 문 앞에 위치시킴으로써 와타나베의 영정 사진을 화면의 중앙, 가장 깊은 심도에 놓이게 만들며, 그럼으로써 죽은 자의 시선 아래에 산 자들을 위치 지운다. 영정 사진의 인서트컷이 참석자들의

〈사진 2-2〉〈살다〉

서로 다른 진술 사이사이에 배치된다. 이 배치의 효과는 명백하다. "모르겠어"를 반복하는 참석자들을 내려다보고 있는 영정 사진의 시선은 우리-관객의 시선과 일치한다.

〈살다〉는 마치 〈라쇼몽〉의 짝패처럼 읽힌다. 〈라쇼몽〉의 휴머니즘의 주체, 그 '휴먼-인간'이란 과연 누구인가. '주민'을 위한 공원이라는 설정이 문제적인 까닭은 여기에서 기인한다. 그들은 제국의 '신민'에서 일시에(1951년 샌프란시스코 강화조약을 기점으로) 국민국가 일본의 '국민'이 된 자들이다.[29] 〈살다〉에 등장하는 주민들의 표상은 매우 흥미롭다. 시청의 공무원들이 모두 남자들인 데 반해(유일한 여직원 토요는 아무 것도 만들어내지 못하는 공무원이라는 직업이 너무나 따분하다고 일찌감치 관뒀다), 그 '녀'들은 한결같이 가난하고 남루한 여인들이다. 전쟁을 일으키고 패전을 맞고 그 속에서도 아무 것도 하지 못한 남자들을 제외시키고 여자들만으로 주민을 설정한 구로사와의 사려 깊음은 주민의 범위의 가장 낮은 곳까지 이른 듯하다. 그런데 이 순간, 구로사와가 가장 낮은 곳으로 내

29 岩崎稔・上野千鶴子・北田暁大・小森陽一・成田龍一 編著, 『戦後日本スタディーズ』, 紀伊国屋書店, 2009, 19쪽.

려가는 바로 그 순간 새삼 '범위'가 문제시된다. 그러니까 전후 일본 사회와의 공명 속에서 영화를 만들어 갔던 구로사와는 그 공명의 강도만큼 전후 일본 사회가 삭제한 것을 고스란히 반복한다.

단도직입적으로 말해 보자. 샌프란시스코 강화조약과 외국인등록법을 통해 제국의 '신민'에서 국민국가 일본의 '국민'이 되어버린 자들과 함께 여전히 그 땅에 있지만 국민으로부터 떨어져 나간 자들, 지리적으로 그곳의 거주민이지만, 국적법 상으로 국민은 아닌 자들이 대규모로 창출된 바로 그 시점에 만들어진 이 영화에서 그들의 존재를 '볼 수 없음'은 무엇을 의미하는가? 전후의 구로사와가 생각한 새롭게 창출되어야 하는 '보편성'은 표상 차원에서 어떤 이들을 완전히 지움으로써 가능해진 것이 아닐까? 다시 말해 이 '휴머니즘'이 상정하는 인간은 샌프란시스코 강화조약이 설정한 '국민'의 범위 안에서만 가능했던 것이 아닐까?

물론 그럼에도 불구하고 과제라는 미래태, 혹은 성립이라는 행위성이 여전히 존재하는 한, 이 '보편'의 조형적plastic 성질은 계속해서 상기될 수 있다. 〈라쇼몽〉과 〈살다〉 모두에서 '휴머니즘'이 아렌트적 의미에서의 행위praxis의 형태로 획득되고 있는 사실은 다시 한번 우리의 주목을 요한다. 나무꾼은 아기를 '안고' 가고, 늙은 공무원은 공원을 '만든다'.

여기에서 마루야마 마사오를 떠올리게 되는 것은 우연이 아닐 것이다. 〈살다〉와 같은 해에 마루야마는 「'현실'주의의 함정」(1952)이라는 글을 발표하였다.

현실이란 본래 한편으로는 주어진 것임과 동시에 다른 한편으로는 하루하루 만들어져 가는 것인데, 보통 '현실'이라고 할 때에는 오로지 앞의 계기만

이 전면에 나서서 현실의 만들어 가는(plastic) 한 측면이 무시됩니다. 바꾸어 말하면 이 나라(일본)에서는 단적으로 이미 그러한 사실과 같은 것으로 여겨집니다.[30]

비등하는 재군비론에 대한 절박한 반대의 심정 속에서 쓰인 이 글은 후술하겠지만 이후 『일본의 사상』(1957)에서 전개될 소여所與와 작위作爲에 대한 마루야마의 핵심 개념의 틀을 이미 보여주는 것이다. 즉 주어지는 것이 아니라 '만드는 것'으로서의 현실, 그리고 그 만든다는 의식에 의해 계속해서 결단의 순간을 맞이하는 것. 마루야마와 구로사와는 여기에서 다시 한번 공명한다. 이 둘이 과제로서의 '보편'의 문제에 집중하였다면, 여기에서 문제가 되는 것은 행위성이며 '만든다'는 의식의 명료함이다.

그렇다면 이 행위성이 사라지고, 그래서 어떻게 '만들어졌는가'가 잊혀지고, 그리하여 외부 없는 거대한 자기동일성의 회로만이 작동하게 될 때 이 보편은 어떻게 작동하는가? 여기에서 이 '국가'를 형성하기 위해 또 하나의 비가시의 영역으로 떨어진 존재에 눈을 돌려 보자.

---

30 마루야마 마사오, 김석근 역, 「현실주의의 함정」, 『현대정치의 사상과 행동』, 한길사, 1997, 218쪽.

4. 〈잊혀진 황군〉 - 질문으로서의 '보편'

'패배를 껴안고' - 상이군인과 원호법

패전 후 많은 일본인의 마음을 사로잡았던 문제가 "졌을 때, 죽은 자들에게 뭐라고 말할 수 있을까"[31]였다는 존 다우어의 지적은 다시 한번 음미해 볼 필요가 있다. 그에 따르면 "그 전쟁은 잘못된 것이었다"고 인정해도 "국민적인 참회와 속죄의 행위 모두에 있어서 죽은 자를 어떻게든 긍정적인 형태로 위로하고자 하는 욕구가 꺾인 적은 없었다". 무의미한 전쟁에서의 유의미한 죽음. "이 딜레마의 해소가 가능할까? 새로운 사회, 새로운 문화를 세울 수 있다면 죽은 국민의 희생은 의미 있는 것이 될지 모른다."[32]

이 언설의 최종적 귀결, 혹은 공식화는 1952년 5월 2일 행해진 최초의 전국전몰자추도식全国戦没者追悼式에서 행해진 "전 국민과 함께 세계 평화와 우리나라의 진진을 빈" 천황의 연설이 될 것이다. 패배한 전쟁에 대한 부정, 그럼에도 불구하고 산 자들의 죽은 자들에 대한 진혼의 염이라는 마음의 딜레마는 오로지 평화와 진전이라는 미래태의 언설로서만

---

31 ジョン・ダワー, 三浦陽一・高杉忠明・田代泰子 訳,『敗北を抱きしめて』下, 岩波書店, 2001, 제16장 참조. 물론 여기에서 우리는 존 다우의 날카로운 지적처럼 이 죽은 자들의 범위의 문제를 묻지 않을 수 없다. "한편, 천황의 병사들과 수병들이 일으킨 수백만의 죽음에 관해서, 단지 숫자가 아닌 하나 하나의 인간으로서는 여전히 상상할 수 없었다. 일본인 이외의 죽은 자들이란 얼굴 없는 자들이었다. 그 속에 면식 있는 모습이 없었기 때문이다." 위의 책, 315쪽. 다시 말해 '대동아공영권' 내의 죽은 조선인, 대만인은 결코 그들의 이웃이 아니었다.

32 위의 책, 316~317쪽.

해소될 수 있었다. 앞을 보는 눈, 미래를 향한 시선. 죽음을 미래적으로 (결과적으로) 보람 있게 하는 진전. 과거란 일괄 추도함으로써 해소해야할 대상이 된다. 그런데 어떤 가시적 존재가 이 해소를 완료시키지 못하도록 방해한다. 전전의 "명예로운 상이군인"[33]이 그들이다.

다음은 1952년 사회당 좌파계의 신문『사회타임즈』에 실린 기사의 일부분이다. 야스쿠니 신사의 풍경이다.

정면에서 올라가면 참배자들이 짐을 들고 한숨을 돌린다. 그 모습을 보자면, 국회 쪽을 매섭게 노려보며 '빨리 재군비해 버려'라고 말한다. 그 뒤로는 백의의 상이군인이 비가 오는 날에도 길 양편으로 나뉘어서 모금을 하고 있다. 이들과 안쪽에 모셔진 무명의 영(靈)을 이어 보면, 딱 지금 세상의 알 수 없는 풍정(風情)의 축도가 된다.[34]

참배자, 백의를 두르고 구걸하는 상이군인, 침묵하는 무명의 영. 이 기사가 흥미로운 것은 이 세 등장인물의 공간적 배치에 있다. 백의의 모

---

33 澤井淳,『勤勞と結婚』, 健文社, 1944, 130쪽. 1940년 제정된 국민우생법이 보여주고 있는 바, 강력한 우생학적 언설의 공간이자 전쟁하는 제국이었던 전전 일본에서 "국가에 바친 무용(武勇)의 상징"인 상이군인과 일반 장애인을 어떻게 구별할 수 있을 것인가는 매우 곤혹스러운 문제였다. "상이군인이란 명예의 상처임으로, 총후생활에서의 불의의 재난이나 과실로 인한 불구, 더구나 병리학적·우생학적으로 생각되는 숙명적인 불행한 불구자의 경우와는 전혀 그 의의와 원인을 달리해야 함은 말할 나위 없이 당연하다." 西牟田重雄,『戦争と結婚』(近代女性文献資料叢書 9), 大空社, 1942, 239쪽. 상이군인과 일반 장애인의 세심한, 그러나 무용한 구별의 언설에 대해서는 다음을 참조. 生瀬克己, 「日中戦争期の障害者観と傷痍軍人の処遇をめぐって」,『桃山学院大学人間科学』24, 2003.

34 「春―ハロー, 神さま, 佛さま」,『社会タイムス』11, 1952.3.12. 샌프란시스코 강화조약 발효 즈음의 평화운동과 관련된 좌파의 상이군인 이미지 전유에 관해서는 植野真澄, 「占領下日本の再軍備反対論と傷痍軍人問題―左派政党機関紙に見る白衣の傷痍軍人」,『大原社会問題研究所雑誌』550・551, 2004 참조.

금자는 마치 목에 걸린 가시처럼 야스쿠니 신사로 향하는 보도에 늘어서 있다. 맑은 날에도 비가 오는 날에도 참배자는 이 존재들을 지나쳐서야 '오무라 마스지로大村益次郎'의 동상이 있는 곳까지 올라갈 수 있다. 백의의 모금자는 두 가지 이유에서 모두 새롭게 '회복된 독립' 국가 앞에서 사라져야 하는 존재들이다. 왜냐하면 이들은 무엇보다 우선 패전으로 끝장난 제국의 파국적 결말을 계속해서 가시화하며, 두 번째로는 국립병원의 환자복에서 유래하는 이 백의의 모습 자체가 국가로부터 방기되었음을 상기시킴으로써 실패한 '국가' 일본을 문제 삼기 때문이다.[35]

일본의 독립국가 회복과 동시에 가장 먼저 공포된 법안 중의 하나는 전상병자전몰자 유족원호법戰傷病者戰没者遺族等援護法(1952.4.30)이었다. 샌프란시스코 강화조약 발효 이틀 후의 일이다. 같은 해 8월 군인 은급恩給이 부활했다. 훼손된 신체의 전시는 이 새로운 '독립'국가에서 더 이상 간과할 수 없는 문제로 부각되었다. 상이군인의 형상은 빠르게 지워져갔다. 그럼에도 불구하고 남아 있는 자들이 있다면 그들은 진짜인지 의심스러운 것이 되었다. 그리고 이 의심은 상당 부분 타당한 것이기도 하였다.

---

[35] 1946년 2월의 칙령에 의한 군인 은급의 폐지와 함께 군사원호가 전부 폐지된 이후 이들에 대한 생활 원조는 1946년 9월에 제정된 '생활보호법'에 따르게 된다. 1947년 당시 후생대신이었던 히토쓰마쓰 사다요시의 다음과 같은 언급은 당시의 무차별 평등에 입각한 사회보장원칙을 잘 보여주고 있다. "백의의 용사라거나 혹은 상이군인이라는 자들을 위한 특별 대우는 불가능하다. 국민은 평등해야 한다는 헌법의 규칙에 따라, 관계 방면의 지시도 있으셨으므로 특별히 상이군인이라서 특별보호를 할 수 없게 되어 있다는 점만은 틀림없다." 1947.8.28. 衆議員厚生委員会会議録(http://kokkai.ndl.go.jp/) 한편 1947년 국립병원 및 국립요양소의 경영개선화와 맞물려 병원에서 방출된 상이군인들 가운데 백의의 환자복으로 거리에서 모금하는 자들이 등장하기 시작했다. 상이군인, 전쟁미망인, 전쟁고아로써 패전국을 '상징'하는 전후 일본 사회의 표상방식에 대한 문제 제기로는 植野真澄, 「傷痍軍人・戦争未亡人・戦災孤児」, 倉沢愛子・杉原達・成田龍一・テッサ・モーリス・スズキ・油井大三郎・吉田裕 編, 『アジア・太平洋戦争6 日常生活の中の総力戦』, 岩波書店, 2006.

패전 후 19년이 흐른 1964년 일본상이군인회 주최로 백의 모금자 실태조사가 이루어진다. 이 조사의 목적은 "이전부터 국민의 엄중한 비판을 받아왔으며, 35만 상이군인의 명예를 현저히 더럽히고, 감히 국제적인 수치를 입히는 '백의 모금자'를 올림픽까지 갱생시켜 일소하기 위한"[36] 것이었다. 이 조사의 결과 전국 63명의 조사 대상자 중 3분의 2가 "상이군인을 가장한 자"였다. 조사 대상자의 근소함을 염두에 두더라도 전후 19년이 지나서 이루어진 이 조사는 어느 정도 실제를 반영하고 있는 것이리라. 참고로 1953년 일본상이군인회의 협력으로 후생성이 실시한 백의 모금자에 관한 전국 규모의 첫 번째 조사에서 조사에 협력한 387명 중 가짜라고 답한 자는 한 명도 없었다.

이런 사정을 염두에 둔다면 영화적 표상의 영역에서 상이군인이 보이지 않거나, 혹은 거의 드물게 보이는 그 형상이 가짜인 것은 우연이 아니다. 이를테면 '긴다이치金田—' 시리즈 중 두 번째 작품인 〈옥문도獄門島〉(1977년 이치카와 곤 감독. 요코미조 세이시의 동명 원작은 1947년부터 1948년까지 잡지 『호세키宝石』에 연재)의 첫 장면에서 한쪽 다리를 절며 나타난 상이군인은 절고 있던 다리를 펴고 유유히 사라진다(참고로 이 영화의 1949년 버전에서 상이군인은 등장하지 않는다). 아마도 전후 일본에서의 상이군인 형상의 소실은 앞에서 언급했듯이 전상병자전몰자 유족원호법의 빠른 제정 결과, 실제로 거리에서 모금 행위를 할 필요가 없어진 것과도 관련이 있을 것이다.

사자死者는 기념하고 상처 입은 산 자는 경제의 영역 안에서 봉인해 버

---

36 日本傷痍軍人会, 『日本傷痍軍人会十五年史』, 戦傷病者開館, 1967.

린다. 그럼으로 그 상처의 기억마저 봉인한다. '패배를 껴안은' 원호법 하에서 절단 난 신체들은 정치경제적으로 봉합되고 있었다. 그런데 여기 봉인되지 않는 산 자, 봉인되지 않는 기억이 있다면 어떤가?

전일본군 한국인 상이군인이라는 존재

오시마 나기사의 〈잊혀진 황군〉의 첫 장면은 1963년이라는 시점에서 진짜 '백의의 모금자'가 얼마나 난감한 존재인지를 보여준다. 만원 전차 속, 검은 선글라스를 쓴 남자가 승객들에게 말을 걸고 있다. 화상 자국이 선명한 그의 입은 다물어지지 않고, 발음은 부정확하다. 남자의 오른쪽 팔에는 팔 대신 갈고리가 끼워져 있다. 중년의 부인은 애매한 웃음을 짓고, 자신들만의 이야기에 빠진 젊은 커플은 눈길 한번 돌리지 않는다. 노인의 무심한 눈길과 백인 남자의 호기심 어린 눈길. 여고생들은 경계와 혐오가 담긴 시선으로 힐끔거린다. 이들의 표정에서 알 수 있는 바, 이 기이한 형상은 이미 낯선 존재임이 분명하다. 고마쓰 호세이小松方正의 내레이션은 이 상황을 간결하게 정리해준다. "전쟁이 끝나고 18년, 지금도 여전히 이런 모습을 보아야 한다는 건 우리로서는 유쾌한 일이 아니다. 혹은 우리들과는 아무 상관없는 일이다. 따라서 우리는 이 사람에 관해 전혀 알지 못한다. 이를테면 그가 한국인이라는 사실조차." 그의 이름은 서낙원, 조선반도 출신의 전일본군 한국인. 이 장면과 내레이션이 전해주는 의미는 분명하다. 상이군인이라는 형상 자체가 전후 18년이 지난 이 풍경 속에서 부적절할뿐더러, 심지어 이 상이군인이 '한국인'이라는 점에서 더욱 문제적이다. 그런데 이 '부적절'한 등장이야말로 바로 그가 '한국인'이라는 사실로부터 기인하는 것이다. 즉 "전쟁 중에는 일본인으로서 일본을 위해 싸웠고, 전후의 변동 속에서 한국 국적으로 바뀐 한국인"인 그들은 일본 국가의 보상에서 누락되었고, 그 결과 보상을 받은 일본인 상이군인이 가시적 영역에서 사라진 후에도 여전히 거리에 남을 수밖에 없었다.[37]

서낙원을 포함한 12명의 상이군인 모임인 '전일본군재일한국인상이군인회'는 수상 관저를 찾아가 청원서를 제출하고, 외무성 관리에게 그들의 처지를 하소연한다. 한일회담이 임박해 있을 때이다. 외무성 관리들은 이 사안에 관한 답변을 잠정적으로 한국 정부의 책임으로 떠넘긴다. 그들은 이렇게 말한다. "일한관계가 정상화라고 할까, 잘 정리된 이

---

[37] 유족원호법 제24조 제1항에는 "사망한 자가 사망 당시 일본 국적을 가진 자"라고 명시되어 있으나, 다른 조항에는 "일본 국적을 잃었을 때" 그 권리는 소멸된다고 규정되어 있다.(제14조「유족연금을 받을 수 있는 권리의 소멸」및 제31조 제2항「유족연금 또는 유족급여금을 받을 수 있는 권리의 소멸」.) 그러나 이 조항은 1962년「일본에 귀화한 조선 출신자 등에 대하여 전몰유족원호법을 적용하는 것에 관해」라는 후생성 원호국 원호과장통지에서는 "개인의 의지와 상관없이 국가간 상호조약 등 일방적 권력에 의해 국적이 변경된 경우는 적용되지 않는다"고 해석되었다. 문제는 이 통지의 다음과 같은 문구이다. "따라서 이들 조선 출신자, 대만 출신자는 원호법 제31조 제2항의 규정이 적용되지 않음으로 동법이 적용되게 되나, 이들은 일본의 호적법이 적용되지 않음으로 유족원호법 부칙 제2항의 규정에 따라 동법의 적용에서 제외된다. 일본에 귀화함으로써 일본 호적법의 적용을 받게 되면 원호법의 적용을 받을 수 있다." 원호법 부칙 제2항에는 "호적법이 적용되지 않는 자에 관해서는 당분간 이 법률을 적용하지 않는다"고 기술되어 있다. 요약하자면, 조선과 대만 출신의 전일본군 및 유족을 원호법의 적용으로부터 배제하는 근거가 되는 것은 호적법이라는 이야기이다. 호적법이 제국 일본의 헌법역과 통치역의 구분, 내지와 외지를 나누기 위한 기준으로 작용했다는 점을 생각한다면 이 새삼스러운 호적법의 적용이야말로 전전과 전후의 완강한 연결을 보여주고 있는 것에 다름 아니리라. 제국 일본의 헌법역과 통치역의 구분에 대해서는 다음을 참조. 浅野豊美,『帝国日本の植民地法制－法域統合と帝国秩序』, 名古屋大学出版会, 2008. 재일 조선인에 대한 원호행정에 대해서는 川瀬俊治,「在日朝鮮人と援護行政」, 吉岡増雄 編,『在日朝鮮人と社会保障』, 1978 참조.

후 조정되어야 할 문제로……" 혹은 "지금 방침으로는 일단 국가 간 관계가 정상화된 이후에 한국 정부가 **그것**을 하는 걸로……".(강조는 인용자) 일행은 이번에는 '대한민국 대표부'를 찾아간다(아직 일본과 한국은 국교 수립이 이루어지지 않았으며, 따라서 대한민국대사관은 설치되어 있지 않았다). 한국 정부의 대답은 내레이션을 통해 들을 수 있다. "조국의 대답은 이렇다. 당신들의 상처는 일본 때문에 입은 것이다. 한국에 책임은 없다. 일본 정부에 요구해야만 할 일이다. 확실히 한국 측에서 보자면 한국의 상이군인이란 같은 민족이 남북으로 나뉘어 싸운 불행한 동란의 희생자를 의미하는 것이리라."

일본 정부는 이 사안 자체를 지연하고 회피하려고 한다. 심지어 이 관리들은 보상이라는 말조차 쓰지 않는다. 보상은 '그것'이라는 애매한 대명사로 대체된다. 이 지연과 회피는 이 사안이 품고 있는 딜레마에서 비롯된다. 그러니까 이들은 분명 국제법 상의 '일본인'으로서 일본을 위해 싸웠다(따라서 당연히 보상이 이루어져야 한다). 그런데 이들의 현재 국적은 한국이다(일본 '국민'이 아니다. 따라서 보상의 책임을 질 수 없다). 이에 반해 한국 정부의 입장은 단호하다. 당신들은 이 국가─대한민국을 위해 싸웠는가? 그렇지 않다면 요구할 '자격'이 없다. 일견 이 두 정부의 입장은 수긍 가능한 것인지 모른다. 국가와 국민이 이미 자연적으로 일치한다는 믿음하에서라면 말이다.

그런데 전일본군 한국인이라는 이 존재의 수식 자체가 이 믿음을 더 이상 가능하지 않게 만든다. 왜냐하면 그들은 한때 일본인이었으며, 이들의 의사와 상관없이 일방적으로 그 국적을 변경당한 자들이기 때문이다. 이 순간 '조국'은 미묘한 뉘앙스로 들려온다. 이들에게 조국은 자연적인 게 아니었다. 이들이 황군이 되던 시점에 제국은 이 피식민지인들에게 목숨을 거는 대가로 국민의 자격을 주겠다고 했다.[38] 그리고 전후, 일본 국적이 박탈되고 재일조선인이 된 이들은 일본과 한국의 국교 정상화 논의가 있던 지점에서 대한민국 국적을 취득했다. 생명의 증여와 국민이라는 자격의 교환은 대한민국 정부의 입장 속에서 정확히 반복된다. "당신들의 상처는 일본 때문에 입은 것이다. 한국에 책임은 없다."

전후 일본의 경제성장을 전 세계에 과시하게 될 도쿄올림픽이 열리기 한 해 전인 1963년 당시 니혼테레비의 다큐멘터리 프로그램 〈논픽션 극장〉의 한 작품으로 만들어진 이 25분 분량의 짧은 다큐멘터리가 오시마에게 하나의 전환점이었던 것은 분명해 보인다. "그 주제와 거기에서 발견된 방법의 무게는 나에게는 결코 잊기 힘든 것이었다."[39] 오시마 본인의 언급은 결코 과장이 아니다. 〈잊혀진 황군〉은 이후 오시마의 영화의 원점이라고 할 만한 영화이다. 일본 '국민'의 한계 지점이자 국가와 국민의 관계 안에 놓여 있는 피의 증여라는 저 잔혹한 논리를 온몸으로 웅변하는 전일본군 한국인 상이군인이라는 형상은 식민지 문제와 전후

---

38 조선인 황군이라는 존재가 등장한 식민지 말기, 바로 그 존재를 통해 '국민'의 자격을 얻을 수 있다고 믿었던 피식민자 엘리트들의 어떤 열망을 상기한다면 더더욱 그렇다. 식민지 조선의 저명한 비평가 최재서는 시국(時局)이라는 말이 띠고 있는 수동적이고 외부적인 뉘앙스로부터 벗어나기 위해 국사(國事)라는 말을 사용할 것을 주장했다. 石田耕造 (崔載瑞), 「一億の決意」, 『国民文学』, 1945.5, 2~3쪽. 조선 근대문학의 아버지로 불리는 이광수는 조선의 청년들을 향해 그대들이 흘리는 피를 통해 드디어 전 조선 인민이 일본의 국민이 될 수 있다고 열변을 토했다. 이것이 전쟁을 수행해야 했던 제국의 일방적인 요구에 따른 응답이자, 그럼에도 끝내 불안을 삭일 수 없었던 식민자들을 향한 과장된 제스처임은 분명하다. 그러나 이 응답의 근저에 어떤 믿음, 혹은 적어도 믿고자 하는 열망이 있었던 것만은 사실이다. 그것은 국가를 위해 피를 흘릴 때, 그 국가는 국민이라는 자격을 줄 것이라는 믿음이었다.

39 大島渚, 『大島渚 1968』, 青土社, 2004, 43쪽.

의 두 '국민국가', 그리고 이 국가들을 형성시킨 냉전 체제가 고스란히 엉겨 있는 것이었다. 말하자면 오시마에게 이들 존재의 발견은 도저한 자기 동일성의 세계를 구축해나가던 전후 일본이 상대화되는 순간이었으며, 구제국에 대한 망각과 이를 뒷받침하고 있는 냉전의 구조가 일시에 드러나는 순간이었다.

이후 오시마의 작업이란 일본 사회의 '이물異物'[40]을 통해 전후 일본을 상대화할 수 있는 거점을 확보해 나가는 것이었다. 자이니치在日, 한국, 베트남전은 바로 그런 오시마의 질문이 난반사되는 이름들이었다. 이 이름들을 통해 오시마는 현재 일본의 근저에 있는 두 가지 망각과 대항해 싸웠다. 제국의 보편주의[41]를 내세웠던 전전 일본에 대한 망각(그리고 그 흔적으로서의 조선 – 한국에 대한 눈감음)으로 이루어진 '단일민족 국가' 일본과 냉전 체제 한 가운데에서 바로 그 냉전을 망각하는 '평화국가' 일본.

〈일본춘가고日本春歌考〉(1967)가 재일조선인 소녀 – 위안부의 신체를 통해 기원절의 부활이라는 국가적 프로젝트와 안보투쟁 세대의 무능과 베트남 반전평화운동 세대의 '당사자 의식'의 결여에 대한 오시마의 절실한 내부 비판이었다면, 〈돌아온 주정뱅이歸って來たヨッパライ〉(1968)에서 오시마는 이 두 망각을 '옷 갈아입기'라는 장치를 통해 결합시킨다. 세 명의 일본 대학생이 베트남전 참전을 피해 일본에 밀항해 온 한국 육

---

40 위의 책, 162쪽.
41 여기에서 염두에 두고 있는 것은 사카이 나오키가 전전의 제국 일본을 논하면서 사용하고 있는 '보편주의'의 개념이다. 그에 따르면 제국의 보편주의적 논리는 소수자 통합의 길을 열었다. 이때 보편주의적 논리란 '제국주의 – 국민국가' 안에서 수행되는 '국민'의 논리이다. 전쟁을 수행해야 했던 제국 일본은 피식민지인을 국민으로서 호출한다. 사카이 나오키의 논의는 다음을 참조. 酒井直樹, 「多民族国家における国民的主体の製作と少数者の統合」, 『総力戦下の知と制度』, 岩波書店, 2002, 9~11.

군 병장과 한국인 고교생에게 옷(이 대학생들은 의미심장하게도 밀리터리 룩을 걸치고 있다)을 도둑맞는다. 옷을 갈아입음으로써 간단히 일본인에서 한국인이 되어버리는 이 상황이 보여주는 것은 일본인 또는 한국인이라는 아이덴티티의 무근거성이다. 〈돌아온 주정뱅이〉는 그 직전의 영화 〈교사형〉(1968)에서의 질문을 그 자체로 내러티브화시킨 것에 다름 아니었다.

5. 〈교사형〉―사형수와 병사의 등가성

〈교사형〉은 1958년 이진우李珍宇라는 한 재일조선인 소년이 두 명의 여고생을 살해, 1962년 사형에 처해진 고마쓰가와 사건小松川事件에 기초해 있다. 극빈한 재일조선인 가정에서 성장한 이 우수한 소년은 『요미우리신문』 현상공모에 자신의 살인을 재구성한 소설(「悪い奴」)을 써서 응모한 바 있으며, 스스로 신문사와 경찰서에 전화를 걸어 자신을 잡아 볼 것을 주문하기도 했다. 재일조선인이라는 문제적 위치와 이 사건의 문학적 성격은 재일조선인 문제 논의의 기폭제가 되었으며, 지식인들과 활동가들은 이진우의 구명 운동을 펼쳤다. 그러나 오시마는 이 사건을 영화화하면서 자이니치의 존재론적 물음이 아닌 사형의 집행에 관한 물음으로 초점을 이동시켰다.[42]

조선인 R이 사형당한다. 그런데 R은 죽지 않고, 다만 자신이 누구인지 모른다. 집행은 실패한다. 집행에 관여한 모든 등장인물들은 실패한 사형의 당사자, 조선인 R이 조선인 R임을 인정하게 하기 위해서 고군분투한다. 그들은 연극을 통해서 조선인 R의 '아이덴티티'를 교육시키려 한다. 재집행을 위해서는 R이 세 가지를 '인식'해야 한다. 사형수-조선인-R. 사형 판결문은 간결 명료하게 그가 한 행위를 요약해준다(강간, 살인). 그런데 조선인 R임을 입증할 근거가 없다. R의 "조선인이란 무엇입니까?"라는 질문은 최선을 다해 답변을 준비하던 교육부장(와타나베 후미오)을 급기야 곤경에 빠뜨린다. "너는 조선인이고, 나와 여기 있는 분들은 일본인이야. 그건 그렇게 정해져 있는 거라구." 이 말의 구조는 동어 반복적이다. 그러므로 질문에 대한 답이 될 수 없다. 그럼에도 불구하고, "조선인이란 무엇입니까"라는 질문에 대한 유일한 답변일 수밖에 없다. 왜냐하면 이 질문은 이미 자기 전제적 명제를 묻고 있기 때문이다. 마찬가지로 R에게 조선인의 의식을 고취시키고자 하는 조선옷의 여자(실제로 이진우와 편지로 교류했던 재일조선인 활동가 박수남을 모델로 한)의 말

---

42 후카오 미치노리(深尾道典)가 쓴 초고 시나리오『언제도 아닌 언제, 어디도 아닌 어디에서』는 이진우와 재일조선인 활동가 박수남의 왕복 서간집『죄와 죽음과 사랑과(罪と死と愛と)』(三一新書, 1963)에 기초해 있었다. 이진우와 박수남은 1961년 4월부터 형이 집행된 1962년 11월까지 편지를 주고 받았다. 가네코 시즈오(金子鎭宇)에서 이진우로 옮겨간 죽음을 앞에 둔 자와 그를 구명하려는 자 사이의 이 기록은 '민족의 일원으로서의 자기 확인'이기도 하지만 동시에 박수남 자신의 표현대로 '반쪽바리'일 수밖에 없는 자의 존재에 대한 의심과 회의의 기록이기도 하다. 이 예민한 청년은 자신의 존재를 근거짓는다고 일컬어지는 모든 것에 끊임없는 회의를 표명하고 있다. 아마도 그런 점에서 후카오의 초고 시나리오의 제목은 이진우 본인이 끌어안고 있는 문제를 정확히 포착하고 있는 것이었는지도 모른다. 그러나 오시마는 다무라 쓰토무(田村孟), 사사키 마모루(佐々木守)와 함께 이 초고를 대폭 수정, 타이틀을 '교사형'으로 변경하였다. 大島渚,『大島渚 1968』, 青土社, 2004, 158~161쪽. 편지에서 이진우는 박수남을 시종일관 '누나'라고 부르고 있는데, 영화에서 그녀는 고야마 아키코가 분하고 있는 한복 입은 여자로 등장한다. 오시마는 그녀를 기묘하게 희화화시킴으로써 R의 존재에 대한 회의를 조선 민족의 이름으로 해소시키고자 하는 '누나'의 논거를 또한 상대화시킨다.

또한 R에게 받아들여지지 않는다. R은 일본인 혹은 조선인이라는 아이덴티티 규정의 토톨로지를 드러낸다.

R은 국가에 의해 죽음을 요구받는 존재라는 점에서 〈잊혀진 황군〉의 전일본군 한국인과 등가의 존재이다. 교육부장의 다음과 같은 언급은 이 점을 확실히 한다. "전쟁에서 사람을 죽이는 것도 나라를 위해, 사형으로 사람을 죽이는 것도 나라를 위해. 그러니까 사형과 전쟁은 같은 거라는 거죠." 이 순간, 이 공동체의 '이물'들은 그것이 이물인 한에 있어서, 근대 국민국가와 개인 사이에 놓여 있는 자명한 전제, 국가가 죽음을 요구할 때 죽어라, 라는 가혹한 명령을 드러낸다. 국가─국가에 의해 요구받는 죽음─개인의 관계 속에서 〈교사형〉은 〈잊혀진 황군〉과 정확히 겹쳐진다.

그렇다면 여기에 또 하나의 수식을 세워 볼 수 있다. 만약 이들이 등가 관계라면, 그 반대편에 놓여 있는 자는 누구인가? 〈교사형〉에는 조선인 R의 대척점에 놓여 있는 자가 등장한다. 이 사형장의 최고 주재자이자 그곳에서 벌어지는 연극에는 참여하지 않는 자인 검사의 존재가 그것이다. 사형장의 집행인들은 잘못된 결과(사형 집행이 되지 않는 R)의 처리에 대해 검사에게 묻지만 그는 다만 자신이 '입회인'임을 강조한다. 이 입회인은 참여하지 않고, 결정하지 않지만, 모든 행위는 시종일관 그의 시선 아래에서 행해진다. 오시마는 이 시선의 주재자가 '천황'을 의미한다고 명시한 바 있다.[43] 이 명징한 메타포 앞에서 다시 한번 〈잊혀진 황군〉을 겹쳐 읽어 보자.

---

43 大島渚, 앞의 책, 171쪽.

〈잊혀진 황군〉에서 가장 충격적인 장면은 하루의 데모가 끝나고 벌어지는 연회의 말미에 일어난다. 화기애애했던 시작은 술이 돌기 시작하면서 점점 험악해진다. 서낙원의 낌새가 심상치 않다. 동료들에 대한 그의 주사가 시작되고, 연회는 결국 싸움으로 끝난다. 그 싸움의 끝에서 서낙원이 검은 선글라스를 벗는다. 뭉개진 눈꺼풀 사이로 눈물이 흐른다. 그 위로 내레이션이 흐른다. "눈이 없는 눈으로부터 눈물이 흐른다." 이 장면이 전해 주는 충격에 대해 요모타 이누히코는 "영화를 '본다'는 행위를 둘러싼 한계적 체험"이라고 쓰고 있다. 그에 따르면 이 장면은 시선을 둘러싼 영화의 본원적인 불균형이 폭로되는 순간이다. 우리는 스크린을 보지만, 스크린 속의 그 혹은 그녀는 우리를 보지 못한다. 이 영화 '일반'에 대한 해석은 다음과 같은 진술에서 정치적 함의를 포함하게 된다. "(이 장면은─인용자) 일본 사회에서의 일본인과 재일조선인 사이에 놓여 있는 불균형의 은유이기도 하다."[44]

이 시사적 분석을 염두에 두고, 좀 더 물어보기로 하자. 〈교사형〉의 보는 자로서의 검사와 이 볼 수 없는 자라는 구도가 의미하는 바는 무엇인가? 가장 낮은 자의 맹목과 가장 높은 자의 시선이라는 문제를 겹쳐 읽을 때 전후 일본에 얽혀 있는 시각에 관한 한 사유를 읽어낼 수 있지 않을까? 여기에는 분명 근대의 시각 중심주의에 대한 회의가 있다. 거기에는 푸코가 정식화한 근대의 규율권력이 내포한 시각의 슈퍼 헤게모니적 지위의 문제뿐 아니라, 상징 천황제로 유지되는 전후 일본이라는 국지적인 차원에 대한 비판이 동시에 개입되어 있다. 오시마는 〈교사형〉의 국

---

44 四方田犬彦, 『大島渚と日本』, 筑摩書房, 2010, 139~140쪽.

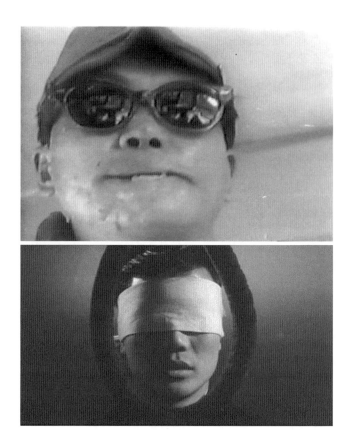

〈사진 2-3〉 〈잊혀진 황군〉(위) 〈교사형〉(아래)

가가 일반 국가가 아닌 '일본' 국가라고 적시한다.[45] 이는 단지 이 영화가 현재의 '일본'을 질문에 걸고 있다는 것을 의미하지 않는다. 이 말은 오히려 역사적으로 중층 결정된 전후 일본이라는 작위를 통한 '국민국가'라는 배제의 단위 그 자체를 심문하고 있는 것으로 이해해야 한다.

다시 한번, 서낙원이라는 이 실존인물의 형상이 문제이다. 이 상해의

---

45 大島渚, 앞의 책, 171쪽.

복합성은 마치 일본에 있는 조선인이라는 그의 위치를 그대로 드러내고 있는 것 같다. 양안 실명, 왼쪽 팔 없음. 이 신체야말로 일국 단위를 초과한 모순이 각인된 아시아적 신체[46]라고 할 수 있지 않을까? 지나간 전쟁과 전후 일본 시민의 구성이라는 '작위'는 이 조선인(이자 살기 위해 대한민국의 국적을 획득한 한국인)의 몸에 남겨진 상흔을 통해 적나라하게 드러난다.

6. 아시아적 신체와 국가

보편자가 없는 나라에서 보편의 '의장'을 차례차례 벗겨내었을 때, 그 앞에 모습을 드러낸 것은 '해석'이나 '의견'에 꿈쩍도 하지 않는 사실의 절대성이었다.[47]

마루야마 마사오는 전전 일본의 사유구조를 비판하며 소여와 작위라

---

46 '아시아적 신체'라는 표현은 양석일의 책에서 빌려왔다. 재일한국 · 조선인과 다른 아시아인에 대한 일본의 차별구조를 신체의 관점에서 파악하고 있는 이 책에서 그는 "아시아적 신체란 억압된 신체이자 사상(捨象)된 신체"(18쪽)라고 쓰고 있다. 1980년대 말 '신체 없는 신체'라는 버블기 일본 사회에 대한 비판과 자이니치를 포함하여 새롭게 유입된 외국인 노동자의 신체성이라는 대비 속에서 사용된 이 표현은 고도 경제성장의 과실을 내외에 과시하기 시작한 1960년대 일본에 불현듯 등장한 이 괴이한 신체, 구제국과 구식민지, 냉전의 현재라는 모순을 그 자체로 과시하고 있는 이 신체를 표현하는 데에도 적합해 보인다. 梁石日, 『アジア的身体』, 青峰社, 1990(1999年 平凡社 再刊).

47 丸山眞男, 『日本の思想』, 岩波新書, 1957, 120쪽.

는 대립을 전후 일본의 사상사적 장기 축으로 제기한 바 있다. 거슬러 올라가자면 천연설과 인작설人作說의 대립이라는 메이지 초기 일본이 갈 수 있었던 두 길과도 관련된 소여와 작위의 대쌍이라는 이 문제 설정은 현실이 이미 거기 있는 것, 즉 선험적 소여'만'이 아니라, "한편으로는 주어진 것임과 동시에 다른 한편으로는 하루하루 만들어져가는 것"[48]이라는 인식에서 비롯된다. 범박하게 말하자면 전전 일본 사상의 문제는 바로 그 현실을 소여로서, 움직일 수 없는 절대적 사실로서 받아들인 데서 기인한다. 요컨대 마루야마는 자연, 소여, 사실신앙에 대치하는 방법으로 작위, 결단, 행위를 사상적으로 논제화한 것이다.

마루야마와 구로사와 양자에게 그들이 상정했던 과제로서의 '보편'이라는 문제를 생각할 때 전제되어야 하는 것은 국가라는 작위를 일순간 노출해 버린 '패전'이라는 사건이다. 말하자면 이 패전에 긴박되어 있는 상황에서 마루야마는 근대 시민적 주체를, 구로사와는 휴머니즘이라는 보편을 '만들어' 가려고 했으며, 이 행위는 매 순간의 결단(혹은 선택이라고 말해도 좋으리라)의 계기를 포함함으로써 가능해지는 것이다. 이때 패전은 역설적이지만 이 행위를 가능케 하는 '가능성'의 원점이라고도 할 수 있다.

전후의 단일민족 국가 일본의 성립이란 '패배를 껴안음'으로써 이 패전이라는 사건을 소실시켜 버리는 과정이었는지도 모른다. 이 계기가 소실될 때 함께 망각되는 것—즉 "컨펌confirm되어"(마루야마 마사오) 다시 자연화되는 것은 전후 일본을 가능케 한 냉전의 구조이며, 배제되고 비가시화되는 것은 이를테면 이 공간에 여전히 남아 있는 전전의 신민이

---

48 마루야마 마사오, 김석조 역, 「현실주의의 함정」, 『현대정치의 사상과 행동』, 한길사, 1997, 218쪽.

자 전후의 '비국민'의 존재였다. 달리 말하면 냉전과 이 존재들이 동시에 상기시키는 아시아라는 대상이야말로 전후 일본이 저 자연의 배후에 구겨 넣어 잃어버린 것, 혹은 잃어버리려고 한 것이다.

1960년대라는 시간에 오시마 나기사가 '이물'이라는 존재를 영화라는 표상의 영역에서 말 그대로 '가시화'시킬 때, 망각과 비가시화와 배제가 일제히 작동해서 형성된 전후 일본 국가의 형성 그 자체가 오롯이 드러나 버리게 되는 것은 바로 이런 이유 때문이다. 혹은 이렇게도 말할 수 있다. 패전에서 샌프란시스코 강화조약으로 인한 국가 성립까지 겨우 발견된 작위에 의한 자연의 극복이라는 과제 또는 결단과 만들어감의 원리가 패배를 껴안으며 재자연화되었다면, 이를 불가능하게 하는 것은 전일본군 조선인(한국인) 상이군인의 신체였다. 이미 거기 있는 이 불구성은 자연-작위-재자연의 과정 전체를 공중에 거는 근원적 질문들을 유발한다. 이 신체는 아시아적 신체라고 불러도 좋으리라. 왜냐하면 이 신체는 구제국과 구식민지의 문제에 연루되어 있는 한편 한국전쟁의 결과 성립한 두 나라 어디에도 속하지 않는(더 정확히는 보상받지 못하는) 신체이기 때문이다. 즉 한국과 일본이라는 각각의 국민국가를 초과하는 모순 범주로서의 '아시아'를 그 자체로 신체화한 형상이야말로 전일본군 조선인 상이군인의 신체에 다름 아니다. 또한 그들은 미국 중심의 전후 자유 아시아가 함부로 만들어낸 그림들 전체를 찢는 존재로서, 표상 공간을 뚫고 나온다.

이 신체는 어디에 귀속되는가? 이 불가능한 질문이 계속되는 한 전후 일본과 대한민국(그리고 조선민주주의인민공화국)이라는 두(세) 국민국가는 '픽션'으로서 남을 것이다.

제3장

전후 한일의 신체장애영화

망각과 분단의 신체표상

1. 전후 평화국가와 포스트 식민 분단국가의 영화적 신체

맹목과 외팔이, 주권적 표상으로서의 장애

이 장은 매우 단순한 질문에서 비롯되었다. 1960∼1970년대 한국, 홍콩, 일본의 영화를 일별하는 순간 드는 의문 하나. 왜 이토록 많은 신체장애자들이 등장하고 있는가? 이 지역의 전후 질서가 시작되는 지점에 놓여 있는 하나의(혹은 두 개의) 전쟁을 생각한다면 이 허다한 장애의 형상들은 그 전쟁의 기억과 어떤 식으로든 직간접적으로 연결되어 있는 것은 아닐까? 그런데 왜 1960년대인가? 그러니까 왜 하필 강고해진 냉전 질서와 함께 완성되어 가던 국민국가의 시간에 갑작스레 눈먼 자, 팔다리를 잃은 자가 출현하게 된 것일까?

게다가 일본영화와 한국영화 사이에 아직 '공식적'인 교류는 재개되지 않았다. 하지만 다음 장에서 자세히 언급하겠지만 이 시기는 한국과 일본, 그리고 홍콩이 냉전 아시아라는 공통의 장을 발견하고 그 속에서 활발히 인적, 물적 교류를 행하던 때이기도 하다. 만약에 우리가 강고한 국가 범위의 사고를 조금만 벗어난다면, 이 국민국가의 시기는 냉전 아시아라는 '광역' 문화장의 성립기이기도 했던 것이다. 따라서 이 형상들을 추적하는 것은 개별 국가의 정치 무의식에 관한 탐사이자 동시에 냉전 아시아라는 공통의 기반에서 비롯한 동일성과 차이를 살펴보는 일이 될 것이다. 조금 비약해서 말하자면, 이 동일성과 차이는 개별 국가 영화의 신체장애를 통해 일종의 형상화를 얻고 있다고 할 수 있으리라.

혹은 이렇게 질문할 수도 있다. 일단 이 장애의 표상들은 광범위한 의미에서 이 지역 영화산업의 교류 결과라고 할 수 있다. 이를테면 한국과 홍콩의 1960~1970년대 액션영화에서 등장하는 맹인 검객은 당시 아시아 지역 전체에서 인기를 구가하고 있던 일본영화 〈자토이치座頭市〉 시리즈의 흥행과 관련 있다. 또 1960년대 말 이후 한국영화에 등장하는 지체 부자유자의 형상은 홍콩영화 〈독비도獨臂刀〉(국내 개봉명 〈의리의 사나이 외팔이〉)의 한국 시장에서의 성공 여파라고 할 수 있다. 당연한 말이지만 상업영화는 동시대의 유행에 민감하며, 반복과 모방에 능한 법이다. 아무리 폐쇄적인 일국영화시장이라고 할지라도 완전히 닫혀질 수 없는 이유는 이 시장이 이미 자국영화만으로 채워지지 않으며, 관객의 기대치는 내셔널한 구조의 욕망과 트랜스내셔널한 유행 사이를 오가고 있기 때문이다. 그런데 왜 이곳과 저곳에서 각각 우세한 장애의 표상들에 차이가 발생하는가? 이를테면 이 형상들의 공유에도 불구하고 일본의 경우 맹목의 형상이 우세했다면, 한국(과 홍콩)의 경우 지체장애자의 형상이 우세하였다. 신체장애라는 초국가적인 현상이 각각의 지역적 맥락 속에서 더 우세한 것을 낳고 있다면, 이 우세한 것을 통해 그 지역의 맥락을 재구성해 볼 수 있지 않을까?

여기에서는 신체장애라는 특정 시기의 국가 횡단적 표상을 통해 전후 동아시아 내의 개별 장소를 지배하고 있던 정치적 무의식의 문제를 해명하고자 한다. 이 장에서 나는 정치의 계기적 연속으로서의 역사와 정치적 실체가 창출한 주권의 상징으로서의 장애의 형상, 그리고 이 형상에 내포된 제한 주권[1]이라는 정치적 난관의 해결을 꿈꾸는 상상적 공정으로서의 내러티브에 주목할 것이다.

첫 번째, 상징적 형상. 스크린 위에 현현된 이 장애의 형상들을 여기서는 인민주권 시대의 대중영화의 성격·지위의 문제와 관련해 논한다.

1　'국가 주권'(national sovereignty)과 '제한 주권'(limited sovereignty)을 둘러싼 논쟁에 대해서는 다음 논문을 참조. 임지현, 「국민국가의 안과 밖―동아시아의 영유권 분쟁과 역사논쟁에 부쳐」, 『인문연구』 48, 영남대 인문과학연구소, 2005. 제2차 세계대전 후 유엔 등을 매개로 한 국가 주권 제한의 논의에 대해서는 다음 저작도 참조. 篠田英朗, 『「国家主権」という思想 国際立憲主義への軌跡』, 勁草書房, 2012, 219~220쪽. 한일 사회운동의 주요 의제였던 외국군 주둔 문제, 치외법권에 가까운 주둔군 민형사법 규정, 전시작전권 논란에서 보듯이, 일본과 한국의 국가 주권은 "국가의 단일한 지배권력"이라는 문제와 관련해 지속적인 결여형으로 의식되었다. 국제평화의 이름 아래 진행된 미국 주도의 제한 주권론과 달리 사회주의권에서는 사회주의권 전체의 이익에 한 국가의 이익이 종속된다는 "제한 주권론"이 강조되었다. 냉전 체제 자체의 속성이 제한 주권론에 집약되어 있다고 할 수도 있다. 예컨대 1968년 체코슬로바키아에서 두브체크가 소련의 간섭에서 벗어나려고 개혁을 시도했다가, 브레즈네프의 '제한 주권론'에 걸려 바르샤바 조약군의 침입으로 무참히 무너진 '프라하의 봄'은 대표적 사례이다. 북한의 주체사상 역시 이러한 움직임에 대한 자위책으로서 강조된 측면이 있다.

주지하다시피 인민주권은 루소가 인민이 "직접 인정하지 않은 법은 무효"이며 "법이 아니다"[2]라고 말한 이후, 근대 정치의 근본 테제로서 작용하였다. 영화가 근대의 산물이라는 명제는 인민주권으로서의 근대 정치체와 영화 사이의 긴밀한 관계를 또한 상기시키는 것이기도 하다. 칸트로비치는 그의 역사적인 저작 『왕의 두 신체』에서 가사可死의 자연적 신체body natural와 죽지 않는 정치적 신체body politic로서 왕의 두 신체라는 픽션이 근대 민주정을 준비했다고 말한 바 있다.[3] 즉, "왕의 '자연적 신체'에 겹쳐져 있던 '정치적 신체'를 '의회'로 바꿔 읽어넘음으로써, 후자(정치적 신체)를 근거 지었던 전자(자연적 신체)의 말소"[4]가 가능해진 것이다. 그렇다면, 절대왕정기 주권의 '표상 / 대리representation'로서 왕의 신체를 둘러싸고 발생했던 이 이중의 차원이 인민주권 시대 이후 등장한 영화라는 대중적 표상 장치에서 발생하고 있다고 가정해 볼 수 있지는 않을까? 왕이 그러한 것처럼 배우 또한 두 개의 신체를 지닌다. 그 / 그녀의 자연적 신체와 스크린 위의 영속적인 신체. 이 두 신체를 염두에 둘 때, 영화가 대중의 정치적 무의식을 반영한다는 낯익은 명제는 새롭게 독해될 필요가 있다. 그러니까 '왕'과 '배우'가 공유하는 이 두 겹의 신체를 염두에 둔다면, 영화와 대중 무의식 사이의 일반적인 반영론을 넘어서서, 영화 장치 내에 있는 이미 '표상-대리represented'된 신체 그 자체를 하나의 정치체political body로서 읽어낼 수 있는 것이 아닐까?

나는 이 가설을 수잔 벅 모스의 다음과 같은 진술과 함께 성립시키고

---

2   장 자크 루소, 이환 역, 『사회계약론』, 서울대 출판부, 1999, 123쪽.

3   E. H. カントーロヴィチ, 小林公 訳, 『王の二つの身体』, 筑摩書房, 2003, 51쪽.

4   市野川容孝, 『身体 / 生命』, 岩波書店, 2007, 30쪽.

자 한다. 그녀에 따르면 대중이라는 새로운 존재는 영화를 통해 스스로를 집단화된 관람자로서 '과시'할 뿐 아니라, 그 자신의 존재 양태를 인지한다. 스크린 앞에 놓인 관객은 "개별적인 관람자의 집합을 넘어서서, 하나의one 관객으로 형성된다."[5] 여기서 '하나'라는 표현은 대중 관객이라는 집단의 출현이 표상의 영역에서 얼마나 큰 사건인지를 암시하는데, 그들은 다름 아닌 인민주권 시대의 '주권자'(의 형상)이다. 대중의 가시화와 이를 관람하며 '하나'로 형성되는 관객이라는 존재는, 대중영화가 갖는 정치적 파급력을 가늠하게 해준다. 재현된 '집단' 혹은 스타에 대한 강력한 정서적 집중은 왜 그토록 빈번하게 영화가 정치적 효용성이라는 차원에서 환영받았는지에 대한 단서를 제공해준다. 다시 말해 스크린 위의 이 신체는 "자연적 신체에 부과되어 있는 유년기도 노령기도 존재하지 않으며, 다른 자연적인 결함이나 허약함도 전혀 존재하지 않는다"[6]라는 점에서, 즉 그 자체로 영속하는 표상-대리로서의 신체라는 점에서 현대의 주권의 형상과 직접적으로 맞물려 있다고 할 수 있다. 그렇다면 그 신체가 어떤 결여를 보여줄 때, 그것은 무엇을 의미하는가?

단도직입적으로 말하자면, 나는 영화적 신체cinematic body를 정치적 신체political body로서 파악하고자 한다. 미국 패권하에서의 '제한 주권'성. 한국이라는 분단국가, 홍콩이라는 분단-식민지-국가의 정체가 지체장애 히어로의 형상과 관련 있다면, 마찬가지로 국민국가로 축소된 구제국 일본이 시종일관 견지하는 자기 폐쇄적 평화-자위 국가의 강박

5 Susan Buck-Morss, *Dreamworld and Catastrophe : The Passing of Mass Utopia In East and West*, The MIT Press, 2000, p.149.
6 E. H. カントーロヴィチ, 小林公 訳, 앞의 책, 28쪽.

은, 맹목의 히어로로 연결된다. 요컨대 냉전 체제 성립 후, 1960년대 전후의 동아시아를 휩쓴 신체장애의 형상은 제2차 세계대전 이후 동아시아에 대거 등장한 새로운 국민국가들의 어떤 결여를 상징화한다. 그런데 결여란 어떤 정상성의 기준을 상정했을 때 비로소 발생하는 것이다. 즉 이 결여는 이들 개별 국민국가들이 국민국가라는 '스탠다드'의 상정과, 그에 대한 미달로서 스스로를 인식하며(준전시 상태의 분단국가, 상비군 없는 국민국가), 이 미달을 극복하고자 하는 끊임없는 도정 속에서(혹은 그 속에서만) 현재의 국가 정당성을 찾고자 했음을 보여주는 것이다.

두 번째, 상상적 해결. 만약 맹인이나 외팔이, 외다리의 표상이 패전과 내전/분단에 이은 국민국가 창출이라는 주권의 성격을 하나의 결여 혹은 제한으로서 '형상화'하는 것이라면, 이들의 결여가 시작되고 전시되고 보상되는 일련의 과정을 보여주는 내러티브는 이 모순의 '상상적 해결'을 보여주는 것이라고 할 수 있다. 그렇다면 제한 주권, 패전과 분단의 상황하에서 무력화되어 거세된 동아시아의 남성 정치 주체들은 이 상황을 어떤 증상으로 투사하고 어떤 공정을 거쳐 상상적 회복에 이르는가? 정치 무의식이 형상화된 표상과 그 형상의 운동에 의해 전개되는 내러티브에 대한 분석은, 영화적 신체와 정치적 신체—즉 신체와 정체가 당대의 사회적 모순 속에서 구조화되면서 어떻게 충돌하고 어떻게 상상적으로 해결에 도달하는지를 보여주게 될 것이다.

요컨대 이 장애의 형상과 그 움직임—내러티브는 대중 무의식의 반영으로서뿐만 아니라, 그 대중의 삶을 결정하는 정치체와 거기에 내재된 모순을 상상적으로 해결하는 텍스트로 읽을 수 있다. '불구의 정치체', 서로 다른 장애로 현현되어 있는 특정 국가의 주권적 형상이란 과연 어떤 것이었는가?

두 개의 전후 국가, 구제국과 구식민지의 만남

1965년 한일기본조약이 체결되었다. 1961년 쿠데타로 정권을 잡은 박정희는 전 국민적 반대를 무릅쓰고 이를 성사시켰다. 한일기본조약은 쿠데타 세력이 내세웠던 민족주의 언설에 치명적인 타격을 가하는 것이었음에도 불구하고, 박정희에게는 매우 시급한 사안이었다.

한일관계에 있어서는 극동에 있어서의 자유진영 상호간의 결속의 강화로써 극동의 안전과 평화 유지에 기여한다는 대국적 견지에 입각하고, 동시에 양국 간 선린 관계의 수립이 상호간 번영의 터전을 마련할 뿐만 아니라 현재 국제 사회에 있어서의 현실적인 요청임을 감안하여 정부는 진행 중에 있는 한일회담을 조속히 타결코자 초당적인 외교를 추진토록 할 것입니다.[7]

또는 다음과 같은 진술을 보라. 다음은 1962년 일본의 국회예산위 속기록의 한 부분이다. 한일국교 정상화를 둘러싸고, 사민당의 노하라 가쿠野原覚 의원이 이케다池田勇人 수상에게 질문한다.

만약 미국이 한국에 대한 원조를 중단한다면 미국은 머지않아 아시아에서의 전 이익과 동맹국을 잃을 것이며, 만약 한국이 공산권의 손에 떨어진다면 일본은 지시마(千島)와 사할린 사이에 끼어 있는 형세가 되어 일본의 전략적 지위는 매우 약해질 거라는 겁니다. 이건 잡지에서 읽은 것입니다만, 자

7　박정희, 「1964년 1월 10일 대통령 연두교서」, 『한국 국민에게 고함』, 동서문화사, 2005, 71쪽.

민당의 친한파 그룹 중 유력한 분이 이렇게 말했다고 합니다. "남한이 평화 통일을 이룬다면, 미국은 아시아에서의 주요한 전략 거점을 잃게 되며, 일본의 적화방지를 위해서도 한국을 도와야 한다." 이런 것들을 읽고 있으면, 저로서는 부산에 적기(赤旗)가 꽂히면 큰일이니 적화방지라는 관점에서 회담이 진행되고 있는 것은 아닌가라는 견해를 갖게 됩니다. 그와 같은 일은 없습니까?[8]

두 진술의 교차는 한일국교 정상화가 양쪽에서 각각 어떠한 정치적 인식 위에서 이루어졌는지를 명료하게 보여준다. 1964년 베트남 전쟁에 직접 개입하기 시작한 미국의 강력한 입김 아래 이루어진 이 회담은 일본과 한국의 타협의 산물이었다. 일본과 한국의 관계 정상화는 이미 1951년부터 미국의 주선하에 시작되었다. 이후 14년이나 끈 이 회담의 극적인 진전에는 박정희의 등장과 베트남 전쟁이라는 두 가지 계기가 있었다.[9] 쿠데타로 집권한 박정희에게 집권의 정당성을 확보하기 위해서라도 경제발전은 시급한 문제였다(물론 여기에는 해외파 '독립운동가'였던 이승만과 달리 일본 육군사관학교 출신이자 만주국 장교 출신이었던 그의 개인적 이력도 상당 부분 작용한다). 미국으로서는 상호 '우호'적인 두 우방의 지원이 시급했다.

고도성장에 따른 과잉 생산과 과잉 자본의 투자처를 모색 중이었던 일본의 경우 경제적 이익에 관한 고려와 함께 정치적 구원(仇怨)의 해소도 시대적 과제였다. 한국의 경우 1950년대 말부터 미국의 원조액이 경감

---

8 昭和37.2.5. 予算委員会 8号(http://kokkai.ndl.go.jp).
9 中村政則, 『戰後史』, 岩波書店, 2005, 126쪽.

됨에 따라 경제 체제의 새로운 정비 및 경제개발계획을 위한 자금 확보가 절실했다. 요컨대 한일국교 정상화는 한일 양국의 경제적 이해관계의 접점과 안정된 지역 체제를 유지하기 위해 팔을 걷어붙인 미국의 막후 개입으로 성사된 것이다.[10]

위의 진술은 실은 1961년에 있었던 케네디−이케다 회담 중에 그 단서가 이미 제출된 것으로, 이케다는 이 회담에서 부산이 적화될 경우 일본의 치안에 커다란 영향을 미칠 것이라고 발언한 바 있다. 이 인식은 소위 '도미노 이론'에 대한 미국의 인식과 일치하는 것이었다. 노하라의 질문에 대해 이케다 수상은 한국이 '우리와 같이' 자유민주주의 국가이기를 염원한다고 답한다. 여기에 대해 일본의 36년간 조선통치를 언급하여 반론을 제기하는 사민당 좌파 노하라는 그 결과라 할 수 있는 현재의 한국과 북한을 함께 고려하는 것이 일본의 국제적 의무라고 말하고 있다. 그에 따르면, 한 국가가 자유민주주의 국가가 되는가, 그렇지 않은가는 외국이 간섭할 일이 아니다. 그러니까 이 진술들은 일본 국내적으로는 일본의 '식민지' 책임의 문제와 더불어 소위 아시아 자유 진영 강화의 논리와 국민국가의 내성 간섭 불가라는 정치적 논리가 서로 맞서고 있는 형국이었음을 보여준다.[11]

---

10 박정희 정부는 '경제협력'이라는 이름으로 일본으로부터 무상공여 3억 달러, 정부차관 2억 달러, 3억 달러 이상의 민간신용 공여 등을 제공받는다. 한일국교 정상화에 계속 걸림돌이 되었던 대일청구권 문제는 이로써 "완전히 최종적으로 해결된 것"으로 간주되었다. 이는 민주화 이후 전쟁피해자들의 개인 배상 문제를 부상시키는 계기가 되었다. 1951년부터 1965년까지의 회담과 관련 문제 제기에 대해서는 高崎宗司, 『検証 日韓会談』, 岩波書店, 1996 참조. 2005년 한일회담 외교문서가 한국에서 공개되었으며, 2008년 『한일회담 외교문서 해제집』(국민대 일본학연구소 편)이 출간되었다.

11 1965년 사토 내각에 의한 한일기본조약 조인은 일본 내에서도 큰 반발을 불러왔다. 사회당과 공산당을 중심으로 한 조약비준 저지 결의 및 10만 명의 국회청원데모 등 반대

한편 박정희 정권으로서도 식민지 체험을 바탕으로 일본이라는 대타항과의 긴밀한 연관 관계 속에서 활성화된 '민족국가' 한국에서 조약을 강행시키는 것은 엄청난 부담을 각오해야 하는 일이었다. 이는 단지 한일협정 반대가 전 국민적 저항의 형태로 등장했다는 저항의 강도 때문만이 아니었다. 오히려 전 국민적 저항을 불러일으킬 수밖에 없는 역사적, 현실적 사정이 문제였다. 한일협정은 내전과 더불어 북한이라는 강렬한 주적主敵을 설정함으로써 분단된 절반을 점유하고, 일본이라는 구적舊敵의 설정으로 체제의 정통성을 경주하는 대한민국의 이데올로기적 모순이 폭로되는 지점과 맞물려 있다. 즉, 민족과 국민의 착종이 드러나는 순간이야말로 한일국교 정상화를 둘러싼 논란의 와중이 될 것이다. 박정희가 한일국교 정상화의 '필연성'에 대해 논할 때 한결같이 '공산주의 세력과의 대치'를 강조하고 있는 것[12]은 진영에서의 위치와 역할에 대한 미국의 요구에 대한 응답이자 반공으로 성립된 이 체제의 근거를 보여주는 것이기도 하다. 그럼에도 불구하고 체제 '정통성'의 근거로서 민족은 남한 '국민'의 상위물로서 혹은 그 보충물로서 계속해서 따라붙는 것이다. 이때 박정희가 반공에서 나아가 '승공勝共'의 논리를 펴는 것은 주목을 요한다. 요컨대 한일국교 정상화를 통해 경제적 이익을 도모

행동이 비등한 가운데 자민당의 강행처리, 가결로 한일기본조약 및 부속협정이 성립되었다. 일본 의회의 이 파행적 행태에 대한 비판으로 藤田省三, 「「審議」について」, 『現代日本思想大系』 3, 筑摩書房, 1965 참조.

12 "오늘날 우리가 대치하고 있는 적은 공산주의 세력입니다. 우리는 이 나라를 어느 누구에게도 다시 빼앗겨서는 안 되지만 더욱이 공산주의와 싸워 이기기 위하여서는 우리와 손잡을 수 있고 벗이 될 수 있다면 누구하고라도 손을 잡아야 합니다." 박정희, 「한일 회담 타결에 즈음한 특별 담화문」(1965.6.23), 『박정희 대통령 연설문집』 2, 대통령 공보비서실, 1966, 407쪽.

하며, 북한과의 체제 경쟁에서 우위를 선점함으로써 민족의 통일에까지 이를 수 있다는 것이다.

> 승공통일이라는 차원을 높인 국가 목표는 이제 수삼 년 내에 박두하고 있습니다. 조국에 대한 자신을 가지고 이북 동포 앞에 조국의 문을 개방하고 승공통일을 제창할 날은 멀지 않았습니다. 그때를 위하여 우리는 이 나라에 무엇을 건설하여야 할 것이며, 우리의 생활 수준을 어떤 선상으로 인상시켜야 할 것이며, 또 누구와 반공 유대를 강화하여야 할 것인지의 푸른 설계의 청사진들을 국민 대중에게 제시하여야 합니다.[13]

이는 한일국교 정상화에 대해서 시종 부정적이었던 이승만 정권이 반공의 논리만으로 체제 지속이 가능했던 사정과 정확히 대구를 이룬다. 함께 당면하고 있는 현재의 적과의 대치로 인해 구적과 손을 잡아야 하는 순간 반공보다 훨씬 적극적인 자세로서 승공의 논리가 필요하다. 더구나 박정희의 언급 이면에는 당시 남한을 훨씬 능가하고 있던 북한의 경제, 외교석 역량에 대한 견제가 자리잡고 있었다. 바로 이 순간 공산주의에 승리함으로써 다시 하나로서의 '민족'을 되찾을 수 있다는 현재까지 지속되고 있는 분단국가의 정당화 논리가 비로소 그 모습을 뚜렷이 하기 시작했던 것이다. 대한민국의 민족적 정당성으로서의 경제주의적 승공통일론은 국민국가로서의 정당성을 공고히 하는 한편, 민족적 단일성 회복이라는 역사적 사명과 실현 방략까지를 체계화한 논리로서

---

13 박정희, 「한일회담에 관한 특별 담화문」(1964.3.26), 『박정희 대통령 연설문집』 1, 대통령공보비서관실, 1965.

기능하게 된다.

미국의 적극적 개입하에서 한국과 일본 양국의 경제 / 안보적 고려로 이루어진 한일협정은 냉전 체제하 환태평양 반공 블록의 형성에서 중요한 역사적 결절점이었다. 이는 1949년 중국혁명의 완성 이후 1950~1953년의 한국전쟁, 1951년 샌프란시스코 강화조약, 그로부터 1년 후 일본-대만 사이에 체결된 평화조약, 1960년 신미일안보조약 발효로 이어지는 동아시아 냉전 체제의 완성을 의미하는 것이었다. 즉 이로써 구제국과 반쪽의 구식민지는 미국의 방위권 아래에서 다시 연결되면서 하나의 진영으로 귀속되는 한편 국민국가로서 재대면하였다. 구제국이 구식민지의 반쪽을 한반도의 '유일무이한 합법 정부'로서 인정하고자 하는 이때, 일본과 한국 양쪽에서 발생한 저항은 각각의 '전후' 국가가 '패전'과 '내전'이라는 국가의 성립 순간을 은폐하는 것에 대한 저항에 다름 아닐 것이다.

국가의 자연화란 기원에 대한 기억이 살아 있는 한 이루어질 수 없다. 한일기본조약이 이루어지기 바로 전해인 1964년 도쿄올림픽이 열렸다. 일본은 이로써 냉전이 구성해낸 특수 위치 속에서 이룩한 고도경제성장의 성과를 전 세계에(그리고 자국 내에서) 과시하였다. 그렇다면 한일기본조약이 체결된 이즈음이야말로 전후 동아시아의 냉전 체제가 안정, 심화된 시기이자 이 '국가(들)' 자체를 물었던 마지막 순간인지도 모른다.

1960년대에 들어와 일본과 한국에서는 서로 다른 장애의 표상이 등장했다. 한국의 경우 이 장애는 역사의 상흔과 밀접하게 관련된 것, 상이군인의 형상으로 등장했다. 상이군인은 국가 재건의 주체로서 소환되었으며, 이를 통해 역사의 상흔에 대한 직접적인 방식으로의 극복이 꾀해졌다(〈쌀〉). 일본의 경우, 장애는 장르 속에 투영됨으로써 보다 알레고리적인 방식의 읽기를 요구한다(〈자토이치〉). 이는 앞 장에서 논한 것처럼 일본에서 상이군인의 표상 자체가 사라진 것과 관련되어 있다. 그런데 다시 한번 질문하건데, 왜 이 장애는 맹목인가? 1960년대 일본에서 맹목의 의미란 과연 무엇인가?

또한 〈자토이치〉는 이 시리즈가 성취한 국제성이라는 관점에서도 이야기될 필요가 있다. 왜 이 시리즈는 일본을 넘어서 그토록 광범위한 지역에서 인기를 얻었는가? 〈자토이치〉에서 〈독비도〉로, 〈독비도〉에서 한국산 외팔이 영화에 이르기까지 이 이동과 '번안'이 의미하는 바는 무엇인가? 한편 한국산 외팔이 영화는 한국 내에서 상이군인이라는 역사적 신체가 표상의 영역에서 사라지는 시기에 등장하였다. 이를 고려한다면, 상이군인의 장르적 변용으로서 이 형상은, 동시에 〈쌀〉과 같은 영화가 노골적으로 보여주고 있는 국가주의적 서사에 마찬가지로 어떤 변화를 불러일으켰다. 어떤 변화인가?

2. 〈쌀〉—상이군인과 '군법' 국가의 생성

신상옥, 개발도상국의 '영화예술가'

나는 오직 영화만을 생각하는 영화주의자이지만 개발도상국의 영화 예술 가들은 30퍼센트 정도는 현실 기여를 해야 할 의무가 있다.[14]

이 말을 하고 있는 신상옥은 주지하다시피 국가 주도의 대한민국 영 화사를 그 자체로 대리 / 대표하는 존재일 것이다. 그는 해방 직후 '테크 놀로지스트' 영화감독인 최인규에게 사사받았으며,[15] 1952년 한국전쟁 의 와중에 데뷔작을 완성하였고, 미공보부 문화영화를 거쳐 1950년대 중반부터 본격적인 영화 작업에 돌입했다. 1960년대에 들어서 신필름 을 통해 안정적인 재생산 시스템을 모색했던 신상옥은 포스트 식민 분 단국가 대한민국의 영화가 담아내고자 했던 의식을 아마도 최대의 시스 템과 테크놀로지로 구현해낸 자일 것이다. 수많은 장르를 오가며 영화 를 양산해낸(물론 이는 신필름이라는 거대 영화사가 요구하는 규모 때문에 벌어진 일이기도 하다) 이 다산의 작가는 일관성이라는 작가주의의 언사로는 포

---

14 신상옥, 『난, 영화였다』, 랜덤하우스코리아, 2007, 77쪽.
15 '황국 신민' 시기의 가장 모범적인 영화 〈집없는 천사〉(1941)의 감독 최인규는 영화를 찍기 전 자동차 운전을 했으며, 철공회사의 전문기사였다. 그는 영화라는 표상보다 먼 저 카메라와 영사기에 매혹당했다. 최인규의 카메라에 대한 애착은 전설적인 것이었다. 신상옥은 최인규가 미공보원의 의뢰로 〈인민투표〉(1948)를 찍을 당시 조선에 단 한 대 밖에 없던 미공보원 소유의 미첼카메라를 하나하나 분해해서 내부를 전부 들여다본 이 후에야 반납했다는 일화를 들려주고 있다. 위의 책, 39쪽

착할 수 없는 시대적 존재였다.

마치 테크놀로지에 매혹된 그의 스승 최인규가 기계 작용에 대한 매혹으로 영화를 찍었듯이, 신상옥은 정말로 맹렬히 영화 그 자체를 위해서 영화를 찍은 것 같다. 자신의 꿈은 '영화의 기업화, 산업화'라고 잘라 말하는 그의 필생의 염원[16]은 안정적인 재생산이 가능한 영화산업의 토대를 만들어내는 것이었다. 영화 만들기라는 그 자체의 동력으로 움직여 나간 신상옥이 남한, 홍콩, 일본, 미국(냉전하의 포스트 식민 분단국가가 상상할 수 있었던 지정학적 장소)과 북한과 동유럽이라는 냉전으로 구획된 지리를 횡단해 갈 수 있었던 것은 우연이 아니다. 영화의 자기 동력에 만약 국가가 필요하다면 그는 그것이 어떤 국가든 '국가'의 권능을 마다하지 않았다.

1960년대 초 〈성춘향〉으로 한국영화의 산업적, 기술적 토대를 개변한 신상옥은 1980년대 북한에서 같은 『춘향전』을 소재로 〈사랑 사랑 내 사랑아〉를 만들었다. 이 영화는 신상옥 자신의 표현을 빌리자면 1980년대 북한영화의 이정표가 되었다.[17] 그렇게 남과 북을 오가며 한민족이라는 표상 만들기를 근사하게 성취해낸 이 '개발도상국의 영화예술가'[18]는 또한 '조국 근대화'에 봉사하는 영화 만들기에 골몰했던 '3

---

16 위의 책, 18쪽.

17 〈사랑 사랑 내 사랑〉(1984)은 북한 최초로 암표를 등장시킬 만큼 열광적인 반응을 불러일으켰다. 신상옥에 따르면 북한영화에서 최초로 '사랑'이라는 단어를 쓴 이 뮤지컬 영화의 주제가는 북한 최대의 유행가가 되었으며, 이 영화 이후 북한의 미인관이 바뀌었다고 한다. 〈사랑 사랑 내 사랑아〉는 김정일의 찬사를 받기도 하였다. 위의 책, 134쪽.

18 1960년대에 신상옥의 시대를 열 수 있었던 결정적인 계기는 1961년 〈성춘향〉의 기록적인 성공 때문이었다. 같은 최인규의 제자이자 당시 최고의 흥행감독으로 명성을 날렸던 홍성기의 〈춘향전〉과 〈성춘향〉은 거의 동시에 공개되었다. 최초의 컬러 시네마스코프 대결이자 홍성기-김지미 대 신상옥-최은희 커플의 맞승부로 장안의 화제를 모았던

할'의 이데올로그이기도 했다. 여기서의 3할이란 영화로의 한길을 보증하는 지속 가능한 흥행 전략—즉 대중의 정치 무의식을 반영하고 국가의 주요 정치적 방책 및 목표를 전파하는 전략을 뜻한다. 개발도상의 분단국가에서 흥행영화란 어떤 의미에서는 대중들의 정치 무의식과 '지성'을 상승시키는 기능에 봉사하는 순간에야 지속 가능해질 것이었다. 3할의 현실 기여와 계몽성, 7할의 영화적 기여 혹은 흥행이란 서로 분리될 수 있는 것이 아니다.

신상옥이 4·19가 열어젖힌 공간에서 '자유와 방종을 혼동하는 과오'[19]를 근심하며 찍은 〈상록수〉(5·16군사쿠데타 이후 개봉한 이 영화가 쿠데타 세력과 모종의 관계가 있는 것이 아닌가라는 세간의 의심에 대해 신상옥은 '진심으로' 분개하고 있다)를 보고 박정희는 눈물을 흘렸다.[20] 1970년대 초 파국에 이르기 전까지 신상옥과 박정희 정권의 돈독한 밀월 관계는 단지 신상옥과 그의 공사公私의 파트너 최은희가 박정희-육영수와 맺었던 개인적인 친분관계에서 비롯된 것이라고만은 할 수 없다. 포스트 식민 분단국가 영화예술가의 가장 전형적인 의식 구조를 보여주는 신상옥과 이 국가의 정치경제적 갱생의 길을 모색하던 박정희는 오히려 훨씬 더 근

이 대결의 결과는 신상옥의 압승이었다. 〈성춘향〉은 38만 명 관객 동원이라는 기록을 세웠으며 베니스 영화제와 아시아 영화제에 출품되었고, 직후에 완성한 〈사랑방 손님과 어머니〉와 함께 한국적 미를 세계에 알린 영화로 평가받았다. 말하자면 이 영화들은 민족지-자기민족지로서의 영화라는 표상 장치를 적나라하게 보여주는 것들이다. 〈성춘향〉의 성공이 이끌어낸 '영화제국' 신필름으로의 도약에 대해서는 조준형, 『영화제국 신필름』, 한국영상자료원, 2009 참조.

19　박정희, 「신문윤리위원회 창립 격려사」, 『한국 국민에게 고함』, 동서문화사, 2005, 26쪽.
20　이 사실을 전하는 것은 신상옥 자신이다. 신상옥은 평생 〈상록수〉를 자신의 최대 걸작 중 하나로 생각했다. 『키노』1997.10; 『씨네21』, 2003.3.18. 그리고 마찬가지로 신상옥 자신과 최은희가 전하는 바에 따르면 북한의 김정일은 이 영화를 당간부들의 교육용 영화로 권장했다고 한다.

본적 의미에서 서로 일맥상통했던 것 같다.[21] 박정희처럼 신상옥 또한 발전 지상주의자였으며, 영화가 국가의 시책에 복무해야 한다고 믿었던 국가주의자였고, 장르를 불문하는 테크놀로지스트였다.

신상옥은 박정희가 흘린 눈물에 대한 화답처럼 〈상록수〉에 뒤이어 〈쌀〉(1963)을 제작 공개한다. 이 영화가 도착한 해는 박정희가 대통령으로서 첫해를 맞이한 해였다. 따라서 이 영화에서 가장 극적인 모멘트를 이루는 저 군용 트럭의 도착, 즉 푸른 군복의 구원자들의 갑작스런 등장이란, 이제 막 군복을 벗고 민간인이 된 자신에게 '약속대로' 민정 이양을 하던 박정희의 존재와 겹쳐 읽힐 수밖에 없다. 캄캄한 도시의 타락한 밤에서 시작하는 〈쌀〉은 말 그대로 "빈곤과 혼란과 타락으로부터 일어서"[22] 찬란한 낮을 향해 가는 이야기이다.

전쟁에서 다리를 잃은 용이(신영균)는 아버지가 위독하다는 소식을 듣고 고향으로 돌아온다. 아버지의 병은 못 먹어서 생긴 병. 마을 사람들 모두는 가난과 굶주림에 시달리고 있으며, 바로 그런 이유에서 일종의 운명 공동체처럼 보인다. 아버지의 죽음 이후 고향에 남기로 한 용이는 마을의 만성적인 물 부족을 해결하고자 한다. 논과 강 사이에 놓여 있는 산을 가로질러 수로를 내는 것(흥미롭게도 이 수로 '계획' 자체는 일찍이 식민 정부가 이 지역의 과제로서 기획한 것이다). 공무원들은 말만 앞세울 뿐 아무런 도움도 주지 않고 용이는 마을 청년들을 규합하여 산을 뚫기로 한

---

21 신상옥은 남한으로 돌아온 이후 죽기 직전에 쓴 자서전에서 박정희에 대해 여전히 높은 평가를 하고 있다. 그에 따르면 박정희는 "민족의식이 뚜렷하고 배짱이 두둑한 사람"이었다. 신상옥, 앞의 책, 79쪽.
22 박정희, 「광복절 제16주년 기념사」, 『박정희 대통령 연설문집 최고회의편』, 대통령비서실, 1973. 28쪽.

다. '일제'도 못한 일을 이 '절름발이' 실천가가 혼자 힘으로 행할 수 있다면! 그러나 사람들의 무기력, 공무원들의 나태와 부패, 지주인 송 첨지의 농간, 산신령을 노하게 할 것이라는 마을 무당의 선동으로 공사는 난관에 빠진다. 송 첨지의 딸이자 용이의 애인인 정희(최은희)는 아버지와 연을 끊는 것까지 불사하며 용이를 돕기 위해 애쓰지만 이들의 힘만으로는 모든 것이 벅차 보일 뿐이다.

〈쌀〉은 마치 혁명공약에서 구악舊惡이라고 지칭한 것들을 고스란히 내러티브화한 것처럼 보인다. 나열되는 병폐의 목록은 일목요연하다. 무기력, 나태, 부패, 구정권과 결합되어 있는 지방 토호의 횡포, 혹세무민의 미신. 급기야 용이가 어찌해 볼 수 없는 궁지까지 몰렸을 때 도시에서는 학생들이 봉기를 일으켜 이승만 정권을 무너뜨렸다는 소식이 이 시골 마을에까지 들려온다. 간사한 송 첨지는 태도를 일변해 용이를 돕겠다고 나선다. 공사가 완성되면 거둬들일 마을의 부를 가로챌 심산이다. 여전히 공무원들은 복지부동이지만, 용이와 뜻을 같이하는 마을 청년들은 맨 손으로 산을 뚫어 나간다. 그런데 과연 이것이 가능하기나 한 일인가? 산을 망치로 뚫을 수 있다니! 마지막 순간 이 불가능해 보이는 상황을 타개할 자가 온다. 일군의 군인들이, 트럭을 타고, 다이너마이트를 들고 나타난 것이다. 의미심장하게도 이 군인들 무리의 선두에는 첫 장면에서 난동을 피우던 상이군인 철수(남궁원)가 당당히 군복을 입고 손을 흔들고 있다.

혁명공약 3. 구정권하에 있었던 모든 사회적 부패와 정치적인 구악(舊惡)을 일소하고 청신한 기풍의 진작과 퇴폐한 국민도의와 민족정기를 바로 잡

음으로써 민족 민주정신을 함양하며

　　혁명공약 4. 국가 자립경제 재건에 총력을 경주하여 기아선상에 방황하는 민생고를 해결함으로써 국민의 희망을 제고시킨다.[23]

〈쌀〉이 보여주는 내러티브상의 도식은 이렇다. 4·19가 일어났지만 어차피 각성된 시민의 힘만으로는 아무 일도 해결되지 않는다. 산을 망치로 뚫는다는 거의 불가능해 보이는 행위, 혹은 너무나 많은 시간이 걸릴 이 무모한 결정 이후에 바로 데우스 엑스 마키나deus ex machina적 사태가 벌어진다. 군인의 '혁명'이 그것이다. 게다가 가난한 농민의 아들이자 군인이었던 용이 스스로가 박정희의 내러티브 내적 체현이라는 사실은 의심의 여지가 없어 보인다. 옆 동네 사람들은 용이가 빨갱이라고 수근거린다[24](산을 뚫는 작업에 참여하는 마을 청년들은 자기 농사일을 할 수 없고, 그래서 그들의 엄마와 아내와 누이들이 물건을 팔아 공동으로 나누기로 한다). 인민들은 '선동'에 쉽게 휘둘리지만, 용이는 불굴의 의지로 모든 난관을 이겨나간다. 더할 나위 없이 간결 명료한 '5·16 혁명공약'의 영화 버전이라고 할 수 있을 이 영화가 젠더에 기반한, 상상할 수 있는 가장 노골적인 상징체계로 일관하고 있다는 사실은 우연이 아닐 것이다.

---

23 박정희, 『국가와 혁명과 나』, 향문사, 1963, 518쪽.

24 1948년 군부 내의 좌익 척결을 위한 숙군 작업 당시, 박정희는 남로당 가입 경력으로 군 수사당국에 의해 체포된 바 있다. 이때 그를 도왔던 것은 같은 만주군 출신의 백선엽이었다. 한국전쟁 당시 대한민국군 지도부에서 중요한 위치를 차지했던 백선엽은 이승만 정권 시절 육군참모총장 자리에 올랐다. 만주군에 복무할 당시 대(對)항일게릴라 소탕을 위한 특수부대인 '간도특설대'에서 활약했던 백선엽은 민족문제연구소에서 펴낸 『친일인명사전』에 이름을 올리고 있다. 반면, 뉴라이트 계열은 그를 한국 군대의 원로이자 한미동맹의 산 증인으로 평가하고 있다. 백선엽의 '친일' 경력에 대해서는 다음을 참조. 민족문제연구소 편집부 편, 『친일인명사전』 2, 민족문제연구소, 2009, 208쪽.

구악에 찌든 이 가난한 마을은 그 자체로 여성적인 것의 환유이다. 마을은 강으로 둘러싸여 있다. 용이의 내레이션("내 고향은 산수갑산, 그보다 더 깊다는 메마른 골짜기이다")이 흐르고 화면은 저 멀리 소가 끄는 달구지를 타고 강을 건너는 용이를 보여준다. 롱숏으로 포착된 풍경의 유유자적한 느낌은 이어지는 숏의 용이의 얼굴과 그의 시점숏으로 설정된 갈라진 땅의 근접숏 속에서 급격히 사라진다. 산으로 가로막힌 강물은 논밭으로 흘러들어오지 못하고, 밭은 바싹 메말라 갈라져 있다. 이 여성(마을)은 현재 불모의 몸이다. 밭에 물을 대기 위해서 남성(들)은 '구멍'을 뚫는다. 그들은 말 그대로 자신의 몸과 몸의 연장으로서의 도구, 망치를 가지고 그렇게 한다.

이 영화의 마지막 시퀀스는 노골적이라고까지 할 수 있는 남성적 은유의 거대한 폭발을 전시한다. 다이너마이트로 산을 폭파한 남자들은 양쪽에서 끌과 망치를 가지고 마지막 남은 벽을 뚫는다. 행진곡 풍의 사운드에 맞춰 카메라는 리드미컬하게 벽의 이편과 저편을 오간다. 드디어 벽이 뚫리고 물이 힘차게 쏟아져 들어온다. 모든 갈등은 사라지고 늘어선 사람들의 얼굴은 환희ecstasy로 가득 찬다. 이제 사람들은 마음껏 쌀밥을 먹게 될 것이다.[25]

---

25 그러나 마을의 남, 녀, 노, 소가 모두 모인 이 자리에 빠진 인물들이 있다. 그들은 무당의 미친 딸과 용이의 여동생이다. 무당의 딸은 돌을 나르다가 물에 빠져 죽었고, 여동생 분이는 궁지에 몰린 오빠를 돕기 위해 도회지의 술집에 나가 몸을 판 지 오래다. 이 놀라운 성취에 끼지 못한 채 화면에서 사라진 이들은 1960년대가 그 재현의 영역에서 무엇을 삭제하고 누구를 배제할 것인지를 이미 예고하고 있는 것처럼도 보인다. 아마도 분이에 대해서라면 이렇게도 말할 수 있으리라. 그녀는 팔이 잘린 여공 출신 창녀 영자를 예고한다고(《영자의 전성시대》(김호선, 1975)). 이번에는 오빠가 아니라 그녀가 팔이 잘린다. 이 배제된 존재들이 가시화되기 위해서는 1970년대까지 기다려야 한다. 시골에서 상경한 소녀가 식모, 봉제공장 공원, 호스티스, 버스안내양을 거쳐 '외팔이' 창녀로 전락

이 고난과 극복, 그리고 재생의 내러티브가 육체적인 질감으로 형상화 가능해지는 것은 주인공 용이가 상이군인이라는 데서 비롯한다. 이것이야말로 이 영화의 이미지가 과도한 젠더적 상징체계로 뒤덮여버리게 된 이유이기도 하다. 요컨대 상이군인이라는 국가와 밀착되어 있는 남성의 훼손된 신체를 중심에 놓음으로써 이 영화는 국가 재건과 재남성화라는 두 가지 과제를 일치시키는 것이다.[26]

해가는 이야기 〈영자의 전성시대〉는 1973년에 발표된 조선작의 동명의 원작소설에 기반하고 있다. 이 영화는 놀라운 흥행 성공을 거뒀으며, 이후 '호스티스물'이라고 불리게 될, 1970년대 한국영화의 한 경향을 불러일으킨 기폭제로 작용하였다. 또한 이 영화의 각색은 1962년 등단한 이래 '감수성의 혁명'이라고까지 불리며, 4·19세대의 새로운 감각을 대변한다고 평가받은 소설가 김승옥에 의해 이루어졌다. 〈영자의 전성시대〉는 1960년대 영화에서 빈번히 출현했던 남성 몸의 장애가 어떻게 여성의 몸으로 옮겨갔는가를 보여준다는 점에서 흥미로운 텍스트이다. 남성 상해의 이미지가 분단 무의식과 국가 재건의 내러티브와 관련있다면, 〈영자의 전성시대〉가 보여주는 여성 상해는 산업화의 문제와 관련되어 있다.

26 전후 복구 사업의 주체로서의 상이군인이라는 설정은 북한에서도 빈번하게 이루어졌다. 이를테면 천세봉의 소설 「횃구름 피는 땅」(1953)은 상이군인인 주인공이 전후 조국의 재건을 위해 헌신하는 내용을 다루고 있다. 이 소설에서 얼굴에 화상을 입고 한쪽 팔을 잃은 채 귀환한 병사 철수는 약혼녀로부터 파혼당하고, 전쟁으로 파괴된 양수장 복구 사업에 힘쓴다. 철수가 과로로 쓰러지자 약혼녀는 자신의 잘못을 뉘우치고 그를 보살핀다. 몸을 회복한 철수는 복구사업에 열의를 다시 불태운다. 북한에서 상이군인을 이르는 공식명칭은 '영예군인'이었다. 북한에서의 제대군인을 둘러싼 전후 복구 서사를 분석한 김민선에 따르면, 1950년대 말 김일성의 공식 언급 속에서 이들 영예군인은 영웅이지만 또한 지속적인 감시를 요하는 인물들이었다. 김민선, 「전후(1953~1958) 북한소설의 제대군인 표상연구」, 동국대 석사논문, 2008. 이 소설의 내러티브는 한국의 『장마루촌의 이발사』(박서림, 1957)와 거의 유사하다. KBS의 정부 수립 10주년 기념 현상공모작이었던 이 텍스트는 1958년 라디오극으로 처음 방송되었으며, 1959년과 1969년에 걸쳐 두 번 영화화되었다.

〈사진 3-1〉〈쌀〉

상이군인, 재건의 주체 – '훈장'과 '법' 사이

상징적으로 '거세된' 남성의 극복과 재생의 이야기로서 〈쌀〉의 첫 장면은 그 전형성 때문에라도 거듭 음미될 만하다. 도시의 밤거리, 네온사인과 자동차의 헤드라이트가 명멸하는 거리 위로 재즈 선율이 흐른다. 이 선율은 어느 정도 풍경을 나른하게 만드는 것이다. 삼각형의, 원뿔의, 때로는 원통형의 이중 인화된 네온사인 불빛들이 화면을 기하학적으로 자른다. 골목 어귀, 여자가 내뿜는 담배연기가 검은 화면에 뿌연 입자를 남긴다. 이 인상적인 도입부는 어디선가 들려오는 유리 깨지는 소리로 종결된다. 화면보다 한발 앞선 소리의 진원지는 다음 숏에서 밝혀진다. "야! 네 눈에는 이게 안 보여?" 남자(철수)의 오른팔에는 손 대신 갈고리가 끼워져 있다. 옆에서 용이가 싸움을 중재 중이다. 리버스 숏으로 등장하는 지금까지 등을 보이고 있던 여자의 얼굴. "너무하시네요. 전쟁에 상처를 입은 게 비단 당신들뿐인 줄 아세요? 우리 여자들도 상처를 입고 이렇게 거리로 나서지 않았어요. (용이의 얼굴로 급속한 줌 인. 그의 커진 눈은 그가 뭔가 깨달았음을 보여준다.) 그래도 당신네들에게는 훈장이라도 있죠. 우리에게는 그런 것도 없잖아요." 철수는 훈장을 뜯어 땅에 던진다. "이 까짓 거 얼마든지 가져가라고!" 용이가 철수를 끌어내서 술값을 둘러싼 실랑이를 마무리 짓는다. 오른발을 저는 용이가 오른팔이 없는 철수를 부축한 채 어두운 밤거리를 걸어간다. 세트인 두 번째 거리 장면은 앞의 장면과 대조적으로 불빛 한 점 보이지 않는다. 조명은 유일하게 두 남자에게 맞춰져 있을 뿐이다. 비틀거리며 걸어가던 철수가 외친다. "우린 대체 뭣 땜에 살아가는 게냐! 쓰레기처럼 굴러다니면서 괄시나 받고.

아, 어둡다. 진짜 캄캄하다!"

1953년 이승만은 상이군인들에게 보내는 치사에서 상이군인을 "우리나라 사람들 중에서 제일 영광스러운 생명을 가진 사람들"이라고 칭하였다.

제일 영광스러운 죽음은 나라에 일이 있을 때에 군인이 되어 전쟁에 나아가 순국하는 죽음일 것이다. (…중략…) 다음으로 가장 영광스러운 사람은 비록 그 몸이 죽기까지는 이르지 못했으나 죽을 자리에서 (…중략…) 겨우 생명을 보존한 상이군인들이니 그들은 우리나라 사람들 중에서 제일 영광스러운 생명을 가진 사람들이다.[27]

분명 죽은 자들 다음, 두 번째로 "영광스러운 사람"인 상이군인의 몸은 "국민으로서의 명예이자 대한민국을 상징적으로 드러내는 장소"[28]일 것이다. 그런데 상이군인이란 "살아 있는 자들 중에서 가장 영광스러운 자"이다. 이 말은 죽은 자와 산 자를 나누는 엄격한 위계질서를 보여준다. 상이군인은 살아 있는 자들 중에 가장 영광스러운 자이지만, 죽은 자에는 미치지 못한다(실제로 이승만 정권 내내 상이군인들은 상징적 영광 외에

---

27 이승만, 「상이군인 제대식에 보내는 치사」, 『대통령 이승만 박사 담화집』, 공보처, 1953, 169쪽.

28 이임하, 「상이군인, 국민 만들기」, 『중앙사론』 33, 중앙대 중앙사학연구소, 2011, 298쪽. 이임하는 이 논문에서 국가가 어떻게 상이군인들을 반공 국민과 재건 일꾼으로 만들어냈는가, 그리고 상이군인들이 실제로는 어떻게 그 스스로 폭력의 주체이자 또한 대상이 될 수밖에 없었는가를 구술사를 통해 밝혀내고 있다. 아마도 이들이 폭력의 대상이 될 수밖에 없는 까닭은 상이군인의 몸 자체가 품고 있는 균열에서 기인하는 바가 클 것이다. 즉, 국가의 이들에 대한 포섭은 그들이 상처 입은 몸을 가지고 있는 한 결코 다다를 수 없는 한계를 지니고 있는 것이다.

아무런 보상도 받지 못했다). 왜냐하면 죽은 자는 상징의 영역 속에만 머무를 수 있으나, 산 자들의 나날의 삶은 훈장과 같은 상징만으로 채워지지 않기 때문이다. 국가는 죽은 자는 전유해 올 수 있으나, 산 자들과는 끊임없는 협상을 벌여야 한다.

이 대한민국 '국부國父'의 언급은 상이군인의 존재가 국가에 있어 얼마나 성가신 존재인가를 슬쩍 보여준다. 전몰자와 상이군인에 대한 국가적 배상이 그 무엇보다도 중요한 이유는 이들에 대한 상징적, 물질적 보상 행위야말로, 국가는 개인을 보호하고, 개인은 국가를 보호한다는 순환논법 속에서 국가의 정당성을 드러내는 일이기 때문이다. 그러나 죽은 무명용사와 달리, 상이군인은 말을 하고, 움직이고, 때로는 집단을 구성하여 몸이 입은 상해를 드러내고, 그 책임을 국가에 요구한다는 점에서 '성가신' 존재이다.

물론 이 산 자들, 국가 내에서 살아가는 자들은 국가가 줄 보상과 상징 가치를 위해 국가가 내세우는 '희생'의 논리를 적극적으로 이용하지만, 국가는 이들과 매 순간 '협상'을 해야 한다. 게다가 이 상해를 입은 몸은, 바로 그 상해를 가시화하고 있다는 점에서 언제나 위험하다. 상이군인의 형상이 불러일으키는 불안은 이 형상이 '죽은 자'들과 달리 그 몸이 상해를 입은 때의 기억까지를 끌고 들어오는 데서 기인한다. 죽은 자들은 일괄적으로 국가적 추도의 대상이 될 수 있지만, 살아남은 자들은 균열을 불러일으킨다. 따라서 이 '위험한' 형상은 국가가 부여한 매뉴얼하에서만 가시화되어야 한다.

한편 이 몸은 또한 포스트 식민 분단국가의 어떤 결여와 실패를 드러내는 장소이기도 하다. 상이군인의 형상은 이중적인데, 왜냐하면 상이군인의 몸이란 고통의 기억을 전시하는 것에 다름 아니기 때문이다. 팔이 잘려 나간 자리에는 흔적이 있다. 흔적이란 본래 있었던 것이 이제 거기에 없음을 보여주는 것이다. 흔적은 더 이상 존재하지 않는 팔을, 다리를 끊임없이 상기시킨다. 분단과 내전의 국가 기억이 상이군인이라는 신체를 통해 계속 상기되는 것이다. 그런 점에서 흔적은 일종의 응고된 기억과 같다. 당연한 말이지만 이 기억은 개인적인 고통의 기억과 국가의 기억이 포개져 있는 것이기도 하다. 분단과 내전의 국가-기억이 상이군인이라는 신체를 통해 이 정치체의 전제로서 계속 상기될 것이다.

상이군인의 형상이 불러일으키는 양가성은 이 형상이 무명용사의 그것[29]과 달리 실패의 기억까지를 끌고 들어오기 때문이다. 죽은 자들은 국가적 추도의 대상이 될 수 있지만, 살아남은 자들은 균열을 불러일으킨다. 종종 그들은 이런 식으로 싸움을 건다. "네놈들이 누구 때문에 잘먹고 잘사는데!"(〈쌀〉) 잊고 싶은 과거를 불러내고 현재의 결여를 가시화하며, 겨우 봉합된 국가에 균열을 내는 이 장애의 형상은 그 상흔의 극복이 과제화 / 명제화하는 순간에야 비로소 영화적 이미지 안에 등장할 수 있었다.

〈쌀〉이 완성되기 1년 전 군사원호청 설치법이 제정되었다. 이 법령은 5·16군사쿠데타로 집권한 박정희가 내놓은 최초의 법령 중 하나였다.[30] 물론 이 이야기는 1960년대라는 시간에 국가가 이들을 체계적으

---

29 잘 알려져 있다시피 베네딕트 앤더슨은 근대 민족주의의 문화적 기원으로 무명용사의 기념비와 무덤을 들고 있다. 앤더슨에 따르면, 이 상징을 통해 '민족'은 불멸의 것으로 상상될 수 있다. 베네딕트 앤더슨, 윤형숙 역, 『상상의 공동체』, 나남출판, 2003.

30 군사원호청 설치법에 대한 당시의 간략한 소개는 다음과 같다. "제대군인과 상이군경 그리고 유족들의 생활이 안정되고 사회적 발전을 이룩할 수 있도록 국가가 이들을 보호 보상하기 위한 것이다." 『동아일보』, 1961.11.2.

로 관리 감독하며 적극적으로 상징적인 의미를 부여하기 시작했다는 사실을 의미한다.[31] 그러나 바로 그러한 맥락하에서 상이군인의 형상 그 자체와 그것이 갖는 '대표성'은 점점 사라져 가야 했다. 왜냐하면 이 상흔이 전시되는 한 어떤 '실패'의 기억은 현재형으로 남아 있기 때문이다. 따라서 이들이 더 이상 표상의 영역에 남아 있을 수 없는 것은 그들이 본격적인 관리의 대상이 되었기 때문이기도 하지만, 국민국가 건설의 순간에 필연적으로 그 실패의 흔적이 지워져야 했기 때문이기도 하다. 전후 복구의 표상으로 잠시 등장했던 상이군인은 이후 개발국가 시기의 한국영화에서 주의 깊게 회피된다.

3. 〈자토이치〉와 〈독비도〉 ─ 맹인과 외팔이라는 정체政體

'국제적'인 이형異形의 히어로들

앞 장에서 이야기한 바대로 오시마 나기사가 〈잊혀진 황군〉을 통해 지나간 전쟁과 전후 일본 시민의 구성이라는 '작위'를 조선인의 몸에 남겨진 상흔을 통해 적나라하게 드러내고 있던 당시 한 눈먼 검객의 이야

---

31 1950년대 중후반 사적 포섭의 대상으로 취급된 제대군인들이 1960년대에 이르러 어떻게 공적 원호의 대상이 되었는가를 추적하며 후지이 다케시는 이 변화야말로 국민의 탄생과 결합되어 있음을 밝혀내고 있다. 후지이 다케시, 「돌아온 '국민' ─ 제대군인들의 전후」, 『역사연구』 14, 역사학연구소, 2004, 288쪽.

기가 일본에서 흥행하고 있었다. 1962년 다이에이^{大映}에서 만들어진
〈자토이치 이야기^{座頭市物語}〉(미스미 겐지)는 이후 거의 30년 동안 지속될
어떤 역사의 시작이라고 해도 무방할 것이었다. 〈자토이치 이야기〉는
주인공이자 맹인검법을 운용하는 유니크한 살진^{殺陣}의 창조주인 가쓰 신
타로^{勝新太郞}가 스스로 각본, 제작, 감독을 겸하며 자신의 영화 인생을 걸
고 완성해낸 1989년의 〈자토이치〉에 이르기까지 26편의 시리즈를 낳
았으며, 3회에 걸쳐 텔레비전 드라마화되었고, 수차례에 걸쳐 연극 무
대에 올려졌다. 그리고 이 시리즈는 당시 해외 시장에서 가장 광범위하
게, 가장 지속적으로 인기를 얻었던 일본영화 중 하나였다. 아마도 일본
영화 중에서 그 인기에 필적할 만한 작품을 찾는다면 구로사와 아키라
의 〈요짐보〉와 〈7인의 사무라이〉 정도밖에 없을 것이다.

> 자토이치 즉 가쓰신(カツシン)과 라틴 아메리카와 동남아시아에서 인기
> 를 양분하고 있다고 말해지는 게 외팔이 검사, 통칭 '독비도'를 휘두르는 홍
> 콩의 액션스타 왕우(王羽)이다. (…중략…) 자토이치가 이형(異形)의 히어
> 로라면, '독비도' 또한 이형으로, 말하자면 장애자끼리의 대결인 것이다.[32]

1971년 〈자토이치〉 시리즈의 22번째 작품으로 만들어진 〈신자토이
치 부셔라! 중국검^{新座頭市・破れ! 唐人劍}〉(야스다 기미요시・서증굉)이 일본에
서 개봉할 당시 쓰인 마쓰다 마사오의 평은 구로키 가즈오의 영화 〈쿠바
의 연인^{キューバの恋人}〉(1969)에서 자토이치 분장을 한 자가 쿠바의 페스

---

32 松田正男, 「新座頭市 破れ! 唐人劍」, 『キネマ旬報』, 1971.2, 143쪽.

티발에 등장, 갈채를 받는 장면을 상기하면서 시작한다. "자토이치가 국경을 넘어(!) 대중적 아이돌의 지위를 획득하고 있는 것을 눈앞에서 목격하니, 적이 감동하지 않을 수 없는 것이었다." 이 국제적인 감각의 비평가가 전하고 있는바, 자토이치는 라틴아메리카와 동남아시아에서 절대적인 인기를 구가했다(가타카나를 사용한 'カツシン'이라는 '외래어' 표기법이야말로 가쓰 신타로의 국제적 지명도를 유감없이 보여주고 있지 않은가). 마찬가지로 동남아시아에서 〈독비도〉는 자토이치에 버금가는 인기를 누린 유일한 형상이었다.

1967년에 시리즈의 첫 번째 영화가 만들어진 〈독비도〉(장철)는 홍콩을 비롯한 동남아시아 일대에서 놀라운 성공을 거둬들였다. 호금전의 〈대취협大醉俠〉(1966)에 이은 〈독비도〉의 성공은 쇼 브라더스가 1960년대 중반에 기획한 '글로벌 문화상품' 신파무협편新派武俠片의 도래를 알리는 것이었다. 쇼 브라더스는 이로써 드디어 1960년대 내내 시도해왔던 글로벌라이제이션과 모더나이제이션의 현실태를 얻었다.[33] 이 영화의 성공으로 쇼 브라더스의 가장 중요한 감독으로 떠오른 장철은 신파무협편과 쿵푸영화를 대표하는 걸작들을 만들어내며 이후 홍콩영화의 가장 영향력 있는 전통을 만들어냈다. 〈독비도〉의 성공에 긴박하게 얽혀 있던 것은 외팔이─왕우(=지미 왕)였다. 이미 〈호협섬구虎俠殲仇〉(1966), 〈변성삼협邊城三俠〉(1966)에서 장철과 함께 했던 왕우[34]에게 이 영화는 이후 그

---

33 1960년대 쇼 브라더스의 무협영화의 기획이 갖는 의미에 대해서는 제4~5장 참조.
34 장철 영화의 특징 중 하나는 젊은 남성 스타의 등장에 있다. 왕우가 쇼 브라더스와 결별한 이후 강대위(姜大衛), 적룡(狄龍)이 그 뒤를 이었다. 젊은 남성의 신체가 부서지면서 등장하는 비장미란 장철 영화를 지탱하는 가장 중요한 미학이었으며, 장철은 이를 그 특유의 어휘인 양강(陽剛)이라는 말로 표현한 바 있다. 이에 대해서는 제5장 참조.

의 경력을 결정짓는 가장 중요한 사건이었다. 〈자토이치〉 이후의 가쓰 신타로가 그러했던 것처럼 왕우의 영화 인생은 〈독비도〉의 외팔이 캐릭터와 강렬하게 결부되었다. 1970년대에 그는 스스로 감독, 주연을 겸한 〈독비권왕獨臂拳王〉(왕우, 1972), 〈독비권왕대파혈적자獨臂拳王大破血滴子〉(왕우, 1976), 〈독비도 대전 독비도獨臂刀大戰獨臂刀〉(김성은, 1977) 등 외팔이 캐릭터를 계속 이어 나갔다.

장철과 함께 〈독비도〉의 속편격인 〈독비도왕獨臂刀王〉(1969)을 찍은 이듬해 왕우는 신생 영화사 골든 하베스트로 이적, 자신의 캐릭터와 자토이치-가쓰 신타로의 만남을 성사시키고자 했다. 골든 하베스트를 설립한 레이몬드 초우는 1960년대 쇼 브라더스의 수장 런런쇼의 오른팔로 활동하였다. 쇼 브라더스는 〈자토이치 이야기〉부터 시작해서 1960년대 내내 거의 실시간으로 이 시리즈를 사서 홍콩을 포함한 동남아 일대에 배급했다. 실제로 홍콩은 1960년대 초부터 일본영화의 중요한 해외 시장으로 떠올랐다. 이미 1961년의 시점에 일본어가 통용 가능했던 대만을 제외한 가장 유망한 시장으로 떠오른 홍콩[35]은 1965년도에는 미국에 이어 일본영화의 두 번째 수출 실적을 기록한 장소였다.[36]

1960년대 홍콩에서의 일본영화에 대한 열광적인 지지는 당시 쇼 브

---

[35] 1961년 당시 일본영화의 해외시장별 실적을 보자면, 미국 36.3%, 오키나와 17%, 대만이 7.1%에 이어 홍콩이 4위로 6.5%를 차지하고 있다. 오키나와와 대만이 일본어 가능지역이었다는 사실을 염두에 둔다면, 동남아 시장의 거점으로서 홍콩 시장은 일본영화의 해외수출 신장을 가늠하는 중요한 바로미터였다는 것을 알 수 있다. 수치는 『1963年版 映画年鑑』, 時事通信社, 1963, 117쪽 참조.

[36] 1965년 당시 일본영화의 수출 금액은 미국 40.2%에 이어 홍콩이 13.3%를 차지하고 있으며, 3위 오키나와가 8.0%, 4위 대만이 6.5%를 기록하고 있다. 『1967年版 映画年鑑』, 時事通信社, 1967, 52쪽.

라더스의 도쿄 지사에서 일본영화 구입을 담당했던 채란蔡瀾의 증언에서
도 확인할 수 있다.

> 홍콩의 젊은 관객들은 일본 마샬 아츠 영화(Japanese Martial arts movies)
> 를 좋아했다. 왜냐하면 그게 더 사실적으로 느껴졌기 때문이다. 내가 샀던
> 영화들은 대부분 액션영화들이었다. 닛카쓰(日活)의 갱스터영화, 도에이의
> 고전적인 임협영화, 다이에이의 〈자토이치〉 시리즈는 물론이고, 〈네무리 쿄
> 시로(眠狂四郞)〉 시리즈가 그것들이다.[37]

위의 언급을 염두에 두자면, 1960년대를 쇼 브라더스에서 보낸 레이
몬드 초우와 〈독비도〉의 스타 왕우가 쇼 브라더스로부터 독립하는 시점
에 자토이치를 선택한 것은 그들이 자토이치의 인기를 그 누구보다도
실감하고 있었기 때문이다. 게다가 쇼 브라더스가 기획한 위대한 글로
벌 상품 '신파무협편'은 당시 홍콩의 젊은 비평가로 각광받기 시작한 로
우 카에 따르면 일본 사무라이 영화의 영향하에서 만들어진 것이며, 특
히 〈독비도〉로 대표되는 '잔협殘俠'은 맹협 자토이치의 직접적인 산물에
다름 아니었다.[38] 이 관점에서 보자면 〈신자토이치 부셔라! 중국검〉의
기획은 외팔이 검객 왕우와 그 원본으로서의 자토이치―가쓰 신타로와
의 대결을 뜻하는 것이기도 했다. 이 기획은 설득력이 있었다. "동남아
시아에서 인기를 양분하고 있는" 외팔이와 맹목의 검객 사이의 대결은

---

37 Chua Lam, "Transnational Collaborations and Activities of Shaw Brothers and
Golden Harvest : An Interview with Chua Lam", *Border Crossing in Hong Kong Cinema*, Hong
Kong Urban Council, 2000, p.140.

38 邱淑婷, 「羅卡」, 『港日影人口述歷史 化敵爲友』, 香港大學出版社, 2012, 6~7쪽.

충분히 시장성이 있는 것이었다.

확실히 각기 다른 상해를 안고 있는 자들의 대결이란 각각의 핸디캡의 사용이라는 까다롭고도 섬세한 액션 신을 요구한다는 점에서 흥미진진한 것이다. 또 1970년대 초의 일본과 중국 사이에 이루어지고 있던 화평 무드 또한 이 '중국' 검객의 일본영화 진출을 승인할 수 있는 분위기를 조성했을 것이다. 홍콩에서는 〈독비도 대전 맹협獨臂刀大戰盲俠〉이라는 제목으로 개봉한 이 영화는 각각 일본／홍콩 버전으로 자국 관객들의 기대에 부응하고자 했다. 일본 버전에서는 자토이치가 이기고, 홍콩 버전에서는 외팔이가 이긴다.[39]

그러나 이 국제적인 스타들의 합작 프로젝트가 그렇게 순조롭게 진행된 것은 아니다. 1970년 다이에이는 이미 도산 직전이었으며, 가쓰 신타로는 실제로는 자신의 프로덕션에서 이 영화의 제작에 착수하였다. 홍콩에서 〈신자토이치 부셔라! 중국검〉＝〈독비도 대전 맹협〉이 개봉을 앞둔 시점에 쇼 브라더스는 저작권 관련 소송을 거는 것으로 이 영화의 홍콩 개봉을 저지하고자 하였다.[40] 런런쇼로서는 레이몬드 초우와 왕우라는 두 '배신자'에 대한 응징의 의미가 다분히 개입되어 있었을 것이다. 그 결과 일본과 홍콩 동시개봉은 이루어지지 못했으며, 이 회심의

---

39 이 영화는 일본 내 개봉 당시 22번째 〈자토이치〉 시리즈로서 선전되었고, 크레딧에는 야스다 기미요시(安田公義) 감독으로 기재되었다. 반면 홍콩 버전 크레딧에는 홍콩의 서증굉(徐增宏)과 야스다 기미요시의 공동 감독으로 기재되어 있다.

40 〈독비도 대전 맹협〉에 대해 쇼 브라더스가 건 소송에 대해서는 다음을 참조. Law Kar, "Crisis and Opportunity : Crossing Borders in Hong Kong Cinema, its Development from the 40s to the 70s", Law Kar ed., *Border Crossing in Hong Kong Cinema*, Hong Kong Urban Council, 2000, p.122. 한편 쇼 브라더스는 새로운 '외팔이' 영화의 기획에 들어가는데, 이에 부응하여 장철은 쇼 브라더스를 떠난 왕우 대신에 강대위와 적룡을 기용해서 〈신독비도(新獨臂刀)〉(1971)를 완성한다.

〈사진 3-2〉〈신자토이치 부셔라! 중국검〉(홍콩명 〈독비도 대전 맹협〉)

경연으로 신생영화사의 입지를 굳히고자 했던 골든 하베스트의 계획은 무산되고 말았다(그러나 잘 알려져 있다시피 1971년 같은 해 이소룡의 〈당산대형 唐山大兄〉의 성공으로 1970년대를 풍미할 골든 하베스트의 전성기가 시작된다). 일본의 경우 다이에이는 1971년 10월 결국 도산했으며, 가쓰 신타로는 자신의 독립영화사인 가쓰프로덕션에서 이후 〈자토이치〉 시리즈를 계속해 갈 수밖에 없었다.

외팔이와 맹협 — 왜 한국은 외팔이를 선택했을까

일본과 홍콩 그리고 홍콩을 관문으로 한 동남아시아에서의 〈자토이치〉와 〈독비도〉의 관계를 한층 더 흥미롭게 만드는 것은 한국에서 이 두 국제적 '아이돌'의 대결이 받아들여진 방식이다. 〈신자토이치 부셔라! 중국검〉=〈독비도 대전 맹협〉은 1971년 당시 한국을 휩쓸고 있던 〈독비도〉 시리즈의 붐 속에서 이례적으로 발 빠르게 개봉되었다. 그러나 〈외팔이와 맹협〉이라는 제목으로 공개된 이 영화는 개봉에 이르기까지 순탄치 못한 과정을 거쳐야 했다. 일본영화가 금지되어 있던 상황에서 위장 일본영화라는 논란이 일어났으며, 결국 일본과 홍콩 사이의 합작 계약서 사본을 당국에 제출함으로써 개봉 허가를 받을 수 있었다.[41] 〈독비도〉 시리즈 중 하나로 선전된 〈외팔이와 맹협〉은 서울에서만 18만 명의 관객 동원을 기록하였다. 이 영화는 한국에서 소문만 무성한 채 공식

---

41 『경향신문』, 1971.8.28.

적으로는 볼 수 없었던 〈자토이치〉 시리즈를 처음이자 마지막으로 볼 수 있었던 영화였다.

그런데 한국에서 보자면, 당대 '자유 진영 아시아'를 석권한 이 두 이형異形의 히어로, 자토이치와 독비도 중 더 압도적인 영향력을 행사했던 것은 후자였다. 물론 여기에는 일본영화가 금지되어 있었던 한국의 상황이 주요하게 작용했을 터이다. 그러나 단지 이 이유만은 아닌 것 같다. 당시 한국과 홍콩 영화산업계의 활발한 교류 속에서 한국의 영화 제작자들은 〈자토이치〉의 인기를 익히 보고 들을 수 있었다. 실제로 〈자토이치〉의 '맹인검법'으로부터 직접적인 영향을 받은 몇 편의 한국영화가 등장했다. 또 〈자토이치〉의 판권을 사들인 〈죽장검〉(신영일, 1974)이라는 영화가 만들어지기도 했다. '황당무계한 중국 검술'이 아니라 '일본식 사도 검법士道劍法의 정수'를 보여준다고 선전된[42] 〈죽장검〉은 "돈방석에 앉을지도 모른다"고 예측되었으나,[43] 결과적으로 흥행은 그다지 성공적이지 못했고 시리즈로 제작하겠다는 애초의 기획은 포기되었다.

여기에 비해 〈의리의 사나이 외팔이〉라는 제목으로 공개된 〈독비도〉는 한국에서 붐이라고 할 만한 현상을 불러일으켰다. 외팔이의 형상은 이후 한국의 액션 장르영화에서 매우 중요한 키워드로 작용하였다. 외팔이 이대엽의 〈대검객〉(1968), 애꾸눈 박노식의 〈애꾸눈 박〉(1970), 외다리 한용철의 〈속 돌아온 외다리〉(1974) 등등.[44] 이들이 이토록 꾸준히

---

42 『경향신문』 광고, 1974.1.22.

43 「장님검객, 돈방석 위에 앉을지도」, 『매일경제』, 1974.1.23.

44 〈독비도〉의 성공 이후 한국에는 수많은 외팔이, 외다리 영화들이 등장하지만, 그 중에는 제목만 '외팔이'인 영화들 또한 적지 않다. 이를테면 1970년에 만들어진 〈황야의 외팔이〉(김영효)에 외팔이는 등장하지 않는다. 구로사와 아키라의 1961년 영화 〈요짐보〉

〈사진 3-3〉〈죽장검〉

많이 만들어진 이유는 간단하다. 장사가 되었기 때문이다. 이 영화들은 한결같이 시장의 요구 속에서 만들어진 영화들이었다. 이 영화들이 당시 유행했거나, 정책적으로 요구되었던 장르영화에 폭넓게 걸쳐 있는 것은 당연한 일일 게다. 그것들은 종종 검객영화이거나(〈대검객〉, 〈원한의 애꾸눈〉), 만주물의 내러티브를 차용해오거나(〈애꾸눈박〉, 〈속 돌아온 외다리〉), 때로는 반공영화의 포맷(〈특별수사본부 외팔이 김종원〉) 속에서 만들어지기도 했다.

한국에서 이 영화들은 시기적으로, 영화 속에서 상이군인들이 사라진 지점에서 등장하였다. 말하자면 장애의 역사적 기원은 사라지고, 각각의 영화의 내러티브적 기원만을 갖는 지체장애의 형상이 여기 등장하고 있는 것이다. 외팔이든 애꾸눈이든 외다리든 여기에는 공통점이 하나 있다. 두 개가 있음으로 해서 정상인 것이 하나를 잃음으로써 불구가 되었다는 점에서 이들 영화의 전제는 그리 다르지 않은 설정들이다. 즉 이 형상은 분단된 '민족'과 복수의 '중국'에 상응하는 것이다. 식민지 홍콩에서 조각난 중국을 하나로 상상하는 이 상실과 극복의 신체장애 주인공에게 분단국가 한국의 소년과 청년들이 일시에 빠져들어 간 것은 우

의 내러티브를 기반으로, 당시 유행했던 만주물의 서사를 덧입힌 이 영화의 내용은 다음과 같다. 두 패로 나뉜 악인 무리가 세력 다툼을 벌여 황폐해진 한 마을에 정체불명의 남자가 찾아온다. 실은 그는 독립금의 군자금을 찾기 위해 이 마을에 온 것이다. 남자는 악인의 무리 양쪽을 번갈아 오가며, 이들을 이간질시켜 마을에 평화를 되찾아준다. 두 번째 '독비도' 영화인 〈독비도왕〉(1969)의 한국 개봉 제목인 〈돌아온 외팔이〉의 제목을 고스란히 차용한 이두용의 〈돌아온 외다리〉(1974)에는 외다리가 등장하지 않는다. 이 영화는 당시 새롭게 인기를 얻기 시작한 홍콩 쿵푸영화에 대한 대응책으로 발빠르게 만들어져야 했으며, 제목은 어차피 '마케팅의 일환'에 불과했다. 외팔이, 외다리가 등장하지 않음에도 굳이 이런 식의 제목을 붙인 사정은 한국에서 '외팔이'가 얼마나 큰 호응을 얻고 있었는가를 보여주는 것이기도 하다.

〈사진 3-4〉〈대검객〉, 〈애꾸눈 박〉, 〈원한의 애꾸눈〉,
〈속 돌아온 외다리〉, 〈특별수사본부 외팔이 김종원〉(시계 방향)

연이 아닐 것이다. 두 공간에는 공히 상실과 회복, 억압과 파괴 충동이
가로놓여 있었기 때문이다.[45] 이 점에서, 한국에서의 외팔이의 인기는

45 『근대의 원초경』에서 김소영은 1960~1970년대 남한이라는 폐쇄적 공간에서 성행했
던 대륙물을 포함한 액션영화들을 지정학적 판타지와 콘택트 존이라는 개념으로 설명
한 바 있다. 특히 1960년대 말 홍콩 액션영화가 한국에 들어온 이후의 한국 액션영화에
대한 그녀의 다음과 같은 언급은 식민과 분단, 냉전으로 성립된 남한이라는 역사-지리
적 장소에 대한 감각을 상기시키는 한편 그곳에서 액션영화라는 '트랜스내셔널'한 장르
가 어떻게 형성되고 있는지를 정확하게 보여주고 있다. "'한국' 액션영화들은 (이미 서
구 액션이 일본의 문맥에 맞추어 번역된) 일본 활극과 '제임스 본드' 시리즈, 홍콩 액션
영화들로 붐비는 문화횡단의 콘택트 존에서 태어난다. 그것은 식민, 반(半)식민, 그리고
포스트 식민의 콘택트들이 만들어낸 복합적 형상이다." 김소영, 『근대의 원초경』, 현실

〈자토이치〉의 막강한 영향 속에서 만들어진 홍콩의 '잔협' 영화들 중에서 왜 가장 대표적인 장애의 형상이 외팔이가 되었는가에 관한 우회적인 답을 보여주는 것이기도 하다.[46]

자토이치든 독비도든 그들은 신체의 일부분을 혹은 일부 기능을 상실한 자들이지만 이 핸디캡을 능가하는 강한 남성성을 전시한다는 점에서는 일치한다. 이 과도한 남성성이야말로 팍스 아메리카나의 질서 안에

문화, 2010, 273쪽.

[46] 홍콩과 일본 양쪽의 풍부한 1차 자료와 방대한 인터뷰를 통해서 1960년대 일본과 홍콩의 쇼 브라더스 사이에서 이뤄진 인적-물적 교류의 양상을 추적하고 있는 야우슉팅(邱淑婷)은 〈자토이치〉의 영향하에서 만들어진 〈독비도〉로 정점을 이룬 이 '신체장애'의 영웅상이 1970년대 이소룡과 이후 성룡 영화에서 더 이상 등장하지 않는다는 점이야말로 일본영화의 영향이 홍콩영화에서 점차 사라졌음을 반증한다고 주장하고 있다. 邱淑婷, 『香港・日本映画交流史』, 東京大学出版会, 2007, 282~285쪽. 물론 홍콩 무협영화에 끼친 일본 사무라이 영화의 영향 관계가 일방적이었다고만은 할 수 없다. 같은 책에서 야우슉팅은 일본 찬바라 영화에 거듭 등장하는 신체장애의 주인공이 고대 중국의 무협이야기의 영향하에서 만들어졌다는 사토 다다오의 지적(佐藤忠男, 『日本映画史』 3, 岩波書店, 1995, 62쪽)과 〈독비도〉에서 팔을 잘리는 부분이 김용(金庸)의 『신조협려(神鵰俠侶)』의 외팔이 양과로부터 계발되었다는 채란의 지적에 근거하여 이들 신체장애 영웅들이 장자(莊子)로부터 왔을지도 모른다는 가설을 주장한다. 이 가설은 신파무협편의 중요한 감독 중 하나였던 서증굉의 다음과 같은 언급으로 뒷받침된다. "우리가 『장자』를 주의깊게 읽어보면 주인공들이 거의 '보통 사람과는 다르고 하늘과 같은(畸於人而侔於天)' 기인이며, 대성 공자 쪽이 오히려 조역이라는 것을 알 수 있다. 이 기인은 거의 모두 신체가 온전치 못하고 지위는 낮지만 덕행이나 도리를 앎은 세속에서 성인이라고 일컬어지는 수준을 훌쩍 넘어서 있다. 이런 정신은 무협소설에서도 잘 강조되어 있다. 무술 세계에서 결코 경멸해서는 안되는 것은 바로 신체장애자, 거지, 소매치기, 부인, 아동, 서생 등 약한 인물들이다. 왜냐하면 그들이야말로 무술에 능한 달인들이기 때문이다." 徐增宏, 『第5屆香港國際電影節-香港武俠電影研究 1945-1980』, 香港市政局, 1981, 19쪽. 또한 야우슉팅은 이 새로운 무협영화(新派武俠片)가 '외래적 홍콩영화 장르'임에도 불구하고 "홍콩인이 외래문화를 흡수하면서 자신들의 전통을 배제하지 않고 살려나간 예"라고 말한다. 세심한 자료배치와 구술조사를 병행한 야우슉팅의 연구는 일본-홍콩 영화관계사라고 할만한 중요한 성과를 보여주고 있다. 그러나 영향 관계에 관한 논의에서 '어느 쪽이 기원인가'에 관한 탐구는 생각보다 생산적이지 않은 것인지 모른다. 문제는 역사적 중층 속에서 형성된 신체장애의 주인공이 이 시기에 왜 그토록 '보편적'인 공명을 불러일으켰는가에 있다.

놓일 수밖에 없었던 아시아 남성들의 공통된 열망이 표출되는 지점일 것이다. 그러나 일본의 자토이치가 홍콩으로 넘어오면서 '외팔이'로 일종의 신체적 '번안'이 이루어지고 있는 이 사정은 일본과 홍콩(그리고 한국)의 서로 다른 역사-정치적 지층을 또한 보여주고 있는 것이라고 할 수 있다.

〈독비도〉의 이야기는 다음과 같다. 방강(왕우)의 아버지는 주인 여풍(전풍)을 구하기 위해 목숨을 버린다. 여풍은 어린 방강을 자신의 제자로 기른다. 방강은 스승의 총애를 한 몸에 받는 수제자이지만, 그를 질투하는 사형들의 괴롭힘을 참을 수 없어 집을 떠나고자 한다. 그날 밤 방강을 흠모하는 스승의 딸 패아(판영자)가 그를 막으려다 실수로 방강의 오른팔을 자른다. 정신을 잃은 방강은 지나가던 여인 소만(초교)에게 구조되고, 그녀의 보살핌으로 기력을 회복한다. 소만에게는 아버지가 남긴 반쪽짜리 무예 비법서가 있다. 마침 왼쪽 부분만 남아 있는 이 비법서를 통해 왼팔 검법을 연마한 방강은 집으로 돌아가, 위기에 처한 스승과 일가를 구하고 다시 떠난다.

이 영화에서 가장 강렬한 순간은 방강의 팔이 떨어져 나가는 장면이다. 이 장면은 급작스럽게, 거의 예상치 못한 순간에 벌어진다. 스승의 딸 패아가 떠나는 왕우의 앞을 막는다. 왕우는 패아를 가뿐하게 맨손으로 제압한다. 쓰러진 여자에게 남자가 다가온다. 그 순간 여자가 칼을 휘두른다. 남자는 칼을 맞고 이 짧은 두 숏은 눈밭에 떨어진 팔로 완결된다. 이 신이 가져오는 충격은 세 가지에서 기인한다. 흰 눈과 붉은 피의 과장되리만큼 선명한 대비를 보여주는 색채의 효과와 인물과 인물 사이의 지나칠 만큼 가까운 거리. 그러니까 마치 이 장면은 너무 사랑해서,

그들이 너무 가까워서 이런 일이 벌어졌다고 말하고 있는 듯하다. 그리고 좀 전까지 신체의 일부였던 것이 한순간 신체에서 동떨어진 물체가 되어 거기 있다는 사실. 이 장면이 불러일으키는 함의는 즉각적이다. 본래 하나여야 하는 나의 신체의 일부는 잘려 나갔고, 그래서 나는 불구가 되었는데, 그것은 너무 가까워서 벌어진 일이다.

팔이 잘려 나가는 이 장면의 충격은 오른쪽 팔죽지에서 여전히 피를 흘리며, 비틀거리면서 어두운 밤을 헤매는 장면으로 연장된다. 한쪽이 없어진 몸은 완전히 균형을 잃었고, 남자는 강에 빠진다. 낯선 여인의 도움으로 목숨은 구하나, 그를 절망에 빠뜨리는 것은 이제 내 힘으로 내 한 몸의 안위마저 지킬 수 없다는 사실이다. 이때 이 텍스트는 1967년의 홍콩이라는 콘텍스트 속에서 명백히 쪼개어진 중국을 영국의 식민지 홍콩으로부터 바라보는 불구의 감각으로 해석 가능해 보인다.

〈독비도〉의 이야기 구조는 한국의 외팔이(외다리, 애꾸눈 등) 영화에서 고스란히 반복된다. 이 모든 '외팔이' 영화의 내러티브의 법칙은 이렇다. 첫 번째, 신체의 일부분이 상실된다. 두 번째, 신체의 일부가 잘려나가는 이 최초의 사건 이후 그는 일정 정도의 시간을 필요로 한다. 이 시간 동안 거세된 남성은 왼팔로 하는 수련이든 단지 시간의 경과든지를 거쳐 힘을 되찾는다. 세 번째, 외팔이는 드디어 최초의 사건 현장으로 돌아오고, 없어진 신체의 일부분을 되돌릴 수는 없지만 그것 없이도 전과 동일하거나 더 강한 힘을 얻게 되었다는 것을 만천하에 과시한다. 그리고 바로 이 순간을 통해 사라져버린 한쪽 팔(다리, 눈)은 상징적으로, 잠시 잠깐 극적으로 돌아오는 것처럼 보인다.

그런데 이 순간 다시 한번 외팔이의 형상이 문제시된다. 돌아온 외팔

〈사진 3-5〉〈독비도〉

이의 형상과 그 함의는 이중적이다. 그것은 전과 동일하거나 더 강하다는 것을 제시하지만 동시에 그럼에도 여전히 그의 한쪽 소매는 비어 있음이 강조될 수밖에 없다. 당연한 말이지만 그가 극복을 했든 못 했든 잘려나간 팔의 흔적은 없어지지 않는다. 그의 소매는 언제까지고 텅 비어 있을 터이다. 마치 냉전, 내전, 분단으로 인한 정치적 단애斷涯가 결코 개별 국민국가 단위의 강조로 메꾸어질 수 없는 것처럼, 이 상흔은 여전히 회복되지 않은 흔적으로 다시 환기된다.

한국영화에서 상실의 순간과 극복, 그리고 귀환이라는 〈독비도〉의 모티브가 고스란히 반복되는 이 사정을 어떻게 설명할 수 있을까? 쇼 브라더스라는 화교 '디아스포라' 영화사가 만들어낸 이 '상실과 극복'의 서사는 분단국가 대한민국이 냉전 아시아의 문화적 교환 속에서 찾아낸 국지적이면서도 국제적인 수준의 치유 프로그램이었는지 모른다. 그렇다면 〈자토이치〉가 전후 일본의 정치 무의식이나 정치적 기획과 갖는 관계는 어떻게 설명될 수 있을까?

맹인 검객 자토이치(1)–길 위의 남자

일찍이 사토 다다오는 〈자토이치〉 시리즈가 "동남아시아, 아프리카, 중남미 등 제3세계에서 상영되어 (…중략…) 제3세계 민중의 마음을 사로잡은" 이유를 분석하면서 자토이치의 매력에 대해 다음과 같이 기술하였다.

자신을 향해 덮쳐오는 악당들을 순식간에 베어 버리며 터무니없는 대량살인을 이어가는 이 괴물 같은 남자가 동시에 가당치 않게 풍부한 애교를 자랑하는 자라는 사실이야말로 중요한 점이다. 이는 교겐이나 가부키 같은 일본 전통연극의 희극적인 부분으로 전통 연극에서 가장 중요한 요소를 이룬다. 애교란 신분이 낮은 자가 자신을 낮추는 유머로 자신보다 위에 있는 자를 감싸 안는 것으로 비굴함과는 종이 한 장 차이의 행동이다. 그러다 어느새 위세를 부리고 있는 상대방 위에 올라서게 되기도 하는 것이다.[47]

또 요모타 이누히코는 "왜 〈자토이치〉는 이토록 국경을 넘는 지지를 얻어왔는가"라는 질문에 대해 다음과 같이 설명하고 있다.

〈자토이치〉를 수용한 것은 아시아의 서민적인 영화 팬들이었다. 그들이 거기에서 찾으려고 한 건 일본적인 이국정서도, 일본적인 철학이나 도덕관념도, 일본적인 데쿠파주의 문법 같은 것도 아니다. 단지 영화관을 나온 순간 후련한 기분으로 걸어갈 수 있는 완벽한 액션영화를 찾은 것뿐이었다. 학대받는 약자가 스스로의 결점을 거꾸로 무기로 이용해서 강자를 퇴치하고 다른 약자를 구출한다. 괴물 같은 용모를 가진 고독한 현실주의자이면서도 어딘지 가족 멜로드라마의 느낌도 난다.[48]

"문자 그대로 동남아시아를 석권"한[49] 〈자토이치〉의 매력을 설명하는

---

47 佐藤忠男, 『日本映画史』 3, 岩波書店, 1995, 63쪽.
48 四方田犬彦, 「チャンバラと武侠片」, 京都映画祭実行委員会 編, 『時代劇映画とは何か』, 人文書院, 1997, 183쪽.
49 위의 책, 182쪽.

데 사토 다다오와 요모타 이누히코의 입장은 일견 상반된 것처럼 보인다. 사토 다다오가 '일본 전통연극의 희극적 부분'을 들고 있다면, 요모타 이누히코는 일본적 맥락과 무관한 '완벽한 액션영화'라는 점에서 그 원인을 찾고 있다. 그러나 〈자토이치〉가 '제3세계'와 아시아에서 누린 인기의 근간이 강자에 대항하는 약자의 형상에서 비롯한다는 점에서는 일치한다. 그가 약자인 이유는 신체적 핸디캡을 가지고 있는 유랑자라는 데서 비롯한다. 즉 이 맹인 안마사는 어떤 공동체에도 속해 있지 않으며, 따라서 공동체가 부여하는 어떤 자격—자산도 가지고 있지 않다. 나는 이 부분, 자토이치라는 괴물 같은 용모를 가진 고독한 현실주의자가 공동체와 맺는 어떤 관계를 중심으로 이 텍스트를 전후 일본의 맥락으로 환원시켜 읽어낼 수 있다고 생각한다. 그리고 바로 그 관계는 전후의 어떤 일본영화들 사이에서 공유되고 있는 공동체에 대한 사유의 한 전형을 보여주는 것이라고 주장하려고 한다. 왜냐하면 요모타 이누히코의 적절한 지적처럼 자토이치는 "어딘지 가족 멜로드라마의 느낌"도 나기 때문이다.

이 시리즈는 매번 자토이치가 어떤 마을 공동체로 들어오면서 시작한다. 그 스스로 사회적 약자인 그는 여자나 아이들과 같은 약한 자들에게 연민을 가지고 있지만, 기본적으로 잠시 몸을 의탁하는 이 공동체의 룰에 따르고자 한다. 그런 그가 검을 뽑는 순간은 자신에게 해가 가해지는 때이다. 그는 '대의'를 위해서 희생하는 자가 아니다. 만약 '대의'가 어떤 절대적 보편을 상정해야 가능한 가치라면, 이 맹인 검객의 마음을 움직이는 것은 소소한 인정이다. 그의 윤리감각은 '인정극人情劇'의 그것과 닮았다. 그의 인정과 강인함이 여자들의 마음을 사지만, 자토이치는 마지막 순간 언제나 그녀들을 떠난다.[50] 그럼으로써 이 공동체의 외부자는 귀속을 거부하고 길을 떠난다. 자토이치가 매번 새로운 길을 떠나는 한, 이 시리즈는 계속될 수 있다. 여자와 맺어지지 않는 이 남자는 길의 남자이지 땅의 남자가 아니다. 그런데 다시 한번 강조해야 할 것은, 〈자토이치〉 시리즈에서 이 반복되는 내러티브 구조가 가능한 이유는 이 강고한 검객이 맹인이라는 데 있다. 이 맹인의 형상은 두 가지의 해석으로 우리를 이끈다.

〈자토이치〉 시리즈에서 최대 하이라이트는 두말할 나위 없이 이 맹인 검객이 칼을 뽑는 순간이다. 자토이치의 유니크한 검법은 이 캐릭터의 핵심을 보여주는 것이기도 하다. 그 스스로 자토이치 검법의 창조자이기도 한 가쓰 신타로는 이 검법의 성격에 대해 다음과 같이 말하고 있다.

> 애당초 자토이치가 의지할 수 있는 건 칼이 들어있는 지팡이 하나이다. 전후좌우로 휘두르는 이 지팡이가 그리는 원의 범위 안은 절대적으로 안전하다. 상대방이 원 안으로 들어오지 않는 한, 좋은 자인지 나쁜 자인지 알 수 없으므로 언제나 싱글거릴 수 있다. 하지만 그 원 내로 들어오는 놈은 위험 인물로 판단되니 베지 않으면 안 된다.[51]

---

50 만약 여자들과의 관계, 즉 '그녀'와 맺어질 수 없음이 〈자토이치〉 시리즈의 한 축이라면 이와 매우 근사한 내러티브 구조를 보여주는 것은 이 영화와 마찬가지로 장기 시리즈로 유명한 〈남자는 괴로워(男はつらいよ)〉(1969~1995)일 것이다. 〈남자는 괴로워〉는 쿠루마 토라지로(통칭 토라상)가 20년 만에 고향 시바마타에 돌아오면서 시작된다. 토라지로가 여행지나 시바마타에서 만난 '마돈나'에게 반하지만 마지막에 마돈나의 연인이 나타나고 실망한 토라지로는 다시 여행을 떠난다는 이 시리즈의 패턴은 두 가지 효과를 발생시킨다. 첫 번째, 영원한 유랑자로서의 토라지로. 두 번째, (이 시리즈의 꾸준한 히트로 인해) 일종의 공통적이고 가상적인 고향의 형상으로서의 토라지로의 고향 시바마타. 덧붙이자면, 이 시리즈는 매년 정월과 추석, 두 시기에 맞춰 공개되었다. 임협영화의 '인정희극' 버전이라고 할 수 있을 〈남자는 괴로워〉가 일종의 '노스텔지어'의 영화인 임협영화가 퇴조기에 접어든 1969년부터 시작된 것은 의미심장한 일이다.

〈사진 3-6〉 〈자토이치〉

이 맹인은 먼저 검을 휘두르지 않는다. 그의 안전은 지팡이가 뻗을 수 있는 전후좌우가 그리는 원 안에서만 확보된다. 그 원 안으로 들어서는 순간 자토이치의 검은 전광석화처럼 상대를 벤다. 그의 검은 나아가는 것이 아니라 들어오는 것을 막는 자위의 검, 방어적 검이다.[52] '배타적 해역'과 신체가 그리는 '배타적 원'의 상동성. 자토이치의 검법은 이 순간 하나의 메타포로서 읽힌다. 이 방어의 검은 평화헌법과 자위대, 그리고 고도경제성장이 맞물려 있는 전후 일본의 상황과 정확히 맞물린다. 그런데 당연한 말이지만, 이 검법을 운용하는 것은 자토이치가 맹인이기 때문이다. 이 순간, 볼 수 없다는 설정은 조금 더 자세히 살펴볼 필요가 있다. 이 신체적 핸디캡은 자토이치를 사회적 약자의 위치에 처하게 하고, 또 고독하게 한다.

---

51 永田哲朗, 『殺陣 チャンバラ映画史』, 社会思想史, 1993, 215쪽.
52 "자토이치는 슈퍼맨처럼 사건이나 소동에 기꺼이 개입하려고 하지 않는다. 그는 자신의 몸에 튄 불똥을 털어내려는 타입으로 그의 검은 말하자면 지키기 위한 검이다. 자신이 베일 것 같아 어쩔 수 없이 베는 것이다." 위의 책, 215쪽.

이때 맹목은 두 가지 레벨에서 이야기될 수 있다. 첫 번째, 이 맹목을 전후 일본을 구축하고 있던 거대한 망각의 무의식의 신체적 메타포로 읽을 수 있다. 즉 볼 수 없는 자라는 설정은 보지 않으려는 의지의 산물인 것은 아닐까? 전후 일본은 제국 일본이 내포할 수밖에 없었던 패권역내의 이질성, 외부성을 전후의 틀(수축된 국민국가)로 삭제한 결과였다.[53] 이 '국민국가'는 전전 제국의 역사를 노스탤지어의 영역으로 돌리고, 그럼으로써 패전이라는 결과를 초래한 과정을 삭제한다.[54] 동시에 '원 안으로 들어오지 않는 한' 외부에 무관심─맹목인 이 '평화국가'는 냉전의

---

53 예컨대 조선인 위안부가 주인공인 다무라 다이지로(田村泰二郎)의 1947년 소설 『춘부전(春婦傳)』을 옮겨온 다니구치 센키치(谷口千吉)의 영화 〈새벽의 탈주(暁の脱走)〉에서 조선인 위안부는 일본인 위문단 가수로 바뀐다. 이 영화가 더없이 흥미로워지는 지점은 리샹란(李香蘭)─야마구치 요시코(山口淑子)─셜리 야마구치(Shirley Yamaguchi)라는 세 이름을 오갔던 대동아공영권 최고의 여성 스타가 바로 이 위문단 가수역으로 분하고 있기 때문이다. 다무라 다이지로가 처음 이 소설을 쓸 당시 중국전선에서 우연히 만난 리샹란(야마구치 요시코가 아닌)에게서 받은 강렬한 인상으로 소설 속 조선인 위안부 캐릭터를 창조해냈다는 일화를 덧붙인다면 〈새벽의 탈주〉의 사례는 외부를 지워버리고자 한 전후 일본의 이 공고한 내부화의 과정이 실은 얼마나 불가능한가를 보여주는 것인지도 모른다. 리샹란─야마구치 요시코─셜리 야마구치의 궤적에 대해서는, 四方田犬彦 編, 『李香蘭と東アジア』, 東京大学出版会, 2001 참조. 특히 이 책의 마지막에 실린 인터뷰는 영화배우 은퇴 후 시사프로그램 사회자로서 팔레스타인 문제에 참여했으며, 자민당의 3선 의원이었고, 민간 차원에서의 위안부 배상 움직임을 주도한 '여성을 위한 아시아 평화국민기금'의 주요 설립자 중 하나였던 야마구치 요시코의 의식세계를 엿볼 수 있는 자료이다.

54 〈자토이치〉와 같은 시기를 풍미했던 도에이(東映) 임협영화들의 역사적 설정은 이에 대한 일종의 대응물처럼 보인다. 이 영화들은 메이지 시기부터 길어야 쇼와 초기까지를 배경으로 한다. 이 영화들은 악으로서의 신(新)과 선으로서의 구(舊)의 대립을 내러티브의 축으로 삼는다. 이를테면 기차를 앞세우고 들어오는 새로운 세력은 기존의 공동체를 붕괴시키고, 주인공은 분연히 이에 맞선다.(〈일본협객전〉) 임협영화의 마지막은 예외 없이 악당의 본거지를 습격하는 것으로 끝난다. 구야쿠자는 신야쿠자를 징벌한다. 그러니까 이 마지막 습격의 클라이맥스에는 어떤 역사의 멈춤에 대한 욕망이 작용한다. 메이지라는 '기원'에 대한 노스탤지어는 이후의 역사를 삭제함으로써 완성된다. 동시에 이 영화들은 1960년대 일본 고도 경제성장기의 빠른 변화에 대한 대중의 현기증을 반영하는 것이기도 하였다. 종종 임협영화에서 반복되는 모티브인 감옥에서 돌아오는 주인공은 옛것의 자취가 사라진 현재에 낯설어 한다.

한복판에서 냉전의 구조에 눈감는다.[55]

〈자토이치〉의 내러티브는 〈독비도〉, 혹은 이에 영향 받은 한국의 여타 지체장애 히어로의 내러티브와 두 가지 점에서 결정적인 차이를 지닌다. 첫 번째, 자토이치는 시리즈의 첫 시작부터 맹인이다. 두 번째, 이 맹인 검사는 처음부터 강하다. 즉 이 맹인 무사는 어느 순간 맹인이 되고 힘을 회복하는 것이 아니라, 시리즈 내내 맹인이며, 맹인이 된 사정—즉 역사 자체도 제시되지 않는다. 맹인임에도 그가 처음부터 강하다는 것은 이 영화가 결여된 것의 회복의 이야기와는 아무 상관이 없다는 것을 알려준다. 차라리 이 영화는 있었던 것 없이도 살 수 있다는 것, 그것도 강하게 살아남을 수 있을 뿐 아니라 실은 원래 이 모습이 본모습이라는 강박을 양식화한다. 그에 반해 〈독비도〉의 내러티브에서 가장 중요한 모멘트는 신체의 한 부위가 떨어져나가는 순간이다. 상해를 입은 남성 주인공은 이 상해를 극복할 시간을 가져야 하며, 일정 정도의 시간이 흐른 후 상해를 입기 전보다 더 강한 모습으로 재출현한다.

요컨대 맹인의 형상과 이 형상이 이끌어내는 내러티브 양 측면에서, 제국의 판도에 대한 망실(亡失)과 수축으로 가능해진 전후 일본에 등장한 이 형상은 그 자체로 냉전 체제 속에서 자위대를 둔 평화국가라는 자기모순율에 가득 찬 일본의 위치를 형상화한다.

이 맹목의 형상은 공동체와의 관계 속에서 다시 한번 검토될 필요가

---

55 "냉전질서하에서 냉전 이전 제국의 역사뿐만 아니라 '냉전' 바로 그것조차 노스탤지어로 취급한다는 것은, 냉전 체제를 구동하고 있으면서도 그 사실을 계속 부인해온 '일본'의 입장이 갖는 확신범적 성격을 상징한다. 단순화를 무릅쓰고 말하자면, 일본의 냉전 체제란 일본이 '아시아'와 다시 만나지 않고 넘어가기 위한 일종의 '거울'과도 같은 장치였다." 마루카와 데쓰시, 장세진 역, 『냉전문화론』, 너머북스, 2010, 167쪽.

있다. 그 순간 이 볼 수 없는 자의 존재는 급진적인 공동체 비판의 장을 연다. 다시 한번 강조하건대 이 비할 데 없이 강한 맹인은 "국경을 넘는 지지"를 얻어 왔다. 왜 그때 그는 일본뿐만이 아닌 여타의 그 수많은 장소들에서 그토록 인기가 있었던 것일까? 이 맹목자는 바로 그 볼 수 없음이라는 상태로 인해 공동체의 외부에 존재하며 나아가 공동체의 귀속 가능성, 정주를 거부한다. 그럼으로써 이 맹인은 시각의 권능으로부터 가장 멀리 떨어진 존재가 된다. 이 사태가 의미하는 바는 무엇인가?

맹인 검객 자토이치(2)─시각의 권능으로부터 멀리 떨어져

보지 못하는 자는 불능의 시각을 상쇄할 다른 감각들로 충만하다. 자토이치의 놀라운 검술 실력은 시각 이외의 감각들의 총합 때문에 가능해졌다. 〈자토이치 이야기〉에서 자토이치의 능력이 설득력 있게 그려지는 것은 이 영화가 시각을 제외한 여타의 감각에 민감하기 때문이다. 이 영화는 그야말로 '감각적'이다. 코를 킁킁거리는 자토이치는 음식 냄새에 민감하다. "맛있는 냄새가 나네요." 음식점을 하는 여자가 그에게 반하는 것도 무리가 아니다. 이 누구보다 섬세한 감각의 소유자는 여자가 준비한 음식에 대한 최대의 예우─냄새와 맛을 마음껏 즐길 줄 안다. 아무리 작은 소리라도 자토이치의 뾰족한 귓바퀴는 쫑긋거리면서 반응한다. 들릴 듯 말 듯 바스락거리는 나뭇잎 소리, 바람이 일으키는 작은 파문. 그는 옆자리에서 낚싯대를 드리우고 있는 남자가 병에 걸렸다는 사실을 숨소리로 알아챈다. 게다가 자토이치는 안마사이다. 그는 손에 전

해져 오는 감촉으로 남자가 곧 죽으리라는 사실을 또한 안다. 시각이 제
외됨으로써 그의 감각들은 오히려 공평하고 조화롭게 활성화된다. 이
영화를 특징짓는 시각과 '다른 감각들'의 재분배가 함의하는 바는 무엇
일까?

> 알베르티의 격자는 예술가의 환경에서 모든 냄새와 소리, 맛, 그리고 질감
> 을 차단한다. 그리고 눈의 선천적인 힘을 촉진시켜 상황을 멀리서 개관할 수
> 있게 한다. 그러나 동시에 다른 감각을 통한 이해와 교류는 비중이 감소된
> 다. (…중략…) 지배력을 갖고 멀리서 관찰 대상들을 바라보는 시선은 추론
> 적이고 우연성이 강하며, 또한 대단히 남성적이다.[56]

르네상스기의 건축가이자 미술가인 알베르티의 선형 원근법이 어떻
게 시각을 최우선으로 하며 감각을 서열화시켰는가에 대한 해석은 거꾸
로 시각이 사라지는 순간 다른 감각들이 어떻게 평등하게 서로 공명하
며 작용할 수 있는가에 대한 단서를 제공해 준다. 시각이라는 감각 서열
의 최상층부, 이 감각들 사이에서 폭군으로 군림하는 감각은 "지배력을
갖고 멀리서 관찰 대상들을 바라"본다. 여기에서 거리의 문제가 등장한
다. 아마도 '거리'의 관점에서만 보자면 시각과 가장 멀리 떨어져 있는
것은 촉각일 것이다. 눈이 어느 정도의 거리를 필요로 한다면(너무 가까이
있는 것은 보지 못한다), 손은 바로 옆에, 혹은 앞에 있는 것만 만질 수 있다.
자토이치는 손이나 지팡이로 더듬더듬 앞을 더듬어 나간다. 그는 전

---

56 Mark M. Smith, *Sensing the Past : Seeing, Hearing, Smelling, Tasting, and Touching in History*,
University of California Press, 2008, p.52.

적으로 가장 가까이 있는 누군가, 그의 손이 닿을 수 있는 누군가와만 '소통'한다. 이 맹인 무사가 곧 떠돌이 무사이기도 한 이유는 바로 여기에 있다. 시각은 '조금' 떨어진 나와 너 사이에서도 통하지만, 나와 너희들, 그리고 우리들 사이에서도 공유된다. 다시 말해 시각은 확대된 공간을 장악한다. 그러나 이 맹인 무사의 감각은 무리가 거주하는 확대된 공간과 아무 상관이 없다. 보이지 않는 그는 시선이 지배하는 공동체의 논리에 속할 필요도 없고, 속할 이유도 찾지 못한다(우연히도 전전 일본의 슬로건은 일시동인 一視同仁이었으며, 전후 일본에는 여전히 '상징' 천황이 존재한다).

벤담은 권력이 가시적이고 확인할 수 없는 것이 되어야 한다는 원칙을 내세웠다. 가시적이란, 감금된 자의 눈앞에 자신을 살펴보고 있는 중앙탑의 높은 형체가 항상 어른거린다는 뜻이다. 또한 확인할 수 없다는 것은 감금된 자가 자신이 현재 주시되고 있는지 어떤지를 결코 알아서는 안 되지만, 자신이 항상 주목될 수 있다는 것을 확신하고 있어야 한다는 뜻이다.[57]

망막적인 것에 대한 푸코의 모호한 입장에도 불구하고,[58] 파놉티콘에 대한 푸코의 묘사는 근대 규율 권력의 핵심이 가시성에 있음을 여실히 보여준다. 파놉티콘의 핵심은 "봄―보임의 결합을 분리"시키는 데 있다. "주위를 둘러싼 원형의 건물 안에서는 아무것도 보지 못한 채 완전히 보이기만 하고 중앙부의 탑 속에서는 모든 것을 볼 수 있지만 결코 보이지

---

57 미셸 푸코, 오생근 역, 『감시와 처벌』, 나남출판, 2003, 312쪽.
58 푸코가 『말과 사물』과 『감시와 처벌』에서 각각 망막적인 것에 대한 상반된 입장을 보이고 있다는 마틴 제이의 논의를 참조. Martin Jay, "In the Empire of the Gaze", David Couzens Hoy ed., *Foucault : A Critical Reader*, Oxford : Basil Blackwell, 1986, pp.194~195.

는 않는다."[59]

푸코가 이를 기술하는 부분에는 흥미로운 각주가 달려 있다. 벤담은 청각적인 감시에 대한 착상을 했으나 이는 곧 단념되었다. 왜냐하면 감시인이 수인의 목소리를 들을 수 있지만, 역으로 수인은 감시인의 말을 들을 수 없게 한다는 일이 불가능했기 때문이다.[60] 즉, 여기에서 가시성과 함께 제기되는 또 하나의 문제는, 봄—보임의 비대칭성에 있다. 볼 수 있는 자와 볼 수 없는 자. 시각은 청각과 달리 감시자가 요구하는 비대칭성을 완벽하게 구현해낸다.

맹인 자토이치의 '볼 수 없음'은 따라서 두 가지 맥락에서 모두 파악되어야 한다. 이는 형상의 알레고리 속에서 전후 일본의 망각과 관련되는 한편, 시선의 비대칭성을 깨뜨리는 은밀한 전복으로서도 또한 읽힐 수 있다. 요컨대, 이 맹인의 존재는 시각의 권능으로 이루어진 공동체를 상대화시키는 것이기도 하다.

아마도 이 후자의 의미를 끝까지 밀고 간 것은 전후 일본영화에서 가장 급진적으로 공동체와 개인의 관계를 사유했던 마스무라 야스조增村保造일 것이다. 그의 1965년 영화 〈세이사쿠의 아내清作の妻〉는 여기에 대한 하나의 답변이다.

---

59 미셸 푸코, 오생근 역, 앞의 책, 312쪽.
60 『일망감시시설』의 초판본에서 벤담은 각 독방으로부터 중앙 탑실로 통하는 관을 이용하여 청각적인 감시에 대한 착상을 해보았다. 『보유』에서는 이 계획을 단념했지만, 그 이유는 아마도 일방적인 전달구조를 도입하여 감시인이 수인의 목소리를 들을 수 있지만, 역으로 수인은 감시인의 말을 들을 수 없게 한다는 일이 불가능했기 때문일 것이다. 율리우스는 일방적인 도청 시스템을 완성해보려고 시도했다." 위의 책, 312~313쪽, 각주 5.

4. 〈세이사쿠의 아내〉 ─ 촉각의 공동체, 연인의 공동체

〈세이사쿠의 아내〉의 이야기는 다음과 같다. 가난한 집안의 딸인 오카네(와카오 아야코)는 늙은 포목점 주인의 첩으로 팔려간다. 남자가 죽은 후 엄마와 함께 고향으로 돌아온 오카네는 마을의 이방인 취급을 당한다. 그녀의 과거를 알고 있는 마을 사람들에게 그녀는 경원시 당한다. 게다가 일하지 않는 그녀의 피부는 너무나 하얗고 매끄럽다. 어느 날 그녀에게 마을 청년 세이사쿠(다무라 다카히로)가 사랑을 고백한다. 청일전쟁에서 돌아온 세이사쿠는 오자마자 마을의 가장 높은 곳에 종을 매달고 새벽마다 종을 울리며 사람들을 깨워 체조를 하고 일터로 나가는 마을 최고의 모범 청년이다. 오카네와 세이사쿠의 결합은 그의 가족으로부터도, 마을 사람 누구로부터도 인정받지 못하지만 세이사쿠는 오카네의 집으로 옮겨온다. 그리고 러일전쟁. 세이사쿠는 다시 한번 어머니와 누이동생을 포함한 마을 사람들의 열렬한 환송을 받으며 출정한다. 반년 후, 경미한 부상을 입은 세이사쿠가 마을로 돌아온다. 일주일간의 휴가가 끝나면 그는 다시 전쟁터로 나가야 한다. 성대한 환송회가 열리는 와중, 오카네는 못으로 그의 양쪽 눈을 찌른다.

냉전 구도하의 고도 경제성장의 결과를 과시함으로써 드디어 패전국 일본으로부터 벗어났음을 대내외에 선포한 도쿄 올림픽 직후이자 식민지-전쟁 책임을 망각 속에 흘려버릴 수 있었던 결정적 계기인 한일기본조약이 체결되었던[61] 1965년이라는 시간에 청일전쟁과 러일전쟁이라는, 제국 일본이 확립되던 바로 그 시간을 배경으로 택한 마스무라 야스조의 의도는 명백해 보인다. 전전과 전후는 과연 단절인가, 근대 일본의 성립 이후로 우리는 단 한 번도 이 공동체-국가의 바깥을 상상해본 적이 있는가? 마스무라는 무리의 논리를 벗어날 수 있는 것은 시종일관 개인의 힘이라고 주장했다. 이를테면 다음과 같은 마스무라의 주장은 그의 모든 영화와 언설 속에서 일관된 것이었다.

나는 솔직히 조야하고 이기적인 표현을 더 높이 산다. 왜냐하면 일본인은 자신의 욕망을 억제하고, 본심을 쉽게 잃기 때문이다. 때로는 억제에 취해 희생적 정신의 미명하에 본래의 욕망을 죽여 버린다. (…중략…) (일본인은 -인용자)메이지 정부의 압력이 증대함에 따라 자유를 포기하기 시작했다. 그리고 다이쇼(大正), 쇼와를 거쳐 결국 자기 포기에 길들여져 자유나 사랑 같은 귀중한 욕망을, 아니 자신의 생명마저 아무렇지 않거나 오히려 기뻐하며 천황제하에서 버렸다. 따라서 일본인인 우리들은 먼저 자기를 포기하지 않고 최대한 주장하는 법을 배워야 한다. 우리들은 억제와 희생의 잿빛으로부터 도망쳐 자기를 주장하는 찬란한 원색으로 돌아와야 한다.[62]

영화비평가 사토 다다오가 이 글을 보고 비로소 "눈을 떴다"고까지 고백하는 마스무라의 「어떤 변명」[63]은 그 선명성과 공격성으로 '새로운 일본영화의 선언'으로 읽혀졌다. 마스무라는 1957년 한 해 동안 〈입맞

61 岩崎稔・上野千鶴子・北田暁大・小森陽一・成田龍一 編著, 『戰後日本スタディーズ』 2, 紀伊国屋書店, 2009, 11쪽.

62 増村保浩, 「ある弁明—情緒と真実と雰囲気に背を向けて」, 『映画評論』, 1958.3(佐藤忠男・岸川真 編著, 『映画評論の時代』, カタログハウス, 2003, 201쪽).

63 위의 책, 200쪽.

춤〈ちづけ〉을 시작으로 3편의 영화를 찍었다. 이 영화들은 「어떤 변명」에서 비판하고 있는 분위기와 정서, 환경에 매몰된 일본영화에 대한 통렬한 안티테제의 산물이었다. 그는 스스로를 개인주의자라고 칭하였으며,[64] 르네상스와 인문주의를 입에 올렸다. 자칫 마스무라는 유럽 중심주의자로 보인다. 아마 그럴지도 모른다. 1952년부터 1954년까지 이탈리아에서 유학한 마스무라는 일본에는 없는 '인간'을 유럽에서 발견하였다고 말한 바 있다.[65]

그런데 마스무라가 근대주의, 개인주의, 휴머니즘 등의 언사를 일본에 대입시키면서 개인으로서의 인간을 논할 때 이는 구로사와가 〈살다〉에서 전제해 버렸던 전후 일본 '국민'이라는 집단에 대한 맹렬한 문제제기로서 읽힌다. 구로사와가 신민으로부터 (네 개의 도서島嶼 내부로 영토 제한된) 전후 '민주주의' 국가 일본의 국민으로 탈바꿈한 이 공동체의 새로운 보편율을 묻고 있다면 마스무라는 바로 그 공동체 자체를 질문에 건다. 신민이든 국민이든 왜 집단 자체를 묻지 않는가? 마스무라에게 개인이란 공동체의 논리로부터 등을 돌리는 지점으로서 설정된다.

오카네는 세이사쿠의 눈을 찌름으로써, 다시 말해 이 모범 신민이자 우수한 병사의 신체를 회복 불가능한 지점까지 훼손시킴으로써 이를 달성한다. 여자는 마을 사람들의 린치 끝에 잡혀가고, 눈먼 남자는 비국민으로 몰린다. 세이사쿠가 비국민으로 몰리는 이유는 그가 전쟁터에 나가는 것을 피하기 위해 스스로 이 일을 계획했을지 모른다는 억울한 의

---

64 增村保浩, 「谷崎の世界とギリシャ的論理性」, 『映画芸術』, 1964.11(小川徹 外編, 『土着と近代の相剋』(現代日本映画論大系 4), 冬樹社, 1971, 529쪽).

65 위의 책, 203쪽.

심 때문이 아니다. 사고 직후 그는 군법회의에 회부되지만 무혐의로 풀려나고, 마을 사람들 또한 이 '모범' 청년이 오카네의 돌발적 행동의 피해자임을 목격했다. 그럼에도 세이사쿠가 비국민인 이유는 그가 눈이 보이지 않기 때문이다. 맹인이라는 그의 상태가 어둠 속에 '홀로' 있게 하기 때문이다. 그럼으로 그가 (그의 의지와 상관없이) 이 집단으로부터 등을 돌리도록 하기 때문이다. 그래서 그로 하여금 단독자로서 존재하도록 하기 때문이다.

2년의 형기를 채우고 오카네가 돌아온다. 세이사쿠는 오카네에 대한 애정과 분노 속에서 오카네를 용서할 수 있을지 없을지 스스로 알지 못한다(오카네를 어떻게 할 것이냐는 촌장의 질문에 그는 모르겠다고 답한다). 오카네가 세이사쿠에게 몸을 던진다. 눈먼 자의 손이 더듬더듬 여자의 목을 잡고 힘껏 조른다. 그는 그녀를 죽일 생각인지도 모른다. 문득 남자의 손에서 힘이 빠진다. 남자가 묻는다. 왜 이렇게 여위었는가? 이 용서는 손의 감각을 매개함으로써 비로소(혹은 유일하게) 가능해진 것이다. 촉각은 손이 닿을 수 있는 범위, 피부와 피부가 접할 수 있는 범위 안에서만 활성화될 수 있는 감각이다.

〈세이사쿠의 아내〉는 1918년에 쓰인 요시다 겐지로吉田絃二郎의 동명 소설을 원작으로 하고 있다. 이미 이 소설은 1924년 무라타 미노루村田實에 의해 한번 영화화된 바 있다. 원작과 1924년의 영화가 세이사쿠와 오카네의 자살로 끝나는 데 반해, 마스무라와 시나리오를 쓴 신토 가네토新藤兼人는 결말을 전혀 다르게 바꾸었다.[66] 남자는 여자를 안고 이 영화

---

66 와카오 아야코에 대한 연구서이자 인터뷰집인 『映画女優若尾文子』(みすず書房, 2003)에는 요모타 이누히코와 사이토 아야코 두 저자에 의한 〈세이사쿠의 아내〉에 관한 흥미로

에서 가장 긴 대사를 한다. 그는 장님이 되어서야 처음으로 "너의 외로움, 외톨이인 인간의 고독을 알았다"고 말한다. 그의 고백은 자신의 깨달음에 대한 고백이기도 하다. 맹인이 되기 전의 자신이 '멍청이 모범병'이었다는 깨달음. "네 덕분에 나는 보통의 인간이 될 수 있었다." 보통의 인간이란 무엇인가? 국가의 부름에 달려 나가 '결사대'로 자신의 목숨을 버리는 것에 의문을 품을 수 있는 자, 아침마다 종을 울려 규율과 생산성 향상의 논리를 더 이상 설파하지 않는 자. 남자의 고백이 중요한 것은, '보통의 인간'이 된 그가 외톨이의 외로움, 그녀의 외로움을 느끼고, 이를 공유common함을 언급하고 있기 때문이다. 이 공유 위에서 그들은 그들만의 공동체community를 형성한다. "마을 사람들은 너는 난잡한 년, 나는 비겁한 놈이라고 말하지. 부부가 똑같이 매국노라고 돌을 던져. 우리들은 언제까지나 용서받지 못할 거야. 죽을 때까지 저주받겠지. 하지만 마을을 벗어나 모르는 곳으로 간다면 그건 지는 거다. 우리들은 어디에도 도망가지 않아. 이 땅에 있을 거야. 이 땅에서 살 거야. 나는 너만 곁에 있다면 견뎌낼 수 있다."

이 긴 대사 이후 카메라의 위치는 그들이 껴안고 있는 방문 바깥으로 옮겨진다. 프레임 양쪽을 벽이 메우고, 남자와 여자의 모습이 그 사이로

운 분석이 실려 있다. 요모타는 이 책에 실린 글 「욕망과 민주주의」에서 마스무라 야스조와 와카오 아야코는 전후 민주주의의 동지였으며, 욕망과 민주주의의 결합이야말로 와카오의 본질이라고 말하고 있다. 그에 따르면 마을에 시간을 알리는 종을 달아 근대적 질서를 도입하고자 한 세이사쿠가 오카네를 다시 아내로서 받아들인 이유는 그녀가 근대적 개인의 선구자이기 때문이다. 한편 마스무라 야스조라는 남성감독에 대한 '비밀스러운 저항' 속에서 압도적인 존재감과 긴장감을 만들어내는 와카오 아야코라는 여배우에게 주목하면서 사이토 아야코는 모범 청년이자 체제의 대변자였던 세이사쿠가 오카네와 결혼함으로써 체제에 등을 돌리는 이 이야기에서 '남성 언설과 여성 언설이 갈등하는 장'을 발견하고 있다.

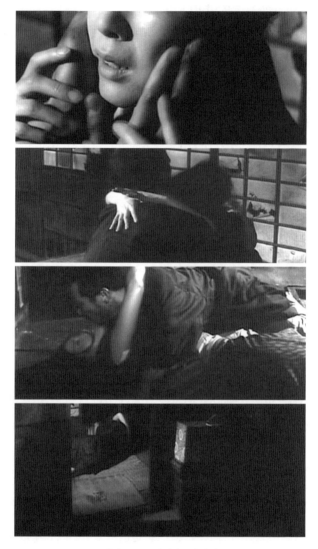

〈사진 3-7〉 〈세이사쿠의 아내〉

작게 보인다. 등을 돌려 얼싸안고 있는 그들은 마치 어둠에 포위당해 있는 것처럼 보인다. 여자의 마른 손이 끊임없이 남자의 등을 어루만지고 있다. 남자의 말이 계속된다. "언젠가, 아주 나중에 우리 둘 다 무덤 속에서 뼈만 남게 되었을 때, 그때 비로소 마을 사람들은 우리들의 심정을 알아주겠지." 당대의 시간을 뛰어넘는 세이사쿠의 다짐은 거의 혁명가의 시간 개념에 비견할 만하다. 날이 밝고 세이사쿠와 오카네는 그들의 밭으로 향한다. 곡괭이를 짊어진 여자는 한쪽 손으로 남자의 손을 잡고 밭둑길을 걸어온다. 남자를 앉혀 두고, 여자는 밭을 일궈 나가기 시작한다. 아마도 보지 못하는 남자의 열린 귀로 단조로운 곡괭이 소리가 계속해서 들리리라. 〈세이사쿠의 아내〉의 마지막 장면은 연인들의 공동체라고 할 만한 것을 보여준다. 이 둘만의 공동체, 거의 한계 개념에 가까운 공동체는 시각이 아닌 촉각과 청각만이 있을 때 가능해 보인다. 이 감각들은 일방향적이 아니고 상호적이다. 나는 듣고, 너 또한 듣는다. 나는 너를 만지고, 너는 나의 손을, 감촉을 느낀다.

마스무라는 그로부터 4년 후 다이에이 시절에 만든 가장 난해한 영화로 알려진 〈눈먼 짐승盲獸〉을 만들었다. 눈먼 남자와 점점 눈이 멀어가는 여자는 그들만의 공간에서 촉각으로 가득 찬 세상을 만들어낸다. 서로가 보이지 않는 연인들은 기어이 기어가서 서로를 만지고 부비고 껴안고, 그리고 최종적으로 서로의 육체를 교대로 잘라 나간다. 개인의 최종적인 거점지로서의 육체의 말 그대로 물리적인 소멸과 함께 이 공동체의 바깥을 상상할 수 있었던 거점이 사라진 것은 우연이 아닐 것이다.

전후 일본에서 가장 급진적인 질문을 던진 시간은 눈먼 연인들의 육체와 함께 사라졌다. 〈자토이치〉 시리즈는 계속되었지만[67] 맹인 검객이란 이제 시리즈를 지속시키는 최소한의 규약으로서만 작용할 것이다. 요컨대 전후 일본영화의 신체표상의 특이점으로 존재하는 맹인영화란 전전 일본의 망각과 이질적 존재의 배제 및 회피와 관련된 무의식이 작용한 것이자 또한 전후 개인주의의 희미한 가능성 혹은 파국으로 읽혀야 한다.

5. 〈원한의 거리에 눈이 나린다〉와 〈삼국대협〉

—환희 없는 복수, 우스꽝스러운 슬픔

마스무라 야스조의 〈세이사쿠의 아내〉가 1960년대 일본에 있었던 시각-공동체로서의 근대 국민국가에 대한 내밀한 저항이 낳은 '한계로서의 공동체'의 문제를 다루고 있다면, 임권택의 〈원한의 거리에 눈이 나린다〉(1971)는 강력한 국가 통제하의 1970년대 한국에서의 '복원'에 대한 욕구가 다다른 절망적인 붕괴에 관한 이야기이다.

〈원한의 거리에 눈이 나린다〉는 아마도 가장 비통한 외팔이 영화 중

---

67 이 시리즈는 1973년 25번째 작 〈신자토이치 이야기-가사마 피의 축제(新座頭市物語·笠間の血祭り)〉 이후 1970년대 내내 텔레비전 시리즈로 계속되었으며, 1989년 자토이치 역의 가쓰 신타로가 직접 감독, 주연한 26번째 작 〈자토이치〉로 일단 시리즈를 종결했다. 그 뒤 2003년에 기타노 다케시가 동명의 영화를 리메이크했으며, 2010년, 자토이치 시리즈는 더 이상 없을 것이라는 공언 속에서 〈자토이치-더 라스트(座頭市 THE LAST)〉가 만들어졌다.

하나일 것이다. 제목 그대로 눈 내리는 거리에 한 팔 없는 남자가 걸어 들어오면서 시작하는 이 영화는 아주 긴 플래시백과 돌아온 자가 펼치는 복수 이야기로 구성되어 있다.

강민(박노식)과 묵(김희라)은 전쟁고아 출신이다. 이들은 조직의 보스 장대규(장동휘)를 아버지로 여기고 그 밑에서 일하고 있는 중이다. 어느 날 강민은 재일교포 사업가의 딸 소연(문희)을 만나 사랑에 빠지고, 지금까지의 생활을 청산하고 결혼한다. 강민을 짝사랑했던 장대규의 딸 혜리(최지희)는 절망 속에서 자살을 감행하나 미수에 그치고 자신을 사랑하는 묵에게 결혼을 조건으로 강민과 소연에 대한 복수를 요구한다. 묵은 강민의 가정을 파멸시키기 위해 장대규의 라이벌인 황가의 힘을 빌리고, 황가는 이 제안을 받아들이는 대신 묵에게 장대규를 죽일 것을 명령한다. 황가의 부하들에게 강간당한 소연은 사라지고, 그녀를 찾아 황가의 아지트에 온 강민은 황가의 계략에 속아 팔을 잘린다. 황가의 부하들이 그를 궤짝 속에 넣어 바다에 버린다. 그리고 5년 후, 돌아온 강민은 혜리에게 아버지의 죽음의 진상을 밝힌다. 혜리는 죄책감에 자살하고, 묵 또한 강민과의 싸움 도중 스스로의 배에 칼을 꽂는다. 황가에게 복수를 완성한 강민은 그 와중에 적의 총에 맞아 죽어 간다.

온통 원념과 복수로 가득 찬 영화 〈원한의 거리에 눈이 나린다〉에서 강렬하지만 내러티브상 가장 기이한 것은 강민이 외팔이가 된다는 설정이다. 황가가 그의 팔을 요구하는 것은 그다지 개연성이 없어 보이며(어차피 죽이면 될 텐데!) 강민은 너무 쉽게 속아 넘어가 한쪽 팔을 잃고 만다. 이 설정이 꼭 필요한 이유를 영화 내부에서 찾는 것은 부질없어 보인다. 오히려 "눈 나리는 거리에 외팔이가 돌아왔다"는 저 시각적 환기로 가득

〈사진 3-8〉 〈원한의 거리에 눈이 나린다〉

찬 광고 문구[68]야말로 이 영화에서 이 설정이 왜 필수 불가결한 것이었는지를 보여준다. 왜냐하면 외팔이는 반드시 최초의 장소로 '돌아와야 하는 것'이기 때문이다. 그래서 상실을 극복, 회복해야 하는 것이다.

그런데 전형적인 '외팔이' 영화가 상실의 극복이라는 축 위에서 움직이는 것이라면, 〈원한의 거리에 눈이 나린다〉가 낯선 이유는 그것이 극복의 서사임에도 불구하고 그 극복이 어떤 복원도 낳지 않는다는 데 있다. 이 영화는 갱스터 장르영화의 소품과 약호들을 잔뜩 끌어 옴으로써 기묘하게 비현실적으로 보이지만 실재했던 역사적 사건을 내러티브의 출발점으로 삼고 있다. 강민과 묵은 모두 전쟁고아 출신이다. 즉 이 이야기는 전쟁으로 가족을 잃은 자들이 이룬 유사 가족에서 비롯된다. 〈원한의 거리에 눈이 나린다〉가 흥미로운 것은 바로 이 지점에 있다. 극도로 인위적인 배경 속에서 이 영화는 역사적인 사실(전쟁고아)에서 비롯

---

68 『경향신문』 광고, 1971.1.25.

한 유사 가족이 어떻게 내부로부터 붕괴되고, 복수가 어떻게 파국으로 이끌리는지에 집중한다. 아버지는 작은 아들의 배신으로 죽고, 복수를 위해 돌아온 형은 동생을 향해 칼을 뽑아야 한다.[69] '돌아온 외팔이'는 복수에 성공하지만, 여자는 떠나고 남자는 죽어 간다.

요컨대 〈원한의 거리에 눈이 나린다〉는 전형적인 '외팔이' 내러티브를 끌어오지만 동시에 여기에는 어떤 염증이 감지된다. 이 영화가 1960년대를 지배했던 도저한 국민국가 구축의 시간이 끝날 무렵에 도착한 것은 우연이 아니다. '외팔이'라는 초국가적 도상은 한국이라는 맥락 안에서 보자면 상이군인의 신체가 장르화된 결과이다. 그런데 국민국가 구축을 떠받쳤던 훼손된 신체는 이 장르화를 거치면서 극복과 복원의 서사를 반복하는 동시에 이를 균열, 붕괴시킨다. 혹은 이 균열은 이미 상이군인이라는 신체 자체에 내재해 있던 '실패'에서 기인하는 것이라고도 말할 수 있을 것이다.

임권택은 〈원한의 거리에 눈이 나린다〉를 찍은 이듬해 〈삼국대협〉(1972)을 만들었다. 그가 찍은 무수히 많은 '무협활극영화'의 마지막이 될 이 영화는 신체장애 히어로의 트랜스내셔널한 교류의 역사 속에서 만나는 가장 복합적인 동시에 가장 고립된 영화라고 할 수 있을 것이다. 간단히 말해 이 영화에는 자토이치와 독비도, 그리고 한국의 의적 '일지매'가 모두 등장한다.[70] 〈삼국대협〉의 광고 문구는 이 영화가 무엇을 노

---

69 내전에 기인한 한국 반공영화의 주된 내러티브 중 하나가 형제 살해였다는 점을 상기할 것. 한국산 반공영화에 대해서는 제1장 참조.

70 능몽초(凌濛初)의 명말 소설 『이각박안경기(二刻拍案驚奇)』에 등장하는 일지매는 18세기 중엽 조선에 전래된 이후, 조선의 대표적인 의적으로 탈바꿈하였다. 이 캐릭터는 20세기 이후 현재에 이르기까지 소설, 만화, 영화, 드라마 등을 통해 재생산되며, 매우 인기 있는 한국 '고유'의 캐릭터로 인식되었다. 일지매의 연원과 조선 중후기의 수용양상

〈사진 3-9〉〈삼국대협〉

리고 만들어졌는지를 명징하게 보여준다. "중국의 외팔이, 일본의 맹협,
한국의 일지매가 한꺼번에 나온다!"[71]

때는 임진왜란 직후인 조선 중기. 조선의 검객 일지매는 일본이 빼앗
아간 왕의 보검을 찾아서 일본으로 향한다(그렇다고 일본 로케를 한 것은 아
니다). 일본에서 외팔이와 맹협을 만난 일지매는 이들과 힘의 우열을 가
리다가, 결국 마지막에는 셋이 모두 힘을 합쳐 공통의 적이자 사원私怨의
대상인 악당 구로다와 대결한다.

이 놀라운(그러나 거의 알려져 있지 않은) '실천'이 전년도에 개봉해서 인
기를 끈 〈외팔이와 맹협〉(〈신자토이치 부셔라! 중국검〉의 한국 개봉 제목)으
로부터 직접적인 영향을 받았음은 명백해 보인다. 그러나 〈삼국대협〉에
는 가쓰 신타로도, 왕우도 등장하지 않는다. 대신에 가쓰 신타로를 그릴

에 대해서는 최용철, 「의적 일지매 고사의 연원과 전파」, 『중국어문논총』 30, 중국어문
연구회, 2006 참조.
71 『동아일보』, 1972.9.21.

듯하게 흉내 내기 위해 흰 눈자위를 희번뜩거리는 김희라와, 왕우를 흉내 내서 머리를 하나로 틀어 올리고 한쪽 팔을 옷소매에 숨긴 채 외팔이가 된 김기주를 볼 수 있을 뿐이다. 게다가 이 영화는 원본을 모방하는데 그다지 심혈을 기울이지도 않았다. 의상, 제스처, 무기 등 대부분의 디테일은 원본으로부터 어긋나 있다. 맹협은 장발이며(자토이치는 짧은 머리이다), 외팔이는 장검을 사용하는 데다가 검은 옷도 입고 있지 않다(검은 옷이 홍콩 무협영화에서 차지했던 의미와 부러진 칼이 〈독비도〉에서 가지고 있던 내러티브적-신체적 의미를 생각해 보라). 다시 말하자면 이 맹협은 자토이치를 흉내 내고 있으나 자토이치는 아닌 말 그대로 (한국어 번역인) 맹협이며, 외팔이는 독비도를 흉내 내고 있으나 독비도는 아닌 (마찬가지로 한국어 번역인) 외팔이일 뿐이다.

〈삼국대협〉은 일단 설정상 세 나라가 모두 개입된 동아시아 국제전인 임진왜란을 불러오지만, 이 설정은 다만 인기 있는 장애의 도상들을 만나게 하기 위한 장치에 불과한 듯 보인다. 이 영화에서 개별 국가, 혹은 시장에 저류하고 있던 개별 정치체의 무의식이나 특수한 장애를 통한 심리적 트라우마의 외적 재현이라는 영화—정치 사이의 컨벤션을 읽어 내는 것은 무리이다. 〈삼국대협〉의 유일한 관심은 맹협과 외팔이와 일지매라는 세 인물의 등장과, 이들이 등장하는 시간을 지속시키는 데에 있다. 정말로 이게 전부라고 할 수 있는데, 왜냐하면 이들은 등장할 뿐 아무것도 하지 않기 때문이다. 이 영화에서 가장 난감한 순간은 마지막에 온다. 맹협과 외팔이와 일지매가 모두 함께 구로다의 집에 쳐들어간다. 그런데 구로다의 일격에 세 사람의 칼이 모두 잘려 나간다. 이제 일지매도, 외팔이도, 맹협도 쫓아오는 구로다로부터 도망다니기에 급급

할 뿐이다. 흘러내리는 바지춤을 움켜쥐고 뛰어다니는 이 모습은 차라리 코미디이다. 이 급작스러운 전환을 어떻게 설명해야 할까?

한국에서 작가로서 임권택을 거의 처음으로 발견했으며, 작가의 내러티브 속에서 그의 거의 모든 영화를 재독해간 정성일은 〈삼국대협〉에 대해 다음과 같이 쓰고 있다. "여기에는 유머도 없고, 역설도 없고, 패러디도 없고, 어떤 냉소도 없다. 게다가 여기서 무언가를 하려다가 실패했다기보다 오히려 그 결과를 뻔히 알면서도 어쩔 수 없다는 듯이 해 버렸다는 것이다. 우스꽝스러운 슬픔, 눈앞에서 펼쳐지고 있는 상황의 무의미. 내가 여기서 보는 것은 달리 말하기 힘든 우울증이다."[72]

아마도 이 우울증은 임권택뿐만 아니라, 한국영화 전체를 혹은 1972년 한국사회 전체를 지배하고 있던 것인지도 모른다. 최소한의 서사를 세워 두지만, 결국 그 서사마저도 지탱할 수 없어서, 그저 방기하는 것. 인기 있는 두 '국제적' 도상을 모방하고, 거기에 자국산 히어로를 첨가한 후 익숙한 적, 대한민국의 공적과 싸우게 하는 이 영화의 내러티브는 가까스로 성립되지만, 이제 아무도 이 내러티브에 열정을 불태우지 않는다. 적이 그저 형식으로서만 거기 있을 때, 적을 통해 형성되는 정치 공동체 또한 그저 형식으로서만 존재할 뿐이다. 임권택의 이 두 편의 영화는 국가 공동체라는 '내러티브'에 대한 열정이 꺼져 버린, 그러나 지지부진 이어가야 하는 바로 그 순간을 보여주고 있는 것인지도 모른다.

---

[72] 정성일, 「임권택×102」(http://www.kmdb.or.kr/story/5/1338).

6. 대한민국과 전후 일본, 국가 공동체의 창출과 붕괴

　동아시아 액션영화 혹은 지체장애 히어로영화의 원점은 〈자토이치〉였다. 나는 보지 못함, 혹은 보지 않으려는 의지와 관련된 〈자토이치〉의 맹목을 자위대를 가진 평화국가 일본, 제국 일본에 대한 역사적 기억에 대한 망각이라는 관점에서 다루었다. 자토이치의 신체와 액션은 그 자체로 전후 일본 국가에 대한 정치적 알레고리라고 할 수 있다. 그러나 이 맹목은 또한 근대적 시각 권력에 대한 내밀한 저항의 지점을 보여주는 것이기도 하다. 마스무라 야스조의 맹목에 대한 사유는 다른 공동체, 즉 촉각의 공동체라고 부를 수 있을 어떤 가능성을 발견한다. 그러나 이 가능성은 촉각이 머무는 장소인 육체를 제거하는 순간 사라진다. 그는 〈세이사쿠의 아내〉와 〈눈먼 짐승〉을 통해 맹목의 가능성과 그 파탄을 보여준다. 앞서 이야기했듯이, 임권택의 〈원한의 거리에 눈이 나린다〉는 〈쌀〉과 같은 포스트 식민 분단국가의 국가주의적 공동체 재건 프로젝트의 막다른 궁지를 보여준다. 귀환한 외팔이에게는 아무런 성취도 보상도 따르지 않는다. 이 외팔이는 어떤 희열도 느끼지 못하며, 여기에는 어떠한 재건도 없다.

　왜 이 영화들을 새삼스럽게 읽어내야 하는가? 주지하다시피 분단국가 남한에서 정치체를 지탱시켰던 것은 주적 북한의 존재였다. 이 국가는 그럼으로 자신을 계속 결여로서 제시함으로써 비로소 하나의 정치적 공동체를 형성할 수 있었다. 일본의 우파들은 군대가 아닌 자위대自衛隊, 이름 그대로 공식적으로는 스스로를 지키는 데만 사용될 수 있는 제한된 무력이야말로 일본이 온전한 주권국가일 수 없는 이유라고 한탄해왔다. 그러나 잘 알려져 있다시피 미국이 재편해 놓은 이 동아시아 냉전 구도와 미국이 일본에 부여한 역할 속에서 일본의 전후 부흥은 가능해졌다. 말하자면 이 결여 자체가 역설적으로 각각의 공동체를 형성시킨 것이다. 그런데 일본은 냉전의 기반이 되었던 동아시아에서의 주도적 위치를 상실해가고 남한의 정치적 공동체는 여전히 어떤 시대착오에 시달린다. 이들 영화를 읽는 현재적 의미는 바로 여기에서 비롯된다. 그러니까 각각의 다른 맥락에서 '보통국가' 논란이 벌어지고 있는 현해탄의 양쪽에서, 이들 영화를 다시 읽는 일은 그 자체로 이 비정상 상태 / 국가 state에 관한 오랜 언설과 이미지의 계보들을 읽는 일이 될 것이다.

제4장
'아시아 영화'라는 범주
아시아 영화제와 합작영화

자신의 생산물을 팔 수 있는 시장을 끊임없이 확장시켜야 한다는 필요성 때문에 부르주아지는 지구상의 구석구석을 누비고 있다.
— 칼 마르크스 · 프리드리히 엥겔스, 『공산당선언』

1. 내셔널 시네마라는 '국제적' 장치

민족, 아시아, 세계 - 조율로서의 아시아

아마도 1960년대 한국영화에서 가장 모순적인 인물은 신상옥일 것이다. 이 내셔널 시네마의 주창자는 동시에 가장 적극적인 '해외 시장'의 개척자였으며 영화의 '국제성'이란 문제에 누구보다도 예민한 자였다. 소위 '한민족적인 것'의 표상을 성립시킨(〈성춘향〉, 〈사랑방 손님과 어머니〉) 이 영화감독은 "각국의 문화적 격차를 뛰어넘을 수 있는 보편적 시각성"[1]이라는 명제에 매달려 있었던 제작자-감독이기도 했다(신상옥이

1964년에 만든 영화 〈빨간 마후라〉는 당시 아시아 시장에서 성공한 유일한 한국영화이기도 했다). 나의 질문은 여기에서 비롯된다. 영화에서 내셔널한 열망은 어떻게 '국제성'과 양립될 수 있는가? 내셔널 시네마와 1960년대 성립하는 '아시아 영화'라는 카테고리는 어떻게 연동되는가? 혹은 이 '아시아 영화'라는 카테고리를 상상하는 데 '세계문화'란 과연 무엇인가?

사실상 이 질문은 매우 오래된 두 개의 카테고리인 민족nation과 세계world, 그리고 그 사이의 '아시아'라는 제3의 항이 점하는 위치 혹은 이 항이 민족과 세계에 미치는 효과에 관한 물음과 연결된다. 이 세 개의 항을 상호관련적인 것으로 사고하는 데 있어 프라센지트 두아라의 만주국에 관한 연구는 의미심장한 암시를 전해 준다. 1932년부터 1945년까지 현재 중국의 동북 지방에 세워졌던 만주국이라는 '인공' 국가에 대한 두아라의 관심은 이 지역에 대한 역사적 연구들이 축적해 놓은 제국 일본의 억압과 제 민족들의 저항의 역사뿐만 아니라 이 프로젝트로서의 국가가 "민족, 국가 그리고 정체성 형성의 근대적 과정들을 들여다볼 창을 제공"한다는 데 있다.[2] 두아라는 여기에서 만주국이 동아시아에서 주권적 민족을 만들기 위해 옛 구성물들을 문화적으로 재형성하는 과정을 추적함으로써 '근대적 과정'의 '지역적' 이해의 윤곽을 드러내고자 하였다. 이 관점에서 보자면, 만주국이라는 국가 형성의 사례는 근대적 국민국가—아시아—세계라는 세 항이 19세기 말 이래로 현재까지 이 지역 문화 산물들을 산출하고 조정해내는 기본적인 관련항으로서 존재해

---

1   조준형, 『영화제국 신필름—한국영화 기업화를 위한 꿈과 좌절』, 한국영상자료원, 2009, 168쪽.

2   프라센지트 두아라, 한석정 역, 『주권과 순수성—만주국과 동아시아적 근대』, 나남출판, 2008, 24쪽.

왔다는 것을 보여준다는 점에서 결코 특이한 사례가 아니다.

"민족들은 국민국가 체계뿐만 아니라, 19세기 말 이래 이 체계에 수반된 '세계문화world culture'에서 유래하는 규범과 실행들로 구성되어 왔다."[3] 다시 말해 근대적 개념으로서 민족이 지역의 옛 자원들의 재배치를 통해서 새롭게 형성된 것이라면, 이 개념 자체 그리고 그 개념하에 옛 자원들을 재배치하는 기술과 이를 통해 만들어내려는 표상—주권, 민족, 국가의 개념들은 세계문화의 지구적 순환의 결과물이다. 그렇다면 '아시아'는 이 지구적 순환 속에서 어떻게 이해되어야 하는가? 그러니까 세계문화로서의 근대적 과정의 '지역적' 이해가 이루어질 때, 바로 이 세계와 민족을 매개하고 있는 이 지역, 아시아를 어떻게 이해해야 할 것인가?

먼저 아시아에 관한 사전적 정의가 있다. 수에즈운하와 우랄산맥, 카스피해를 경계로 아프리카와 유럽과 나누어지는, 세계에서 가장 큰 대륙이라는 옥스퍼드 사전의 지리적 정의는 이 대륙의 크기만큼 막막할 뿐이다. 범위를 좁혀서 동아시아East Asia를 찾아본다고 해도 사정은 마찬가지이다. 아시아의 동쪽 지역. 이 지리적 정의는 종종 자명한 실체처럼 쓰이는 아시아라는 수식어(이를테면 아시아적 가치, 아시아적 미학, 아시아 영화 기타 등등)를 해명하는 데 거의 아무런 단서도 제공해 주지 않는 것 같다. 게다가 지리적으로 동아시아라는 범주는 역사적이고 가변적이었다. 두아라의 지적처럼 전근대에 이 지역은 중국의 구舊 조공권인 미얀마와 네팔까지를 포함하고 있었고, 제국 시기 일본은 시베리아와 중부아시아

---

3   위의 책, 63쪽.

까지를 이 지역의 일부로 포함시키고자 했다. 냉전 시기 본토 중국은 이 지역에서 가장 큰 부분을 차지하고 있음에도 불구하고 '유교 자본주의'라는 언사로 전 세계 자본주의 내에서의 스스로의 '예외적' 발전을 자찬하고자 했던 이 지역 신흥 공업국가들의 '아시아적 가치'론에서 제외되었다.[4]

가치로서의 아시아에 대해 말하자면, 아시아와 가치를 처음으로 연결시킨 것은 일본의 '아시아주의'가 될 것이다. 19세기 말 이래 일본의 아시아 침략의 명분으로 전개되었으며, 만주국 건국으로 절정에 달하였고, 태평양전쟁 초기 동남아 민족주의자들에게 호소력을 과시했던 바로 그 '아시아주의' 말이다. '아시아주의'가 현재에도 여전히 동아시아 담

---

4 전후 일본의 존재와 1970~1980년대 한국, 싱가포르, 홍콩, 대만의 경제 성장이 낳은 아시아적 가치-유교 자본주의에 관한 논의를 참조할 것. 이 지역의 경제적인 성공에 기반한 이 논의는 결국 1997년 아시아 외환위기와 IMF 구제금융이라는 결과로 사그라졌지만, '아시아적 모델'의 실행자이자 이론가를 자처한 리콴유(李光耀)와 한국의 김대중이 '아시아적 가치'를 둘러싸고 벌였던 논쟁은 특기할 만하다. 리콴유는 1994년 미국의 외교정책 잡지 *Foreign Affairs* 봄 호(3~4월 호)에 실린 인터뷰에서 "문화는 숙명(Culture is Destiny)"임을 주장하였다. 이 인터뷰의 요점은 문화는 숙명적인 것이며, 따라서 아시아에 서구식 민주주의를 강요하는 것은 불가능하고, 유교적 가부장제의 국가적 확장과 이에 따른 국가 중심적 경제 체제만이 유효하다는 것이다. 여기에 대해 같은 *Foreign Affairs* 겨울 호(11~12월 호)에 김대중이 「문화는 숙명인가?」를 기고, 아시아적 문화전통 안에 이미 민주주의의 맹아가 있다고 지적하면서(김대중은 맹자를 참고로 하고 있다), 전 지구적 민주주의(global democracy)라는 말로 민주주의의 보편성을 옹호한다. 싱가포르 경제 발전과 독재의 상징인 리콴유와 한국 민주화의 상징인 김대중이 각각 권위주의 체제와 민주주의 체제를 옹호하고 있는 이 논쟁이 유발시키는 흥미는 물론 이들이 싱가포르와 한국이라는 나라에서 차지하는 상징적 위치에서 비롯될 것이다. 그러나 대서구적 대립항으로서의 아시아적 가치를 상정하려는 리콴유와 아시아적 가치와 전 지구적 보편을 매개하고자 하는 김대중의 언설은 근대 이후 세계문화, 민족, 아시아를 매개하려는 아시아의 정치지도자들의 전형적인 입론의 두 가지 형태이기도 하다. Fareed Zakaria, "Culture Is Destiny : A Conversation with Lee Kuan Yew", *Foreign Affairs*, Mar/Apr. 1994, pp.109~126; Kim Dae Jung, "Is Culture Destiny? The Myth of Asia's Anti-Democratic Values", *Foreign Affairs*, Nov/Dec 1994, pp.189~194.

론의 기원으로서 그림자를 드리우고 있는 것은 여기에서 처음으로 '아시아'가 단지 지역적 정의가 아닌 서구에 대한 대항 가치로서 등장했기 때문이며, 이 그림자가 드리우고 있는 한 동아시아의 지역주의는 정체와 후퇴를 거듭할 수밖에 없다. 그것은 제국 일본의 '아시아주의'가 실질적으로 이 지역에 대한 침략의 명분이었다는 역사적 사실에서만 비롯되는 것은 아니다.

동아시아 지역주의가 종종 불가능해 보이는 것은 국가의 이익과 지역의 이익 사이에서 합일점을 찾지 못한 역내 국가들의 강력한 민족주의 때문이지만,[5] 이미 아시아의 단결을 호소하는 아시아주의 자체에 내재된 민족의 위계(즉 아시아의 단결을 가능하게 할 '일본'의 영도적 지위)라는 문제에서 비롯한다. 즉 아시아주의는 두아라의 언급을 재인용해서 말하자면 아시아라는 매개항(아시아적이라고 불리게 될 전통, 가치, 미학)을 중심에 둔 세계문화에서 유래한 규범과 실행들로 구성된 민족을 형성하기 위한 담론이었다. 따라서 아시아주의는 최상의 의미, 서구에 대한 아시아의 연대라는 의미에서조차 대타항으로서만 존재할 수 있는 것이다. 그렇다면 '아시아주의'에 내장된 이 질 나쁜 역사의 부피에도 불구하고, 전후의 '냉전 아시아' 속에서 제한된 권역으로서 작용했으며, 실제로 자본과 인력의 순환이 이루어졌을 뿐 아니라, 이를 가능케 하는(혹은 한다고 믿어졌던) 공통성이라는 '믿음'의 중심이 되었던 아시아, 혹은 동아시아는 어떻게 파악 가능한가?

다시 한번 두아라의 논의로 돌아가자면, 그는 '동아시적 근대'를 근대

5   Gilbert Rozman, *Northeast Asia's Stunted Regionalism : Bilateral Distrust in the Shadow of Globalization*, Cambridge : Cambridge University Press, 2004, pp.171~173.

의 실행과 담론의 지구적 순환에 대한 '지역적 조율regional mediation'로서 파악하였다. "나는 민족과 국가들을 도덕적으로 순수한 독립체로 만들고 정당화하기 위해, 새로운 세계문화로부터 자극, 가정, 범주, 규범, 도식, 방법들이 어떻게 "번안되는지"에 특별히 관심을 갖는다."[6] 요컨대 번역적 매개, 번안과 조율의 단위로서 아시아는 가변하는 실체이자, 기능이자, 가치인 것이다.

　동아시아적 근대에 관한 이 언급은 1950년대부터 1970년대까지에 이르는 이 지역의 영화, 처음으로 스스로를 '아시아 영화'라고 자칭하였으며, 이후 외부로부터 그리고 내부의 승인을 거쳐 '아시안 마샬 아츠 필름'이라는 명칭을 부여받으면서 공통 범주화된 이 지역의 영화를 파악하는 데 중요한 시야를 제공해 준다. 특히 영화를 분석하는 데 지역적 조율, 매개항으로서 아시아를 파악할 때, 두 가지의 이점이 있다. 첫 번째, 이 전제는 아시아를 고정된 실체화시키지 않고, 역사적으로 특정한 국면에 매번 새롭게 생성, 분기되는 것으로서 파악할 수 있게 한다. 즉 1950~1970년대의 '아시아' 영화는 내셔널 시네마와 세계 보편으로서의 할리우드의 매개항으로서 구상되며, 할리우드 영화에 대한 개별 국가들의 지역적 조율로서 성립된다. 두 번째, 내셔널한 표상 장치이자 동시에 언제나 더 많은 시장을 욕망하는 자본의 운동으로서 영화는 실질적으로 '아시아 영화시장'이라는 개별 국가를 뛰어넘는 시장을 요구한다. 이는 실은 정치적인 상황(냉전)이 낳은 국가를 넘는 지역 경제 블록에 대한 이해를 고스란히 드러내며 심지어 선취하는 것이다. 그때 '아시

6　프라센지트 두아라, 한석정 역, 앞의 책, 25쪽.

아적 가치(미학)'는 이 경제 블록을 형성하고, 테두리 짓고, 그 산물을 외부에 파는 데에도 중요하게 기여한다.

아시아 영화제, 내셔널한 트랜스내셔널장

이 장에서는 먼저 1950~1960년대에 등장한, 아시아 영화라는 카테고리를 처음으로 명시화한 아시아 영화제에 대해 다룰 것이다. 아시아 영화제는 '아시아'라는 말을 둘러싼 가치와 미학, 정치와 자본의 응축판이었다. 이 영화제는 대對 서구적 아시아의 가치, 미학, 냉전 질서, 내셔널 시네마와 세계와의 연계, 국경을 넘는 영화 자본의 운동에 이르기까지 영화, 네이션, 아시아, 세계에 대한 논의를 이끌어가는 데 더할 나위 없이 적절한 대상이다.

아시아 영화제는 새롭게 아시아 시장에 진입하고자 한 전후 일본의 영화 자본과 홍콩의 화교 자본을 매개로 한 동남아시아의 영화 자본가들, 필리핀, 인도네시아, 한국, 대만 등의 국가 주도 영화 자본의 산업적 연대에 대한 지향 속에서 만들어졌다. 이 영화제는 회원국 사이의 인적–물적 교류를 통한 각국의 영화산업의 기술적 발전과 시장 확대를 도모하고자 하는 협력의 장이었으며, 개별 내셔널 시네마의 전시와 승인이 이루어지는 곳이기도 했다.

주지하다시피 1950~1960년대의 동아시아, 동남아시아는 강렬한 내셔널리즘의 열망에 사로잡혀 있었다. 신흥 독립국가들에서 발흥했던 내셔널리즘은 이전 시기의 그것과 유사하지만 또한 전혀 다른 것이기도 하였다. 즉 국가 창설이라는 구체적인 프로젝트로서 이 내셔널리즘은 단지 이념형으로뿐만 아니라 수행적으로 작동해야 하는 것이었다. 이때 낡은 자원들은 새로운 조합을 통해 불변의 것으로 재탄생한다. 아마도 이 사정은 '상상의 공동체'론이 이 지역을 대상으로 전개되었음을 상기하는 것으로 충분할 것이다.[7]

지역의 정치적, 사회적, 역사적 자원들을 통해 지속적으로 민족 표상이 만들어지는데, 이 수행은 동시에 누가 국민이 될 것인가에 관한 배제와 포함의 행위를 동반하는 것이다.[8] 개별 국가들의 영화는 자국의 내셔널 아이덴티티 구축에 중요한 장치로서 기능하였다. 일국 내 대중문화로서 영화가 대중적 감성의 최대 공통분모치를 목표로 하는 것이라면, 이때 대중은 '국민'으로서 새롭게 생성된 것이다. 따라서 영화는 국민적 감성의 최대 수용처로서 기능할 뿐 아니라 그 자체로 민족 표상으로서 기능한다는 점에서 말 그대로 '국민문화'적인 것이어야 했다. 즉 신흥 독립국가들은 각자의 내셔널 시네마 구축이라는 문제에 매달려 있었다.

이 내셔널 시네마 구축의 시기에 당연한 말이지만 개별 국가들의 영화는 서로 다른 불균등한 발달 단계에 놓여 있었고, 서로 다른 산업적 환경 속에 처해 있었다. 하지만 이들 영화는 모두 할리우드라는 영화적

---

7 베네딕트 앤더슨, 윤형숙 역, 『상상의 공동체─민족주의의 기원과 전파에 대한 성찰』, 나남출판, 2003.

8 동아시아와 동남아시아 각 지역에서 1950년대와 1960년대 꾸준히 지속되었던 '화교' 집단에 대한 각 국가 단위에서의 정치적, 경제적 배제는 여기에 대한 하나의 예가 될 것이다. 그러나 이것이 일국 내에서의 화교 자본의 축출로만 귀결되는 것은 아니었다. 각국의 내셔널한 자본은 더 넓은 시장을 목표로 할 때 화교 자본과 연계하였다. 동남아시아 지역에서의 화교에 대한 정치적, 경제적 박해의 결과 홍콩으로 이동해 간 쇼 브라더스라는 영화 자본은 여타의 일국 영화 자본들, 이를테면 신필름과 같은 전형적으로 내셔널한 영화 자본과 손을 잡았다.

'보편 세계'를 상정할 수밖에 없었으며, 이 영화적 '보편'과의 거리 속에서 스스로의 발달 단계를 규정할 수밖에 없었다(이를테면 이 지역에서 일본 영화는 할리우드 영화에 가장 가까운 것이었고, 홍콩영화와 한국영화는 보다 먼 거리에 위치해 있었다). 그러니까 그 어디에서나 할리우드 영화는 상영되고 있었다. 한편 이들 국가들은 국제정치적으로는 소위 냉전이 구축한 '자유 진영 아시아'라는 공동의 장 속에 위치하고 있었으며, 그만큼의 공통감각을 유지하도록 하는 이데올로기적 장치들을 공유하였다. 요컨대 여기서 아시아 영화란 중립적 권역 표지가 아니라, '반공 블록'이라는 한정을 갖는 용어였다.

바로 이 진영의 실제 권역을 보여주는 장이기도 했던 아시아 영화제는 국가 창설이라는 수행적 내셔널리즘과 자유 진영 아시아라는 블록의 연대, 할리우드라는 '보편'과 유럽 영화제에 대한 매개적 조절 장치로서 기능하였다. 말하자면 이 영화제는 그 자체로 민족과 세계, 그 사이를 매개하는 아시아라는 항, 그리고 냉전 질서가 선 그어 놓은 이 '지리'의 한계까지를 축자적으로 보여주는 것이었다.

이 영화제의 지역적 구분이 계속해서 문제시될 수밖에 없었던 것은 우연이 아니다. 1953년 다이에이의 나가타 마사이치永田雅一와 쇼 브라더스의 런런쇼邵逸夫, 인도네시아가 결합해서 만들어진 동남아시아 영화제작자연맹은 1954년 제1회 동남아시아 영화제로 이 영화제의 시작을 알렸다. 흥미로운 에피소드 하나. 1957년 홍콩에서 열린 아시아 영화제에서 당시 홍콩 총독 알렉산더 그랜텀은 아시아 영화제의 오프닝 멘트에서 다음과 같이 말하고 있다. "이 페스티벌은 나에게 새로운 지리학을 가르쳐 주었습니다. 나는 이전에 일본이 동남아시아의 한 부분이라는 것을 결코 인식하지 못했습니다."[9] 같은 해 동남아시아 영화제는 아시아 영화제로 개명하였다. 1982년까지 지속된 이 명칭은 호주와 뉴질랜드의 참가를 계기로 아시아태평양 영화제Asia Pacific Film Festival로 다시 한번 바뀌었다.

아시아제작가연맹 주최의 아시아 영화제는 복수의 국민국가의 영화자본이 서로 결합될 수 있었던 실질적인 교류의 장이었다. 시장과 예술과 정치가 봉합되어 있던 이 장을 통해 대규모 합작영화가 기획되고, 만들어졌다. 이는 전 세계적인 미디어 환경의 변화와 관련 있는 것이기도 하였다. 1950년대 말을 거치면서 영화는 TV라는 경쟁 상대를 맞아 미증유의 위기를 경험하게 되었다. 할리우드 영화는 이 위기의 극복을 극단적인 대자본제 영화 만들기라는 전략으로 돌파하려 하였다. 하지만 그런 규모의 자본을 아시아의 일국적 영화자본이나 시장이 감당하기란 버거웠다. 텔레비전의 등장에 더해 대자본제 할리우드 영화상품이라는 위기가 아시아 각국의 내셔널 시네마의 위기를 더욱 가중시켰다. 더구나 몇몇 장소에서 내셔널 시네마는 이제 겨우 형성 중에 있었다. 아시아에서 이 위기의 극복은 일국적 영화자본을 초과하는 '합작'의 형태를 제작과 유통, 소비 시스템에 관철시키는 방식을 통해 시도되었다. 그러나 어떻게? 공동의 공통감각, 취미판단, 소비자는 있는가, 있다면 어디에 있으며, 없다면 어떻게 창출해야 하는가?

---

9 AFF—HK catalogue(1956)(Sangjoon Lee, *The Transnational Asian Studio System : Cinema, Nation-State, and Globalization in Cold War Asia*, Ph. D. diss., New York University, 2011, p.177에서 재인용). 한편 야우의 따르면 이 영화제의 개명을 주장한 것은 바로 알렉산더 그랜텀이었다. Kinnia Yau Shuk-ting, Teri Chan trans., "Shaws' Japanese Collaboration and Competitiona as Seen Through the Asian Film Festical Evolution", *The Shaw Screen : A Preliminary Study*, Hong Kong Urban Council, 2003, p.290의 각주 2 참조.

이때 필연적으로 발생할 수밖에 없는 문제는 공통성commonness 혹은 공유성cosmopolis에 관한 질문이다. 즉, 각각의 개별 국가들 안에 존재하는 최소한의 낮은 수준의 공통성이란 무엇인가? 개별 국가를 초과해 존재하는 문화적 공동성이란 과연 무엇이며, 그런 것이 있다면 어떻게 다시 활성화시킬 수 있을 것인가? 난폭하게 말하자면, 과연 이 나라와 저 나라에 모두 '통할 수 있는' 영화란 무엇인가?

이 장의 두 번째 단락에서 다루고자 하는 것은 바로 이 아시아 영화제라는 영화상품, 자본, 인력의 교류장을 매개로 만들어진 일련의 트랜스내셔널 스펙터클 시대극이다. 1960년대 신상옥과 런런쇼의 의기투합으로 만들어진 두 편의 대작 합작영화 〈달기〉와 〈대폭군〉은 공통성에 대한 '불완전'한 답변을 들려준다. 이 영화들에서 공통성은 '스펙터클'과 '동양적 미학'에서 발견된다. 어쩌면 이 두 가지는 신상옥과 런런쇼라는 한국과 홍콩의 영화 제작자들에게 자연스러운 선택이었는지도 모른다. 종종 로마 시대를 배경으로 했던 할리우드의 대작 시대극에 맞선 한국과 홍콩의 영화 자본가들은 어떤 식으로든 양편의 공통 '정서'를 찾아내야 했다.

그러나 이 대규모 합작영화는 두 가지 점에서 지속될 수 없었다. 첫 번째, 이 트랜스내셔널한 프로젝트는 내셔널 시네마와의 긴장으로부터 결코 자유로울 수 없었다. 특히 한국과 같은 강력한 국가 통제의 영화산업 시스템은 이 합작 프로젝트에서 누가 주도권을 쥐고 있는가에 민감하게 반응할 수밖에 없었다. 홍콩의 경우 쇼 브라더스의 영화가 중화 영화권 안에서 이룩해내고자 했던 문화 민족주의적 표상 작업 또한 이 합작의 과정을 원만하지 못하게 만드는 것이었다. 두 번째는 할리우드의 스펙터클 시대극이 그러했던 것처럼, 이 합작 시대극의 규모 자체가 문제였다. 한 편의 영화를 만드는 데 들어가는 제작비는 너무 많았고, 수익은 제작비에 비례해 좋지 않았다. 한마디로 이 프로젝트는 양편 모두에게 결국 '수지타산'이 맞지 않는 것으로 판명되었다. 그러나 이 합작의 경험이 아무런 성과 없이 끝난 것은 아니다. 아니, 두 개의 '민족영화' 자본의 연결 속에서 공통성을 찾아내고자 했던 이 시도는 1970년대 일련의 '액션영화'들에 이르러 기대치 않은 방식으로 성취되었는데, 그때 공통성은 이 지역의 산업화와 전 지구적 자본주의 속에서 차지했던 '공통된' 위치에서 비롯되었다. 액션영화에 관한 논의는 다음 장에서 본격적으로 논하기로 한다.

2. '아시아'를 둘러싼 문화정치적 기획

아시아 영화제의 성립과 변전—트랜스내셔널의 범위, '자유진영' 아시아

1953년, 한국전쟁의 휴전이 선언된 직후인 7월 일본에서는 일군의 아시아 시찰단이 동남아시아로 떠난다. 이 시찰단에는 정계, 재계, 문화계를 대표하는 인사들이 포진되어 있었다. 패전 이후 처음으로 구식민지 혹은 구점령지로 향하는 이 시찰단의 분위기는 매우 의욕적이지만 동시에 미묘할 수밖에 없었다. 일본 정부는 지난 전쟁 혹은 식민지에 대해서 공식적으로 사과한 적이 없으며, 여러 국가와의 전쟁 배상 문제 또한 걸려 있었다.[10] 그리고 이 시찰단에는 다이에이 사장 나가타 마사이치가 일본 영화산업진흥회 대표 자격으로 참가하고 있었다. 1953년 영화산업진흥심의회의 발전적 해소로 만들어진 사단법인 일본 영화산업진흥회[11]는 같은 해 6월 제2회 이사회에서 당시 이사장이었던 나가타의 제안으로 동남아시아 영화제를 제창, 이 안은 전원일치로 가결되었다. 바로 전해 〈라쇼몽〉이 베니스에서 상을 받았다. 이 영화의 제작자였던 나가타는 서구에 대해 아시아를 대표하는 기분을 맛보았을 것이다. 일본영화제작가협회의 대표로서 그는 산업적인 목적과 더불어 명실공히 아시아 영화의 '리더'로서의 위치를 차지하고 싶었는지도 모른다.

1953년 7월 8일 하네다를 출발한 그는 정말로 정력적으로 아시아 각국을 방문하였다. 단 열흘 동안 필리핀, 인도네시아, 말라야 연방, 태

10　영국과 미국 등 주요 연합국은 대일강화 준비 과정에서 일본에 대한 배상청구권을 포기했다. 또 대만정부와 인도도 1952년 각각 일본과 강화조약을 맺으면서 배상청구권을 포기했다. 그러나 여타의 아시아 각국들과의 교섭은 난항을 거듭했다. 1954년 11월 미얀마와의 배상협정체결을 시작으로, 1956년 5월 필리핀, 1958년 인도네시아와 배상협정이 체결되었다. 배상은 과거의 정치적 식민화를 경제적 '진출'로 변태시키려는 의지에 의해 지배되었다. "배상은 직접 자금을 건네는 것이 아니라 구상국(求償國)과의 협의에 의해 역무배상(役務賠償)의 형태를 갖게 됨으로써, 이로 인해 동남아시아로의 일본의 경제진출이 커지는 결과를 낳았다." 木畑洋一, 「アジア諸戦争の時代1945〜1960年」, 『東アジア近現代通史』 7, 岩波書店, 2011, 31쪽.

11　사단법인 일본영화산업진흥회의 전신은 1950년 12월 설립된 영화산업진흥심의회였다. 쇼치쿠(松竹)의 기도 시로(城戸四郎), 도에이(東映)의 오가와 히로시(大川博), 닛카쓰(日活)의 호리 규사쿠(堀久作), 신도호(新東宝)의 마스타니 린(増谷麟), 도와(東和)의 가와키타 나가마사(川喜多長政), 후지 필름(富士フィルム)의 하루키 사카에(春木榮) 등 당시 일본영화계를 이끌던 '실력자들'이 총망라되어 만들어진 영화산업진흥심의회는 영화산업의 합리화와 영화산업정책의 진전에 힘쓸 것을 목표로 한다는 설립취지가 보여주는 바처럼, 일본영화의 산업적 활성화와 정책 관여에 적극적이었으나 임의 단체라는 한계가 있었다. 사단법인 일본 영화산업진흥회의 성립은 이를 법적 단체로서 전환시킨 결과였다. 『1945年版 映画年鑑』, 時事通信社, 1954, 35쪽.

국, 홍콩, 중화민국(대만)을 방문한 그는 동남아시아 영화제와 그 주최 단체로서 동남아시아 영화제작자연맹 결성에 관한 전면적인 찬동을 얻어냈다.

이후 아시아 영화제에서의 위치를 염두에 둔다면, 나가타의 아시아 순방에서 그가 만난 가장 중요한 인물은 쇼 패밀리의 4남 런런쇼였다. 쇼 브라더스의 전신은 1925년 상하이에서 설립된 천일天一영화사이다. 상하이의 부호였던 쇼 가의 네 형제들에 의해 설립된 이 영화사는 이미 1928년에 현재의 싱가포르와 말레이시아 지역에 배급회사 쇼 브라더스를 설립, 동남아시아 시장(주로 싱가포르, 말레이, 태국, 베트남) 공략에 나섰다. 배급회사 쇼 브라더스를 이끈 것은 3남인 런메쇼邵仁枚와 4남 런런쇼였다. 이들은 30여 개의 극장 체인을 일구어냈으며, 여기에서 천일天一영화사의 작품을 비롯, 여타 상하이와 홍콩의 영화를 배급하였다. 한편 1934년 천일天一영화사는 상하이로부터 홍콩으로 거점을 옮겼으며, 1936년과 1937년 사이에 스튜디오의 이름을 남양南洋스튜디오로 개명하였다.

홍콩의 일본 점령기 동안 주춤하였던 이들은 1950년대 동남아시아에 테마파크, 댄스홀, 중국어와 말레이어 필름 스튜디오, 광대한 배급 네트워크 등을 포함한 거대한 엔터테인먼트 산업을 구축했다. 그러나 1950년대 중반 이후 쇼 브라더스는 마찬가지로 화교 출신인 육운도陸運濤의 국태그룹國泰集團, Cathay Organization이라는 강력한 라이벌과 대적해야 했다. 캠브리지 대학 출신의 엘리트 화교 자본가 육운도는 1957년에 영화사 MP & GI(國際電影懋業有限公司)를 설립하였다. 모던한 도시 지향의 MP & GI의 산물들은 좀 더 세련된 관객 취향에 맞았고, 시장에서 점점 더 영향력을 확대해 갔다.[12] 그리고 같은 해인 1957년, 동남아시아 각국의 내셔널리즘의 발흥과 내셔널 시네마 구축의 움직임은 런런쇼 역시 홍콩으로 건너오게 했다.

홍콩으로 온 런런쇼는, 남양스튜디오를 쇼 브라더스 스튜디오로 개명하고 본격적인 영화 제작에 뛰어들었다. 중화 네트워크를 타깃으로 한 시장의 재편이 시작된 것이다. 쇼 브라더스는 영화 제작을 만다린어로 일원화하고,[13] 포드-테일러 모델에 기초한 거대한 스튜디오(무비타운)를 건설하였다. 스튜디오의 각 파트는 조립라인처럼 조직되었고, 합리적인 매니지먼트, 경제적 효율성, 전문성, 프로덕션의 규격화를 모토로 한 이 조립라인의 전 공정은 런런쇼 본인에 의해 관리되었다. "약 1,700명의 고용인들이 스튜디오의 기숙사에서 살았고, 세세한 규칙들이 부과되었다. 그리고 이들은 엄격한 규율과 저임금으로 관리되었다."[14] 이 화교 사업가의 목표는 분명했다. 그는 홍콩영화의 기술적 진보(모더니즘의 획득)와 전지구화를 원했다.

1953년 당시 말라이 / 싱가포르에서 극장 체인을 운영 중이던 런런

---

12 Poshek Fu, "The Shaw Brothers Diasporic Cinema", Poshek Fu ed., *China Forever*, University of Illinois, 2008, pp.2~3.
13 광동어 영화는 1920년대 이래로 홍콩과 동남아시아 화교들을 대상으로 한 시장의 주류 영화였다. 홍콩에서의 쇼 브라더스의 전신이라고 할 수 있을 남양스튜디오는 광동어 위주의 스튜디오였다. 쇼 브라더스 또한 초기에는 광동어와 만다린어 영화를 함께 생산하였다. 만다린어의 선택은 중국 본토를 대신하여 하나로서의 중국이라는 가상(假像)을 만들어내고자 했던 쇼 브라더스의 야심과 맞물려 있는 것이다. "만다린어는 내셔널 랭귀지였으며, 근대 국가 중국을 표상하는 것이었다. 지구화를 위해서, 동남아시아와 홍콩의 광동어 사회를 넘어 주류 시장으로 나아가기 위해, 쇼 브라더스는 '비즈니스 랭귀지'로 만다린어를 선택해야 했다." Poshek Fu, "Going Global : A Cultural History of The Shaw Brothers Studio, 1960~1970", Law kar ed., *Border Crossings in Hong Kong Cinema*, Hong Kong Urban Council, 2000, p.46.
14 Ibid., p.45.

쇼가 광대한 엔터테인먼트 재벌 쇼 브라더스를 구축해나가기 위해 계속 씨름할 수밖에 없었던 문제, 즉 국제성이라는 키워드에 산업적으로, 또 미학적으로 도달하기 위해서는 앞선 기술과 시스템과의 조우가 절실했다. 1949년의 중국혁명은 이 화교 영화 사업가에게 광대한 중국 시장의 상실을 의미했다. 실제로 1950년 이후 본토로부터 지원을 받는 몇몇 좌익 프로덕션 영화들을 제외하고는 본토에서의 홍콩영화 수입은 거의 이루어지지 않았다. 아이러니하게도 본토에서 보여진 이 홍콩 좌익 영화들은 중화인민공화국의 인민들이 자본주의를 상상할 수 있는 유일한 영화로 기능하였다.[15] 요컨대 런런쇼로서는 무엇보다 본토라는 시장의 상실을 만회할 수 있는 새로운 시장의 확보가 절실했다. 게다가 동남아시아 각국의 민족주의 고조와 여기에 비례해서 커지는 화교들에 대한 정치 경제적 배제의 움직임 또한, 이 화교 자본가에게 어떤 식으로든 아시아의 새로운 '연대'를 고려하지 않으면 안 되도록 만들었다.[16]

---

15 "본토인들은 홍콩 영화산업의 상태나 이 산업 내에서 좌익 영화가 처해 있는 상황에 대해서는 알지 못했다. 본토에서 홍콩 좌익 영화는 버추얼한 홍콩영화로서 받아들여졌다. 이 본토인들의 잠재의식적인 충동이 소비에트 사회주의 모델과 다른 것으로 이 영화들을 보도록 만들었다. 미국영화는 금지되어 있고 서유럽 영화는 아주 가끔 보여지는 이 상황에서 그들은 홍콩 좌익 영화를 통해 자본주의 사회를 이해하고자 했고, 그들의 호기심을 충족시키고자 했다." Hu Ke, "Hong Kong Cinema in the Chinese Mainland(1949 ~1979)", Law kar ed., *Border Crossings in Hong Kong Cinema*, Hong Kong Urban Council, 2000, p.20.

16 쇼 브라더스의 활동을 세계 자본주의 시스템과 제2차 세계대전 이후 신흥독립국가들의 국민국가 구축과 연계된 화교 비즈니스의 차원에서 분석한 포섹 푸는 1957년의 런런쇼의 홍콩 이주와 제작회사 쇼 브라더스의 재건에 대해서 매우 시사적인 견해를 제공하고 있다. "나는 이 새로운 재구조화 뒤에는 다른 이유가 있다고 믿는다. 그것은 포스트콜로니얼 동남아시아의 정치적 변화이다. 이 새로운 독립국가들은 인종적으로 민족적으로 다양한 인구 속에서 집단적 아이덴티티를 생성시켜낼 필요가 있었으며, 그들의 '상상적 공동체'로부터 화교가 배제되기 시작했다. 1950년대와 1960년대에 중국인과 네이티브 사이의 인종적 적대는 격렬했으며, 중국문화(언어, 교육, 신문 등)는 동남아시아 전역에

나가타의 보고를 들은 일본영화산업진흥위원회는 발 빠르게 도호의 이사인 모리 이와오森岩雄를 의장으로 한 동남아시아 영화제 준비위원회를 신설하고, '동남아시아 영화제작자연맹규약 및 동남아시아 영화제 규약'의 초안을 작성하였다. 이 초안은 1953년 11월 마닐라에서 열린 동남아시아 영화제작자연맹Federation of Motion Picture Producer's Association of Asia[17]의 결성 및 동남아시아 영화제 개최준비회의에서 원안 그대로 채택되었다. 일본, 필리핀, 태국, 말라이, 인도네시아, 홍콩, 중화민국(대만) 7개국 대표가 참석한 이 회의의 결과 제1회 동남아시아 영화제(1957년부터 아시아 영화제로 개명)의 개최지로 도쿄가 결정되었다.[18]

아시아 영화제 성립에서의 나가타 마사이치의 적극적인 개입 이면에는 일본영화계의 국제주의자 가와키타 나가마사川喜多長政의 존재가 있었다. 전전 유럽영화의 일본 내 수용에서 중심적인 역할을 했으며, 점령지 상하이를 거점으로 중국 영화인과 일본 영화인 사이의 '가교' 역할을 했던 일본영화 국제화의 유일무이한 거물 가와키타는 이 '외지' 활동의 문

서 억압되었다. 이를테면 인도네시아에서는 많은 수의 중국인들의 시민권이 박탈되었고(1980년대까지), 네이티브 인도네시아인과 동등한 정치적 경제적 권리가 거부되었다. 싱가포르 정부는 이 도시국가의 특권적 언어로 영어를 선택했으며, 이는 중국인 소유의 영화산업에 치명타를 입혔다. 검열은 강화되었고(소위 '황색문화'에 대한 검열), 극장의 전기세가 200% 올랐으며, 수입영화에 대해서 어마어마한 관세가 부과되었다. 동시에, 말레이시아, 태국, 필리핀에서도 그들의 네이티브 영화를 강화하기 위한 플랜이 세워지면서 내셔널리즘이 강력히 발휘되었다.(…중략…) 쇼 브라더스로서는 이런 상황에 캐세이와의 경쟁 구도가 더해진 상태였다. 이는 쇼 브라더스로 하여금 그들의 프로덕션과 시장 전략을 새롭게 재구성해낼 필요가 있도록 만들었다." Poshek Fu, op. cit., p.44.

17 동남아시아 영화제작가연맹에는 일본 대표로 나가타를 포함한 네 명, 말라이／싱가포르 대표로 런런쇼, 홍콩 대표로 룬드쇼, 인도네시아의 자말루딘 말릭과 우스마르 이스마일, 그리고 태국, 대만 필리핀 대표 각 한 명씩 총 11명이 참여하였다.

18 『1954年版 映畫年鑑』, 時事通信社, 1953, 41~44쪽.

제로 인해 1948년 공직추방되었다. 가와키타가 다시 등장한 것은 1950년 10월 대규모의 공직추방 해제 직후였다. 자신의 회사 도와영화東和映畵의 사장으로 재취임한 가와키타는 전전에 쌓아 올린 유럽영화 인맥과 재조우하였으며, 이를 기반으로 전후 일본영화의 국제화에 있어서 막강한 영향력을 행사했다.[19] 나가타의 동남아시아 순방이 있었던 1953년 당시 나가타와 가와키타는 모두 일본영화의 현대화, 합리화를 위해 만들어진 통상산업대신의 고문 기관 '산업합리화심의회'의 영화산업부회에 참가하고 있었다.[20] 무엇보다 1951년 〈라쇼몽〉의 베니스 영화제 수상의 막후에서 가장 큰 공을 세웠던 인물은 다름 아닌 가와키타였다. 그는 이 영화의 출품을 책임졌고, 〈라쇼몽〉의 수상을 위해 자신의 인맥들을 총동원하기도 하였다.[21] 1953년의 나가타와 가와키타는 매우 가까운 사이였다. 특히 나가타가 홍콩의 런런쇼를 만나는 데에는 가와키타의 입김이 작용했다.

아시아 영화제의 설립 과정이 단적으로 보여주고 있는 것은 전후 일본이 어떻게 이 지역으로 재기입되고 있는가 하는 점이다. 주지하다시피 1948년 이후로 냉전은 가속화되고 있었으며, 1949년 중국혁명은 이

---

19 북경과 독일에서 유학한 가와키타 나가마사의 국제주의적 영화 경력은 1928년 도와상사(東和商事)의 설립과 함께 시작된다. 도와상사를 통해 당대의 대표적인 유럽영화를 일본에 수입한 그는 1937년 최초의 일본-독일 합작영화이자 하라 세쓰코(原節子)의 데뷔작 〈새로운 땅(新しき土)〉(이타미 만사쿠, 아놀드 팡크)의 제작에 관여하였다. 1939년 이후 상해의 일본-중국 합작회사 중화전영(中華電影)의 대표로 활동하며, 친중국적 성향으로 중국 영화인들의 지지를 얻었다. 가와키타 나가마사에 대해서는『東和の半世紀』, 東宝東和, 1978 참조. 가와키타의 공사(公私)의 파트너였던 가와키타 가시코는 1960년대 일본 전위영화의 전초기지였던 일본아트시어터길드(ATG)의 설립자이기도 하다.
20 『1953年版 映画年鑑』, 時事通信社, 1952, 27쪽.
21 『東和の半世紀』, 東宝東和, 1978, 76쪽.

지역에서의 전후 일본의 역할에 대한 미국의 정책전환을 공고하게 만들었다. 공산권에의 대항국가로서의 역할이 부여된 일본의 경제부흥은 시급한 문제로 떠올랐다. 특히 1950년에 발발한 한국전쟁은 일본의 아시아에서의 역할을 바꾸는 데 결정적인 모멘텀이 되었다. 일본 국내적 변화는 가파르게 진행되었다. 미군을 보완하는 경찰예비대(자위대의 전신)가 창설되는 한편, 레드퍼지가 본격화되었으며 같은 해 1만 3천 명의 노동자들이 사상적, 정치적 입장 때문에 직장에서 쫓겨났다. 또한 전전의 정치가와 재계인 1만 명이 공직추방에서 해제되었다. 미국 주도의 단독강화가 서둘러졌으며, 일본의 경제부흥에 박차를 가한 미국은 강화조약에서 배상청구권을 포기하도록 각국에 요청했다. 예외는 일본이 직접 점령한 나라로 한정되었으며, 청구권 내용도 한정적으로 일본과 각국 간의 개별 협정에 맡기는 형태로 귀결되었다.[22] 1951년의 샌프란시스코 강화조약은 소련과 중국을 제외한 단독강화로 이루어졌다. 그리고 한국전쟁 '특수'를 거쳐 드디어 전후 일본이 탄생하였다.[23] 새롭고 오래

----

22 1948년 1월의 로얄 육군장관의 연설은 미유군에 의한 미국의 일본에 대한 정책전환 요구를 공공연히 보여주는 것이었다. 이 연설의 핵심은 일본을 공산권에 대한 대항국가로서 삼기 위해, 비군사화와 민주화라는 점령정책 기조를 경제부흥으로 방향전환하는 데 있었다. 같은 해 10월 미국의 국가안전보장회의는 다음과 같은 대일정책에 대한 권고서를 낸다. "일본이 점령 종료 후 안정을 유지하고, 자발적인 의사로 미국의 우호국으로서 남아있기 위해, 강화를 서두르지 않을 것이며 일본의 미군기지는 현재와 같은 편익을 강화 후에도 가능한 유지할 수 있도록 확충한다. 경찰은 중앙통제 경찰조직 확대로 강화한다. GHQ / SCAP(연합국 군최고사령관 총사령부)가 일본 정부에 새로운 개혁 입법을 강요하지 않도록 지도한다. 공직추방을 더 확대할 계획은 없을 것이며, 궤도를 수정한다. 미국의 안전보장 이익에 따라 (일본) 경제부흥을 차기 미국의 대일정책의 주요 목적으로 한다." 三宅明正, 「日本の戰後改革」, 『東アジア近現代通史』 7, 岩波書店, 2011, 314쪽에서 재인용.

23 한국전쟁이 있었던 3년간, 연합군에 보급하기 위한 물자 및 인적 서비스 수요는 누계 약 10억 달러에 이르는 것이었으며, 주일연합군 장병의 일본에서의 소비와 외국관계 기관의 지출은 약 24억 달러에 달했다. 한국전쟁 발발 이후 일본의 수출 통관액은 55% 증대

된 전후 일본에는 아시아로의 진입이라는 과제가 재부상했다.

아마도 나가타 마사이치가 아시아 영화제를 적극적으로 추진한 데는 개인적인 공명심과 더불어 일본영화진흥회의 이사장으로서 일본영화의 새로운 시장 개척에 대한 요구를 끌어안아야 했던 사정이 함께 작용했을 것이다. 실제로 나가타는 이 네트워크를 통해 수많은 다이에이 영화를 동남아시아에 팔 수 있었다. 〈자토이치〉가 1960년대 홍콩을 비롯한 동남아시아 일대에서 그토록 광범위하게 인기를 끌 수 있었던 것은 여기에서 기인한다. 또한 나가타의 배후에 있는 가와키타의 이름을 상기해 본다면, 동남아시아 영화시장이란 다시금 복구되어야 할 것이었다. 가와키타는 대동아공영권을 실질적으로 '경험'한 자였다. 다시 말해 그에게 동남아 영화시장이란 대동아공영권의 전후적 계승과 같은 것이었다. 더불어 구점령지, 구식민지로의 재진입에 '문화적' 방식이 유효하다는 일본 내의 광범위한 동의가 있었다.

1954년 5월 8일 도쿄에서 개최된 제1회 동남아시아 영화제를 정리하는 다음과 같은 언급은 일본이 왜 그토록 주도적으로 이 영화제를 성립시키는 데 힘을 기울였는가를 단적으로 보여준다.

> 동남아시아 영화제가 도쿄에서 개최되었다는 것은 일본영화사상 특필할 만한 일로, 동남아시아 여러 나라들과의 영화 교류라는 문화적 의의뿐 아니라, 경제-정치적으로도 커다란 수확이다. 영화제를 통해 동남아시아 나라

했다. 그 결과 1951년 일본의 실질국민총생산은 이미 전쟁 전 수준에 도달했다. 한국전쟁이 일본경제에 불러일으킨 비약적인 붐, 이른바 '조선특수'에 대해서는 内野達郎, 『戦後日本経済史』, 講談社, 1978, 87~94쪽 참조.

들의 영화업자들이 일본 영화산업의 위대함을 인식하고, 또 일본이 영화기업 경영자들과 친교를 맺음으로써, 일본영화는 가장 중요한 수출 대상인 동남아시아 영화시장 개척에 커다란 플러스를 가지게 되었다. 각국 대표는 영화뿐만 아니라 영사기, 발성기, 렌즈, 카메라, 심지어 선전용 풍선까지 사겠다고 하니, 이를 기회로 수출이 증대될 것은 당연하며, 일본 산업 전체에도 유의미한 영향을 줄 것이다. 게다가 출석한 각국 대표들의 면면을 보자면 쇼 브라더스와 같은 재벌뿐 아니라 정재계의 유력자, 신문 경영자, 귀족, 대학 교수, 평론가 등인데, 이들이 영화제를 기회로 일본에 호의를 갖고, 동남아시아 여러 나라의 일본에 관한 여론을 긍정적인 것으로 만들 것이라는 점에서, 정치적 효과 또한 크다고 할 수 있다.[24]

요컨대 아시아 영화제는 일본이 '아시아' 지역에서 차지하는 선도적 위치를 과시함으로써, 이 지역에 대한 적극적인 시장개척과 그에 따른 부가 산물의 수출이라는 목적과 함께 이 지역과 일본 사이에 있는 역사적 '구원舊怨'을 풀기 위해서도 중요한 계기로 작용할 수 있을 것이었다. 일본의 아시아로의 재진입이라는 이 정치적 목적은 종종 성공적이었다고 자축되었다. 일례로 1961년 마닐라에서 열린 제8회 아시아 영화제에 대한 참관기는 이 도시의 환대와 영화제에 모인 아시아 각국의 영화인들과 일본 영화인들이 쌓은 '우정'의 기록으로 점철되어 있다. 다음의 참관기는 당시 일본영화제작자협회의 이사장이었던 마쓰야마 히데오에 의해 쓰였다. "일찍이 눈에 띄었던 나쁜 대일감정이 아닌, 아름다운

---

24 『1955年版 映画年鑑』, 時事通信社, 1954, 54쪽.

일본과 필리핀의 친선 풍경이 펼쳐졌다"고 쓰고 있는 마쓰야마는 한 인도네시아 여배우가 일본어로 〈새하얀 후지산의 백설을, 마음의 방패 삼아〉라는 전쟁 중에 불린 종군간호부의 노래를 폐회식 파티에서 부르려고 했다는 '훈훈한' 에피소드를 전하면서 "아시아는 하나다, 라는 말이 영화계에서는 이미 실현되었다"라고 선언하기에 이른다. 그에 따르면 "일찍이 무력에 의한 대동아공영권의 꿈은 실패했으나, 영화에 의한 대동아문화권은 아름답게 꽃피고 있는 중"이었다.[25]

아시아 영화제가 일본영화의 아시아에 대한 재진입의 역할을 성공적으로 수행했으며, 더 나아가서 일본과 이 지역 사이의 화해 무드를 조성하고, 전후 일본의 정치적 부담을 덜어 내는 데 일익을 담당했다면, 그 배후에서 미국의 그림자를 발견하게 되는 것은 우연이 아닐 것이다. 그리고 바로 이 지점에서 일본 주도의 아시아 영화제에 한국이 진입할 자리가 마련되고 있었다.

아시아에 '반공 대한' 기입하기—한국의 아시아 영화제 참가 사정

아시아 영화제를 미국 주도의 냉전 아시아 문화정책의 산물이라는 관점에서 탁월하게 분석하고 있는 이상준은 매우 흥미로운 에피소드를 전한다.[26] 1955년 봄, 당시 대한영화인협회의 회장이었던 김관수[27]는 아

---

25 松山英夫, 「アジアにかける映画の橋 第8回アジア映画祭の記」, 『キネマ旬報』, 1961.4, 58~59쪽.
26 아시아 영화제에 대한 기존의 연구는 홍콩영화 연구자들에 의해 주로 이루어져 왔다. 런런쇼가 이 영화제에서 차지했던 절대적인 위치, 1950년대 말부터 1960년대까지 쇼 브

시아재단(TAF)의 서울지부 대표 필립 로위Philip Rowe를 만났다. 김관수와 로위는 주한미공보원The United States Information Service 시절부터 알던 사이였다. 미점령기 당시 로위는 점령 당국의 미디어 정책을 맡고 있었다. 로위는 김관수에게 작년에 자신이 참석했던 제1회 동남아시아 영화제를 소개하며, 곧 싱가포르에서 열릴 제2회 동남아시아 영화제의 참석을 권유하였다. 비용은 '달러'로 전달될 것이라는 설명이 곁들여졌다. 로위는 매우 적극적이었다. 한국영화계 최초의 해외영화제 참관은 곧 실현되었다. 김관수는 중견감독 윤봉춘과 문화공보부 관리 이성철과 함께 5

라더스가 이 영화제를 계기로 구축할 수 있었던 초국가적 활약이 (일본을 제외한) 아시아 지역에서 거둬들인 성과를 생각한다면, 홍콩영화사 연구자들이 쇼 브라더스를 중심으로 이 영화제를 파악하고자 한 것은 일견 당연해 보인다. 그러나 이상준의 지적처럼 쇼 브라더스의 전략과 홍콩영화사의 기술 속에서 이 영화제를 파악하는 것은 홍콩영화의 내셔널 히스토리로 결정화되는 경향이 있다. 오히려 이 영화제를 통해 이 지역 영화산업에 재진입하는 일본과 (김관수의 경우에서 보이듯이) 막후에서 여러 방식으로 개입해 있었던 미국이라는 두 항은 이 영화제가 말 그대로 한국전쟁 이후의 이 지역에 대한 새로운 매핑 속에서 나온 지정학적 고려의 결과였음을 보여준다. Sangjoon Lee, op. cit., pp.165~221. 아시아 영화제에 관한 홍콩 쪽 연구들은 다음을 참조. Kinnia Yau Shuk-ting, op. cit.; Poshek Fu, *China Forever : The Shaw Brothers and Diasporic Cinema*, University of Illinois, 2008; Law Kar・Frank Bren, *Hong Kong Cinema : A Cross-Cultural view*, Scarecrow Press, 2004 등. 한편 한국에서 아시아 영화제에 관한 연구로는 공영민의 「아시아 영화제를 통해 본 한국영화」(중앙대 석사논문, 2008)가 있다. 한국영화가 아시아 영화제와 관련을 맺기 시작한 1954년부터 두 번째로 아시아 영화제를 개최한 1966년에 이르기까지를 대상으로 한 이 연구는 1950~1960년대 한국영화의 내부적 논리 속에서 어떻게 이 영화제가 기능했는지를 파악할 수 있는 귀중한 선행연구이다.

27 김관수(1908~?) : 1942년 총독부 주도의 조선연극계 통폐합 결과 결성된 조선연극문화협회의 상임이사였던 김관수(당시 창씨명 이와모토 히로시(岩本寬))는 당시 연극계의 '신체제' 구축에 가장 중심적인 인물로 활동하였고, 해방 이후에는 미점령기 시절 주한미공보원의 중요한 협력자가 되었다. 1948년 여순사건의 소탕전에 관한 기록영화를 제작하고, 한국전쟁 당시 국방부영화촬영대 조직에 공헌한 그는 한국군과 주한미공보원과의 돈독한 관계를 기반으로 1950년대에는 반공영화〈포화속의 십자가〉(1955) 등을 제작하는 등 영화, 연극계의 강력한 실력자로 건재를 과시하였다. 김관수와 국방부영화촬영대 창설에 관해서는 「영화수첩반세기 영화계」, 『동아일보』, 1972.11.28. 김관수에 대한 간략한 소개로는 이재명, 『일제 말 친일목적극의 형성과 전개』, 소명출판, 2012, 160쪽 참조.

월 싱가포르로 떠났다.[28] 이듬해 한국은 정식으로 동남아시아 영화제작

자연맹에 가입했으며, 1957년 도쿄에서 열린 제4회 아시아 영화제에서

이병일의 〈시집가는 날〉이 특별상인 희극영화상을 받았다. 해방 이후

한국영화로는 최초인 이 '국제무대'에서의 수상은 전 국민적인 경사로

받아들여졌을 뿐 아니라, 한국영화의 '국제화' 가능성을 보여주는 것으

로 인식되었다.[29]

　필립 로위가 왜 김관수에게 아시아 영화제 참관을 권유했는지에 관해

서는 정확히 알 수 없지만,[30] 적어도 진영 구축이라는 미국의 문화정책의

28 아시아재단의 한국에서의 활동에 대해서는 Cho Tong-jae · Park Tae-jin, Meredh
　　Sumpter ed., *Partner for Change : 50 years of the Asia Foundation in Korea 1954-2004*, Asia Foun-
　　dation, 2005 참조.

29 이를테면 오영진의 다음과 같은 언급. "이것은 우리 영화가 탄생한지 36년 만에 처음 있
　　는 일이며 그러므로써 역사적인 사건이라 아니 일컬을 수 없다. (…중략…) 우리는 우리
　　영화의 위치를 알았고, 우리 영화가 믿어야 할 국제성이란 어떤 것인가에 대하여 제작자
　　를 심사숙고케 하였다." 오영진, 「1957년 영화제 개관」, 『신영화』, 신영화사, 1957.12,
　　44~45쪽. 〈시집가는 날〉은 오영진이 1943년 『국민문학』에 일본어로 발표했던 시나리
　　오 『맹진사댁 경사』를 원작으로 하고 있다. 『맹진사댁 경사』로부터 〈시집가는 날〉로의
　　이동은 식민지 로컬리티가 어떻게 일국의 민족 표상으로 전이되는가에 관한 매우 전형
　　적인 사례를 제공해준다. 이에 대해서는 이영재, 『제국 일본의 조선영화』, 현실문화연
　　구, 2008, 제4장 참조.

30 참고로 이상준은 비영리단체인 아시아재단이 미정부, 구체적으로는 CIA로부터 자금을
　　조달받은 사실을 상기시킨다. 1950년대 중반 아시아재단과 필립 로위가 한국영화 전반
　　에 끼친 영향력을 확인해보는 것은 흥미로운 일이다. 이후 한국문화계의 중요한 잡지로
　　서 자리잡을 『사상계』, 『여원』, 『현대문학』을 지원하기도 했던 이 단체는 1955년 테크
　　니컬 컨설턴트로 할리우드 프로듀서 조나단 밀러(그는 한국에 오기 전 '일본영화제작가
　　협회'의 기술고문으로 일본에 거주했다)를 초청하는 한편 미국으로부터 35미리 미첼
　　카메라와 자동 필름 디벨로퍼, 조명 기구 등의 기자재를 들여와 이를 관리하기 위해 만
　　들어진 한국영화문화협회(김관수, 이병일 등이 주도)에 기증하였다. 당시 한국에서 35
　　미리 미첼 카메라는 주한미공보원 소유의 한 대를 제외하고는 전무한 것이었다. 아시아
　　재단의 자금과 활동 및 미국의 진영논리와 아시아 영화제의 관계에 대해서는 Sangjoon
　　Lee, op. cit., pp.165~184. 아시아재단의 활동은 한국에만 국한된 것이 아니었다.
　　1950~1960년대 홍콩에서 이 단체는 중국 본토에서 망명한 지식인, 문화인들을 지원했
　　으며, 홍콩의 신유학파 성립에 지대한 영향을 미쳤다. 냉전 질서가 홍콩에 끼친 영향에
　　대해서는 다음 책을 참조. Law Wing Sang, "Cultural Cold War and the Diasporic

하위 에이전트로서 필립 로위가 한국을 진영 내의 국제무대에 소개시키고자 할 때 아시아 영화제가 최적의 장소로 떠오른 것만은 분명한 것 같다.[31] 한국의 아시아 영화제 참가는 단순히 참가국 수의 증가만을 뜻하는

Nation", *Collaborative Colonial Power : The Making of the Hong Kong Chinese*, Hong Kong University Press, 2009; 오병수, 「아시아재단과 홍콩의 냉전(1952~1961) – 냉전시기 미국의 문화정책」, 『동북아역사논총』 48, 동북아역사재단, 2015. 한편 최근 스탠포드 대 후버연구소(Hoover Institution) 소장 아시아재단 서류 검토를 중심으로 1950~1960년대 미국의 냉전 문화전략의 핵심 에이전시였던 아시아재단이 한국의 문화학술장에 끼친 영향의 전모가 밝혀지고 있다. 이에 대해서는 다음 논문들을 참조. 이순진, 「아시아재단의 한국에서의 문화산업–1954~1959년 예산서류를 중심으로」, 『한국학연구』 40, 인하대 한국학연구소, 2016; 정종현, 「아시아재단의 "Korean Reseach Center(KRC)" 지원연구–사회과학연구도서관(1956)/한국연구도서관(1958)/한국연구원(1964)으로의 전개를 중심으로」, 『한국학연구』 40, 인하대 한국학연구소, 2016; 공영민, 「아시아재단 지원을 통한 김용환의 미국 기행과 기행 만화」, 『한국학연구』 40, 인하대 한국학연구소, 2016; 박연희, 「1950년대 한국 펜클럽과 아시아재단의 문화원조 –세계작가회의 참관기를 중심으로」, 『한국학연구』 40, 인하대 한국학연구소, 2016; 이순진, 「1950년대 한국 영화산업과 미국의 원조–아시아재단의 정릉 촬영소 조성을 중심으로」, 『한국학연구』 43, 인하대 한국학연구소, 2016; 정종현, 「'조선학 / 한국학'의 국교정상화–한국 학자들의 '조선학회' 연차대회 참가와 아시아재단의 지원을 중심으로」, 『상허학보』 49, 상허학회, 2017; 김옥란, 「냉전 센터의 기획, 유치진과 드라마센터–아시아재단 유치진·신협 파일을 중심으로」, 『한국학연구』 47, 인하대 한국학연구소, 2017; 우지현, 「1950년대 아시아재단의 원조와 윤석중의 아동 출판물–윤석중 아동연구소와 새싹회를 통해 발행된 출판물을 중심으로」, 『한국학연구』 48, 인하대 한국학연구소, 2018; 이상준, 「아시아재단의 영화 프로젝트와 1950년대 아시아의 문화냉전」, 『한국학연구』 48, 인하대 한국학연구소, 2018; 심혜경, 「1950년대 말 아시아재단 서울지부의 연구지원 사례연구–고황경, 이만갑, 이효재, 이해영의 『한국농촌가족의 연구』를 중심으로」, 『한국학연구』 49, 인하대 한국학연구소, 2019; 정종현, 「1950년대 아시아재단의 민족문화유산 지원 연구–국립중앙박물관 지원을 중심으로」, 『한국학연구』 49, 인하대 한국학연구소, 2019

31 1950년대 한국문화에 지대한 영향을 끼친 미국 주도의 문화활동 에이전시로 주한미공보원의 활동을 빠뜨릴 수 없다. 특히 주한미공보원은 1950~1960년대 월등한 기자재를 바탕으로 수많은 프로파간다 영화를 만들어냈다. 주한미공보원에서 만들었던 선전영화 활동과 그 문화적 파급효과에 대해서는 김한상, 「주한미국공보원(USIS) 영화선전의 표상과 담론」, 『사회와 역사』 95, 한국사회사학회, 2012 참조. 주한미공보원의 프로파간다 영화를 분석하면서 허은은 다음과 같은 지적을 하고 있다. "미국이 고취한 '냉전 민족주의'는 일국(local)의 폐쇄적 민족주의가 아니라 지역(regional)–세계적(global) 차원에서 미국 주도의 자유진영과 원활한 결합을 지향하는 민족주의를 의미했다." 이 언급은 한국영화라는 일국영화가 아시아 영화제를 통해 자유진영 안에서 자리매김하는

것이 아니었다. 분단국가 한국(그리고 대만)이 이 영화제를 이데올로기적으로 선명하게 만드는 데 중요한 역할을 했을 것임은 쉽게 짐작 가능하다. 영화제에서 돌아온 김관수는 이 영화제의 목적에 대해 다음과 같이 말하고 있다. "회원국 간의 영화 문화 교류, 자유 진영의 친선 증진, 그리고 회원국 서로서로가 수출입, 말하자면 거래를 하자는 것입니다."[32]

다음 해의 개최지를 결정하는 회의에 참석한 김관수는 다음과 같은 일화를 이야기한다. 1956년도 아시아 영화제의 주최를 강력하게 희망한 것은 인도네시아였다. 여기에 대해 한국 측은 (김관수의 표현을 빌리자면) 인도네시아가 "중공과 북한 괴뢰를 참석시키자는 발언을 하여 대혼란을 일으킨 일이 있었던 만큼 우리 대표는 자유진영 회합에 공산계열이 참석하는 부당성을 역설하는 한편 대만, 필리핀, 일본 등에 대해서 주의를 환기시킴으로써 인도네시아의 의도를 분쇄"하였다.[33] 결국 차기 영화제의 주최국은 홍콩으로 결정되었다.

물론 김관수의 이 의기양양한 어조에는 꽤 과장이 섞여 있는 것이었다. 인도네시아는 아시아 영화제의 창설 과정에서 중요한 역할을 한 나라였다. 이 나라의 대표적인 영화 제작자로, 수카르노와 정치적 견해를 같이 했던 프로듀서 자말루딘 말릭Djamaluddin Malik과 영화감독 우스마르 이스마일Usmar Ismail은 1953년 최초로 협회 창설이 논의되던 장소에서 나가타와 런런쇼와 함께 있었던 인물들이었다. 1956년 당시 이스마일

과정을 설명하는 데도 매우 적절해 보인다. 허은, 「냉전시대 미국의 민족국가 형성 개입과 헤게모니 구축의 최전선」, 『한국사연구』 155, 한국사연구회, 2011, 155쪽.
32 「우리 영화를 해외로, 동남아 영화제 참가를 중심으로(上)」(좌담회), 『경향신문』, 1955.7.6.
33 「동남아영화제의 수확」, 『경향신문』, 1955.6.1.

은 동남아시아 영화제작자연맹의 부회장을 맡고 있었다. 이에 비해 한국은 옵서버 자격으로 회의에 참석하고 있을 뿐이었다. 이들의 발언은 중량감에서 차이가 있을 수밖에 없었다. 그러나 결과적으로 아시아 영화제에서 주도권을 차지하게 된 것은 한국이었다.

인도네시아는 1962년 서울에서 열린 제9회 아시아 영화제에 불참하였으며, 그로부터 3년 후 아시아 영화제작자연맹을 탈퇴하였다. 이 탈퇴를 계기로 아시아 영화제작자연맹은 "새로 가입하는 나라는 자유민주주의 국가여야 한다"고 명시하였다.[34] 초기 아시아 영화제의 중요 멤버였던 인도네시아가 탈퇴에 이르는 이 과정은 어떻게 이 영화제가 자유 진영 아시아만의 영화제로 재빨리 수렴되어 갔는지를 보여준다. 무엇보다 1955년은 인도네시아에서 개최된 반둥회의가 '비동맹 중립주의 원칙'을 통해 미소 냉전 체제에서 벗어나 포스트 콜로니들이 새로운 세계 질서의 한 축을 성립시키고자 했던 당시였음을 염두에 둘 때, "인도네시아의 의도를 분쇄했다"는 김관수의 발언은 더없이 흥미로워 보인다.

이 발언은 저 위의 일본영화 제작자(마쓰야마 히데오)가 말하고 있는 "영화에 의한 대동아문화권"이라는 언급과 함께 조금 더 주의 깊게 살펴볼 필요가 있다. 이 언급은 구제국인이 구점령지에 가서 느낀 노스탤지어의 산물만이 아니다. 이를테면 가와키타가 구舊대동아문화권으로서 동남아시아 영화시장을 상정하고 있을 때, 이는 단지 시장의 확대만을 의미하는 것은 아니었다. 여기에는 대동아문화권이라는 이념의 지향점, 즉 미국에 대한 대항의식이 매우 은밀하게 내포되어 있었다(참고로 유럽

---

34 『동아일보』, 1965.5.12.

영화와 아시아 영화에 대한 가와키타의 평생토록 일관된 관심의 저변에 있던 것은 반^反할리우드 정서였다). 아시아 영화제 설립 초기에 있었던 일본과 포스트 식민 국가 인도네시아 사이의 공감이야말로 아마도 이에 대한 반증이리라. 다시 말해 제2차 세계대전 당시 수카르노와 같은 인도네시아의 민족주의자들에게 영감을 끼쳤던 대동아공영권이라는 이상과 일본에 대한 공감은 아시아 영화제 설립 당시에 다시 한번 반복되었던 것이다. 물론 이는 매우 아이러니한 이야기이다. 왜냐하면 구제국이 다시 '아시아'에서 선도적 지위를 차지할 수 있었던 것은 다름 아닌 냉전 구도의 확립 속에서 가능해진 일이었기 때문이다.

김관수의 발언의 강한 호소력은 여기에서 비롯된다. 그리고 이는 이 영화제가 어떻게 초기에 있었던 여러 힘의 자장들을 성공적으로 '통일'시키고, 냉전 구도의 아시아를 안정적으로 재현해내게 되는가를 보여준다. 즉 이 순간은 약간의 도식화를 감수하고 말하자면 아시아 영화제의 성립에 작용했던 인도네시아로 대표되는 포스트콜로니얼한 욕망, 전전부터 활동했던 일본의 영화제작자들이 은밀하게 품고 있었던 대동아공영권적인 야심이 미국을 등에 업은 한국의 등장으로 인해 냉전 아시아의 구도 속으로 제거, 혹은 해소되는 순간이라고도 말할 수 있을 것이다.

요컨대 대^對서구적인 '아시아'의 표상(물론 여기에서 일본은 계속해서 어떤 '모범'을 보여주었다)을 구축하고자 하는 열망의 산물로서 종종 서구의 영화제에 대비되는 것으로 스스로를 설정하고 있는 아시아 영화제는 어디까지나 '자유 진영'이라는 바운더리 내에서 이루어진 신흥 독립국가들의 자기 표상의 장으로서(이 영화제에 참가한 각국의 여배우들은 관례적으로 자국의 전통의상을 입고, 전통무용을 선보이곤 했다), 내셔널 시네마 나아가 민족문화 사이의 원활한 교류를 목적으로 하였다.

그렇다면 냉전이 구축해 놓은 바운더리 내에서의 내셔널한 열망과 트랜스내셔널한 교류의 장인 아시아 영화제에서, 그리고 그 교류의 결과로서 이루어진 한국—홍콩의 합작영화들 속에서 포스트 식민 분단국가 '대한민국'이 표상하고자 하는 바는 무엇이었는가? 그러니까 이 냉전과 내셔널—트랜스내셔널의 교착지에서 만들어내고자 한 대한민국이란 과연 어떤 형상이었는가? 아시아 영화제 참가와 이 지역 영화들과의 합작을 통해 '대한민국' 영화가 처음으로 국제성이라는 문제와 맞닥뜨린 시기, 한 평자는 다음과 같이 말하고 있다.

> 정당한 한국적 표현이 부족하여 타국 우방인들로 하여금 한국을 그릇되게 인식케 하는 경우가 있다고 하면 우리로서는 이를 지극한 불행으로 여길 수밖에 없는 것이다. 또한 들리는 바에 의하면 홍콩이나 마카오를 중심으로 북한 괴뢰도 상당한 문화선전공세를 하고 있다는 것이다. (…중략…) 기왕에 우리가 영화로서 해외 선전을 꾀하는 바에야 의식적이건 무의식적이건 간에 북한 괴뢰들과 당당히 맞서서 그들보다는 훨씬 우위에 올라서야 할 것이라는 격심(激心)이 아니 날 수 없는 것이다.[35]

외부를 향해 눈을 돌린 영화는 내셔널 시네마로서의 복무를 다해야 하는 한편, 이 '자유 진영' 내에서 북한과의 체제 경쟁에서 얼마나 우위를 달리고 있는지도 과시해야 했다.

---

35 『동아일보』, 1958.2.18.

3. 1962, 서울, 아시아 영화제

판문점과 국군묘지의 아시아 여배우들

1962년 서울은 이 도시에서 열릴 "초유의 국제적 행사"[36]로 분주하였다. 서울에서 열린 제9회 아시아 영화제는 단순한 이벤트가 아니었다. 이는 "민족문화 선전을 위한 행사"[37]이자 "5 · 16 혁명으로 밝은 새 나라의 모습을 널리 소개 선양한다는 점에서도 뜻깊은" 국가적 행사였다.[38] 1962년 2월 공보부는 아시아 영화제의 개최비용 6천 9백 5십만 환 중 5천만 환을 지급하기로 결정했으며, 이 파격적인 지원과 동시에 아시아 영화제 기념우표가 발행되었다. 1961년 5 · 16군사쿠데타로 집권한 '혁명정부'는 이 국제행사에 각별한 관심을 표명하였다. 영화제 개최 일정 또한 칸느 영화제 일정(5월 3일부터 5월 20일)과의 겹침 때문에 다른 참가국들이 난색을 표했음에도 불구하고 "5 · 16군사혁명 1주년과 결부되어야" 한다는 점에서 5월 12일에서 5월 16일로 결정되었다.

〈사진 4-1〉 제9회 아시아 영화제 기념 우표

---

36 『한국일보』, 1962.5.12.
37 『동아일보』, 1961.7.30.
38 『서울신문』, 1962.1.1.

즉 서울에서의 아시아 영화제 개최는 부수적으로 쿠데타로 집권한 박정희 정권의 국제적인 인증의 역할을 할 것으로 기대되었다. 당시의 신문기사들이 전하는 해외 게스트들의 반응은 한결같이 이 나라가 "예상과 달리" 평화롭고 질서 정연하다는 데 집중되어 있었다. 이를테면 심사위원으로 참석했던 구사카베 규시로는 "너무나 자유롭고 평온해서 참 뜻밖이었다"고 말하고 있고, 영화평론가 오기 마사히로는 다음과 같이 말한다.

> 나도 굉장히 긴장했는데 와 보고 너무나 평화스러워서 혁명이라는 말의 진의를 실감할 수 없을 정도였어요. 그래서 밤에는 바깥 구경을 못하게 될 줄로 각오하고 책을 읽을 셈을 했는데 웬걸요. 아주 딴판이었거든요. 요는 한국의 실정에 대한 PR이 일본 국민에게 잘 알려져 있지 않다는 것을 새삼 느꼈어요.[39]

이 말들은 단지 한국 언론을 대상으로 한 인사치레가 아니었다. 일본의 영화잡지에 마찬가지로 서울의 아시아 영화제에 대한 참관기를 쓰고 있는 구사카베 규시로는 이 도시(그는 가타가나로 서울ソウル이라고 쓴 옆에 옛 '제국' 시절의 명칭인 게이조京城라는 설명을 덧붙인다)와 박정희 정부가 보여준 성대한 환영과 한국인들의 일본영화에 대한 '동경'에 깊은 인상을 받았다.

---

39 『경향신문』, 1962.5.17.

보이는 데마다 있는『키네마준보』이외에도 일본의 주요 영화잡지가 서울에서 읽혀지고 있으며, 신문, 월간잡지 등도 인텔리층에게 널리 읽혀지고 있다. 우리가 쓴 이야기를 실시간으로 듣고 있자니 조금 당황스러운 감도 없지 않아 있다. 그러나 가장 중요한 일본영화는 종전 이후 현재까지 단 한 편도 이 땅에서 공개되지 못했으니, 일본영화에 대한 향수는 생각보다도 훨씬 강렬한 것이었다.[40]

어쨌든 외부로부터의 평가는 고무적이었고, 한국과 한국영화는 비로소 '세계'로부터 인정받았다.[41] 해외 게스트들의 한국과 한국영화에 대한 인상은 실시간으로 기사화되곤 했다. 이 반응의 많은 부분은 (어쩌면 당연하게도) 일본으로부터 왔다. 일본으로서도 구식민지인들이 보여준 열렬한 환영은 인상적인 것이었으리라. 게다가 1962년이라는 시점은 이승만 정권 말기 교착 상태에 빠졌던 한일관계 정상화가 만주군 장교 출신 박정희의 등장으로 다시 새롭게 추진될 것이라는 기대가 섞인 때이기도 했다. 나가타 마사이치를 위시하여, 모리 이와오, 오가와 히로시 등 일본영화계의 거물들을 포함하여 해외 게스트 중 가장 많은 인원인 32명이 일본으로부터 왔다. 그리고 공공연하게 한일국교 정상화에 관한 '문화적' 대담이 오갔다. 도에이 사장 오가와 히로시는 자신의 이번 방문이 한일국교를 위한 것임을 거리낌 없이 밝히고 있다. "나는 원래

40 草壁久四郎, 「ソウルでアジア映画祭」, 『キネマ旬報』, 1962.6, 52쪽.

41 위와 같은 지면에서 구사카베 규시로는 다음과 같이 쓰고 있다. "이는 아시아 영화제에서의 한국영화의 우위를 입증한 것으로 주최국의 면을 세워주려는 배려 따위는 전혀 작용하지 않았다. 한국영화는 오로지 실력으로 이 같은 상을 획득했다는 점을 이 기회에 강조해 둔다." 위의 글, 53쪽.

영화제 같은 데는 참석 안 하는 것으로 유명한데 이번 영화제 참가로 기록을 깨뜨리고 말았다. 한일국교는 아직 정상화되지 않았지만, 그런 의미에서도 나는 영화 교류로써 국교를 터 보려고 자진해서 이렇게 온 것이다."[42] 한국 측 역시 사이좋게 화답하였다. 한국의 영화비평가 이청기가 "이 영화제를 통해서 일본과 대전對戰 국가 간의 악감정을 서로 해소시킨 것처럼 이 영화제는 아시아 제 국가 간의 우의와 친선을 더욱 도모하고 증진하는 데 큰 의의가 있다고 믿는"[43]다고 응답하는 순간 이 영화제의 정치적 성과는 최고점에 도달했다. 아시아의 구원舊怨의 해소, 그리고 냉전이라는 새로운 시대에 발맞춘 조화로운 연대.

해외 게스트들의 한국 스케줄은 매우 세심하게 고안된 동선을 따랐다. 일본, 홍콩, 필리핀, 싱가포르, 말레이시아, 대만 등 해외에서 온 참가자 전원은 동작동 국군묘지 참배[44]를 거쳐 박정희 혁명정부 의장이 청와대에서 개최하는 다과회에 참석하고 전원 판문점을 방문해야 했다.[45] 이 장소들은 구제국의 또 다른 옛 식민지(신흥독립국)에서 온 참석자들에게 독립국가의 위신을 보여주는 한편 '공산세력'과 직접 맞닿아 있는

---

42 『경향신문』, 1962.5.13.
43 『조선일보』, 1962.5.16.
44 동작동 국군묘지는 1952년 육군 묘지의 필요성 속에서 처음 등장했으며, 1954년 묘역 조성을 거쳐 1956년 무명용사를 중심으로 한 안장이 이루어졌다. 1965년 박정희는 국군묘지를 '국립묘지'로 승격시켰다. 이 승격 이후 최초로 안장된 것은 당시 하와이에서 사망한 이승만이었다. 이 승격과 함께 동작동 국립묘지는 군인(한국전쟁 사망자와 베트남전쟁 사망자), 임시정부요인, 국가 유공자, 경찰, 그리고 외국인 중 한국에 큰 공을 세운 자 등이 모두 묻힐 수 있게 되었다. 동작동 국립묘지라는 상징을 통해 포스트 식민지 분단국가 대한민국이 맞닥뜨린 민족국가 수립의 난처함을 표파하고 있는 글로 다음을 참조. 김종엽, 「기념의 정치학－동작동 국립묘지의 형성 : 그 문화‧정치적 의미」, 『인문과학』 86, 연세대 인문학연구원, 2004.
45 『한국일보』, 1962.5.10.

〈사진 4-2〉「일본 여배우들의 기모노 시위」

'자유진영'의 최전선이라는 위치를 과시할 수 있는 자리였다. 그리고 이것은 매우 젠더적인 고려와 함께 연출되었다. 이를테면 다음과 같은 기사를 보라.(이 기사는 「일본 여배우들의 기모노 시위」라는 제목을 달고 있다) 동작동 국군묘지를 참배하는 아시아 영화제 참가대표들의 모습을 전하는 이 기사에는 두 장의 사진이 배치되어 있다. 하나는 기모노 차림의 일본 여배우들의 모습이고, 또 하나는 두 명의 일본 여배우가 국군묘지에서 화한을 올리고 있는 장면이다. 두 사진 밑에는 각각 다음과 같은 캡션이 달려 있다. "해방 후 처음으로 한국 땅에 10명의 아름다운 '기모노' 부대가 내렸다." "일본 대표 단장 오가와 씨와 기모노를 입은 두 일본 여우가 국군묘지에서 화한을 올리고 있다."[46] 또는 대만에서 온 여배우는 판문점을 구경하고 온 소감을 다음과 같이 말한다. "철조망 너머에선 공산군들이 우글거릴 생각을 하니 소름이 끼쳐요."[47]

아마도 식민지의 조선 남성에게 거의 존재론적 '한계'와 마찬가지였던 일본 여성이 국군묘지에 화환을 놓는 장면은 구식민지 남성에게 극적인 보상 효과를 불러일으켰으리라. 일본 여배우들에 대한 한국 매체들의 관심은 지대한 것이었다. 그녀들의 일거수일투족이 기사화되는 와중에 한국 남자 배우 이수련과 일본 여배우 기타하라 시게미北原しげみ 사이의 대화를 전하는 신문기사는 그 관심이 향하는 바가 무엇이었는지를

46 『서울신문』, 1962.5.12.
47 『경향신문』, 1962.5.15.

보여주는 데 부족함이 없어 보인다. 한국에 대한 감상을 묻는 이수련에게 기타하라는 먼저 한복의 아름다움을 상찬한 후, 서울역과 도쿄역의 유사함이 친근감을 불러일으킨다고 말한다. 고궁과 경치, 한국무용이 열거되고 김치와 마늘, 온돌에 대한 찬사가 이어진다. 일본의 신인 여배우는 의도하지 않게 서울에 남아 있는 제국의 자취를 발견했으며(서울역), 동시에 이곳의 '독특함'에 주의를 기울였다. 이 '관광자'에게 친밀하면서, 또 다르기도 한 서울은 충분히 매혹적인 장소였으리라. 마지막으로 이수련이 묻는다. ""한국남성에 대한 감상은?" 이수련 군이 이렇게 물었을 정도로 누이동생 같은 시게미 양. "몸이 크고 친절하고 차밍해! 일본 남성은 좀 남성 제일주의라서.""[48]

또는 판문점 앞에서의 대만 출신 여배우의 발언은 직접적으로 공산진영과 대치하고 있는 대만과 한국이라는 이 반공-군사국가 사이의 근사近似한 심정을 불러일으키기 충분한 것이었다. '국군묘지'와 판문점, 이 장소들은 구식민지인이 구제국인에게 느끼는 열패감을 냉전이라는 공통된 기반을 통해 일거에 상쇄시키기에 적합한 곳이었으며(우리는 너희들을 지켜주기 위해서 싸운다), 동시에 '자유 진영' 내에서의 한국의 '주도적' 위치를 과시할 수 있는 곳이었다(우리는 38선 너머의 '북한 괴뢰'와 맞대면하고 있다). 즉 이 장소들을 통해 부각되는 것은 '자유 진영'을 지킨 대한민국 '남성'이다(그로부터 3년 후 대한민국 '국군'은 냉전이 야기한 두 번째 '열전지'인 베트남으로 떠나 목숨을 걸고 공산 진영과 싸우는 '자유 아시아의 방파제'가 될 것이다).[49] 아마도 아시아 영화제 자체가 '자유 진영'이라는 경계를 환기시

---

48 『경향신문』, 1962.5.15.
49 베트남 파병과 한일기본조약은 모두 1965년 국회를 통과하였다. 이 사실을 상기하면서,

킨다면, 이 경계의 최전선을 담당하고 있는 장소(대한민국)가 스스로의 남성성을 과시하고자 한 것은 필연적이었으리라.

1962년 서울의 아시아 영화제에서 남우주연상은 신영균(〈상록수〉)에게 돌아갔다. 이로써 한국영화는 1960년의 〈로맨스 빠빠〉(신상옥)와 1961년의 〈박서방〉(강대진)으로 김승호가 2년 연속 수상한 데 이어 3년째 남우주연상을 수상하게 되었다. 한국영화의 남우주연상 독식은 1966년까지 이어졌다. 1963년 〈로맨스 그레이〉(신상옥)로 김승호가 세 번째의 남우주연상을 받은 데 이어, 1964년에는 〈빨간 마후라〉(신상옥)로 신영균이 다시 한번 남우주연상을 수상했다. 1965년 김진규가 〈벙어리 삼룡이〉(신상옥)로 남우주연상을, 1966년에는 박노식이 〈청일전쟁과 여걸 민비〉(신상옥, 임원식)로 남우주연상을 수상하였다.

참가국들 중에서 유독 한국영화에 이토록 많은 남우주연상이 배분된 것은 우연치고는 꽤 흥미로워 보인다. 적어도 아시아 영화제 안에서만 보자면 한국영화는 타의 추종을 불허하는 출중한 남성 배우들의 전시장이었다. 물론 이 수상은 개별적으로 보자면 각각의 배우들의 탁월한 연기력의 결과였을지 모른다. 그러나 이 '과다한' 수상에는 분명 어떤 이유가 있어 보인다. 참고로 여우주연상을 가장 많이 가져간 것은 홍콩이었다. 참가국들의 산업적, 정치적 고려를 우선시했던 아시아 영화제의 심사에는 종종 참가국들의 의사가 반영되곤 했다는 점을 염두에 둔다면 이 연이은 수상에는 한국 측의 의지가 개입되어 있을 확률이 크다.

미국의 동아시아 지역 정책 속에서 이 두 사건이 어떻게 연동되어 있는가를 밝히는 글로는 다음을 참조. 전재성, 「1965년 한일국교정상화와 베트남 파병을 둘러싼 미국의 대한(對韓)외교정책」, 『한국정치외교사논총』 26, 한국정치외교사학회, 2004.

그렇다면 왜? 첫 번째 이유는 현실적으로 당시 한국영화가 일본을 제외한 아시아 영화시장을 겨냥할 때, 가장 큰 인력 자원으로 남성 배우를 상정했다는 데에서 기인할 것이다. 이 시장에서 압도적인 우위를 점하고 있었던 홍콩의 영화산업은 여배우 위주였다. 황매조黃梅調 영화를 포함한 쇼 브라더스의 일련의 시대극 영화들은 여성 주인공에게 집중해 있었으며, 쇼 브라더스의 라이벌이었던 MP & GI의 현대를 배경으로 한 도시 연애극들 역시 여성 주인공이 강력하게 어필하는 영화들이었다. 그러나 주지하다시피 1950~1960년대 한국영화의 주류 장르 또한 소위 '고무신 부대'라는 조롱 섞인 명칭으로 불리던 여성 관객을 겨냥한 멜로드라마였다. 이 이야기는 한국과 홍콩의 주류 장르의 문제로만 이 상황을 해석할 수 없다는 것을 의미한다. 오히려 여기에는 한국이 자신과 이 진영 내의 다른 나라들을 어떻게 젠더화시키고 있는가의 문제가 개입되어 있다고 보는 편이 타당할 듯하다.

전선과 피, 한국인 남성과 이국의 여성 -〈이국정원〉

1957년 쇼 브라더스와 한국연예주식회사 사이에 이루어진 최초의 합작영화 〈이국정원異國情鴛〉(1958)은 이 점에서 의미심장한 사례를 제공해 준다.[50] 당시 쇼 브라더스의 파트너는 이승만의 친위 정치 깡패이자 1950년대 한국영화계 최고 실력자로 군림했던 임화수였다. 이들의 만

---

50 한국과 홍콩 양쪽에서 모두 필름이 없어진 것으로 알려진 이 영화는 2012년 한국영상자료원에서 발굴·복원했으나, 사운드필름은 유실된 상태이다.

〈사진 4-3〉〈이국정원〉

남이 이루어진 것은 물론 아시아 영화제를 통해서였다. 1957년 쇼 브라
더스를 대대적으로 개편하면서 런런쇼는 각각 다른 이유에서 다양한 합
작 채널을 가동시켰다. 한국과의 합작은 쇼 브라더스가 기술 도입(일본),
현지화(필리핀), 시장의 확대(대만) 등 다양한 성과들을 모색하기 시작하
는 와중에 이루어졌으며,[51] 한국 측의 임화수 또한 해방 이후 최초인 이
외국과의 합작에 대해 매우 적극적이었다.[52] 한국에서 이 프로젝트는 국

---

[51] 홍콩영화가 수행했던 전방위적 합작 및 인적-물적 교류에 대해서는 Law Kar, "Crisis
and Opportunity : Crossiong Borders in Hong Kong Cinema, its Development from
the 40s to the 70s", *Border Crossings in Hong Kong Cinema*, Hong Kong Urban Council, 2000
참조.

[52] 〈이국정원〉의 합작 과정에 대해서는 Kinnia Yau Shuk-ting, "On Love with an Alien",
Wong Ain-long ed., *The Shaw Screen : A Preliminary Study*, Hong Kong Urban Council,
2003; Sangjoon Lee, op. cit., pp.290~297 참조.

가적인 관심을 한몸에 받았다. 이 영화에 참여했던 윤일봉의 증언에 따르면, 홍콩으로 촬영을 떠나기 전 이승만은 이 영화의 스태프들을 경무대에 초대해서 만찬을 베풀며, 영화로 '국위선양'에 이바지해 줄 것을 당부했다. 윤일봉은 이승만이 영화 '예술'의 위대함을 진심으로 알아주는 분이었다고 기억한다. 출국 날, 도로에는 꽃을 든 학생들이 이들의 출국을 기념해 주었다.[53]

〈이국정원〉의 시나리오는 한국 쪽에서 잡은 기초를 바탕으로, 양쪽 각본가들의 공동 작업을 통해 완성되었다. 한국인 작곡가가 홍콩의 가수와 사랑에 빠지지만 이들이 실은 헤어진 남매였을지도 모른다는 설정은 한국 측의 것이었으며(이후 한국영화와 드라마에서 끊임없이 반복될 모티브!), 이것이 실은 오인이었다는 결말은 홍콩 측의 의견이 반영된 결과였다(각본에 참여한 유두연은 이 결말이 쇼 브라더스의 배급망이 미치고 있는 화교 커뮤니티의 '저열한' 관객 수준 때문이었다고 한탄하고 있다).[54] 연출은 한국 측의 전창근과 홍콩 측의 도광계屠光啟가 공동으로 맡았으며, 여기에 일본의 와카스기 미쓰오若杉光夫가 합류하였다. 남자 주인공과 여자 주인공은 각각 한국의 김진규와 홍콩의 유민尤敏이 맡았다.

이 첫 번째 한홍 합작영화는 인적 면면만으로도 꽤 흥미롭다. 식민지 시기 상해파 영화인 중 한 명이자, 대한민국 임시정부의 지도자였던 김구와 개인적인 친분이 있던 전창근은 광복영화 〈자유만세〉(최인규, 1946)의 각본과 주연을 맡으며 이후 남한영화에서 지속적으로 반복될 '독립운동가'의 표상을 성립시키는 데 결정적인 공헌을 한 인물이었다.[55] 한

---

53 필자와의 인터뷰.
54 劉斗演, 「合作映畵의 隘路」, 『경향신문』, 1958.2.21.

편 제2차 세계대전 당시 상하이에서 홍콩으로 이주한 도광계는 대표적인 우파 내셔널리스트 만다린어 영화 창작자였다. 그는 1953년 미국 자본으로 만들어진 아주영업유한공사亞洲影業有限公司에서 주로 활동했는데, 좌파 영화를 우파 민족주의적 내러티브로 리메이크하는 데 탁월한 기량을 보인 바 있었다.[56] 와카스기 미쓰오의 참여는 기술적인 문제와 관련이 있던 것으로 보인다. 〈이국정원〉은 쇼 브라더스로서도, 임화수로서도 일종의 기술적 실험이었다. 이 영화는 양쪽 모두에게 거의 최초의 본격적인 이스트먼컬러 필름 영화였으며, 당연히도 전창근과 도광계는 컬러 필름 사용에 익숙하지 않았다. 쇼 브라더스는 이를 보완하기 위해서 와카스기 미쓰오와 함께 당시 신도호新東宝 소속이었던 니시모토 다다시西本正[57]를 초빙했다. 이들은 각각 화극의華克毅와 예몽동倪夢東[58]이라는 중국어 예명으로 크레딧에 기재되었다(한국에서는 아예 이들의 존재를 지웠다). 일본인 인력에 대한 이러한 처리 방식은 1960년대 중반 이후 쇼 브라더스가 적극적으로 추진했던 연출자를 포함한 일본인 스태프들의 고용 방식의 전범을 보여주는 것이기도 하였다. 쇼 브라더스는 일본으로부터 기술적 노하우를 전수받기를 원하면서도, 이들이 지닌 일본이라는 내셔

---

55 현재까지 지속되는 이 '독립운동가' 이미지의 총화는 아마도 1960년 전창근이 만든 영화 〈아아 백범 김구선생〉일 것이다. 이 영화에서 전창근은 그 스스로 김구의 역할을 맡고 있다.

56 Stephen Teo, *Hong Kong Cinema : Extra Dimensions*, British Film Institute, 1997, pp.23~24.

57 니시모토 다다시의 이름은 특별히 기억해둘 필요가 있다. 그는 1960년대 홍콩영화의 기술적 표준화에 있어서 외부로부터 온 가장 위대한 공로자였다. 쇼 브라더스 시대부터 이 소통 영화에 이르기까지 홍콩영화계의 가장 중요한 이름들과 작업을 한 니시모토 다다시의 귀중한 증언으로 다음 책을 참조. 西本正, 山田宏一·山根貞男(聞き手), 『香港への道』, 筑摩書房, 2004.

58 니시모토 다다시는 이후 하란산(賀蘭山)으로 중국어 예명을 바꿔 쇼 브라더스 영화에 참여하였다.

널리티는 삭제해 두고자 했다.

〈이국정원〉이 흥미로운 것은 한국 남성과 홍콩 여성이라는 그 '전형적'인 설정 때문이다. 이 설정은 이후 한국영화가 거듭 반복하게 될 것인데, 한국 남성들은 이국(으로부터 온) 여성과 사랑에 빠진다. 여자들이 온 장소는 대부분 홍콩이거나 도쿄이다. 그녀들은 헌신적인 일본인 아내, 애인(〈망향〉(1966), 〈서울이여 안녕〉(1969))이거나, 한국 남성과의 사랑을 잊지 못하는 홍콩 여성으로 등장하였다(〈조용한 이별〉(1967), 〈비련〉(1967)). 물론 이 두 지명이 가장 빈번히 등장한 것은 첩보영화에서였다. 이 영화들에서 도쿄와 홍콩은 화려한 물질의 세계를 보여주는 자본주의 판타지의 장소이자, 암약하는 '공산당'을 언제 어디서 마주칠지 알 수 없는 불안의 장소이기도 했다.[59]

매혹과 불안을 동시에 선사하는 이 외부의 두 지명을 앞에 두고 한국이 '남성'의 위치를 고수하는 광경은 앞서의 아시아 영화제 관련 기사들이 한결같이 견지하고 있던 지극히 젠더적인 분할을 떠올리게 만든다. 말하자면 이 설정은 판문점과 국군묘지를 통과함으로써 가능해진 것이다. 생생한 대치의 전선戰線과 피야말로 일본, 홍콩 / 한국의 젠더적 배치의 결정적인 근거였던 것은 아니었을까? 포스트 식민 분단국가의 재남성화 전략은 판문점이라는 전선 혹은 자유 아시아 이데올로기의 방파제를 경유하며 영화적, 문화적 장치로서 국제적으로 전시되고 있었다.

---

59 또한 홍콩과 도쿄라는 장소가 부여하는 이 매혹과 불안은 젠더적으로 분할되는데, 한국 남성이 아닌 한국 여성이 이 장소에 놓이게 되는 소수의 예외적 상황들에서는 매혹보다 불안이 극대화된다. 이를테면 조총련의 음모로 남편을 잃고, 그 자신은 살인 누명을 쓰게 된 한국인 여성의 이야기를 그린 〈동경 특파원〉(김수용, 1968)에서 도쿄는 무시무시한 '악몽'처럼 그려진다.

내셔널 시네마의 세계성 모색—신상옥과 런런쇼의 동양적 미학

1962년 서울 아시아 영화제의 최대 스타는 단연 신상옥이었다. 〈사랑방 손님과 어머니〉가 최우수 작품상을 수상하였고, 그가 감독한 또 한 편의 영화 〈상록수〉는 남우주연상과 조연상, 시나리오상을, 〈연산군〉은 미술상을 수상하였다. 지금 보면 이 독식은 꽤 과한 것처럼 보인다. 당시에도 이 수상 결과에 대한 우려가 없었던 것은 아니었다. 한 일본인 심사위원이 말하듯이 "개최국에의 의례에 지나지 않는 것인가라는 우려". 그러나 이 심사 결과는 정말 어쩔 수 없는 것이었다. 왜냐하면 이 일본인 심사위원이 재빨리 덧붙이듯이 이 해의 가장 귀중한 발견은 "신상옥이라는 젊은 프로듀서 감독의 놀라운 실력"이었기 때문이다.[60] 심사위원들은 이구동성으로 신상옥이 최고라고 말하는 데 주저하지 않았다.

당시 신상옥이 '최고'로 여겨졌다는 데는 의문의 여지가 없지만, 실상 아시아 영화제는 내내 고질적인 수상 시비에 시달렸다.[61] 아마도 이를 설명하기 위해서는 세 가지의 이유를 들 수 있을 터인데, 첫 번째, 아시아 제작자연맹이 주최인 데서 드러나는바 이 영화제는 이 지역의 산업적인 고려와 긴밀히 연관되어 있었다(실제로 아시아 영화제 수상은 지역 내에서의 해외 세일즈에서 강력한 프리미엄으로 작용하였다).[62] 두 번째, 이 영화제에

60　荻昌弘, 「申相玉監督について」, 『映画評論』, 1962.8, 24~29쪽.
61　신상옥의 영화가 6관왕을 수상하기 바로 전해인 1961년 마닐라에서 열린 아시아 영화제는 주요 수상 결과를 둘러싼 불미스러운 소문으로 시끄러웠다. 소문의 근원은 영화제 내내 화제를 불러일으킨 김기영의 〈하녀〉가 아무것도 수상하지 못했다는 데서 기인하였다. 이 영화에 상을 주고자 한 심사위원들의 결정에 반발하여 일본측 대표단이 철수를 무기로 압박한 결과 작품상과 감독상이 일본영화에 돌아갔다는 것이다. 소문의 진위는 확인할 수 없으나, 이 에피소드는 지금까지도 인터넷 상에서 회자되는 일화이다.
　　http://www.geocities.jp/dayfornight0418/topics/apff/apff6.html(현재 서비스 중지)

〈사진 4-4〉 〈사랑방손님과 어머니〉, 〈상록수〉, 〈연산군〉

62 "아시아 영화제에서 수상한 작품은 아세아에 있어서의 영화시장 판로가 커진다. 작품상
을 탄 영화는 아세아 영화시장에 있어서 시가의 10배로 거래가 성립된다고 한다." 『한국
일보』, 1959.5.18.

참가했던 신흥 독립국가들은 이 영화제를 강력한 자기 표상과 그에 대한 외부로부터의 인증의 장소로서 인식하였고, 산업적 확장과 문화적 승인의 계기로 적극 활용하였다. 세 번째, 그럼에도 불구하고 이 영화제의 역대 주요 수상작은 영화제 창설을 주도한 나가타 마사이치의 다이에이와 여타 일본영화사, 그리고 동남아시아 일대에 배급 체인을 두고 강력한 영향력을 행사하고 있던 쇼 브라더스와 그 경쟁자 MP & GI가 생산하는 홍콩영화에 돌아갔다. 1962년 이후 신필름의 급격한 부상은 이 구도에 새로운 변화가 생기고 있음을 암시하는 사건이었다. 덧붙여 말하자면 1971년 도산한 다이에이는 1960년대 중반부터 이미 쇠퇴기에 빠져들고 있었고, 이후 이 영화제의 주요 부문 수상은 홍콩과 한국영화가 독점하게 된다.

어쨌건 신상옥은 이 세 편의 영화를 통해 그의 성향과, 그가 매우 잘하는 것을 골고루 보여주었다. 개발도상국의 근대화론자의 열망(〈상록수〉), 한국적 혹은 '동양적'이라 불리는 미감에 대한 감수성(〈사랑방 손님과 어머니〉, 〈연산군〉), 할리우드식 스펙터클에 대한 지향을 고유화하는 능력(〈연산군〉). 이 세 가지는 또한 아시아 영화제라는 국제적인 전시장에서 그가 보여주고 싶었던 모든 것이기도 하다. 내셔널한 표상과 국제적인 감각, 그리고 민족국가 만들기 프로젝트와 관련되어 있는 도저한 계몽에의 의지. 이 성과로 한국영화계는 한껏 고무되었다. 이는 한국 영화인들에게 (적어도) 아시아에서 한국영화가 일본영화에 '버금가는 것'임을 입증해 주는 것으로 받아들여졌다.

영화제가 끝난 직후 이병일, 이재명, 유현목, 오영진, 그리고 신상옥까지 한국영화계의 주요 인물들이 모인 좌담회는 한국영화가 거둔 성과에 대한 자축과 장밋빛 전망으로 가득 차 있는 것이었다. "다른 아시아 여러 나라는 문제 외로 치고 사실상에 있어서 일본과 1, 2위를 다투는 경쟁 상대자가 되고 있으니까요. 그러니까 일본보다는 좀 뒤떨어지지만 대적할 만한 수준에 왔다고 봅니다."[63] 한국영화의 수상은 드디어 한국영화의 '열등의식'을 씻어낼 수 있게 되었다는 점에서 무엇보다 값진 것이었다. "한가지, 즐거운 것은 상을 탔다는 외적 현상으로서가 아니라 일본영화에 가졌던 한국영화인들의 '인펠리오티 컴프렉스(열등의식)'가 다소나마 씻어진 점이다."[64]

1962년은 〈성춘향〉이 한국 국내 시장과 평단에서 기록적인 성공을 거둬들인 바로 이듬해이기도 하다. 1961년 1월 홍성기 – 김지미 커플의

---

63 이재명 외, 「한국영화의 장래」(좌담회), 『조선일보』, 1962.5.23. 그러나 이 자리에서도 신상옥은 제작 시스템의 합리화와 이를 위한 명료한 정부정책의 수립이 필요함을 강조하고 있다. "우선 자본, 그러니까 경제적인 중심이 있어야 제대로 될 것 아닙니까. 외국의 예를 들면 영화의 전통이 서 있고 기업으로서의 틀이 잡혀져 있는데 우리나라는 그렇지가 못하거든요. 그러니까 가령 불란서라던가 그 밖의 외국의 제작기구와의 비교는 좀 곤란해요. 제작 '시스템'의 합리화라든가 또는 제작기구를 논의함에 있어서 무엇보다도 먼저 정부면 정부의 근본적인 영화정책이 뚜렷이 세워진 다음에야 제작 '시스템' 운운할 수 있을 것 같습니다."

64 「아시아 영화제의 교훈」, 『동아일보』, 1962.5.18. 그러나 이러한 환호 분위기는 다음 해 도쿄에서 열린 제10회 아시아 영화제에서 맛본 한국영화인들의 환멸과 맞닿아 있다. 이들을 무엇보다 당황스럽게 만든 것은 일본과 한국에서 이 영화제를 대하는 온도차였다. 전국가적 행사였던 한국과 달리 일본에서 이 영화제는 아시아 시장 진출에의 교두보 정도로 인식되었다. "일본의 어느 평론가는 일본의 영화 저널리즘들이 구미 일변도로 국산영화와 아시아 영화를 등한시하는 사대주의 심리의 반영이라고 지탄하는가 하면 일본의 제작자들은 아직 아시아 영화제의 상품들이 일본시장에 진출할 만큼 세련되지 못한 데 그 까닭이 있다고 변명하고 있다." 『동아일보』, 1963.4.24. 또한 이 시간은 한국영화의 기술적 후진성이 실감되는 시간이기도 하였다. 이 해 한국영화는 남우주연상(〈로맨스 그레이〉의 김승호. 김승호는 이로써 아시아 영화제 남우주연상을 세 번 수상하게 되었다)과 여우주연상(〈또순이〉의 도금봉)을 수상했다. 이는 "관계 외국인의 눈에 비친 한국영화계는 '풍부한 연기 속의 빈곤한 기술작품'으로 비쳤나보다"라는 한탄을 낳게 했다. 『한국일보』, 1963.4.20.

〈춘향전〉과 신상옥-최은희 커플의 〈성춘향〉이 열흘 간격을 두고 개봉되었다. 신상옥과 홍성기는 모두 최인규의 연출부 출신으로 동문수학한 사이였으며, 최은희는 이미 당대 최고의 스타였고 김지미는 떠오르는 별이었다. 언론에서는 이를 "피 묻은 대결"이라 칭하였다.[65] 신상옥과 마찬가지로, 당시 멜로드라마를 주력으로 하는 인기 감독이었던 홍성기도 이 영화에 사활을 걸었고, 그만큼 절박했다. 결과는 "한국영화 사상 초유"의 컬러 시네마스코프로 촬영된 〈성춘향〉의 대승이었으며, 홍성기는 공사公私 양면에서 모두 치명타를 입었다(이 일 이후 그와 김지미는 이혼한다). 〈성춘향〉의 대성공은 이후 1960년대 한국영화계에서 절대적인 위치를 차지하게 될 신상옥의 영화사 '신필름'의 기반이 되었다. 같은 해 신필름은 원효로 촬영소를 설립, 전속제와 제작, 배급을 모두 총괄할 수 있는 스튜디오 시스템 구축에 박차를 가했다. 한편 〈성춘향〉에서 성공적으로 시험되었던 컬러 시네마스코프 대작 사극영화는 신필름의 주력노선으로 자리잡았다. 아시아 영화제에서 미술상을 수상한 〈연산군〉과 그 후속편인 〈폭군 연산〉은 이 노선의 후속타였다. 이 영화들 역시 비평적, 상업적인 성공(〈연산군〉은 1962년 한국영화 흥행 1위를, 〈폭군 연산〉은 4위를 차지했다)을 거뒀다. 컬러 시네마스코프 대작 사극영화는 한국영화의 판 자체를 키웠으며, 그 속에서 신상옥은 안정적인 재생산 시스템을 위한 영화의 산업화, 기업화라는 그의 꿈을 어느 정도 실천에 옮겨올 수 있는 물적 기반을 획득하였다.[66]

신상옥의 꿈은 당시 한국영화계가 직면하고 있던 모순과 맞닿아 있었

---

65 『서울신문』, 1963.5.22.
66 〈성춘향〉의 성공과 신필름 도약의 상세한 과정에 대해서는 조준형, 앞의 책 참조.

다. 영화 제작 편수는 기하급수적으로 늘어났으나, 대다수가 영세 제작사에서 만들어지던 이 영화들은 제작비를 수급하기 위해 입도선매의 방식으로 팔렸으며, 그 결과 영화의 성공은 제작사의 수입으로 이어지지 않았다. 따라서 제작에 있어서 지속적인 재생산이 가능한 시스템을 만들며, 내부의 관객을 늘리고, 이미 포화 상태에 다다른 영화시장의 외부를 확장시켜 나가는 일, 즉 해외 시장 개척[67]은 신상옥을 비롯한 한국영화계의 다수가 공감하는 문제였다. 또한 이는 박정희 정권의 조국 근대화와 수출 주도 산업화 논리와 정확히 조응하는 것이기도 하였다.

1962년 1월 대한민국 최초의 영화법이 공포되었다. 박정희가 쿠데타로 정권을 잡은 직후인 1961년 6월 기존의 군소영화사 74개가 16개사로 통합된 이후 취해진 이 영화법은 제작신고제와 상영허가제라는 두가지 기조와 함께 "정부의 무역계획의 범위 내에서 외국영화를 수입하고 국산영화를 수출"하도록 함으로써 영화 수출입정책을 정부의 무역정책과 외환정책에 연동시키는 것을 주된 내용으로 하였다.[68]

신필름은 영화사 통폐합의 과정에서 단독으로 등록이 가능한 규모를 지닌 유일한 영화사였다. 1960년대 초 신상옥은 한국영화를 '세계 표준시'로 진입시키고자 했으며, 이는 구체적으로 컬러와 시네마스코프라는 테크놀로지의 실현을 뜻했고, 〈성춘향〉 이후 〈연산군〉과 〈폭군 연산〉으로 이어지는 대작 사극영화의 성공은 일정 정도 이 도약을 뒷받침

---

67 지속적인 재생산과 해외 시장 개척이라는 문제는 1930년대 말 조선영화가 부딪쳤던 문제와 정확히 상응하는 것이다. 당시 조선영화는 기업화와 합리화라는 문제에 매달렸고, 이는 결국 1942년의 총독부에 의한 조선영화주식회사로의 통폐합으로 현실화된다. 여기에 대해서는 이영재, 앞의 책, 제3장 참조.

68 박지연, 「영화법 제정에서 제4차 개정기까지의 영화정책」, 김동호 외, 『한국영화정책사』, 나남출판, 2005, 191~227쪽.

해 주었다. 신상옥에게 1962년의 아시아 영화제는 유사한 전략과 목표를 가지고 있었던 쇼 브라더스와의 만남을 성사시킨 장소이기도 했다.[69]

신상옥이 그러했던 것처럼 런런쇼에게도 세계 표준은 하루 빨리 도달해야 할 목표였으며(쇼 브라더스의 경우, 이는 컬러와 자체적으로 개발한 쇼스코프shawscope 화면으로 달성된다) 대작 사극영화는 이 표준을 실험하기에 최적의 장르였다. 이 실험은 실제로 제9회 아시아 영화제가 열리던 바로 그해 완성된 영화 〈양귀비楊貴妃〉(이한상李翰祥)로 기념비적인 성과를 거뒀다. 이 영화의 촬영을 맡은 니시모토 다다시는 중국어 예명 하란산賀蘭山의 이름으로 칸느 영화제에서 기술상을 수상하였다.

1962년의 시점에 신필름과 런런쇼는 최적의 파트너였다. 물론 이후의 신필름과 쇼 브라더스를 비교하자면 자본의 크기와 정치적 조건의 상이함에서 비롯한 지속 가능성이라는 점에서 차이가 벌어지지만, 1960년대 초에 이들을 사로잡았던 야심의 내용은 거의 비슷했다. 둘 다 캐치업 모더니즘의 신봉자들이었으며, 포드-테일러 주의에 기초한 '합리적 시스템'의 구상자들이었다.[70] 아마도 쇼 브라더스의 무비타운은 신상옥에게 이상적인 형태였을 것이다. 실제로 신필름은 1960년대 초중반 쇼

---

69 제9회 아시아 영화제는 참가국들 사이에 합작에 관한 매우 풍성한 제안들이 이루어진 장소였다. 영화제 기간 중에는 이 영화제의 창립자이자 아시아 영화제작자연맹의 회장이었던 나가타 마사이치가 8개국 전원이 함께 하는 대규모 합작영화 프로젝트를 발표하기도 했다. 〈아시아의 젊은이들〉이라는 가제의 이 영화는 일본에서 기초적인 초안을 잡기로 결정되었으며, 나가타 마사이치는 이 '세계영화 사상에 없는 스펙터클한 기획'인 '70미리적 구상에 구미영화 제작자들도 관심을 기울일 것'이라고 공언하였다.(『동아일보』, 1962.5.13) 그러나 이 기획은 결국 성사되지 못했다.

70 1960년대 동아시아를 무대로 벌어졌던 초국가적인 합작의 형태를 살피는 이상준은 한국, 홍콩, 대만 그리고 일본의 '스튜디오' 사이의 연결에 주목, 이것이 포드-테일러 모델에 기초한 거대 스튜디오의 성립과 연결되어 있는 문제라고 파악한다. Sangjoon Lee, op. cit..

브라더스와 거의 동시에 유사한 형태의 영화제국을 구축하고 있었다. 물론 이 두 시스템 사이에는 명백한 차이가 존재한다. 식민도시 홍콩을 기반으로 형성된 쇼 브라더스가 화교 자본의 초국가성을 토대로 이 시스템을 구축했다면, 신필름의 경우 상대적으로 영세한 자본의 취약함을 국가와의 과도한 밀착을 통해 만회함으로써 이를 이룩하려고 했다.

　신필름은 이미 전성기부터 잦은 부도에 시달렸다. 1964년 신상옥의 〈빨간 마후라〉가 한국을 비롯한 아시아 전역에서 성공했음에도 불구하고 이 영화사는 첫 번째 대규모 부도에 직면하였다. 신필름의 재정적 기반이 이 프로덕션 산물의 지속적인 성공에도 불구하고 취약했던 이유에 대해서는 여러 가지 설명이 가능하다. 당시 한국영화의 평균 제작비를 훨씬 상회하는 제작비의 과다한 투입, 안양촬영소 인수 등 시스템 구축을 위한 지속적이고 과도한 투자, 상영체인과 제작-배급의 유기적 연결의 실패, 장기 자본으로서의 극장, 즉 부동산에 대한 신상옥의 개인적인 무관심[71] 등. 런런쇼가 영화 '사업가'였다면, 신상옥은 그 자신의 표

---

[71]　신필름의 재정적인 취약함을 위와 같이 들고 있는 조준형은 여기에 대해서 흥미로운 가설을 제기한다. 그는 신상옥이 생각하는 메이저 컴퍼니의 모델은 컬럼비아였지만, 한국식 메이저를 가능케 할 수 있는 모델로는 상영체인과 제작, 배급이 유기적으로 결합된 일본식 영화기업 모델이 더 유효했을 것이라고 진단한다. 1960년대 초기 이미 충분히 극장 인수가 가능한 자본을 보유하고 있던 신필름은 그럼에도 불구하고 극장에 대한 관심이 거의 없었다. 신필름이 극장을 인수한 것은 결국 1969년 허리우드 극장 인수에 이르러서였다. 그러나 허리우드 극장 인수가 성공적이었음에도 불구하고, 극장의 운영수익이 곧바로 제작비의 충당으로 연결됨으로써 이 극장은 결국 1972년 신필름과 함께 동반부도의 위험에 빠져, 매각된다. "만약 당시 신상옥이 양산체제나 수출과 같은 무리한 꿈을 버리고 신필름을 알뜰하게 경영하면서 허리우드 극장을 통한 재정 건전화에 보다 관심을 기울였다면, 이후 한국영화사는 달라졌을지도 모른다. 그러나 신상옥은 그럴 수 있는 인물이 아니었다. 신상옥이 그런 인물이었다면 애초에 신필름이 존재하지도 못했을 것이다." 조준형, 앞의 책, 179쪽. 이 마지막 구절처럼, 아마도 신필름의 몰락에는 수많은 정치적, 경제적 이유뿐만 아니라 근대화론자이자 국가주의자였으며 동시에 영화주의자였던 신상옥이라는 유니크하며 동시에 개발도상국가의 전형성을 갖춘 개인의 몫

현대로 정말 뼛속까지 '영화 한길주의자'였다.

그러나 무엇보다 중요한 요인은 이 영화사가 그에 걸맞은 자본을 갖고 있지 않은 상태에서 대규모 시스템을 구축하려고 했다는 점에서 찾을 수 있을 것이다. 신필름은 박정희 정권과의 이데올로기적 교감을 통한 국가의 지원을 통해 이를 상쇄하고자 했다. 그러나 이는 한국영화 환경의 변화에서 비롯된 정책 변화와 집권자의 '변덕'에 극히 취약한 구조일 수밖에 없었으며, 그 결과 1970년대 초 박정희 정권과의 결렬은 신필름의 몰락에 결정적인 원인으로 작용하였다.[72]

한편 쇼 브라더스는 다양한 채널의 합작 프로젝트를 기획, 실행 중이었다. 한국을 비롯해, 태국, 필리핀, 베트남, 인도네시아 등과 함께 한 이 합작 프로젝트들은 두 가지 이유에서 적극 추진되었다. 첫 번째, 합작은 각국의 자국영화 보호 정책과 배외주의(특히 화교를 겨냥한) 영화정책을 피할 수 있는 좋은 방법이었으며, 두 번째, 이 합작영화들을 통해서 개별 영화시장의 문을 열 수 있었다.[73] 또한 신필름과의 작업에는 '경제적'인 영화 제작 프로세스와 테크닉을 실험 중이던 쇼 브라더스에게 있어 배울 만한 것이 있었다. 특히 신상옥의 '빠른 손'은 거의 일본 감독들의 그것에 비견할 만한 것이었으며, 무엇보다 후시 녹음의 스킬이 뛰어났

또한 그만큼 클 것이다. 그러니까 이 개인은 무엇보다 국가-영화의 강렬한 접합을 체화하고 있는 자인 것이다.

72 1960년대 활발하게 활동했던 감독 김수용은 1970년대 초의 신필름의 몰락에 대해 앞장서서 영화법을 만든 자가 이 영화법에 당했다고 비아냥거리듯이 말한다. 김수용의 언급 속에는 개인적인 감정의 흔적들이 엿보이지만, 그럼에도 불구하고 신필름이 국가가 강제한 영화법의 변천 속에서 흥망성쇠의 부침을 겪을 수밖에 없었다는 사실을 명료하게 보여준다. 김수용, 『나의 사랑, 씨네마』, 씨네21, 2005, 86쪽.

73 Poshek Fu, "The Shaw Brothers Diasporic Cinema", Poshek Fu ed., *China Forever*, University of Illinois, 2008, pp.11~12.

다. 동남아시아 시장 전역을 대상으로 해야 했던 쇼 브라더스로서는 다국적 언어로의 후시 녹음 작업이 매우 중요했다. 신상옥 영화의 포스트프로덕션 과정에서 중국어 더빙 작업에 참여한 바 있는 장철의 증언에 따르면 더빙을 위한 싱크 사운드 레코딩을 보완하는 신상옥의 기량은 홍콩의 수준에 비해 "서구에 훨씬 근접해 있는 것"이었다.[74]

신필름과 쇼 브라더스가 만나고 있는 아시아 영화제라는 장소, 그리고 양자에 걸쳐 있던 컬러 시네마스코프 대작 사극영화라는 장르는 다시 한번 우리의 숙고를 요한다. 아시아 영화제라는 이벤트는 1960년대 이 지역에서 상상한 범아시아의 범위라는 문제와 접속해 있으며, 컬러 시네마스코프 대작 사극영화는 이 범위 안에서 일어나고 있는 기술적 보편성을 둘러싼 헤게모니의 문제와 관련되어 있다. 그리고 바로 이 점에서 컬러 시네마스코프 시대극은 전 세계적 '동시대성'에 대한 지역의 요구와 맞물려 있는 동시에 각각의 영토에서 소구되는 '문화 민족주의'의 문제와 연결되어 있었다.

---

74 張徹, *Chang Cheh : A Memoir*, Hong Kong Urban Council, 2004, pp.155~157. 1960년대 당시 홍콩영화가 외부로부터 받은 영향을 기술하고 있는 장철(張徹)의 증언에서 서구 영화를 제외하고 언급되는 나라들은 일본과 한국이다. 한국이 후반작업 특히 후시 녹음 기술에서 강점을 보였다면, 일본은 제작 현장의 효율성에서 놀라운 속도를 보여주었다. 일본 감독들의 작업은 홍콩 감독들과 비교가 되지 않게 빨랐다. 홍콩 감독들이 하루에 10컷을 찍는다면, 일본 감독들은 40에서 50컷, 심지어 100컷까지도 찍어냈다. 장철에 따르면 이는 홍콩영화의 숏 길이 자체를 짧게 만들었으며, 홍콩영화 특유의 스피디한 속도감을 만들어내는 데 지대한 영향을 끼쳤다.

4. 합작 스펙터클 시대극의 흥망성쇠

팜므 파탈 스펙터클 시대극─〈달기〉의 성공

1962년 제9회 아시아 영화제가 끝나고 4개월 후, 신상옥과 런런쇼는 합작계약을 체결하였다. 규모의 영화와 해외 시장을 염두에 두고 있던 신상옥에게 쇼 브라더스의 자본과 배급망은 충분히 매력적인 것이었다. 런런쇼도 신필름과의 제휴로 얻을 수 있는 것이 많았다. 무엇보다 야외 촬영의 장소로서 한국은 고대 중국과 유사한 풍경을 저렴하게 제공할 뿐 아니라 홍콩이나 대만과 달리 겨울 장면을 찍는 것 또한 가능했다. 게다가 이런 이유로 로케이션 장소로 채택되곤 했던 일본에 비해 훨씬 경제적이었다.[75] 물론 일본 로케이션 촬영은 유사한 풍경에 대한 고려보다도 앞선 시스템과 선진 기술 습득이 더 큰 목적이었으며, 바로 이 점 때

---

75 이때부터 시작된 홍콩영화의 한국에서의 야외 촬영은 1980년대까지 계속되었으며, 이는 한국 관객들에게 홍콩영화를 시각적 풍경에서 이미 친숙한 것으로 만드는 데 일정 정도 영향을 미친 것으로 보인다. (홍콩영화의 가장 중요한 감독들인 이한상, 호금전, 장철은 모두 한국에서 촬영하곤 했으며, 장철의 조감독이었던 오우삼의 실질적인 감독 데뷔작 〈여자태권군영회〉 또한 한국에서 촬영되었다. 참고로 이 영화의 주연은 김창숙이 맡고 있다) 1960년대 말의 무협영화 붐으로부터 시작되는 한국에서의 홍콩영화의 수용은 그 자체로 매우 흥미로운 주제이다. 일본영화가 금지된 상황에서 거의 유일하게 얼굴색이 같은 자들을 만날 수 있었던 이 외국영화는 그 풍경의 친숙함과 더불어 한국에서 홍콩영화의 위치를 매우 독특한 것으로 만들어낸다. 오랫동안 홍콩영화는 '방화(邦畫)'의 익숙함과 '외화(外畫)'의 이질성 사이에 존재하는 한국 영화시장의 '괜찮은' 상품이었다. 한국에서 홍콩영화의 이 독특한 위치는 종종 홍콩영화를 관객의 개인사적 기억과 중첩되도록 만들었으며, 그 결과 홍콩영화에 관해 노스탤직한 이야기 방식을 만들어 내었다. 정성일의 다음 글은 이러한 서술의 매혹적인 전형을 보여주고 있다. 정성일, 「장철의 무협영화에 바치는 피끓는 십대 소년의 막무가내 고백담」, 정성일(정우열 그림), 『언젠가 세상은 영화가 될 것이다』, 바다출판사, 2010.

문에 1960년대 내내 계속되기는 했지만 말이다. 요컨대 중국의 분단이 분단 한국의 옛 풍경, 겨울 풍경을 매력적인 선택지로 고려하도록 만든 것이다.

런런쇼로서는 이 해에 쇼 브라더스 시대극의 가장 중요한 창작자였던 이한상을 잃었다는 점[76] 또한 신상옥과 손을 잡는 데 중요한 동기가 되었을 것이다. 신상옥과 런런쇼는 이 첫 번째 합작영화가 대규모 '시대극'이 될 것이라는 데 동의했으며, 이 해의 영화제에서 남우주연상을 받은 신영균을 남자 주인공으로, 여우주연상을 받은 린다이林黛를 여자 주인공으로 캐스팅하는 데 합의했다. 이 영화에 대해서 신필름은 한국 배급권을, 쇼 브라더스는 한국을 제외한 지역의 배급권을 갖기로 하였다.

당시 스펙터클 시대극은 세계적인 조류였다. 익히 알려져 있다시피, 1950년대 중반 텔레비전의 등장이 불러일으킨 충격은 이 흐름의 바탕이 되었다. 텔레비전 보급에 맞선 첫 번째 영화의 반응은 텔레비전과의 변별점을 찾는 것이었으며, 이는 스탠다드 사이즈에서 시네마스코프 사이즈로의 전 세계적인 이동을 낳았다. 고대 로마는 이 화면을 채울 수 있는 적절한 소재였다. 그러니까 문제는 '스케일'이었다. 1959년 윌리엄 와일러의 〈벤허〉가 경이적인 성공을 거뒀다. 당시까지의 영화사상 최대

---

76 1963년부터 1970년까지 이한상은 대만을 거점으로 활동하였다. 쇼 브라더스와 결별한 이한상은 대만에서 홍콩의 대규모 스튜디오를 본딴 GMP스튜디오(國聯电影公司)를 세웠으며(이 프로덕션의 재정 지원은 MP & GI에서 이루어졌다), 이 스튜디오를 중심으로 대만 영화산업의 현대화를 이끌었다. 그러나 이 스튜디오는 MP & GI의 쇠퇴와 함께 결국 심각한 재정 문제에 봉착했으며 1970년 이한상은 다시 쇼 브라더스로 돌아왔다. 이한상의 대만에서의 활동에 대해서는 특히 다음을 참조. Emilie Yeh Yueh-yu, "From Shaw Brothers to Grand Motion Picture : localization of Huangmei Diao Films", Wong Ain-lin ed., *Li Han-hsiang, Storyteller*, Hong Kong Urban Council, 2007.

〈사진 4-5〉 〈달기〉

제작비인 천오백만 달러를 들여 만들어진 이 영화는 미국 내와 전 세계에서 1억 4천만 달러 이상을 벌어들이면서 단숨에 파산 위기에 몰린 MGM을 구해냈다. 〈벤허〉의 성공은 할리우드를 일시에 대작영화 경쟁에 빠져들게 만들었고, 새로운 '볼거리'에의 집중을 낳았다.[77]

이 스펙터클에 대한 열광과 함께 고려해야 할 것이 또 하나 있다. 일

---

[77] 그러나 이 한계 없는 규모의 경쟁은 곧 지속 가능하지 않은 것으로 판명되었다. 1963년 4천 4백만 달러를 들여 만들어진 〈클레오파트라〉는 절반에 가까운 수익만을 거두고, 이 영화의 제작사 폭스를 심각한 재정위기에 빠트렸다. 할리우드 에픽에 대해서는 Sheldon Hall · Steve Neale, *Epics, Spectacles, and Blockbusters : A Hollywood History*, Wayne State University, 2010 특히 Chapter 7 참조.

본 시대극의 문제가 그것이다. 1962년 당시의 한국과 홍콩의 입장에서 보자면, 나가타 마사이치가 1950년대 초중반 내놓은 일련의 시대극들, 〈라쇼몽〉과 〈지옥문〉, 〈우게쓰 이야기〉, 〈산쇼다유〉가 서방 세계에서 거둔 성공은 이 문화 민족주의자들에게 여전히 중요한 참조틀로 기능하였다. 또한 그런 일본 역시 1950년대 후반 텔레비전의 보급에 대항하기 위해 컬러 시네마스코프 화면에 빠져들어 있었다.[78] 신필름과 쇼 브라더스의 첫 번째 대작 합작영화 〈달기妲己〉는 바로 이 시점에서 창조된다. 컬러 시네마스코프는 이 영화의 세계적 '동시대성'을 보증해 주는 것이었다.

〈달기〉의 줄거리는 다음과 같다. 상商나라의 마지막 황제 주왕紂王은 주변 소국들을 정복하고 과도한 공물을 거둬들여 백성들의 원성을 샀다. 주변 소국 중 하나인 소蘇나라는 그해 홍수가 들어 충분한 공물을 바칠 수 없었고, 이 나라의 공주 달기에게 음험한 마음을 품고 있던 주왕의 사신은 이를 빌미로 주왕에게 소를 칠 것을 간한다. 아버지와 나라를 잃은 달기는 복수를 결심하고, 주왕을 유혹하여 그의 왕비를 몰아내고 새로운 왕비가 된다. 달기에게 빠져든 주왕의 폭정은 날로 도를 더해가고, 달기는 복수를 실현한다.

이 스토리는 신필름과 쇼 브라더스 양쪽에 모두 익숙한 것이었다. 심리적 트라우마를 가진 여성이 역사의 강력한 동인으로 작용한다는 이

---

78 일본영화는 1958년 최절정기에 달한 이후 이미 관객수의 급격한 하락을 경험하고 있었다. 1958년 당시 12억 2745만 2천 명의 관객수와, 국민 1인당 연간 12.3회를 기록한 일본영화 관람수는 1961년 이후 급격히 감소, 1963년의 영화 관객수는 5억 1112만 명으로 줄어들었다. 반면 이 해의 텔레비전 대수는 1515만 대를 기록, 5년 전의 10배에 이르렀다. 佐藤忠雄, 「危機と模索」, 『日本映画の模索』, 岩波書店, 1987, 14쪽.

이야기의 기본 설정은 〈양귀비〉(1962)와 〈무측천武則天〉(1963)과 거의 유사한 소재였다(이는 이 영화들의 감독인 이한상이 매우 선호하는 주제이기도 했다). 〈달기〉의 시나리오는 이 두 편의 영화의 시나리오를 집필한 왕월정王月汀이 담당했다. 마찬가지로 왕의 몰락과 공식 역사의 뒤편에 작동하는 여성의 파괴적 힘이라는 주제는 즉각적으로 신상옥의 〈연산군〉과 〈폭군 연산〉을 연상시킨다. 말하자면 이 영화의 기획은 양쪽의 창작 주체에게 모두 낯익은 것이었으며, 각각의 지역에서 무엇이 소구되고 있는지를 정확히 예측한 기획의 산물이기도 하였다.

1964년 전통적인 대목 시즌인 추석 개봉을 앞둔 〈달기〉의 광고와 기사들은 이 영화가 얼마나 많은 물량 공세로 이루어진 대작인가에 집중되어 있었다. "크랭크인한 수원의 오픈 세트는 유적에 잇대어 60척 높이의 누각과 성벽 등을 구축, 장관을 이루었는데 건평 1천 4백, 대지 6만 평에 달했다. 40일간의 한국 촬영에만 소요된 마필 연 6백, 엑스트라 8만, 기원전의 전차 70여 대도 등장했다. 한 트럭에 말 4필 씩 1백 50대의 트럭이 사용되었고, 시내 엑스트라 조합을 총동원해도 8백 명 밖에 안 되어 6백 명을 더 편성해서 촬영에 들어갔을 정도⋯⋯. 이쯤 되면 한국의 〈벤허〉판이라고 할까."[79]

이 기사의 마지막 문장은 이 영화가 정확히 무엇을 지향했는지를 보여주기에 부족함이 없어 보인다. 〈달기〉는 웅장한 스케일과 화려한 볼거리를 자랑하는 '한국판' 〈벤허〉가 되고자 했다. 홍콩으로부터는 어디까지나 '협력'을 구한. 사실 〈벤허〉를 염두에 두었을 때, 고대 중국이라는 이

<hr>

[79] 『경향신문』, 1963.12.21.

국적 배경은 그다지 문제가 되지 않았다. 이는 오히려 엑조틱한 스펙터클로서 기능할 것이다. 그런데 이 스펙터클을 한국영화로서 즐기기 위해서는 몇 가지의 장치가 필요했다. 신영균, 남궁원, 이예춘 등 눈에 익은 남성 배우들과 공동감독으로서 한국인의 등장, 그리고 이 모든 것을 아우르는 '총지휘자'로서 신상옥의 이름이 그것이다. 현재 확인할 수 있는 한국 기록에서 이 영화의 감독은 최인현이다. 개봉 당시의 기사와 광고에서 확인할 수 있는 이름 또한 총지휘 신상옥, 공동감독 최인현이다.

반면 남아 있는 필름(홍콩 버전)과 이 영화의 합작 계획을 알리는 쇼 브라더스 측의 잡지 『남국전영南國電影』의 당시 기사에서 확인할 수 있는 바로는 〈달기〉의 감독은 악풍岳楓이다. 악풍이 이미 아시아 영화제에서 감독상을 수상한 바 있는 중견 감독이었던 데 비해, 최인현은 신상옥의 돈독한 신임을 받고 있긴 했으나 신필름 소속의 신인 감독에 불과했다. 최인현이 이 영화에서 구체적으로 어떤 역할을 했는지는 알 수 없지만, 그와 악풍 사이의 비대칭적인 위치를 염두에 둔다면, 아마도 최인현은 한국 로케이션 촬영분에서 어느 정도 기여했으리라 추정된다. 말하자면 이 한국 이름들은 트랜스내셔널한 기획과 내셔널 시네마 사이의 긴장을 완화하기 위한 완충제와 같은 것이었다.[80]

어쨌든 〈달기〉는 한국에서 고무적인 성과를 거둬냈다. 이 영화는 그해 흥행 순위 4위를 기록했고, 홍콩에서도 한국만큼은 아니지만 나쁘지 않은 성과를 거둬들였다. 영화가 개봉되기 직전 린다이가 자살했으며,

---

80 그럼에도 불구하고 〈달기〉로 신영균이 대종상 남우주연상을 수상하자 한국의 언론들은 일제히 어떻게 합작영화가 상을 받을 수 있는가라는 불만의 목소리를 보도하였다. 『경향신문』, 1965.4.5.

쇼 브라더스는 〈달기〉를 그녀에 대한 추모 열기와 접속시키려고 하였다. 〈달기〉는 양측 모두에게 성공으로 인식되었고, 양측은 곧 두 번째 대규모 합작영화 〈대폭군〉(홍콩 제목 관세음觀世音)의 제작에 착수하였다.

합작 스펙터클 시대극의 종언-〈대폭군〉의 실패

신필름-쇼 브라더스의 두 번째 합작영화 〈대폭군〉은 더 웅장하고 더 화려하고 더 돈이 많이 들어가는 불교영화로 기획되었다.[81] 대규모 불교영화라는 이 발상은 다분히 신상옥과 런런쇼의 '선배' 나가다 마사이치가 1961년 기획하여 대성공을 거둔 영화 〈석가釈迦〉(미스미 겐지)에 자극 받은 것으로 보인다. 다이에이가 사운을 걸어 만든 이 일본 최초의 70밀리 테크니라마Technirama 영화는 〈메이지 천황과 러일전쟁〉(1957)부터 시작된 '대작 영화' 노선의 완성판이자 동시에 이 대작 노선의 모든 문제를 고스란히 안고 있는 영화라는 혹독한 평가를 받았으나,[82] 흥행에는 성공했다. 〈석가〉는 일본 국내에서 7억 엔에 달하는 흥행 수입을 올렸을 뿐만 아니라, 해외 시장에서도 높은 가격에 팔려 나갔다.[83]

불교에 귀의하여 폭군인 아버지에게 저항하다 결국 중생과 병든 아버

---

81 "〈달기〉의 세 배에 이르는 제작비를 들이는 이 영화는 멋진 쇼스코프 / 이스트만 칼라로 더 크고 더 장엄한 스펙터클을 선사할 것이다.""Li Li-hua as Goddes of Mercy",『南國電影』, 1965.1, pp.30~33.

82 〈석가〉의 성공에 대해 한 일본 비평가는 이렇게 쓰고 있다. "'대작주의'의 논자들은 이로써 필시 힘을 얻게 되었을 것이다. 한편, 역사는 여전히 무시되고 영화 본래의 기능 또한 마비되리라. 일본영화의 신용은?"江藤文夫,「日本映画の伝説『釈迦』」,『映画評論』, 1961.12, 41쪽.

83 『1964年版 映画年鑑』, 時事通信社, 1964, 153쪽.

〈사진 4-6〉 〈대폭군〉

지 모두를 구원하고 보살이 되는 공주의 이야기 〈대폭군〉은 〈달기〉에
비해서 한국과 홍콩 양쪽 모두에서 훨씬 더 공통 감각적인 이야기로 받
아들여졌다. 게다가 이미 불교영화 〈꿈〉(1955)을 찍은 바 있는 신상옥
에게 이 소재는 낯선 것이 아니었다(그는 불교 소재에 애착을 가지고 있었으
며, 1967년 〈꿈〉을 다시 리메이크하기도 하였다). 이 두 번째 합작 프로젝트에
서 한국은 연출에서 좀 더 주도적인 역할을 맡기로 했다. 신상옥이 직접
감독을 하고, 역시 한국 측이 남자 배우들을 제공하기로 했으며(김승호,
김진규, 남궁원), 다만 여배우의 경우 한국과 홍콩 양쪽에서 캐스팅하여
두 버전의 영화를 만들기로 합의하였다. 한국에서는 최은희가, 홍콩에
서는 리리화李麗華(그녀는 이 영화의 홍콩 버전 연출에 관여한 베테랑 감독 엄준嚴俊
의 파트너이기도 했다)가 캐스팅되었다. 따라서 이 영화의 한국 버전은 백
퍼센트 한국인 배우들로 이루어진 영화가 되었다. 이 영화의 기획은 누
가 보아도 전작 〈달기〉에 비해서 야심찬 것이었으며, 내셔널 시네마와
의 긴장을 최소화할 수 있는 형태로 기획된 것이었다.

　그런데 〈대폭군〉은 시작부터 순조롭지 못했다. 발단은 한국에서의
촬영 첫날, 신상옥이 아닌 그의 '문하생' 임원식이 감독으로 나타난 데
서부터 시작되었다. 홍콩 측은 계약 위반으로 이 상황을 인식했으며, 촬
영을 거부했다. 결국 신상옥이 완성된 영화의 퀄리티를 전적으로 책임
진다는 구두 약속하에 촬영이 재개되었으나,[84] 제작 기간이 당초 예상보

---

[84] 임원식은 이 영화를 찍기 전에 〈청일전쟁과 여걸 민비〉를 만든 것으로 알려져 있으나,
　그 자신의 증언에 따르면 〈청일전쟁과 여걸 민비〉는 백 퍼센트 신상옥이 만든 작품이었
　다. 신상옥은 완성된 영화의 전투 장면에 일본영화의 한 장면을 그대로 따온 것이 못마땅
　해 자신의 이름을 넣지 않기로 하였다고 한다. 신필름 채록연구팀, 『임원식, 이형표, 이상
　현, 김종원, 2008년도 한국영화사 구술채록연구 시리즈 〈주제사〉 신필름 2』, 한국영상자
　료원, 2008, 54~55쪽. 따라서 〈대폭군〉은 실질적인 그의 데뷔작이나 마찬가지였다.

〈사진 4-7〉 주인공 묘선공주로 분한 최은희(왼쪽)와 리리화(오른쪽)

다 훨씬 길어지면서 양쪽은 점점 지쳐 가기 시작했다. 두 버전을 동시에
찍어야 할 뿐 아니라 두 주연 여배우와 한국 측에서 제공하기로 한 주요
남자 배우들의 살인적인 스케줄은(당시 급증한 한국영화 제작 편수가 낳은 스
타들의 겹치기 출연은 한국영화의 고질병이었다) 절대적인 촬영 일수를 요구했
다. 이에 더하여 언어상의 문제가 촬영을 더욱 더디게 만들었다. 이를테
면 두 달 예정의 영화가 언어 소통 때문에 촬영 기간이 두 배로 늘어나버
리는 일이 허다했다.[85] 게다가 〈달기〉에서도 이미 지적되었던 한국에서

<hr />

85 홍콩과의 합작영화에 빈번히 참여했던 정창화의 증언. 채록연구 박선영, 『2008년 한국
영화사 구술채록연구 시리즈 〈생애사〉 정창화』, 한국영상자료원, 2009, 85쪽. 쇼 브라
더스가 해외로부터의 인력 초빙을 본격화하기 시작한 1967년 쇼 브라더스로 건너간 정
창화는 홍콩에서 현대물과 무술물을 아우르며 일급감독으로 활약하였다. 특히 1972년
영화 〈죽음의 다섯 손가락〉은 홍콩 무협영화가 쿵푸영화로 옮겨가는 결정적인 계기가
되기도 하였다. 이 영화는 미국 박스오피스에 진출한 첫 번째 쇼 브라더스 영화라는 기록
을 남겼다. 데이빗 데써는 이 영화의 미국 박스오피스에서의 성공이 이소룡의 미국에서
의 성공을 도왔음이 명백하다고 주장한다. David Desser, "Making Movies Male : Zhang

의 야외 촬영과 홍콩에서의 스튜디오 촬영 간의 색감 조정이라는 기술적인 문제가 해결되지 않고 있었다. 말하자면 〈대폭군〉의 제작 과정은 합작영화의 모든 고충이 고스란히 노출되어 버리는 지난한 과정이었다.

1966년 추석 프로로 개봉된 〈대폭군〉의 한국 흥행 성적은 한국영화와 외국영화를 모두 합쳐서 봤을 때, 18위에 불과한 것이었다.[86] 이는 이 영화에 들어간 어마어마한 물량 공세에 비하면 초라한 성적이었다. 사정은 홍콩도 마찬가지였다. 쇼 브라더스는 이 영화를 끝으로 글로벌 전략을 전면 수정했으며, 스튜디오 간 합작에서 해외 인력 초청으로 방향을 틀었다.[87] 이 불만족스러운 결과의 가장 큰 원인은 〈대폭군〉의 너무 길었던 제작 기간에 있었다. 게다가 거의 2년에 걸친 이 긴 제작 기간 동안 스펙터클 시대극이라는 장르의 인기는 이미 쇠락해 가고 있었다. 같은 해 한국의 박스오피스를 점령한 것은 세르지오 레오네의 〈황야의 무법자〉와 〈속 황야의 무법자〉, 그리고 〈007〉 시리즈였다. 그해 평자들은 일제히 '액션'이 관객들을 점령해 버렸다고 때 이른, 그러나 곧 현실화될 우려를 표하기 시작했다.[88] 시대극에서 액션으로의 이동 사이에서 〈대폭군〉식의 아시아 시대극이라는 기획은 그렇게 좌초되어 버렸다.

Che and the Shaw Brothers martial Arts Movies, 1965-1975", Laikwan Pang · Day Wong ed., *Masculinities and Hong Kong Cinema*, Hong Kong University Press, 2005, p.31.

86 『대한신문』, 1966.12.17.

87 이는 쇼 브라더스가 라이벌인 MP & GI의 사장 육운도의 죽음 이후 명실공히 동남아시아의 유일무이한 대자본 영화 제작사-배급사가 되면서 더욱 더 많은 프로덕션 산물을 쏟아내야 했다는 현실적인 이유에 기인하는 것이기도 하다. 런런쇼는 빠르고 효율적으로 영화를 찍는 일본 영화감독들에게 관심이 있었으며, 일본영화의 사양세 속에서 많은 수의 일본 감독들이 그의 초청에 응했다. 쇼 브라더스는 또한 자사의 젊은 영화 인력들의 일본유학을 지원하고, 일본 스튜디오 시찰단을 보내기도 했다. 홍콩-일본 커넥션에 대해서는 다음 책 참조. 邱淑婷, 『香港・日本映画交流史』, 東京大学出版会, 2007.

88 한국과 홍콩에서의 '액션영화'의 부상에 대해서는 다음 제5장 참조.

5. 관객 구성체의 변화 — 아시아 관객 취향의 구조 변동

멜로에서 액션으로 — 한국 영화시장의 변화

〈대폭군〉이 흥행에서 실패한 1966년은 한국과 홍콩영화 양쪽 모두에게 일종의 전환기였다. 관객들의 취향은 변하고 있었고, 이 상황에 맞추어 양쪽 영화는 모두 새로운 자구책을 찾아 나가야 했다. 한국의 경우를 보자면, 기본적으로 가족 멜로드라마의 내러티브로 구성된 시대극의 흥행성공을 뒷받침했던 것은 중장년 여성 관객층의 존재였다.[89] 1960년대의 관객층을 분석하고 있는 이길성에 따르면 1960년대 한국영화의 주된 장르가 멜로드라마가 될 수 있었던 이유는 "여성, 특히 중장년층 여성" 관객에 힘입은 바 크다. 그에 따르면 실제로 영화 관객의 성비에 대한 실증적인 데이터를 제시하는 것은 불가능하지만 당시의 기사들을 통한 유추는 가능하다.[90] 이를테면 1960년대 영화계에 널리 퍼져 있던

---

[89] 한국의 영화비평에서 페미니즘 연구자들을 중심으로 한 멜로드라마와 여성관객 연구는 1980년대 이후의 여타 지역과 마찬가지로 이전의 인상비평과 작가주의 비평을 넘어설 수 있는 중요한 계기가 되었다. 로라 멀비의 기념비적 논문 "Visual Pleasure and Narrative Cinema"(*Screen* 16, Autumn 1975, pp.6~18) 이후 여성 관객성에 관한 주된 논점은 여성 관객이 멜로드라마를 통해 어떤 '쾌락'을 향유할 수 있는가의 문제였다. 그러나 1960년대 한국영화의 주된 경향, 특히 가족 멜로드라마의 서사에 바탕을 두고 있는 시대극을 대상으로 하는 나의 관심은 여성관객의 쾌락 문제가 아니라, 왜 이들 30대 이상의 '가정주부'들이 주된 관객층을 형성하고 있던 시기 영화가 말 그대로 '국민문화'적 성격을 가질 수 있었는가에 있다. 이는 '내셔널리티'와 여성 이미지 사이의 긴밀한 관계에 관한 단초를 제공해준다. 멜로드라마를 만드는 대부분의 남성 제작 주체들이 선호한 것은 '인고의 여성'이었다. 물론, 이 이미지와 내러티브를 소비하는 개별 여성관객이 느꼈을 카타르시스의 문제는 관객연구에 있어서 여전히 중요한 논제이다.

[90] 이길성, 「1960, 70년대 상영관의 변화와 관객문화」, 『한국영화사 공부 1960-1979』, 한

말인 '고무신' 관객에 관한 다음과 같은 언급을 보라.

　관객이 30세 이상의 가정주부들이 대부분을 차지하고 또 그 부녀층을 상
대로 하는 영화, 비교적 약간 신파조의 영화가 관객을 많이 동원하게 돼서
흥행성적이 좋으니까 흥행에 성공하려면 부녀층을 끌어야 한다는 말이 퍼
져가지고 '고무신짝' 얘기가 나온 것 같아요.[91]

　이 언급은 1960년대 말 한국 영화산업이 쇠퇴한 이유를 설명하면서
등장한다. 즉 고무신 관객들의 퇴장이 영화산업의 퇴조와 맞물려 있다
는 것이다.[92] 이 인식은 1950~1960년대 유행했던 소위 '신파영화'의
주요 여배우의 증언과 일치한다. "우리가 사람 많이 들으면은 고무신 관
객이라 그래. 엄마들이 많이 왔으니까."[93]

　물론 이게 다는 아니다. 이미 1960년대 중반부터 청년층을 대상으로
한 영화들이 만들어지기 시작했다. 시발점은 〈맨발의 청춘〉(1964)이었

　　국영상자료원, 2004, 224쪽.

91　박인재, 「좌담회 국산영화의 위기—가정에서 쫓겨난 한국영화」, 『여원』, 1969.7, 189쪽.

92　1962년 같은 잡지에 글을 실은 한 사회학자는 "여성들의 영화열은 열렬하다. 오늘날 영
　　화를 감상하는 대부분의 관객들은 남자 아닌 여자들인 것이다"라고 말하고 있다. 최일
　　수, 「여성과 매스커뮤니케이션」, 『여원』, 1962.9, 143쪽.

93　이 증언을 하고 있는 이는 한때 '눈물의 여왕'이라고 불렸던 여배우 이경희이다(한국영
　　상자료원 편, 「이경희」, 『한국영화를 말한다—한국영화의 르네상스』 1, 이채, 2005,
　　256쪽). 1932년 서울에서 출생한 그녀는 1955년 김성민의 〈막난이비사〉로 데뷔한 이
　　후 〈장화홍련전〉(정창화, 1956), 〈심청전〉(이규환, 1956), 〈잃어버린 청춘〉(유현목,
　　1957), 〈찔레꽃〉(신경균, 1957)에 잇따라 출연하면서 청순가련한 비련의 여주인공 이
　　미지로 인기를 구가하였다. 〈울지 마라 두 남매〉(서석주, 1960), 〈정에 우는 여인〉(엄심
　　호, 1962), 〈비내리는 호남선〉(윤예담, 1963), 〈단종애사〉(이규웅, 1963), 〈사랑아 울
　　리지 마라〉(오승호, 1965), 〈그래도 못잊어〉(김효천, 1967) 등의 멜로드라마에서 주로
　　활동하였다.

다. 나카히라 고우中平康의 〈진흙투성이의 순정泥まみれの純情〉(1963)의 무판권 '번안작'이라고 할 만한 이 영화는 흥행에 성공했고, 이후 〈맨발의 청춘〉에서 커플로 등장했던 배우 신성일─엄앵란 주연의 일련의 청춘영화들이 만들어졌다. 청춘영화의 등장에는 두 가지 이유가 있었다. 첫째, 〈맨발의 청춘〉의 사례가 보여주듯이 당시 일본에서 인기가 있었던 청춘영화의 영향. 주지하다시피 당시 한국영화 제작 상황 속에서 '안정적인' 시나리오 공급처가 되었던 것은 일본 영화잡지에 실린 시나리오의 번역, 번안이었다. 두 번째, 1960년의 4·19는 이승만의 독재정권에 대한 계층과 세대를 막론한 저항이었지만, 이 사건은 결과적으로 청년층의 세대의식을 촉발시키는 계기가 되기도 하였다. 이들 '전후 세대'는 최초의 한글세대이기도 하였다. 이후 4·19세대라고 불리게 될 이들 청년층은 한국영화가 새롭게 끌어들여야 할 관객층으로 급부상하였다.[94]

그러나 젊은 관객이 한국영화 관객층의 주류가 됨과 동시에 그 내부에서 성별, 계급별 분화가 일어난 것은 1960년대 말에 이르러서이다. 다음 장에서 다시 논하겠지만 이러한 분화는 한국사회의 산업화와 밀접한 관련이 있다. 또, 한국의 경우 상업적인 새로운 장르의 모색과 더불어 중요했던 것은 국가 정책의 변화였다. 왜냐하면 자국 내 영화자본의

---

94 〈맨발의 청춘〉 이후 한국산 청춘영화의 대표적인 감독으로 부상한 김기덕의 증언을 보라. "옛날에는 관객이 젊은 사람들이 많이 안왔어. '고무신짝'이라고 해가지고 그래야 장사된다고 그랬거든. 그렇게 젊은 사람들을 대상으로 영화를 만들면 관객이 많이 안왔어, 보지를 않았지. 전형적인 한국의 가족제도에서 구박받는 며느리라든가 기구한 여인의 운명, 뭐 그런 것들이 흥행이 잘 되고 관객들로부터 반응을 받고 그랬지. 그러니까 젊은 세대들이 영화를 안봤다고. 그런데 인제 자기네들 세대를 주인공으로 한 영화가 나오니까 "야, 이거, 뭐." 그리고 가보니까, 영화가 시대적으로 앞서 있었던 거지." 한국영상자료원 편, 「김기덕」, 『한국영화를 말한다─한국영화의 르네상스』 1, 이채, 2005, 45쪽.

열악함과 군사독재 정부라는 두 요인은 모두 국가와 영화를 과도하게 밀착시켜 놓았기 때문이다.

1966년 한국에서는 제2차 영화법 개정이 이루어졌다. 1963년의 제1차 영화법 개정이 기업화정책과 외국영화 수입쿼터제를 본격화한 것이었다면, 제2차 영화법 개정은 기업화정책을 보완하고, 국산 영화시장 보호에 관한 정책은 보다 구체화한 것이라는 점에서 1962년의 영화법의 연속선하에 있는 것이었다. 제2차 영화법 개정이 이루어질 무렵 이미 한국 영화시장은 수급 조절 능력을 상실해 가고 있었다. 1965년 한국영화 제작 편수는 기하급수적으로 늘어나 189편을 기록하였다.[95] 개정된 영화법은 세 가지의 주요 정책을 내걸었다. 첫 번째, 제작권 배정제(국가에 등록된 제작사에 제작 쿼터를 배정하는 일명 제작 쿼터)를 실시함으로써 적정 수준의 영화 제작이 유지되도록 할 것. 두 번째, 영화계의 고질적인 문제로 대두되고 있는 대명 제작代名制作 금지를 법제화함으로써 대명 제작을 줄일 것.[96] 세 번째, 외국영화 수입의 쿼터 배정에서 한국영화의 수출 실적을 중요한 쿼터 배정의 기준으로 삼을 것.

결과적으로 말하자면 제2차 영화법 개정은 시장의 혼란을 조정하는

---

95 한국이라는 일국영화시장 안에서 이 제작 편수가 얼마나 기형적이었는가는 한국영화가 본격적으로 아시아와 세계시장을 염두에 두기 시작하고 1960년대와는 비교할 수 없는 스크린 수를 확보한 2000년대 이후의 제작 편수와 비교해보면 쉽게 알 수 있다. 1990년대에 60편 내외를 오갔던 한국영화 제작 편수는 2000년대 이후 꾸준히 증가하여 2010년 152편을 기록하고 있다. 1990년대와 2000년대의 제작 편수는 영화진흥위원회의 『2000년도판 한국영화연감』과 『2011년 한국영화결산』 참조.

96 대명 제작은 기업화정책으로 등록된 영화사만이 영화 제작이 가능해진 상황에서 미등록 제작사나 제작자가 등록 제작사의 이름을 빌려서 제작하고, 그 대가로 대명 수수료를 지불하는 방식을 말하는데, 이로써 미등록 제작사와 등록 제작사와의 위계 질서가 생겨났으며, 제작사 등록이 이권화되는 폐해를 낳았다.

데 전혀 성공적이지 못했다. 첫 번째, 제작권 배정제는 제작 쿼터의 불법 매매라는 결과를 초래할 뿐이었다. 게다가 국가는 제작 쿼터 편수의 40% 이상을 반공, 계몽영화로 제작하도록 요구했으나 이 영화들은 흥행에 거의 성공하지 못했다. 실제로 1969년 시점에 제작 편수는 229편까지 늘어났으며, 제작된 영화의 4분의 3만이 극장에서 개봉될 수 있었다.[97] 두 번째, 대명 제작은 법적 금지에도 불구하고 한국 영화산업의 지배적인 관행이 되어 갔다. 대명 제작은 사실 '규모'의 문제에 집착한 박정희 정권의 무리한 기업화정책이 낳은 부산물이었다. 시설 및 자본의 크기 때문에 영화사 등록을 할 수 없었던 미등록 제작사들은 등록 영화사의 이름을 빌려서 영화 제작을 할 수밖에 없었고, 국가가 부과한 의무 제작 편수를 채울 수 없었던 등록 제작사들은 편수를 채우기 위해서 기꺼이 이름을 팔고자 했기 때문이다.[98] 세 번째, 한국영화의 수출 실적이 외국영화 수입 쿼터의 중요한 기준이 됨으로써, 한국영화는 해외 시장 진출에 일층 더 고심할 수밖에 없었다. 한국영화로도 카운트되고, 수출영화로도 카운트될 수 있는 외국과의 합작은 더욱 더 빈번해졌다. 말하자면 이 정책들은 바뀌고 있는 시대의 흐름과 무관하게, 단지 시장의 혼란만을 가중시켰으며, 이후 줄기차게 등장할 소위 '저질영화 양산'을 부채질했을 뿐이다.

---

97 1969년 당시 극장 개봉 편수는 166편이었다. 한국영상자료원, 「한국영화사 공부―1960~1979」, 이채, 2004, 147쪽. 한편 한국영화의 제작 편수는 1970년 209편. 1971년 202편으로 떨어졌으나, 이 편수는 이미 축소되기 시작한 시장이 감당할 수 없는 편수였다. 1년 만인 1972년 122편의 제작 편수라는 급격한 하락은 시장에 탄력적으로 대응하지 못한 한국 영화산업의 상황을 요약해서 보여주는 사례에 다름 아니다. 영화진흥공사, 『한국영화자료편람―초창기~1976』, 1977, 46·156쪽.
98 박지연, 앞의 글, 197~213쪽

홍콩 글로컬, 신파무협편의 등장

한편 홍콩의 경우를 보자면 1966년을 전후하여 '무협'으로의 이동이라는 흐름이 분명해졌다. 1966년 쇼 브라더스에서 호금전은 〈대취협〉을 찍었고, 장철은 〈변성삼협〉을 완성했다. 이 영화들의 어마어마한 성공은 그로부터 1년 전, 쇼 브라더스가 〈강호기협江湖奇俠〉(서증굉)과 더불어 시작한 새로운 캠페인, 이름 하여 '무협 신세기'[99]가 도래하였음을 알리는 것이었다.

쇼 브라더스의 기관지인 『남국전영南國電影』의 1966년 9월 호에는 흥미로운 기사가 실려 있다. 미국의 잡지 『라이프Life』 팀이, 바로 전해 완성된 쇼 브라더스의 거대 스튜디오 '무비타운'을 방문했다는 것이 그것이다. 이 방문 직후 『라이프』는 쇼 브라더스에게 '동양의 할리우드'라는 칭호를 선사했다.[100] 그리고 1967년 드디어 쇼 브라더스는 장철의 〈독비도〉로 백만 달러(홍콩달러) 영화의 시대로 돌입했다.[101] 이때 '동양의 할리우드'라는 호들갑스러운 수사적 표현은 비록 제한적 의미에서이긴 하지만, 문자 그대로 이해될 필요가 있다. 다시 말해 이는 '할리우드'라는 말이 내포하고 있는 영화적 '보편성', 즉 통용가능성이 최소한 이 영화들(〈대취협〉과 〈독비도〉 같은 영화들)이 성공을 거둔 지역 내에서는 존재

---

[99] "무협 이야기는 천 년 동안 중국에서 이어져왔다. (…중략…) 이 장르는 오랫동안 '북파(北派)'의 무대 기술에 한정되어왔다. (…중략…) 또한 이 영화들은 리얼리티와는 동떨어진 신괴(神怪) 판타지에 경사되었다. 현대의 관객들은 리얼한 '액션'을 원한다. 이러한 목표를 두고 쇼 브라더스는 '신파무협편'을 창조하는 운동을 개시하고자 한다." 「Shaws Launches "Action Era"」, 『南國電影』, 1965.10, p.30.

[100] 『南國電影』, 1966.9, p.103.

[101] 『南國電影』, 1967.8, p.58.

했다는 것을 의미한다. 그렇다면 이때의 '보편성', 통용 가능성이란 무엇인가?

쇼 브라더스에 관한 설득력 있는 분석을 행하고 있는 포섹 푸에 따르면, 1950년대 말부터 런런쇼가 추진한 쇼 브라더스의 재편 전략은 글로벌라이제이션과 모더나이제이션이라는 두 가지의 키워드로 요약된다. 일본이라는 강력한 참조 대상으로부터의 시스템과 기술의 도입은 근대화 전략 실행의 핵심 중 하나였다. 포드-테일러 모델의 전면적인 적용이라고 볼 수 있는 스튜디오 '무비타운'으로 이 전략의 성과는 말 그대로 과시되었으며, 동시에 가일층 박차를 가하게 되었다.

한편 글로벌라이제이션 전략은 두 가지 측면에서 이야기될 수 있다. 첫 번째, 다른 비서구 내셔널 시네마와 마찬가지로 쇼 브라더스는 서방세계 영화제를 통해서 인지도를 높이고자 했으며, 오리엔탈리즘과 액조티시즘이 서방세계 관객들을 매혹시키리라 믿어 의심치 않았다('동방색채東方色彩' 혹은 '중국 흥취中國味道').[102] 물론 여기에서도 역시 중요한 참조틀은 이미 서방세계에서 존재감을 과시하고 있던 일본영화였다. 게다가 '진정한' 동양문화의 근원으로서 중국문화는 일본보다 서방세계에 어필할 수 있는 더 강력한 자원을 갖고 있다는 믿음이 동서의 매개 공간 홍콩을 뒤덮고 있었다. 1962년 이한상의 〈양귀비〉가 칸느 영화제에서 기술상을 받았을 때, 이 믿음은 확신에 가까운 것이 되었다. 두 번째, 좀 더 실질적으로 쇼 브라더스가 상정할 수 있었던 글로벌한 관객은 동남아시아를 포함하여 전 세계 곳곳에 퍼져 있는 화교 커뮤니티였다.

---

102 『南國電影』, 1963.1, p.62.

쇼 브라더스는 발명된 전통과 공유된 과거, 공통어(만다린어)를 통해 상상된 조국(homeland)으로서의 문화 중국의 의식을 형성해냄으로써 범 중국인(pan-Chinese) 커뮤니티를 투영하는 데 성공하였다. 이 영화들은 전 세계의 중국인 관객들의 내셔널리즘과 노스텔지어에 어필하였다.[103]

실제로 런런쇼를 포함하여 쇼 브라더스의 가장 중요한 기획자와 감독들, 이한상과 호금전, 장철 등은 모두 본토 출신들이었다. 정치적으로는 대만 국민당에 강력한 공감을 지니고 있던 이들에게 홍콩은 일시적인 거처에 지나지 않았다. 이들 '피난민'들은 공산화된 본토 중국을 '대리'하여 '불변하는 중국의 이미지'를 만들어냈으며, 전 세계의 화교들은 이 영화들을 보고 "디아스포라의 삶에도 불구하고 중국인으로서의 정체성 확인을 계속할 수 있었다."[104]

쇼 브라더스의 글로벌라이제이션 전략에 관한 포섹 푸의 논의에서 핵심은 동남아시아를 포함한 전 세계의 화교 문화권이 갖는 '디아스포라 의식'에, 그 스스로가 디아스포라라고 의식했던 쇼 브라더스의 기획, 창작자들이 정확히 부합할 수 있었다는 데 있다. 이 분석은 쇼 브라더스 영화를 광범위한 '중화' 문화권 내에서 사유할 때, 유의미한 참조점이 된다. 특히 1949년 중국혁명 이후 대만을 실질 영토로, 믿음의 체계 속에서 중국 본토를 자국 영토로 상정하고 있던 '중화민국'과 전 세계 화교 디아스포라들에게 1950년대 후반과 1960년대 초의 쇼 브라더스 시

103 Poshek Fu, "The show Brothers Diasporic Cinema", *Cinema Forever*, University of Illinois, 2008, p.12.
104 Ibid., pp.13~14.

대극이 어떻게 그토록 강력한 호소력을 가질 수 있었는지를 설명하는 데 있어 매우 효과적이다. 그러나 중화민족주의와 화교 디아스포라라는 키워드는 한계적인데, 왜냐하면 1966년 이후의 성공은 거기에 국한되지 않았기 때문이다. 그러니까 왜 〈대취협〉과 〈독비도〉와 같은 영화가 화교 커뮤니티 이외의 지역에서 그토록 광범위하고 열광적인 반응을 불러일으켰으며, 그 연속선상에서 만들어진 1970년대의 홍콩 무술영화는 이들 지역 내에서, 더 나아가 서구에서 지속적으로 어필할 수 있었는가? 이를테면 한국 같은 지역, 화교문화가 거의 의미가 없었으며, 강력한 국가-민족주의가 작동하는 지역에서 1960년대 중후반부터 일기 시작한(그리고 1980년대까지 계속됐던) 홍콩영화의 유행을 어떻게 설명할 수 있는가?

여기에서 다시 한번 주의를 환기시키고 싶은 것은 바로 그 시작이 '무협영화'라는 액션영화의 형태에서 비롯되었다는 점이다. 물론 무협영화는 쇼 브라더스 특유의 문화 민족주의의 자취 속에서 만들어졌다. 이 영화들은 정확히 "발명된 전통과 공유된 과거, 공통어(만다린어)"의 세계로 이루어져 있었다. 그러나 이 영화들은 이전의 영화와 달랐다. 다시 한번 포섹 푸의 논의로 돌아가자면, 그는 무협영화들, 특히 장철 영화가 1960년대 중후반 싹트기 시작한 '홍콩인'이라는 인식('My City')으로의 전환 속에서 이루어진 디아스포라 의식과 '로컬 의식' 사이의 교섭의 결과였다고 지적한다. 일례로 장철의 젊은 배우들은 이전의 배우들과 달리 홍콩 출신이었다. 로컬 의식은 1970년대 홍콩의 경제성장과 인구 구성의 변화 속에서 가속화되었으며, 이를 바탕으로 홍콩영화의 '홍콩화'라고 할 수 있을 현상이 전개되고 있었다. 잘 알려져 있다시피 1970년대의 홍콩영화에서 광동어는 다시 주류가 되었다.[105] 흥미로운 것은 바로 이 지역화 혹은 홍콩화라고 할 수 있는 흐름 속에서 말 그대로 진정한 '글로벌 홍콩영화'[106]로의 도약이 이루어졌다는 사실이다. 로컬을 반영하는 순간 글로벌한 공통성이 내재하게 된 것이다.

6. 오래된 아시아와 새로운 아시아

한홍 합작 시대극의 역사적 계보에 관한 논의의 연장선에서 이야기하자면, 1960년대 중반 홍콩 무협영화가 내셔널 시네마의 횡적 결합, 즉 합작 스펙터클 시대극이 실패하는 바로 그 지점에서 출현하였다는 사실이야말로 중요해 보인다. 이 시대극들은 주지하다시피 할리우드 시대극을 과잉 참조하면서 만들어졌다. 그러나 〈대폭군〉의 사례에서 보듯이 할리우드 영화에 버금가는 물적 동원이 곧바로 관객 수로 환산되지는 않았다. 거기에는 이 횡적 결합을, 이미 존재했으리라 상정되는 공유 문화 속에서 찾으려는 '전통적' 접근이 지닌 안이함과 같은 것이 자리하고 있었다. 영화에서 시장의 문제는 무엇보다 관객의 취향의 구조, 특히 파편

---

105 Ibid., pp.15~20. 이소룡의 〈당산대형〉이 광동어 영화였다는 사실은 이 사태를 예감케 하는 것이다.
106 이를테면 데이빗 보드웰이 홍콩영화에 관한 자신의 연구서에 붙인 매혹적인 제목('Planet Hong Kong')을 상기해보라. David Bordwell, *Planet Hong Kong*, Harvard University Press, 2000.

화된 관객성의 요소들을 어떻게 결합시킬 것인가와 관련 있다. 그 결합은 국지적인 수준이 아니라 적어도 이들이 의도하고 있던 동아시아 전체 시장의 취향의 배치를 고려하는 것이어야 했다. 당대의 관객을 염두에 둔다면, 역사와 가상의 공유 기억으로는 충분하지 않았다. 그렇다면, 이 시장의 당대적 공통성이란 무엇이었는가? 나는 그 공통성을 중공업적 하이 모더니즘(강박적 근대화)[107]에서 찾을 수 있으며, 그 영화적 투사물이 소위 재남성화된 남성들의 근육질 몸과 그 율동, 즉 산업화 시대의 액션 영화에 등장하는 아시아적 신체에서 발견될 수 있다고 생각한다.

공동의 역사적 감수성, 즉 문화적 공동성 혹은 이미 공유하는 것 안에서 시작하려는 기획들이 심화될수록 이를 위해 동원되는 가치 체계나 이미지들은 일종의 판에 박힌 클리셰로서 남용되기 쉽다. 남발된 공동성, 아시아적 가치들은 결국 '현재'의 아시아(합작)영화를 막다른 골목으로 몰고 가는데, 바로 거기서 이 공동성들의 완전한 탈각과 새로운 공통성 혹은 지금 여기의 공통적인 것들이 다시금 활성화되기 시작한다. 동아시아 '황인종'의 몸과 그 움직임, 이를테면 몸만 남은 남자들의 영화들이 바로 그것이다. 어떤 동일한 신체의 형상과 움직임을 통해 종적 기원이 아닌 동시대인으로서의 횡적 공통감각이 이 시대를 관통하기 시

---

107 하이 모던이라는 개념은 제임스 스콧에게서 빌려왔다. 그에 따르면 불도저식의 건설과 증산, 속도와 획일의 추구로 특징지어지는 하이 모던은 사회와 자연에 대한 사회공학적 재질서화에의 강력한 확신에 기반한 강박적 모던을 의미한다. James Scott, *Seeing Like a State : How Certatin Schemes to Improve the Human Condition Have Failed*, Yale University Press, pp.87~90. 한석정은 동아시아에서 하이 모던이 추진된 대표적인 공간으로 만주국을 들고 있으며, 만주국의 조선인들이야말로 1960년대 이후 한국의 개발 체제 이념을 만들어낸 가장 중요한 자원이었음을 상기시키고 있다. 한석정, 「박정희 혹은 만주국판 하이 모더니즘의 확산」, 『일본비평』 3, 서울대 일본학연구소, 2010, 120~137쪽.

작했다. 그리고 말의 정확한 의미에서 바로 이 '액션'이야말로 동아시아적 공통성, 나아가 세계성의 원점이 된다.

아시아는 일종의 장르의 근원으로서의 액션들을 관통하면서, 세계성의 기초를 (아시아가 아니라) 계급적 몸으로부터 재발견하게 된다. 이 순간 비로소 아시아 영화가 세계문화 속에 '각인 / 기입inscription'된다. '하이 모던' 아시아를 사는 몸이 펼치는 아시아 액션영화가 시작될 것이다. 다음 장에서는 바로 이 영화들에 대해 설명하게 될 터인데, 무엇보다 이 영화들은 또한 전 세계 자본주의 시장에서 통용 가능한 아시아의 '상품'들이었다.

제5장

트랜스 / 내셔널 아시아 액션영화

중공업 하이 모던 신체의 증식

---

1. 도시 하위 계급 남성, 공유하는 관객

이 장에서는 아시아 개별 영화의 담론적, 인적, 산업적 결합이 하나의 장르 안으로 수렴되는 과정, 특히 시장으로서의 아시아 영화에 예기치 않은 출구를 제공한 액션영화라는 공유장에 대하여 검토하고자 한다. 나는 여기서 프로덕션적 고려와 함께 도시 하위 계급 남성이라는 관객성의 문제를 아시아 영화의 핵심 주제로 제기하게 될 것이다. 모든 '공유'란 어떤 의미에서 의도적으로 찾아지는 것이 아니라, 이미 존재하지만 발견되지 않았던 일치 속에서 갑작스레 확인되는 것이기도 하다.

1960년대 말부터 등장한 일련의 아시아 '액션영화'들의 증식 과정은,

아시아 혹은 아시아 영화라는 다발적 고민이 어떻게 만드는 자가 아닌 보는 자에 의해 그 답을 얻게 되는지를 보여준다. 이 장에서 다루고자 하는 대상은 '합작'이라는 트랜스내셔널한 경험의 연장선에서 유발된, 1960년대 중후반 쇼 브라더스라는 화교 영화자본의 기획으로서의 무협영화와 이 장르의 1970년대적 변형으로서의 쿵푸영화,[1] 그리고 한국과 홍콩, 대만 등에서 단독으로 혹은 합작으로 만들어진 '국적 불명'의 아류 권격영화들이다. 제작과 표상 양면에서 이들 '아시아' 영화의 국적을 묻는 일은 거의 불가능해 보인다. 그렇다면 왜 액션영화만이 유독 아시아 영화의 물리적 실체이자 아시아적 공통성으로 '글로벌'하게 유포될 수 있었는가?

여기에는 세 개의 계기가 있다. 첫째, 산업화 과정에서 등장한 하위 계층 도시 남성의 대규모 발생과 임금노동자로서 이들의 소비 주체화.

---

[1] 화교 자본과 홍콩이라는 지정학적 위치 속에서 중층결정된 '홍콩영화'는 이 순간 다음과 같은 설명에 적합한 최초의 모습을 드러냈다. "글로벌과 로컬 컨텍스트 속에서 홍콩영화에 대한 기본적인 고려를 요약하자면 다음과 같다. ① 홍콩영화는 냉전 기간과 그 이래로 막대한 지정학적(또는 US-아시안적) 의미를 지닌 도시에서 만들어졌다. 이 지역적 금융센터에서 만들어진 영화들의 사회적 기원은 의식적으로 세계 지향적이었으며, 이익 추동적이고 시간 경쟁적인 것이었다. ② 할리우드 산물과 미국의 대중문화가 계속 우세한 것으로 남아있는 한편, 일본의 대중문화가 광범위하게 청소년들의 취향을 나누고 있었다. ③ 홍콩영화 프로덕션은 대만과 동남아시아를 상대로 한 투자, 배급에 의존해 있었고, 예산의 밸런스를 거기에 맞추었다. 홍콩영화는 오랫동안 이 지역에서 이 지역 문화와의 상호작용 없이 헤게모닉하게 존재해 왔다. ④ 해외 관객에 대한 의존은 무술영화와 스릴러 같은 수많은 액션장르에 기여하였다. ⑤ 이 영화들은 서구 세계와 중국 세계를 접촉시키는 동시에 분리하는 것으로서의 홍콩 아이덴티티를 표현하였다. 그들은 종종 네이티브한 기억을 구축하는 한편 공식적인 '성공' 스토리를 반박하였다. ⑥ 상업영화나 아트 필름은 홍콩이 경쟁력을 유지하기 위해서 중국과 나머지 다른 세계와 협상하고 처리해 나가면서 벌어지는 이 도시의 긴장과 정치에 연루되어 있다. ⑦ 빠른 리듬이라는 명성은 홍콩영화로 하여금 즉각적인 글로벌 액세스의 시대에 스피드의 효과를 예견하고 등록하게 만들었다." Esther C. M. Yau, "Hong Kong Cinema in a Borderless World", Esther C. M. Yau ed., *At Full Speed*, University of Minnesota, 2001, p.5.

둘째, 실제로 존재하는 것이든 아니면 그렇게 상상되거나 창출된 가치든 간에 문화정치적 공유 혹은 공동성을 활성화시키는 장치로서의 '협俠'. 셋째, 아시아 반공 블록의 군사적 긴장이 가부장제 질서와 절합하면서 만들어낸 남성 젠더의 정치 무의식과 취향의 구조. 나는 여기서 하위 계층 도시 남성이라는 새로운 시장(소비자)과 이들의 정치 무의식 혹은 국가의 경계를 넘어서는 취향의 구조에 특별히 주목하고자 한다. 왜냐하면 1960년대 말 이래로 이들 영화—일본의 찬바라 영화, 홍콩의 무협 / 쿵푸영화, 한국의 검객 / 권격영화들은 하나의 카테고리로 묶여 "아시안 마샬 아츠 필름Asian Martial Arts Film"으로 명명될 것이기 때문이다.[2] 이 영화들은 동아시아 냉전 블록 안에서 남성성의 재활성화라는 문화 전략에 기대는 한편, 당대에 존재하는 또 하나의 공통성으로서의 하위 계급들의 시장적 가치에 주목하며, 영화시장 안으로의 동원을 시도하였다. 요컨대 이 액션영화들은 국민국가적 경계를 넘어 존재하는 계급 분할선과 남성 하위 주체라는 젠더의 정치문화적 무의식을 결합시키는 방식을 통해 아시아 영화라는 시장과 그에 필요한 가치들을 생산해내는 전략을 취한 것으로 보인다.

'동아시아 액션영화'라는 문제에서 우선 짚고 넘어가야 할 것은 '액션영화'라는 명칭이다. 비디오 가게의 분류 항목에서, 영화의 홍보 문구에서 종종 발견되는 이 명칭은 영화의 '장르'로 파악하기에는 분명 지나치게 모호하다. 단도직입적으로 묻자면, 액션영화는 웨스턴, 스릴러, 호러

---

2   David Desser, "Hong Kong Film and the New Cinephilia", Meaghan Morris · Siu Leung Li · Stephen Chan Ching-Kiu ed., *Hong Kong Connections : Transnational Imagination in Action Cinema*, Duke University Press, 2006, p.218.

등과 같은 '장르'로 파악 가능한가? 어떤 액션영화는 스릴러이기도 하고, 어떤 액션영화는 웨스턴이기도 하다. 심지어 호러이기도 하다. 그렇다면 액션영화를 장르로 논하는 것은 잘못된 분류인가? 폴 월먼의 액션영화에 대한 논의는 여기서 하나의 참조점이 될 수 있다. 그는 액션영화를 '장르'로 파악할 때 발생하는 모호함 그 자체에 초점을 맞춘다. 폴 월먼에 따르면 이 모호함은 액션영화라는 명칭이 프로덕션 카테고리가 아닌 마케팅 카테고리이기 때문에 발생한다. 즉 기존의 장르 분류, 웨스턴, 스릴러, 호러 등으로 명명된 이 분류가 프로덕트-디자인의 과정에서 발생한 것이라면, 액션영화라는 명칭은 배급과 상영 섹터에서 만들어졌다. 다시 말해서 어떤 영화를 '액션영화'로 명명할 때, 이 명명에는 이미 어떤 특정 관객층이 전제되고 있다.

물론 어떤 장르의 독특한 스타일, 관습, 기호 등은 산업의 기대치와 관객의 기대치가 만나는 지점에서 만들어진 것이다. 그런데 이때 잠정적으로 상정되는 '관객'이란 과연 누구를 말하는가? 관객이라는 포괄적 명칭 내부는 젠더와 계급, 장소, 시대, 인종이라는 세심한 구분선들로, 종으로 횡으로 나뉘어져 있다. 액션영화는 경멸적 용어로 쓰일 때든 마니아적 용어로 쓰일 때든 그것이 소구하는 특정 대상층을 염두에 둔다. 그리고 바로 이 특정 대상층에 호소하는 것으로서 '액션영화'라는 명칭이 성립한다. 따라서 액션영화에 대한 연구는 어떤 산물의 제작 과정에 초점을 맞춘 기존의 영화 연구(그것이 작가 연구든, 산업에 대한 연구든)를 관객, 그것도 포괄적으로 아이덴티파이된 관객이 아닌 특정 요소들로 구성된 관객 연구로 옮겨가게 만든다.

영화 연구에서 광범위하게 간과되어온 것은 각자에 속하는 특정한 메뉴를 갖고 있는 영화산업의 두 섹터가 있다는 사실이다. 하나는 영화의 카테고리를 만든다고 가정되는 요소들로 구성되어 있다. 다시 말해, 우리가 가르쳐왔던 장르. 또 다른 하나는 아이덴티티 카테고리에 기초해 규정된 관객의 특성으로 만들어진다고 생각되는 요소들로 구성되어 있다. 젊은 도시 노동자들은 분별력이 없고, 낮은 아이큐를 가졌다고 생각된다 : 결과적으로 이 섹터는 요소 a, b, c(예를 들어 섹스, 폭력, 액션)를 원한다고 가정된다. 중간 계급 교회 청년은 a, b, f(드라이브 인에서 제공하는)를 원하고, 흑인 도시 노동계급은 x, a, z 등등의 요소를 원한다.[3]

폴 윌먼의 언급은 영화시장으로서의 아시아라는 문제와 관련해서 의미심장한 하나의 암시를 준다. 왜 런런쇼와 신상옥의 프로덕션적 고려는 실패할 수밖에 없었는가? 그들은 최초의 목적이 시장에 있었음에도 불구하고 관객의 요소, 관객들의 아이덴티티 카테고리를 별반 고려하지 않은 상태에서 가치로서의 아시아, 표상으로서의 아시아라는 문제로 바로 진입하려 했다. 이들은 가설적인 중립 지대에서 양쪽의 내셔널리티가 동시에 재현가능하다고 쉽사리 간주했다. 보다 본질적인 원인은 관객들의 아이덴티티 카테고리가 역사적 공통성이나 내셔널한 충동에 긴박되어 있으리라 믿었다는 점이다. 실제로는 폴 윌먼의 분석처럼 관객의 도래는 사회 구성체의 변화와 그로부터 비롯된 열망 및 취향의 구조에 더 밀접히 관련되어

---

3 Paul Willemen, "Action Cinema, Labour Power and the Video Market, Hong Kong Connections", Meaghan Morris · Siu Leung Li · Stephen Chan Ching-Kiu ed., *Hong Kong Connection*, Duke University Press, 2006, p.228.

있을 수 있다. 왜냐하면 이 아시아의 국민국가들은 근대화의 열망 속에서 근원, 전통, 역사와는 오직 임의적인 필요에 의한 관계만을 맺어 나갈 것이었기 때문이다. 거의 시차 없이 등장한 동아시아의 하이 모더나이제이션 (고도 근대화)은 새로운 계급과 취향을 탄생시켰고, 그들과 내셔널 아이덴티티가 맺는 관계 역시 이러한 배치에 따라 변화되어 있었던 것이다.

이 글에서 무협영화, 쿵푸영화, 권격영화, 찬바라 영화 등 아시아의 각 지역에서 만들어진 이 영화들에 대한 가장 광범위하며 그만큼 엄밀하지 않은 명칭인 '액션영화'라는 용어를 사용하는 것은 바로 이런 맥락에서이다. 그러니까 이 장의 마지막 부분에서 검토하고자 하는 것은 누가, 어디에서, 어떻게, 왜 그 영화들을 만들었는가에 대한 고려뿐만 아니라 누가, 어디에서, 어떻게, 왜 그 영화들을 '보았는지'의 문제이다.

전후 아시아 영화는 미디어 환경의 변화라는 생활 양식의 변화와 이에 맞선 기술산업시대식 과잉 대응으로서의 영화적 포디즘이 만들어낸 할리우드 대작이라는 압도적 힘에 의해 시작되었다. 여기에 맞서는 한편, 이 대작들을 시장 내에서 재배치시키는 전략으로서 시도된 것이 소위 '아시아 영화'라고 할 때, 내셔널 시네마들 간의 산업적 제휴로부터 추동된 '아시아 영화'의 최종점이 동아시아라는 탈국가적 레테르를 통한 세계문화로의 유례 없는 진입이었음은 의미심장하다. 다시 말해 동아시아 반공 블록에서 생산된 하위 남성 주체의 영화가 세계적 서브컬처의 주요한 자원으로 거듭나는 과정이야말로 세계문화로서의 영화의 독특할 발생 구조를 보여준다 하겠다.[4] 세계문화, 누구의 어떤 세계인

***

4 이를테면 메간 모리스는 비디오 산업 시대의 '비디오 대여점 직행(direct to tape)' 용 액션영화들의 절대적인 비중을 차지한 '동아시아'산(産) 액션영화가 호주영화에 미친 영향

가? 동아시아 반공 블록의 세계―이 세계, 이 한계지어진 '보편', 이 세계(문화)의 한계들로, 이제 들어가 보려 한다.

2. '양강'을 둘러싼 국제적 우애

호금전의 '여협'과 장철의 '양강'

그땐 메구라(맹인―인용자) 검법 기법을 쓰는 〈자토이치〉 영화가 일본을 휩쓸 때야. 그러니까 홍콩도 슬슬 칼싸움 영화, 그 소림사 권법 초창기 걸 보면은 일본 사무라이 영화 권법 같어. 칼만 들어섰지. (…중략…) 그니까 내가 이 〈대폭군〉을 갔을 때, 촬영 하루 찍으면 사흘을 놀아야 되니까. 어디 가냐면 홍콩 라이브리리(쇼 브라더스 라이브러리―인용자) 가서 영화만 보는 거여. 그럼 홍콩 감독들, 나, 뭐 한 대여섯 명이 맨날 일본영화만 보는 거야. 이걸 몇 콤마로 찍었냐, 이건 스톱모션이 된 거냐, 이건 고속, 그니까 뭐 편집서부터 특수촬영을 엄청나게 공부해 가지고 왔어.[5]

과 백인 남성 하위계급들의 수용 방식에 대해 논하고 있다. Meagan Morris, "Transnational imagination in action cinema : Hong Kong and the making of a global popular culture", *Inter-Asia Cultural Studies* 5-2, Routledge, 2004.

5   임원식의 증언. 신필름 채록연구팀, 『임원식, 이형표, 이상현, 김종원, 2008년도 한국영화사 구술채록연구시리즈 〈주제사〉 신필름 2』, 한국영상자료원, 2008, 82쪽.

결과적으로 〈대폭군〉은 때늦은 영화가 됐지만, 이 영화의 촬영 때문에 1965년 말부터 1966년 전반기 내내 쇼 브라더스에 머물러 있어야 했던 임원식은 '무협 신세기'의 탄생 비밀을 엿볼 수 있었다. 쇼 브라더스의 라이브러리에는 수많은 일본영화가 있었으며(런런쇼는 1960년대 아시아 지역에서의 일본영화 수입의 가장 중요한 수입업자였다), 특히 일본 찬바라 영화는 신파무협편의 중요한 참조점이 되었다. 임원식은 이러한 장르의 국제적 순환을 현지에서 경험하고 학습한 셈이다.

신파무협편의 시작으로 알려진 〈강호기협〉의 감독인 서증굉에 따르면, 이 참조는 매우 직접적이었던 것 같다. "나는 신파무협편이 사무라이 영화에 영향을 받은 것이라고 확신한다. 구로사와의 〈거미의 성蛛蛛巢城〉, 〈요짐보〉, 〈쓰바키 산주로椿三十郎〉, 이나가키 히로시稻垣浩의 〈미야모토 무사시宮本武蔵〉, 그리고 무엇보다 〈자토이치〉 시리즈가 중요했다."[6] 이 장르의 가장 위대한 공헌자인 장철 또한 그의 일본 찬바라 영화 체험을 공공연히 밝히곤 했다. "일본은 동방 중의 서방이다. 우리들은 서양 영화(특히 할리우드) 이외에 일본 '무사도' 영화의 영향을 많이 받았다. 나는 일본에서 〈금연자金燕子〉를 찍었는데, 배경을 찍는 것은 별로 중요하지 않았고 일본의 영화 제작방법을 배우는 게 주요 목적이었다. 몇몇 무협영화 감독은 일본의 영향을 받았음을 말하는 걸 꺼리는데 나는 그럴 필요가 없다고 생각한다. 영향을 받았다는 것이 베꼈다는 건 아니기 때문이다. 모자람을 병으로 삼아야 할 뿐이다. 나는 구로사와 아키라의 영

---

6 徐增宏(Xu Zhenghong), *A Study of the Hong Kong Swordplay Film (1945-1980)*, Hong Kong Urban Council, 1981(Revised edition, 1996), p.204. 서증굉은 런런쇼가 일본으로 유학을 보냈던 감독이기도 하다.

화를 보고, 무협영화도 이와 같은 높은 수준으로 찍을 수 있다는 것을 깨달았다."[7]

한편 1967년에 한홍 합작영화가 아닌 홍콩영화로는 최초로 한국에서 극장 공개된 〈대취협〉은 흥행에서 "예상치 못한 성공"을 거두었다. 이 영화에서 흥행의 가능성을 발견한, 즉 "일본 사무라이 영화 냄새"를 맡은 수입업자는 "중국영화 냄새가 안 나게" 스파게티 웨스턴 영화의 제목을 본떠 〈방랑의 결투〉라는 한국어 제목을 달았다.[8] 그러나 호금전은 〈대취협〉 이후 곧 쇼 브라더스를 떠나 대만으로 갔으며, 이 영화가 거둬들인 한국 시장에서의 '무협'의 성공을 이어간 것은 이후 쇼 브라더스 무협-무술영화의 가장 대표적인 이름이 될 장철이었다. 한국에서 개봉된 호금전의 영화는 〈대취협〉 한 편인 데 반해, 장철의 영화는 이후 지속적으로 공개되었다. 1968년에 신필름에서 수입한 장철의 세 편의 영화, 〈독비도〉(한국 개봉 제목 〈의리의 사나이 외팔이〉). 〈변성삼협〉(한국 개봉 제목 〈삼인의 협객〉), 〈금연자〉(한국 개봉제목 〈심야의 결투〉)가 연속 개봉되었으며, 세 편 모두 그해 흥행영화 베스트 10에 들어가는 기록을 세웠다.[9]

---

7   Chang Cheh, "Creating the Martial Arts Film and the Hong Kong Cinema Style", *The Making of Martial Arts Films-As Told by Filmmakers and Stars*, Hong Kong Urban Council, 1999, pp.17~18.

8   김성근, 채록연구 권용순, 『2010년 한국영화사 구술채록연구 시리즈 〈생애사〉 김성근』, 한국영상자료원, 2010, 193쪽. 〈대취협〉이 개봉하기 전해인 1966년 세르지오 레오네의 *A Fistful of Dollars*(1964)가 한국에서 '황야의 무법자'라는 제목으로 개봉, 대히트를 기록하였다. 신필름에 의해 수입된 이 영화는 1965년 일본에서 〈황야의 요짐보(荒野の用心棒)〉라는 제목으로 개봉했으며, 마찬가지로 흥행에 성공했다. 신상옥이 이 영화의 한국 제목을 붙일 때, 이 일본 제목을 염두에 둔 것은 확실하다. 또한 〈황야의 무법자〉의 당시 한국 신문광고는 이 영화가 구로사와 아키라의 〈요짐보〉의 리메이크작임을 강조하고 있다. 〈황야의 무법자〉의 성공 이후 스파게티 웨스턴은 1960년대 말 한국 영화시장에서 가장 꾸준히 인기를 모은 외화 중의 하나가 되었으며, 대부분의 제목들에는 원제와 상관없이 황야, 석양, 결투, 무법자가 들어갔다.

장철의 영화는 격렬한 신체 훼손과 다량의 피, 죽음에 이르는 싸움을 선호하는 것으로 유명했다. 그의 영화에서 무술감독을 했으며, 그 자신도 감독인 유가량劉家良의 다음과 같은 증언은 그가 얼마나 선연한 피에 집착했는지 보여주기에 부족함이 없어 보인다. 어느 날 장철이 유가량에게 물었다. "내장에 상처를 입고, 심지어 내장을 쏟아가면서도 여전히 움직일 수 있을까? 안될까? 어쨌든 피는 많을수록 좋은데."[10] 장철은 홍콩영화를 '남성들의 영화'로 바꾸는 데 결정적인 공헌을 하였다. 그가 매혹당한 것은 젊은 남성들의 신체였으며, 그들의 벌거벗은 신체가 어떻게 파열되는가에 관심이 있었다. 실제로 그의 영화는 홍콩영화사상 최초로 젊은 남성 스타들의 영화였으며, 장철의 영화 경력은 왕우王羽, 강대위姜大衛, 적룡狄龍 등 주요 남성 스타들의 변천과 밀접하게 관련되어 있다.

장철은 자신의 영화를 '양강陽剛영화'라고 칭하였다. 아마도 남성성, 영어의 masculinity로 번역 가능할 이 말은,[11] 장철 스스로가 말하건대, 그가 의식적으로 쓰기 시작하기 이전에는 거의 쓰이지 않았다("양강은 이미 홍콩 사람들의 입버릇口頭禪이 되어 있다. 그것은 내 영화부터 시작되었다.")[12] 장철은 양강―스티븐 테오는 이 단어가 웅성雄性 혹은 남성의 생식기관을 뜻하는 양陽과 불교의 성자 중 한 명이자 자주 근육질의 벌거벗은 상체를 드러낸 포악한 얼굴을 가진 형상으로 표상되어온 금강역사金剛力士의

9   이 세 편의 영화의 총 관객수는 무려 65만 명에 이르는 것이었다. 『대한신문』, 1968.12.21.
10 Interview with Lau Kar-leung, "The Last Shaolin", by Olivier Assayas and Charles Tesson in collaboration with Elizabeth Cazer and Tony Rayns(http://changcheh.ocatch.com/lau-int.htm). 올리비에 아사야스와 샤를 테송이 진행한 이 인터뷰는 Cahiers du Cinéma 362・363, september 1984에 처음 게재되었다.
11 Stephen Teo, Chinese Martial Arts Cinema, Edinburgh University Press, 2009, p.94.
12 張撤, 『張撤談香港電影』, 三聯書店(香港)有限公司, 2012, 51쪽.

조합으로 이루어졌다고 파악한다 — 즉 강력한 남성성이 특정한 어떤 정서, 즉 비장悲壯의 발현을 위해서 필수불가결한 것이라고 단언하고 있다. 조금 긴 인용이지만, 다음의 언급은 장철이 왜 그토록 젊은 남성이 '죽도록' 싸우는 영화에 심취했는가를 보여준다.

남녀는 천생유별(天生有別)하다. 원시시대부터 남성은 수렵으로써 생계 수단을 삼았고, 전투와 방어를 책임져서 개체를 보존했다. 여성은 자식들을 낳아 기르고 종족을 면면히 길러내었다. (남성과 여성은) 자연히 다른 임무를 부여받은 것이다. 인류의 몇 천만 년의 발전 속에서 남성은 웅장(雄壯)하고 여성은 온화하다. 난새(鸞鳥)를 억지로 봉황으로 만들면 자연스럽지 않은 것이다. 청나라 개국 초기를 제외하고 즉 한족화(漢族化)한 이후에는 송나라 이후로의 '문을 중시하고 무를 경시함(重文輕武)'을 이어받아 남자는 약하고 자신도 보존할 수 없었다(그때 '동아병부(東亞病夫)'¹³라고 불렸다). 사람들은 여협(女俠), 여장수(女將)를 환상하게 되었고 이것들은 장회소설(章回小說)과 희극(戲劇)에 반영되었는데, 이들은 절대로 자연에 합한 것이 아니었으며 현대 관중들은 이를 받아들이기 힘들다. 다만 보수적인 사람들만이 구습에 사로잡혀서 관중은 이럴 것이라고 생각할 뿐이다. (…중략…) 동작편(動作片)(액션영화-인용자)은 언제나 비장감이 있어야 한다. 비장한 기분을 만들어내기 위해서는 웅장(雄壯)한 남성이 등장해야 한다. 이 웅장한 남성은 상냥한 여성을 좋아한다. 그러나 분 냄새 나는 남성과 건장한

---

13 뒤에 살펴보겠지만, 이 문구는 이소룡의 〈정무문〉에서 그야말로 '인상적'으로 등장한다. 중국도장을 찾은 일본인들은 중국인에 대한 비아냥과 함께 이 문구가 적힌 액자를 던져 놓고 사라진다. 이 장면은 이소룡이 스승의 복수에 나서는 계기가 된다.

남자 같은 여성은 언제나 남자 같은 남자만 못하다. 여성은 여성스러운 것이 자연스럽고 정상이다. 여성은 저절로 비극이 있는데, 다만 그것은 비참이지 비장이 아니다. (…중략…) 남자가 전쟁터에 나가서 팔뚝을 걷어붙인다면 아주 비장하지만, 여인이 팔뚝을 걷어붙인다면 어떤가? 그저 섹시함을 느낄 뿐이다.[14]

장철의 이 노골적인 남녀유별 언설은 실은 여성 멜로드라마 위주의 당시 홍콩영화에 대한 비판이자, 1950년대 다수의 광동어와 약간의 만다린어로 만들어진 구파무협편에 대한 비판이며, (더 나아가서는) 호금전에 대한 우회적인 비판이기도 했다. 호금전은 여협에 심취했다. 〈대취협〉은 정의로운 여협의 이야기였으며, 이 영화는 이미 언급했다시피 대성공을 거두었다. 호금전은 곧 쇼 브라더스를 떠났으나, 여협은 이후 그의 영화의 중요한 테마로 자리잡았다(예컨대 〈협녀〉). 베이징 출신의 호금전은 경극과 고전 중국 회화에 대한 깊은 조예로 유명했으며, 그의 영화는 고전적인 중국미에 대한 현대적 계승으로 평가받았다. 장철이 동아시아 전역에서 거둔 상업적인 성공과 이후 홍콩영화에 끼친 광범위한 영향(이소룡부터 성룡, 오우삼, 임영동에 이르기까지)에도 불구하고 홍콩영화가 본격적인 비평 혹은 영화학의 담론 대상이 되었을 때, 호금전이 먼저 발견된 것은 우연이 아니다. 호금전의 영화는 비할리우드권 영화 담론이 갖는 내셔널 시네마에 대한 열망('중국적 미')과 젠더적 이슈 생산에 더 적합했다.[15] 호금전의 가장 위대한 걸작 중 하나로 평가받는 〈협녀〉

---

14 張撤, 앞의 책, 53~54쪽.
15 1990년대 이후 중국어권 비평가들과 서방세계 비평가들이 어째서 장철이 아닌 호금전

(1969)의 영어 제목이 〈Touch of Zen〉인 것은 그야말로 적절해 보인다. 호금전의 영화는 서구 오리엔탈리즘과, 한편으로 이를 이용하는 동시에 견제하는 중화권 내부의 내셔널리즘, 그리고 페미니즘적 해석의 매우 중요한 견본으로 자리잡았다.

물론 이 이야기는 장철이 호금전에 비해서 덜 내셔널리스틱하다는 것을 의미하지는 않는다. 상하이 출신의 장철 또한 호금전만큼 중국적 문화유산과 전통에 민감하였다.[16] 그러나 스티븐 테오의 중요한 지적처럼 장철 영화에 지속적으로 등장하는 폭력의 미학화와 '죽음의 개인주의'는 그의 영화의 스토리와 문화적 표상, 전통적 가치를 덮어버릴 뿐 아니라 거기에 포함되어 있는 내셔널리즘을 극도로 추상화시킨다. 이 모호한 혹은 추상화된 내셔널리즘은 쇼 브라더스 신파무협편의 두드러진 특징이기도 하다. 동남아시아 전역을 시장으로 삼아야 했던 쇼 브라더스는 그들이 고수하고 있던 한족 중심의 문화민족주의에도 불구하고, 광범위한 지역으로의 수출에 적합한 작품 양식을 찾는 데 고심하였다.[17]

에 그토록 관심을 갖게 되었는가를 설명하는 데이빗 데써의 분석은 호금전의 영화적 특질에 대한 간명하지만 핵심적인 언급이기도 하다. "은연중에 심지어 노골적으로 여성 중심 영화인 호금전의 영화는 흥미로운 젠더 이슈를 불러낸다. 1990년대의 아카데믹한 필름 스터디의 주류가 페미니즘이었다는 사실은 왜 그의 영화가 관심의 대상이 될 수 있었는가를 설명해준다. (…중략…) 중국어권 학자들과 서방세계 학자들 사이에는 서구 중심적 비평에 대한 거부라는 프로젝트에 대한 공명이 있었으며, 호금전 작품의 중국적 에센셜리즘을 강조하는 데 합의했다. (…중략…) 그는 클래식한 중국 장르를 재활성화시켜 고전적인 중국적 미로 엮어낸 천재적인 창작자이자 작가(auteur)로서 선언되었다." David Desser, "Making Movies Male", Laikwang Pang · Day Wong ed., *Masculinities and Hong Kong Cinema*, Hong Kong University Press, 2005, p.19.

16 일례로 경극에 대한 장철의 참조는 호금전보다 더 직접적이기도 하였다. 경극 배우를 주인공으로 한 그의 1970년 영화 〈복수(報仇)〉는 경극 『계패관(界牌关)』의 한 장면과 영화의 장면을 겹쳐 놓고 있으며, 장철 영화의 반복되는 모티브 중 하나인 선 채로 맞이하는 죽음은 경극에서 특징적인 죽음의 양식이었다. Stephen Teo, op. cit., p.99.

17 Ibid., p.98.

〈사진 5-1〉 〈십삼태보〉

장철의 영화는 이 프로덕션이 찾아낸 첫 번째의, 그리고 가장 성공적인 작품들이었다. 이러한 특성은 왜 그의 영화가 한국과 같은 지역에서 그토록 인기가 있었는지를 설명해 준다. 또한 이후에 조금 더 설명하겠지만 '협俠'이라는 가치를 중심으로 형성된 그의 젊은 남성 주인공들은 저항자, 반항자의 이미지 속에서 움직이며, 이것은 내셔널리즘의 문제와 별도로 영시네마로서 젊은 남성 관객들의 열광적인 지지를 받기에 충분한 것이었다.

정치 미학으로서의 비장

호금전의 여협과 장철의 양강 간의 대비를 극적으로 보여주는 것은 〈대취협〉과 〈금연자〉(1968)이다. 〈대취협〉의 성공 이후 쇼 브라더스는 이 영화의 속편을 만들고자 했으나, 같은 해 호금전은 쇼 브라더스와 결별하고 대만으로 떠났다. 쇼 브라더스는 〈대취협〉의 속편 〈금연자〉(1968)를 장철에게 맡겼다. 〈대취협〉으로 스타가 되었고, 같은 주인공의 이름을 딴 〈금연자〉의 여주인공을 맡은 정패패鄭佩佩는 여기에 깊은 우려를 표했는데, 결과적으로 그녀의 우려는 사실이 되었다.[18] 〈금연자〉는 장철 영화 중 여협(금연자)이 등장하는 희귀한 예가 되었지만, 장철이 이 영화에서 주인공으로 삼은 것은 금연자가 아니라 그녀를 사랑하는 젊은 남자 은봉(왕우)이었다. 강호를 떠나 은거하고 있는 금연자를 불러내기 위해 강호를 분란에 빠트리고, 결국 그녀 앞에서 죽음에 이르는 싸움을 벌이는 은봉의 이야기인 〈금연자〉는 장철 특유의 부서지는 젊은 남자의 신체와 죽음에의 도취로 가득 차 있는 것이었다.

〈금연자〉가 〈대취협〉의 속편임에도 불구하고 장철이 주인공인 정패패를 '무시'한 이유는 자명하다. "비장한 기분을 만들어내기 위해서는 웅장한 남성이 등장해야" 하기 때문이다. 그의 영화 내러티브의 가장 큰 특징 중 하나는 젊은 남성 사이의 거의 사랑에 근접해 있는 우정이며, 한 젊은 남자는 또 다른 젊은 남자를 위해 목숨을 바친다. 내러티브뿐만 아니라 온통 찌르고 베이고 터지고 그리고 흘러넘치는 피로 뒤범벅되는

---

18 이 전설적 여배우는 전 세계적인 성공을 거둬들인 이안(李安)의 〈와호장룡(臥虎藏龍)〉을 통해 다시금 주목을 받았다. 〈와호장룡〉에서 젊은 여협 용(장쯔이)의 사부 푸른 여우로 등장하는 그녀의 존재는 이 영화가 이안이 호금전에게 바치는 오마주임을 증명하는 것이었다. 2003년 한국의 부천국제판타스틱영화제는 '쇼 브라더스 특별전'을 개최하였고, 정패패를 초청했다. 호금전과 장철에 대한 그녀의 평가는 단호했으며, 특히 〈금연자〉에서 자신이 맡은 캐릭터에 대한 실망은 여전히 생생한 것이었다. "〈금연자〉의 금연자는 협객이 아니라 남성에게 종속된 여성일 뿐이다." 2003년 7월 부천국제판타스틱영화제 쇼 브라더스 특별전에서의 발언.

이 몸과 몸의 대결을 성적 메타포로 읽어내는 것은 수월한 일이다. 이소룡의 영화를 분석하면서 무술영화가 "남성의 남성에 대한 응시를 허락하는 유일한 영화적 형태"로서 발전했다는 이본느 태스커의 분석에 수긍한다면[19] 그 첫머리에 놓일 수 있는 것은 장철의 영화가 될 것이다. 이 남성들의 우정과 결투의 영화에서 여성은 거의 존재감이 없거나, 혹은 극도로 스테레오타입화된 양식으로서만 존재한다. 이 모든 요소들은 장철 영화를 퀴어적으로 해석하도록 이끌었다.[20] 장철 본인은 이러한 해석에 대해 전면 부정하지는 않지만, 그가 피의 형제애blood brothership라고 부르는 이 특성이 더 넓은 맥락에서 파악되어야 한다고 주장하였다. "피의 형제애는 중국 무인武人의 패러다임이다." 더 나아가서 몇 천 년 전부터 "남성은 상호지원의 유대를 형성했으며, 의로움에 기초한 우애를 쌓아 나갔다."[21]

장철은 틈틈이 그의 영화가 얼마나 중국 고전과 관계 있는지를 밝히고자 하였으며, 남녀유별이야말로 '고등'한 인간 문화의 고유한 특질이라고 믿어 의심치 않았다. 그러나 이러한 장철의 언급을 고스란히 받아안을 때, 더 중요한 것은 바로 그 바탕에 놓여 있는 세계에 대한 인식이다. 그는 세계가 '폭력'이라고 생각하였으며, 이 폭력이 사라지지 않는한, 양강 액션영화는 지속될 것이라고 단언하였다.

---

19 Yvonne Tasker, "Fists of Fury", Eleftheriotis · Needham ed., *Asian Cinemas : A Reader and Guide*, p.445.

20 장철 영화에 대한 퀴어적 해석에 대해서는 중화권 영화사에 대한 스탠리 콴의 기념비적인 다큐멘터리 〈양과 음 / 중국영화 속의 젠더(男生女相−中國電影之性別)〉(1996) 참조.

21 Chang Cheh, *Chang Cheh : A Memoir*, Hong Kong Urban Council, 2004, p.101.

〈사진 5-2〉 〈대취협〉(위) 〈금연자〉(아래)

이 세계에서 폭력이 사라지지 않고, 중국인 디아스포라가 여전히 변화를 경험하고 있다면, 양강 액션영화 또한 사라지지 않을 것이다. (…중략…) 남성들의 우애는 양강에 본질적인 것이며, 다만 호모섹슈얼리티로 한정할 수 있는 것이 아니다.[22]

이 이야기는 왜 장철이 그토록 강력한 남성 신체陽剛에 직접적으로 가해지는 타격과 이로 인한 파열(이를테면 쏟아지는 내장과 사지절단)에 집중

---

22 Ibid., p.103.

하였는지, 그래서 그 강력한 신체가 죽음이라는 한계에 부딪치는 '비장 tragic'에 열광하였는지에 관한 단초를 제공해 준다. 장철 영화의 특질은 호금전과 대비했을 때 명확히 드러난다. 호금전의 경우 그가 사랑한 것은 중력을 거스르는 가벼운 공중에서의 움직임이었다. 〈협녀〉의 가장 놀라운 장면들, 거의 무게를 느낄 수 없는, 대나무 잎을 밟고 하늘을 날아가는 여협의 형상은 장철의 영화적 스타일과 가장 먼 거리에 놓여 있는 것일 게다. 호금전의 영화 속 주인공들이 그토록 '우아'해 보이는 것은 그들이 중력—즉 이 세계의 규칙을 가볍게 초월하기 때문이다. 이 초월이 가능한 것은 어떤 의미에서 이들이 이미 '세계'로부터 배제된 자들, '여성'들이기 때문이다.[23] 반면 장철의 젊은 남성들을 사로잡고 있는 것은 이 세계 내에서의 대결이다.

'비장'은 세계와 자아와의 대결을 내장하고 있다는 점에서 정치적 미학이다. 비장미의 발현은 이 대결에 있어 패배를 예정하지만, 그럼에도 불구하고 싸움을 지속하고, 끝내 선 채로 버티며 쓰러질 때 발생한다.[24] 장철 식으로 말하자면 세계는 폭력으로 만연해 있으며, 그 속에서 개인은 세계와 맞서 싸우는데, 그 개인은 무엇보다 젊은 남성이어야 한다.

---

23 이안의 〈와호장룡〉은 이 점에서 진정 호금전의 영화 미학을 계승하고 있다. 이 영화의 마지막 장면에서 젊은 '여협'은 절벽에서 떨어진다. 그러나 영원히 고정된 프리즈 프레임이라는 영화적 장치 속에서 이 장면은 추락이 아닌 '비상'으로 읽어낼 수 있다.

24 한국의 문학사가 조동일은 한국 고전의 미적 범주를 숭고, 비장, 우아, 골계로 나누었다. 조동일, 「한국문학의 양상과 미적 범주」, 『한국문학 이해의 길잡이』, 집문당, 1996. 조동일의 경우에 이 미적 범주의 기준은 있어야 할 것과 있는 것 사이의 융합과 상반의 문제였다. 이 구분에 직접적인 영향을 미친 것은 딜타이와 데스와의 미적 범주였다. 그에 따르면 숭고와 비장은 모두 주관에 대한 객관의 우월에서 비롯하며, 비장은 자아가 세계와의 대결에서 실패했을 때 비롯된다. 반면 우아와 골계는 객관에 대한 주관의 우월에서 비롯된다고 파악하였다. 조동일의 이 구분은 한국 고전을 세계적 '보편' 속에서 재정립시키고자 하는 시도로 읽을 수 있을 것이다.

〈사진 5-3〉〈협녀〉

누구보다 강하고 아름다운. 아시아적 상황 속에서 공적인 정치 주체는
남성이었다는 점을 염두에 둘 때, 특히 젊은 남성이란 정치적 영역에서
언제나 잠재적 '후계자'이거나 '반역자'였다는 점을 염두에 둘 때, 장철
의 세계와 폭력, 그리고 비장미에 대한 찬가가 그의 정치 의식과 연관되
어 있다는 사실은 분명해 보인다.

  쇼 브라더스라는 스튜디오 소속 감독으로서, 국제적으로 놀라운 상업
적 성공을 거둔 자로서의 그에 대한 흔한 오해와 달리 장철은 영화가 한
사회의 정치적 무의식과 맺고 있는 관계에 대해 그 누구보다도 민감한
촉수를 가지고 있었다. 그는 영화-정치, 영화 사회학을 자신의 기획과
그 효과 안에 포함시켜 고려한 인물이었다. 일찍이 이 상하이 출신의 정
치학도는 초기 대만 국민당 문화정책에 깊숙이 관여한 바 있었다.[25]

〈사진 5-4〉〈복수〉

1923년생인 장철은 1945년 중국의 승전 직후 상하이 국민당의 문화사
업위원회Cultural Movement Committee 위원으로서 그의 정치 경력을 시작했
다. 대만으로 옮겨간 이후 첫 번째 영화 〈아리산 풍운阿里山風雲〉(1950, 이
영화는 대만에서 만들어진 최초의 만다린어 영화였다)을 찍은 장철은 장경국蔣經
國의 신임 속에서 국민당의 국책영화사 중앙전영공사中央電影事業股份有限公司
의 고위 간부를 지냈다. 1957년 홍콩으로 거점을 옮긴 장철은 시나리오
와 비평을 썼고, 1962년 각본가로 처음 쇼 브라더스에 입사하였다.

1960년대와 1970년대는 홍콩의 가장 에너제틱한 시기였다. 이 시기에 젊
은이들은 분투하였고, 사랑 이야기는 과거의 것이 되었다. 대중은 반항적인
분위기 속에서 앞으로 나아가고자 했으며, 식민당국은 시스템에 쇼크를 입
었다. 양강과 무협영화는 이 시대의 이런 정신을 표현하고 있다. 〈독비도〉를
만들자마자, 구룡(九龍)에서 폭동이 일어났다. 이 폭동 기간 동안 나는 〈암

25 장철의 초기 경력에 대해서는 Chang Cheh, *Chang Cheh : A Memoir*, Hong Kong Urban
Council, 2004, pp.40~50.

살자(大刺客)〉를 만들었다.[26]

　〈독비도〉와 〈암살자〉(1968)를 만들던 당시를 기술하는 장철의 위 언급에서 그가 1967년 홍콩에서 벌어진 사건을 구체적으로 어떻게 해석하고 있는지까지는 알기 힘들다. 그럼에도 불구하고 장철이 홍콩의 정치-사회적 흐름에 대한 민감한 반응 속에서 이 영화들을 구상하고 만들었던 것만은 명백한 것 같다. 홍콩의 한 비평가가 말하고 있듯 "스크린 위에서 벌어지는 싸움은 이 도시의 거리에서 벌어지는 양상을 반사하는 것이었다."[27] 1967년의 대규모 구룡 시위에 참여한 대다수의 학생들은 홍콩 출신이었다. 중국 본토 문화혁명의 여파 속에서 등장한 이 반영反英 시위는 세대 투쟁적 성격을 지니고 있었다. 다시 말해 이 '홍콩인'들은 더 이상 임시 피난처가 아닌, 냉전과 식민지라는 이중 굴레 속에 놓인 홍콩이라는 도시의 자각을 요구하고 있었던 것이다.

　장철 영화의 상업적인 성공은 명백히 홍콩 사회의 사회적, 인구적, 산업적 변동과 연동되어 있었다. 전후에 태어난 젊은 관객들이 홍콩영화의 주된 관객층으로 부상했는데, 텔레비전의 빠른 보급은 관객층의 변화에 영향을 미쳤다. 홍콩의 산업은 빠르게 발달해 갔고 그 과정에서 대규모의 도시 노동자 계층을 만들어내었다.[28] 그 스스로 비평가이기도 했

---

26 Zhang Che(Chang Cheh), "Creating the Martial Arts Film and the Hong Kong Cinema Style", *The Making of Martial Arts Film-As Told by Filmmakers and Stars*, Hong Kong Urban Council, 1999, p.21.

27 Sek Kei, *A Study of the Hong Kong Martial Arts Film*, Hong Kong Urban Council, 1980, p.2.

28 홍콩영화와 산업적, 인구적 변동 사이의 관계에 대해서는 다음을 참조. Teresa Ma, "Chronicles of Change : 1960s-1980s", *Changes in Hong Kong Society Through Cinema*, Hong Kong Urban Council, 1988.

던 장철이 매우 마음에 들어 했던 영화비평가 로우카의 평가처럼 "그의 주인공들은 체제와 권위에 도전하는 비극적인 남자들"이었다.[29]

이 이야기는 또한 1960년대 말 한국에서 시종 죽음에 홀린 듯 싸우고 또 싸우는 이 젊은 남자들의 영화가 왜 그토록 어떤 계층, 어떤 세대, 어떤 성별에게 매혹적일 수 있었는지를 보여준다. 장철 영화는 한국에서 젊은 하위 계층 남성들의 열광적인 지지를 끌어냈다. 물론 한국에서 장철의 영화는 홍콩적 맥락과 아무 상관 없이 보여졌다. 한국의 영화 담론 속에서 이 영화들은 매우 폭력적이고 잔혹한 "알맹이 없는 중국제 검객물"[30]에 불과한 것이었으며, 식자들을 우환에 휩싸이게 만드는 문화적 병통이었다.

1968년 한국에서의 장철 영화의 놀라운 성공은 영화 식자들로 하여금 이런 '홍콩산 검객물'에 대한 정부 규제를 제안하도록 하였다. 정부는 1969년 "백해무익한 중국 검객물" 영화의 수입 규제에 들어갔다.[31] 홍콩영화에 대한 수입 규제는 1970년대 내내 주기적으로 시행되었다.[32] 누군가는 이 영화들의 성공은 "관객들의 양식을 뒤집어 보게끔 하는 일"이라고 분노했으며,[33] 또 누군가는 "한결같이 잔혹성에 의한 쇼킹도로 외화가를 석권하자 국내서는 단독 또는 한홍 합작으로 국적도 고증도 없는 검객물을 마구 찍어내"고 있다고 탄식을 금치 못했다.[34] 이 누군가

29 Zhang Che(Chang Cheh), op. cit., p.22.
30 『대한신문』, 1968.12.21.
31 『경향신문』, 1968.6.15.
32 『매일경제』, 1970.1.6.
33 『동아일보』, 1968.12.10.
34 『신아일보』, 1969.12.13.

의 탄식처럼 홍콩산 무협영화는 수많은 한국산 검객영화들을 만들어냈다. 그런데 어쩌면 이 금지는 단순히 '저질'의 문제가 아니라 이 영화들이 어떤 시스템의 파괴, 폭력의 가능성을 연상시켰기 때문이었는지도 모른다.

3. '협'과 '산업', 산업화 시대의 아시아적 공통성

홍콩 무협영화 뒤편의 일본

홍콩에서 돌아온 임원식은 그가 사숙했던 〈자토이치〉의 '맹인 검법'을 응용, 여성 맹인 검사 이야기 〈맹수〉와 양팔을 잃은 검사 이야기 〈팔 없는 검객〉(〈의리의 사나이 외팔이〉와 거의 동일한 내러티브를 가지고 있는 이 영화의 주인공은 양팔을 모두 잃고 입과 발가락을 사용해서 싸운다!)을 만들었다. 이런 영화들의 목록은 계속 나열될 수 있다. 최경옥은 마찬가지로 여성 맹인 검객 이야기인 〈비연맹녀〉(1968)와 속편격인 〈천마산의 결투〉(1971), 〈오인의 자객〉(1968), 〈괴도의 검〉(1969)을 만들었다(최은희의 남동생이자 신필름의 제작부장이었으며 이 영화사의 영화들에 연출자로 이름을 올리기도 했던 최경옥은 임원식이 홍콩에 체류하던 당시 종종 이곳에 들르곤 했다). 강범구는 부모와 처자를 잃고 한 팔마저 빼앗긴 외팔이 검객의 복수극인 〈대검객〉(1968)을 만들었다. 그리고 표상의 차원에서 한국산인지 홍

〈사진 5-5〉〈팔 없는 검객〉

콩산인지 경계가 불분명한 영화들, 이른바 '위장합작' 영화들이 쏟아져
나오기 시작했다.[35]

확실히 식자들의 우환은 비록 엘리트주의에 가득 찬 일방적인 매도
에 가까운 것이라 할지라도 전혀 근거 없는 것만은 아니었다. 첫째, 이
들이 한결같이 지적하고 있는 것처럼 한국영화에서 '검劍'이란, 활극영
화의 전통 안에서도, 사극영화의 전통 안에서도 거의 찾아볼 수 없었던
것이었다. 검술영화의 고증 문제는 가장 빈번하게 제기되는 문제 제기
방식이었다. "이조 시대에 언제 그처럼 칼싸움이 많았고, 무인이 많았
고, 살인이 다반사로 행해졌는지 어리둥절해진다."[36] 물론 이 식자의
반응은 이제 막 시작된 이 '장르' 영화의 장르적 규약을 이해하지 못한
결과일 수도 있다. 그러나 더 나아가서 이 영화들이 주었던 '낯선' 감각
은 이곳에서 전근대를 어떻게 이해하고 있었는가의 문제와도 관련되어

---

35 장철의 〈독비도〉에 직접적인 영향을 받은 한국산 외팔이 영화의 정치 무의식에 대해서
는 제3장 참조.
36 『동아일보』, 1969.8.8.

있었다.

즉 식민지라는 통한의 결과를 초래한 '문약'한 조선은 민본과 인정에 기반한 덕치의 나라로 이해되어야 했다.[37] 가족 멜로드라마인 궁중 사극은 빈번히 덕 없는 여인들의 독살 사건을 보여주지만, 덕 있는 남성들의 살육이란 있을 수 없는 일이다. 한국 사극에서 남성들의 폭력이란 반정 反政과 같은 쿠데타의 순간에 잠시 잠깐 등장하는 것이었다. 이 폭력은 상시적인 내러티브의 추동 요인이 될 수 없었다. 따라서 이러한 사극 '전통' 안에서 보자면 이 식자의 말이 틀렸다고만은 할 수 없다. 즉 기존의 한국영화 안에서 보자면 홍콩 무협영화는 자국 양식화하기에는 무리가 따를 수밖에 없는 것이었다.

두 번째, 홍콩 무협영화는 한국영화의 강력하지만 은폐된 참조 대상, 즉 잠재적인 두려움의 대상인 일본영화라는 그림자를 불러내 왔다. 게다가 이는 홍콩 무협영화에 끼친 일본영화의 영향을 염두에 두자면 근거 없는 불안이 아니었다. 이를테면 영문학자이자 저명한 국문학자이기도 했던 양주동은 "홍수처럼 유행하는 검술물" 속에서 일본 문화의 '잔재' 혹은 '재침윤'이라는 "눈살을 찌푸릴만한 예"를 발견하고 있다.[38] 이

---

37   조선사 연구자인 정다함은 식민지 경험이 낳은 '정체성론', '타율성론'에 기반한 조선사 인식에 대한 강한 반감과 이를 극복하고자 한 민족사학의 움직임이 어떻게 '전쟁을 지양하며 민본, 인정에 바탕을 둔 정치를 지향하는 유교적 군주상'으로서의 조선의 왕들의 이미지를 만들어냈는지를 언급하며, 오랑캐 '여진족'과 대마도를 대상으로 했던 조선왕조의 빈번한 '정벌'을 통해서 이러한 관점을 탈구축해내고 있다. 그에 따르면, 이러한 민족사학적 전통은 이 전쟁들을 '항쟁사'로 기술함으로써 국경선의 확립이라는 근대 국가적 영토 개념을 도입시키고 있다. 정다함, 「조선초기의 '征伐'—천명, 시계, 달력, 그리고 화약무기」, 『역사와 문화』 21, 문학사학회, 2011. 본문의 기술은 근대 국가적인 폭력의 독점이 완전히 이루어지지 않았던 조선 시대의 사사로운 무기의 소유, 광범위한 칼의 소유와 그것의 운용에 대한 정다함의 의견으로부터 지대한 시사를 얻었음을 밝혀 둔다.

38   梁柱東, 「日語慣用化・劍術物까지 등장」, 『매일경제』, 1970.8.15.

는 양주동이라는 국문학자의 '예민한' 반응이 아니었다. 한 식자가 단언 컨대 "특히 일본식의 칼춤은 의식적으로라도 피해야지 그렇지 않으면 '우리의 얼'을 모독하는 무의미한 상商행위밖에 안 된다는 것이 뜻있는 이들의 이야기"였다.[39]

요컨대 한국산 검객영화는 이 두 가지 이유에서 모두 내셔널 시네마 의 담론 내에서는 '긍정'될 수 없는 존재였다. 그러나 이 모든 우려에도 불구하고 한국에서 무협영화는 발 빠르게 정착했고, 이 장르의 영화에 서 내셔널의 귀속은 점점 더 불분명해지기 시작했다.

경쟁하는 단어 — 무사도와 무협

아마도 이 수용에는 두 가지 원인이 작용했던 것 같다. 첫 번째 '협俠' 이라는 개념이 이 지역의 공통된 대중문화적 자원이었다는 사실이 그것 이다. 홍콩 무협영화에 관한 스티븐 테오의 논의는 중국 전통 내에서 '무武'와 '협俠'의 기원을 다시금 환기시킨다.[40] 협은 분명 오래된 개념이 다. 중국 문헌에서 '무'와 '협'을 최초로 함께 쓴 것은 한비자였다. 한비 자에 따르면 협은 무로써 금禁=法을 범하는 것이다俠以武犯禁. 법가 한비자 에게 부정적이었던 이 개념은 사마천의 「유협열전游俠列傳」에서 "무로써 법을 범하고 권위를 무시하지만 말한 바의 신용을 지키고 행동에는 반 드시 결과를 얻어낸다(言信行果)는 행동 규범에 입각하여 약자와 액곤厄困

39 『동아일보』, 1967.11.11.
40 Stephen Teo, *Chinese martial Arts Cinema*, Edinburgh University Press, 2009, pp.2~3.

한 자를 도와줌에 있어서는 자신의 생사를 돌보지 않는" 자의 속성으로 기술되고 있다.[41] 협에는 정치적, 윤리적 정의와 그 수단으로서의 폭력이라는 뜻이 내포되어 있다.[42]

중국 문헌에서 심심찮게 발견되던 이 협을 근대적 대중문화의 양식 속으로 다시 불러온 것은 일본의 초기 모험소설가이자 야구 팬이었던 오시카와 슌로押川春浪의 공이었다. 우연찮게도 이 소환은 '무협'이라는 단어를 둘러싸고 벌어졌다. 오시카와 슌로는 1903년 『무협의 일본』이라는 소설을 발표하였고, 『무협세계』라는 소년잡지를 만들기도 했다. '무武'라는 단어의 이 새삼스러운 부상, 혹은 협 앞에 무를 붙인 이 조합은 메이지 이후 서구 제국주의 열강들 사이에서 근대적 군사국가를 성립시켜 나가고 있던 일본이 19세기 말 20세기 초 가지고 있었던 힘에의 열망과 관련 있을 것이다. 러일전쟁의 와중에 오시카와가 쓴 소년 모험소설 『전시영웅소설 무협함대』는 그가 어떤 의미에서 무협武俠이라는 단어를 건져 올렸는지를 잘 보여준다. 이 이야기는 군인이자 과학자인

---

41 박희병, 「조선 후기 민간의 유협숭상과 유협전의 성립」, 『한국고전인물전연구』, 한길사, 1992, 276쪽. 조선 후기 성행했던 유협(游俠)의 형상과 한국 근대문학의 관계를 해명하고 있는 흥미로운 논문에서 한기형은 한국 근대문학의 기념비적인 소설인 염상섭의 『삼대』를 분석하면서, 이 소설의 사회주의자의 형상이 유협의 전통과 관련 있으며, 이 '통속적'인 형상을 전유함으로써 식민지하에서 사회주의자의 삶과 형상을 그려낼 수 있었다고 파악한다. 한기형, 「노블과 식민지－염상섭 소설의 통속과 반통속」, 『대동문화연구』 82, 대동문화연구소, 2013.

42 이를테면 대한민국 임시정부의 외교부장이었던 조소앙은 그의 한문 문집에서 여성 항일운동가 남자현을 「여협 남자현전(女俠南慈賢傳)」이라는 글로 소개하고 있다. 한문 지식인이자 황실 유학생 출신인 이 신구 합일의 교양인 조소앙이 전(傳)이라는 전통적 양식을 원용하여, 항일 운동가를 '여협'으로 묘사하고 있는 이 한문 문헌은 '협'이라는 단어의 정치적 함의가 근대 속에서 어떻게 재맥락화되고 있는가를 보여준다는 점에서 의미심장한 사례이다. 趙素昂, 「女俠南慈賢傳」, 『震光』, 1934.1(中國杭州)(『素昂先生文集』上, 三均學會, 1979, 441~442쪽).

주인공이 해저모함을 개발하여 전쟁에서 공을 세운다는 내용이다. 말하자면 오시카와에게 '무협'이란 제국의 패권주의적 열망에 대한 지지의 한 표현이었다.

19세기 영국의 근육적 기독교[43]와 근대적 의미의 스포츠맨십의 출현, 그것의 일본적 수용을 다루고 있는 아베 이쿠오는 '야구광' 오시카와 슌로와 니토베 이나조新渡戶稻造 사이에 벌어진 매우 흥미로운 논쟁을 소개하고 있다.[44] 논쟁의 시작은 1911년 『도쿄일일』 신문에서 전개된 '야구해독론害毒論'에서 비롯되었다. 니토베 이나조 등 교육계 인사들이 참여한 이 야구 비판 캠페인은 곧 격렬한 반론을 맞이하였다. 특히 오시카와 슌로는 니토베 이나조가 야구를 '소매치기 유희'라고 한 것에 대해 격분했다. 그는 니토베가 야구에 대한 무지를 드러내고 있다며 인신공격에 가까운 공격을 퍼부었다. "그(니토베-인용자)는 도덕적인 무사도에 대해 쓰고 논해 왔을 뿐 아니라 그것이 무엇인지를 말해왔다. (그러나 야구에 대한 니토베의 의견은-인용자) 그 자신의 저열한 성격을 드러내는 것에 다름 아니다."[45]

----

43 근육적 기독교(Muscular Christianity)는 1857년 찰즈 킹슬리의 소설 『2년간』에 대한 희화화된 표현으로 등장했으나, 같은 해 토마스 휴즈의 『톰 브라운의 학창생활』이 폭발적인 인기를 얻으면서 그 실체를 얻게 된다. 1861년 토마스 휴즈는 근육적 기독교도에 관해 다음과 같이 규정하고 있다. "과거의 기사적이고 기독교적인 신념과 더불어, 인간의 육체는 단련을 거듭해 복종에 부응하기 위해 주어진 것이자, 약한 자를 돕고 모든 올바른 이유의 진보를 위해, 그리고 신이 사람의 아들에게 부여해준 이 세계를 정복하기 위해 사용되어야 한다는 신념을 가진 자"阿部生雄, 『近代スポーツマンシップの誕生と成長』, 筑波大学出版会, 2009, 173~175쪽. 이 책에서 아베 이쿠오는 근육적 기독교를 근대적 스포츠맨십의 배아로서 파악하고 있다.

44 Ikuo Abe, "Muscular Christianity in Japan : The Growth of a Hybrid", *The International Journal of the History of sport* No.23, 2006, pp.723~728.

45 押川春浪, 『東京日日新聞』, 1911.9.2; 야구 해독론에 맞선 오시카와의 논쟁의 내용은 橫田順彌, 『熱血児 押川春浪－野球害毒論と新渡戶稲造』, 三一書房, 1991 참조.

여기에서 이 논쟁이 일본 야구사에서 지니는 의미, 혹은 근대 미디어와 스포츠 담론 간의 관계를 논할 생각은 없다. 내가 관심 있는 것은 오시카와가 '무사도'라는 단어를 통해 니토베의 의견에 반격을 가하고 있다는 점이다. 잘 알려져 있다시피 니토베 이나조는 1900년 영어판 『Bushido』를 출판, 대對서구를 향해 일본인이란 무엇인가, 혹은 무엇이고자 하는가를 알렸다. 이 책은 러일전쟁 직후인 1908년 일본어로 번역, 출판되었다. 이 세계주의를 지향했던 퀘이커 교도에게 무사도란 이 책의 부제The Soul of Japan가 정확히 보여주고 있는바 정신이자, 모랄의 문제였다. 니토베는 서구의 근대 프로테스탄티즘에 상응하는 어떤 것을 상정했으며, 기독교적 '보편'을 일본의 '전통' 언어 속에서 찾고자 했다. 그리고 다시 이 책이 러일전쟁의 승리라는 자축 무드 속에서 일본어로 '번역'되었을 때, 그것은 일본이 어떻게 서구 열강과 어깨를 나란히 할 수 있는가를 입증해 주는 것으로 받아들여졌다.

1911년의 시점에 오시카와가 무사도를 언급할 때, 이 무사도는 니토베적 무사도와 미묘한 차이를 갖는 것이다. 오시카와에게 이 단어는 아베 이쿠오의 정확한 지적처럼 「군인칙유軍人勅諭」에서 표현된 바로 그 '무사도'를 의미하는 것이었다.[46] 그리고 '무사도'와 같은 의미에서 오시카와는 '무협'이라는 단어를 상정하고 있는 것이다. 즉 오시카와적 무협=무사도에서 중요한 것은 강건하고 규율 잡힌 신체의 개인들로 이루어진 국가의 무력에 있었다. 니토베와 오시카와의 서로 다른 '무사도'의 함의가 보여주는 것은, 서구와 아시아를 향한 이 단어의 절묘한 기능을 보여

---

[46] Ikuo Abe, op. cit., p.725.

주고 있는 것이라고도 할 수 있다. 도식적으로 말하자면 서양을 향해서는 일본이 가지고 있는 고도의 정신을, 아시아를 향해서는 그 자체로 무력을 전시하는 키워드로서의 그것 말이다.

오시카와의 사례는 왜 일본에서 '무협'이라는 단어가 정착되지 않았는가를 거꾸로 보여준다. 즉, 오시카와적 의미에서 이 단어가 품고 있던 '무력'적 함의는 이미 존재했던 '무사도'라는 더 뿌리 깊은 단어로 대치 가능한 것이며, 그런 한에서 이 단어를 사용할 이유는 별로 없어 보인다. 게다가 본래적 의미의 '협', 즉 법을 무武로써 범한다는 의미에서 이것은 잠재적으로 위험한 개념이며, 같은 '무'에의 열망과 관련 있는 것이라면 무사도는 무협보다 훨씬 체제 내적인 것이기도 하다.

이 사정은 그렇다면 왜 같은 시기 중국에서 '무협'이 정착되는가를 보여주고 있는 것이기도 하다. 요컨대 일본에서 무력에 상응하는 정신구조를 무력으로부터 역으로 유추하는 과정, 즉 이미 존재하는 무력을 정당화하는 것으로서 무사도라는 단어가 선택되었다면, 열강들의 각축장이 된 중국에서 힘武을 통해 이 상황을 깰 수 있는 협은 보다 적극적으로 상상될 필요가 있었다.

20세기 초 일본이 동아시아 담론장에서 차지했던 위치는 이 단어의 중국에서의 활성화에 기여하였다.[47] 1915년 서양문학 번역자 임서林抒는 그의 한문 단편소설 「부미사傅眉史」를 무협소설이라는 타이틀을 달고

---

47 "일본 유학을 경험한 중국의 작가들과 학생들은 중국이 서구 과학의 적용과 무력의 현대화라는 메이지의 예를 따르기를 바라며 이 단어를 그들의 고향으로 가지고 돌아왔다. 이 단어는 청 말과 민국 초기 이후 중국에서 매우 광범위하게 사용되었다. 19세기, 당시의 문학은 협의(俠義)라는 이름으로 쓰였다. 20세기 초 '무협'으로의 이동은 일본과 같은 힘을 가진 나라를 만들어야 한다는, 무력의 기초(武)의 강조라는 근대적 흐름에 영향 받았다." Stephen Teo, op. cit., p.2.

발표하였다.[48] 이 근대 중국 최초의 무협소설 이후 1920년대에 이르러 무협은 중국어 문화권 대중문화의 일반적 이디엄으로 기입되었다. 물론 이 근대 양식 이전에도 협의소설俠義小說이라는 전범이 존재하였다(조선에 는 '유협전游俠傳'이라는 양식으로 존재했다). 그러나 여기에서 강조하고 싶은 것은 연원의 추적이 아니라, '무협'이 대중문화의 자원이 된 이 사태야 말로 매우 근대적인 현상이었다는 점이다. 무협소설에서 가장 중요한 것은 '무림武林'의 존재이다. '무림'에서 현실 세계의 법은 더 이상 통하 지 않는다. 그곳만의 고유한 룰에 의해 이루어진 이 세계야말로 근대 자 본주의와 제국주의 열강의 각축장이 된 1920년대 중국에서 새롭게 발 견된 판타지 공간이라고 할 수 있을 것이다. 게다가 때때로 이 강호는 현 실 세계와 정치를 바로 잡기 위해 궐기하기도 하는 곳이다.

1960년대 신파무협편이 만들어지고 있던 당시에도 일본과 한국에서 이 단어는 거의 사용되지 않았다(한국의 경우 '무협'이라는 단어가 일반적으로 사용된 것은 역시 1960년대 말 홍콩과 대만의 무협소설과 무협영화의 번역, 수용의 단계에 이르러서였다). 그러나 '협'만을 보자면, 매우 중요한 두 개의 장르 영화 명칭이 존재하고 있었다. 1960년대 일본의 '임협任俠영화'와 1960 년대 말 등장한 한국의 '협객영화'가 그것이다. 물론 서로 다른 지역에 서 발생한 이 두 장르는 당연히 서로 다른 역사적 상상력을 배경으로 하 고 있으며, 서로 다른 맥락 속에서 소비되었다. 임협영화가 주로 메이지

---

48 중국에서 최초로 무협이라는 단어가 등장한 것은 1904년이다. 1904년『小說叢話』에서 定一이『수호전』을 논하며 "무협의 모범을 남겨 사회에 그 혜택을 준 것은 실로 施耐庵 의 공이다"라고 쓰고 있다. 중국 무협소설의 기원에 대해서는 다음을 참조. 張贛生,「舊 派武俠小說概述」, 周淸霖 主編,『中國武俠小說名著大觀』, 上海書店出版社, 1996, 1~3쪽 (전형준,『무협소설의 문화적 의미』, 서울대 출판부, 2003, 25쪽에서 재인용).

부터 늦어도 쇼와 초기까지를 배경으로 한다면, 협객영화는 식민지 시기를 주된 배경으로 하였다. 1960년대의 일본에서 소비되었던 임협영화가 악으로서의 신新과 선으로서의 구舊라는 대립 속에서 근대에 대한 낭만적 거부를 드러내는 것이었다면, 그럼으로써 패전이라는 역사적 치욕으로 끝난 메이지 이후의 근대화에 대한 총체적인 거부와 맞닿아 있는 것[49]이었다면, 한국의 협객영화의 주된 대결은 일본 야쿠자와 한국 깡패 사이에서 벌어지는 것이었다. 당연히도 한국 깡패는 최종적인 승리를 거두고, 이 승리를 통해서 식민지 경험이라는 굴욕적인 역사는 상상적으로 '전복'될 수 있었다.

그런데 이러한 차이에도 불구하고 이 영화들은 느슨한 공통점을 가지고 있었다. 두 영화 모두 '범법자'가 주인공이고(무릇써 법을 어기는 자, 즉 협俠), 이들을 강제하는 것은 법이 아니라 의리이다. 말하자면 의리는 이 범법자들, 말 그대로 법을 범한 자들의 무리가 하나의 '세계'로 구성되기 위한 구성 원리이다. 이 영화들이 한결같이 자신들의 세계와 대비되는 다른 세계를 상정하고 있는 것은 우연이 아니다. 이를테면 무협영화에서 강호江湖는 농민의 세계와 대비되는 것이며, 임협영화에서 야쿠자의 세계는 가타기堅気(건실한 직업, 직업인)의 세계와 대비되고, 협객영화에

---

49 1960년대 초반부터 1970년대 초반까지 전성기를 구가했던 임협영화는 이 지역에 등장한 최초의 젊은 남성들을 대상으로 한 영시네마라는 점에서 1960년대 일본의 정치적 의제를 가늠하기에 적절한 텍스트이다. 한국과 홍콩의 '협'과 관련된 영화들이 그러했던 것처럼 임협영화의 주된 관객층 또한 급격히 늘어난 도시의 젊은 하위계층 남성들이었다. 또한 임협영화는 1960년대의 학생운동가들과 심퍼사이저들로부터 절대적인 지지를 받았다. 임협영화에 대해서는 다음 졸고를 참조. 이영재, 「야쿠자들의 패전, 공동체와 노스탤지어—1960년대 도에이(東映) 임협(任俠)영화를 중심으로」, 『일본학』 41, 동국대 일본학연구소, 2015; 이영재, 「일본 1968과 임협영화의 동행과 종언—〈쇼와잔협전〉과 〈붉은 모란〉, 형제애와 사랑의 정치」, 『日本學報』 111, 한국일본학회, 2017.

서 그것은 범부의 세계와 대비된다. 농민, 가타기, 범부에게 적용되는 이곳의 법이 아닌 다른 법, 의리로 구성된 다른 세계라는 점에서 범법자들이 구상한 세계와 '강호'는 그리 멀지 않다. 무로써 법을 범하는 자들은 그들만의 고유한 세계의 룰―의리에 의해 움직인다.

즉 협과 의리라는 관점에서만 보자면 임협영화와 협객영화, 무협영화는 상당 부분 겹친다. 요컨대 무협영화는 '협'이라는 오래된 단어, 근대 대중문화 속에서 다시 불려져 나온 이 단어의 의미와 심상을 공유하는 한에서 동아시아 보편의 형상 혹은 심정으로 다가올 수 있었다. 게다가 전통적으로 '협'에 내재되어 있던 정치적 맥락은 일본, 홍콩, 한국이라는 서로 다른 개별 지역들에 등장하고 있던 새로운 관객들로 하여금 이 영화들을 소구토록 만드는 중요한 자산이 되었다.

한국, 위장합작에의 길

한국에서 홍콩발 액션영화의 영향력의 증가에는 한국 영화산업 내부의 사정도 개입되어 있었다. 영화산업의 몰락과 국가의 과도한 개입에 적응하면서 국내법과 산업적 재생산 모두를 충족시키는 기획으로서 (위장) 합작 액션영화들이 대량 양산되었다. 1970년대 초 한국 영화산업은 급격하게 몰락하기 시작했다. 1970년대를 전후하여 한국에서 텔레비전은 본격적인 대중화의 궤도에 올랐으며, 영화관의 관객 수는 TV 수상기 보급률에 따라 급속하게 줄어들었다. 1969년 절정에 달했던 영화 관객 수는 그로부터 3년 만인 1972년에 2/3 수준으로 급감했다. 이 수치는 이후에도 가파르게 하락했다.[50] 미증유의 위기에 처한 한국영화는 다른 지역들에서 그러했던 것처럼 화면 사이즈를 키우거나 '안방극장'에서는 수용 불가능한 내용을 담음으로써 영화관에서만 가능한 체험을 제공하고자 했다.[51] 그러나 그 어떤 모색도 성공적이지 못했다. 먼저 70미리 대형 화면이 시도되었다. 이를 위해 역시 이번에도 한국영화사 속에서 새로운 테크놀로지의 전기轉機가 필요할 때마다 불려나온 〈춘향전〉이 선택되었으나 단발성으로 끝나버렸다.[52]

이 상황을 타개하기 위한 당국의 정책적 시도는 1970년의 제3차 영화법 개정으로 이어졌다. 제3차 개정 영화법의 가장 큰 특징은 1962년의 영화법 제정 이후 일관되게 시행되었던 한국영화 제작업과 외국영화 수입을 분리시킨 데 있다. 한국 영화시장에서 외화는 항상 한국영화에

---

50 1969년 173,043,273명이었던 전국 관객수는 1972년 118,723,789명으로 떨어지며 1975년에는 1,745,620명으로 전성기 시절의 10분의 1 수준으로 급감한다. 1972년의 국세청 조사에 따르면 극장 수입은 그 전해에 비해 19%가 감소했으며, 매년 평균 관객수는 2만 명씩 감소하고 있었다. 한편 1973년 한국의 TV수상기는 100만 대를 돌파했다. 영화 관객 수치와 한국에서의 텔레비전의 대중화에 관해서는 박기성, 『대중문화와 문화산업』, 평민사, 1992, 267~273쪽 참조.

51 텔레비전 보급률에 따른 영화산업이 사양세에 접어든 것은 전 세계적인 현상이었으나, 일본, 한국, 홍콩 중 상대적으로 영향을 가장 적게 받은 것은 홍콩이었다. 그 이유는 홍콩 영화산업이 광동어 영화와 만다린어 영화로 나뉘어 있었기 때문이다. 홍콩에서 텔레비전의 직접적인 타격을 입은 것은 광동어 영화였다. 1970년대 초 광동어 영화의 제작 편수는 드라마틱한 하락을 보여준다. 1970년 35편의 광동어 영화 제작 편수는 1971년 단 한편으로 줄어든다. 여기에 대해서 제임스 쿵과 장 유아이는 광동어 영화의 몰락 이유에 대해 첫 번째, 만다린어 영화에 비해 낮은 질, 두 번째, 광동어 텔레비전 방송이 여성 광동어 영화 관객의 대부분을 흡수해간 점, 세 번째, 만다린어 무술영화가 광동어 영화의 남성관객에게 인기가 있었던 점 등을 들고 있다. James Kung and Zhang Yueai, "Hong Kong Cinema and Television in the 1970s : A Perspective," *A Study of Hong Kong Cinema in the Seventies*, Hong Kong Urban Council, 1984, p.14.

52 이 영화는 단지 10만 명의 관객을 동원했을 뿐이다. 한편 이 영화의 제작에 참여했던 김갑의는 결과적으로 춘향전이라는 멜로드라마에 가까운 소재가 대형 화면에 전혀 어울리지 않았다고 전하고 있다. 김갑의 인터뷰(http://interview365.mk.co.kr/news/1188).

비해 안정적인 수익을 가져다주는 것이었다. 제작 주체와 수입 주체의 일원화는 외국영화의 수익을 한국영화의 제작 역량으로 순환시키고자 한 정책 방향의 결과물이었다. 그러나 이 정책은 1960년대 말 기형적인 현상의 직접적인 원인으로 지목되었는데, 첫 번째는 다수의 제작사들이 수입업자들에게 쿼터를 암매함으로써 부당 이득을 취한 것이 그것이며, 두 번째는 외국영화 수입 쿼터를 따기 위해 한국영화의 제작 경향이 종속된 것이 그것이다. 일례로 1966년의 제3차 개정 영화법에서 외국영화 수입 쿼터의 기준을 국산영화 수출과 '우수영화' 제작에 맞추자, 1965년까지 30~40편대에 불과하던 한국영화 수출 편수는 1969년에 이르러 134편으로 늘어났으며, '우수영화'를 노린 문예영화 붐이 일기도 하였다.[53] 그러나 인위적으로 조작된 경향은 결코 흥행으로 이어지지 못했다.

이러한 상황 속에서 개정된 1970년의 영화법은 제작업과 수입업을 분리하는 대신, 외국영화를 수입할 때 국산영화진흥기금을 내도록 함으로써, 외국영화의 수익과 국산영화 제작을 연계시키고자 하였다. 또한 수출입자의 등록 자격을 "등록 전 1년 이내에 국산영화 6편 이상을 수출하여 미화 3만 달러 이상의 외화 획득 실적이 있어야 한다"고 구체적으로 못박음으로써, 국산영화 수출을 진흥시키고자 하였다. 그러나 영화법 개정의 결과는 참담한 것이었다. 외화 수입을 금지당한 제작사들에

---

53 문예영화 붐은 1966년 한국 박스오피스 1위를 기록했던 〈유정〉(김수용)에서 비롯되었다. 이 영화의 성공은 1960년대 후반 한국영화의 주요한 흐름으로 자리잡게 될 문예영화의 기폭제가 되었다. 그러나 문예영화로서 흥행에 성공한 경우는 이 영화가 처음이자 마지막이 되었다. 그럼에도 문예영화는 꾸준히 만들어졌는데, 그 이유는 정부의 우수영화 보상책으로서의 외국영화 수입 쿼터 제공 때문이었다.

<표 1> 외국영화 수입 쿼터제 변천(1963~1979)

	1차 개정(1963)	2차 개정(1966)	3차 개정(1970)	4차 개정(1973)
자격기준	법5조 2항 등록된 영화업자-제작업과 수입업의 일원화	법9조 2항 영화제작자나 영화수출자-제작업과 수입업의 일원화	법5조 2항(신설) 문화공보부에 등록한 국산영화의 수출 및 외국영화의 수입을 업으로 하는 자-제작업과 수입업의 분리	법10조 2항 극영화를 제작하는 업자-제작업과 수입업과 수 일원화
쿼터 배정기준	법6조 3항 1. 국산 극영화 제작 편수와 비용 2. 국산 극영화 해외수출 편수 3. 국제영화제 출품편수와 수상편수 4. 우수국산영화상 편수	법9조 2항 1. 공보부장관이 정하는 국제영화제의 출품 실적과 수상 실적 2. 공보부장관이 정하는 우수 국산영화 수상 실적 3. 국산영화의 수출작품 제작실적 4. 국산영화 및 합작영화의 수출 실적	·기존의 쿼터 배정기준을 제시하고 있던 9조 2항 삭제 ·외화 수입 추천시 국산영화 진흥기금을 납부해야 함 ·영화법시행령 4조의 수출입자 등록 자격에 따라 등록하고, 시행령 16조의 수입 추천 기준을 준수했을 때 쿼터를 배정함	법10조 1항 국산영화 또는 합를 수출하고자 하국영화를 수입하고는 자는 문화공보의 추천을 받아야 법10조 4항 제1항의 규정에 의한에 관하여 필요한 대통령령으로 정함 ·외화 수입 추천시 영화진흥기금을 영화진흥공사에 야 함
개요	제작 실적을 중심으로 수입권 배정	제작 실적은 인정하지 않고 수출 및 우수국산영화(영화제 포함) 수상 실적에 따라 수입권 배정	**영화법시행령 4조의 등록자격** 등록전 1년 내에 국산 극영화(극영화에 준하여 상영될 수 있는 문화영화를 포함한다)를 6편 이상 수출하여 미화 3만 불 이상의 외화 획득 실적이 있는 자 **영화법시행령 16조의 수입추천기준** 외국영화의 수입 추천을 받고자 하는 자는 신청 전 1년간 4편 이상의 국산 극영화를 수출하여 미화 2만 불 이상의 외화 획득 실적을 갖춘 자	4차 개정 이후 쿼터준은 매년 영화시책해 고지. 영화제 수상작과화에 대한 보상, 수출에 따른 보상은 197지 유지되며, 1976영화가 의무 제작꼼에 따라 자동 해지같은 해 국책영화를할 경우 수입 쿼터를조항이 추가. 1977영화 제작이 우수단일화되고, 1978는 '우수 및 추천영쿼터 배정

게 이는 안정적인 자금 확보가 불가능해졌음을 의미하는 것이었으며, 1973년 23개 영화회사 중 20개가 부도를 냈다. 말 그대로 "악몽과 같은 공황이었다."[54] 이 미증유의 사태 앞에서 1973년 다시 한번 개정된 영화법은 제작 주체와 수입 주체의 통합이라는 기존의 방향으로 선회하는 한편, 영화사 설립을 등록제에서 허가제로 바꿨다(1962년부터 1979년까지의 외국영화 수입 쿼터제 변천에 대해서는 〈표 1〉 참조).[55]

1972년 10월의 박정희 유신 체제 돌입 이후 개정된 제4차 개정 영화법은 국가의 강력한 통제에 초점을 맞추고 있는 것이기도 하였다. 외화 수입권은 언제나 근사한 당근이었다. 국가가 선정한 영화를 제작한 제작사에 외화 수입권을 주는 '우수영화' 선정이 부활하였고, "당시의 긴급조치 수준을 적용"[56]하는 정도의 강력한 검열이 실시되었다. 이 강력한 조치는 극도로 제한적인 외화 수입만을 가능하게 했다. 1970년대 내내 30편에서 40편 사이를 오가던 외화 편수는 1979년에 이르면 25편으로 떨어졌다.[57] 이는 한국영화 제작 편수의 3분의 1에 해당되는 것으로 강력한 외국영화 수입 통제와 외환유출 규제의 결과였다. 그러나 영화시장에서 외국영화 점유율은 1960년대보다 더 높아졌다. 1960년대 한국영화 관람객 수가 평균 7백만 명, 외국영화가 8백만 명 정도였던 데 비해, 1970년대 한국영화 관람객 수는 평균 3백만 명, 외국영화는 평균

---

54 이영일, 「국산극영화」, 『1977년도판 한국영화연감』, 영화진흥공사, 1978, 38쪽.
55 이 표는 박지연, 「영화법 제정에서 제4차 개정기까지의 영화정책」(김동호 외, 『한국영화정책사』, 나남출판, 2005)에 실린 211쪽 〈표 4-3〉과 241쪽의 〈표 4-10〉을 참고로, 각 시기의 영화법 조문에 의거해서 만들었다.
56 이영일, 『한국영화주조사』, 영화진흥공사, 1988, 451쪽.
57 이길성·이호걸·이우석, 『1970년대 서울의 극장산업 및 극장문화연구』, 영화진흥위원회, 2004, 22쪽.

7백만 명 이상이었다.[58]

이 상황 속에서 외화가 아닌 '한국영화'로 카운트될 뿐 아니라, 안정적인 수익이 가능한 절반의 외국영화, 즉 '합작'은 여러모로 수지타산이 맞는 일이었다. 가장 빈번했던 것은 한국인 배우를 단역으로 출연시키고 합작의 타이틀을 다는 방식이었다. 이러한 인력은 주로 1960년대 말 신필름에서 뽑은 신인배우들로 충당되었다. 이들은 신필름에 의해 홍콩으로 대거 '수출'되었으며, 침사추이尖沙咀의 작은 아파트에서 단체 생활을 하면서 수많은 영화들의 단역으로 출연하였다. 이들의 존재는 신필름으로서는 '합작' 타이틀을 안정적으로 제공받을 수 있는 기반이 되었고, 쇼 브라더스로서는 무엇보다 매우 싼 인건비가 매력적이었다. 그들을 북돋운 것은 국제적인 스타의 꿈이었으며, 그들에게 주어진 현실은 '국제적'인 노동 분업 시스템 내 '외국인 노동자'의 위치였다.[59]

---

58 박지연, 「영화법 제정에서 제4차 개정기까지의 영화정책」, 김동호 외, 『한국영화정책사』, 나남출판, 2005, 247쪽.

59 내가 알기로 이들의 존재에 눈길을 돌린 것은 이상준의 논문 밖에 없는 것 같다. 그의 표현에 따르면 이들은 1975년 신필름의 공식적인 종료 이후 '탈영토화된 고아 (de-territorialized orphans)'가 되었다. 이들 중 하나였던 진봉진은 1969년 신상옥의 지시에 따른 '갑작스러운' 홍콩행에 대해 다음과 같이 말하고 있다. "그 전까지 나는 한번도 해외에 나가본 적이 없었다. 나는 매우 들떴다. 나에게 홍콩은 아름다운 여자들과 엑조틱한 풍경과 경제적인 부의 땅이었다." Sangjoon Lee, *The Transnational Asian Studio System: Cinema, Nation-State, and Globalization in Cold War Asia*, Ph. D. diss., New York University, 2011, p.329.

〈사진 5-6〉〈십삼태보〉와 〈아랑곡의 혈투〉 신문 광고

4. 트랜스 / 내셔널 아시아 액션영화

1970년대 한국영화와 도시, 계급, 젠더 – '국민영화'의 분화

1970년을 기점으로 본격적인 '위장합작' 논쟁이 시작되었다(이 논쟁 혹은 사례는 1989년 외화 수입 자유화와 함께 없어진다). 장철의 〈철수무정鐵手無情〉(1969)과 〈십삼태보十三太保〉(1970)가 한국어로 '더빙'되어 한국-홍콩 합작영화로 공개되었다(〈십삼태보〉의 한국 개봉 제목은 〈13인의 무사〉였다). 한국영화인협회는 이 영화들을 비롯하여 〈아랑곡의 혈투〉(1970, 이 영화는 당시 쇼 브라더스 전속 감독이었던 정창화의 작품이다), 〈아빠는 플레이보이〉(마찬가지로 쇼 브라더스가 제작한 이 영화의 감독은 이노우에 우메쓰구井上梅次이다. 당시 한국의 신문광고에는 감독이 왕홍창으로 표기되어 있다)[60] 등이 '위장합작'이라고 당국에 건의서를 제출하였다. 이 건의서를 뒷받침하기 위해서 디테일한 증거 수집이 벌어졌다(이를테면 이노우에 우메쓰구가 찍혀 있는 현장 사진 찾기 등). 이 소동의 한 가운데에서 쓰인 다음의 글은 이후 끊임없이 반복될 '위장합작'에 대한 언설의 전형적인 예를 보여준다.

당국이 위장합작설에 대해 어떤 결단을 내릴지는 알 수 없으나 결론은 자명하다. 합작 방법에는 한국 쪽에서 기획이나 시나리오만을 제공할 수도 있 겠고 감독이나 연기자를 제공할 수 있는가 하면 제작비를 댈 수도 있어 합작

---

60 『경향신문』 광고, 1970.11.5.

의 한계가 불분명해 보이기도 한다. 그러나 최소한 대등한 입장에 서야 한다. 감독이나 연기자를 동원한 경우에도 대등한 비중을 지녀야 한다. (…중략…) 합작은 오직 해외 시장 개척이나 외화 획득, 건전한 문화 교류 등을 전제로 해서만 논의될 수 있는 것으로 이 같은 목표에서 벗어난 합작은 비록 그것이 서식(書式)에 들어맞는다고 할지라도 바람직한 게 못 된다.[61]

"한국 배우가 중국식 칼 장난이나 하고 있는"[62] 현실에 대한 개탄에서 시작된 이 식자의 문제의식은 이에 대한 타개책으로 "올바른" 합작의 기준을 제시하기에 이른다. 해외 시장 개척, 외화 획득, 건전한 문화 교류. 비록 박정희가 제시한 시대 담론(수출 드라이브 정책!)과 과도하게 일치하고 있으며, 강력한 국가주의와 공명하는 도덕주의적 언설로 가득 차 있으나(대체 '건전한 문화 교류'의 기준이란 무엇인가) 이 언급이 흥미로운 이유는 합작과 위장합작 간의 경계의 모호함에 대해서 이미 글쓴이가 인식하고 있기 때문이다. 만약 합작이 각국의 개인 혹은 회사 간에 맺어진 계약에 기초해 있는 것이라면, 합삭과 위장합작의 경계는 무엇인가? 최악의 경우 (이것이야말로 종종 일어난 일이지만) 이미 완성된 영화의 더빙만을 새로 해서 공개한다고 하더라도 두 회사 간의 계약이 체결되어 있다면, 이것을 과연 '불법'이라고 볼 수 있는가?

물론 이를 일국의 새로운 법 제정을 통해 '불법'화시킬 수는 있다. 이를테면 1971년에 당국은 '합작영화 제작조건'을 명문화함으로써 '무분별'한 합작을 막으려고 했다. 조건은 다음과 같았다. 외화의 지출을 막

---

61 『동아일보』, 1970.11.14.
62 『동아일보』, 1970.11.14.

기 위해 촬영은 국내에서 할 것, 합작 대상자는 제작비의 30%에 해당하는 1만 3천 달러 이상을 출자할 것, 주연배우 중 한 사람은 기성 한국 배우가 출연할 것, 조연의 3분의 1 이상이 한국 배우일 것.[63] 그러나 이 디테일한 제작 조건은 바로 그 디테일함 때문에 사실상 유명무실해졌다. 더욱이 최초의 '위장합작' 영화로 간주되는 〈서유기〉를 만든 임원식은 쇼 브라더스에서 이미 신상옥의 〈벙어리 삼룡이〉를 '이미테이션'한 전력이 있으며, 이에 따라 신필름 또한 쇼 브라더스의 영화를 '이미테이션'했다고 진술하고 있다.[64] 즉 쇼 브라더스와 신필름 사이에는 완성된 영화 구입이 종종 판권의 구입으로 간주되었으며(종종 이는 수입 가격보다 낮은 가격으로 판권료를 지불하고 오리지널 필름을 빌려서 본뜨는 방식으로 나타났다), 이를 기반으로 오리지널 영화의 '리메이크'를 행한다는 암묵적인 '양해'가 존재했다는 증언이다.

나는 '위장합작' 당사자들의 진술을 전적으로 신뢰해야 한다고 주장하려는 것이 아니다. 내가 말하고자 하는 바는, 위장합작이 무엇인가를 논하는 데 있어 기준은 어느 정도 자의적일 수밖에 없다는 것이며, 이 자의성이야말로 영화―자본―국가의 관계 속에서 필연적으로 도출될 수밖에 없는 어떤 곤혹을 드러내는 지점이라는 사실이다. 즉 이 곤궁함 혹은 모호함은 합작이라는 국가 단위를 벗어나는 자본의 연결이 일어나는

---

63 『동아일보』, 1971.2.8.
64 쇼 브라더스의 〈서유기〉(하몽화, 1966)가 공개될 당시 홍콩에 있었던 임원식은 박노식의 미디엄과 클로즈업 숏만을 찍은 후 이 푸티지를 원본 필름 〈서유기〉에 재편집해서 집어넣음으로써 영화 〈서유기〉를 완성했다. 임원식, 신필름 채록연구팀 채록연구, 『2008년도 한국영화사 구술채록연구 시리즈 신필름 2 임원식, 이형표, 이상현, 김종원』, 한국영상자료원, 2008, 85쪽. 한국에서 '박노식 버전' 〈서유기〉는 홍콩, 대만 현지 촬영 영화로 선전되었다. 『동아일보』 광고, 1966.7.12.

상황을 다시 내셔널 시네마의 제도와 언설로 포획하려 할 때 발생한 다.[65] 다시 말해 이는 영화산업에 내재되어 있는 초국가적 자본의 이동 과 영화 산물의 일국가적 귀속이라는 문제가 부딪치면서 발생하는 것이 다. 이때 '위장합작'에 대한 국가적 염려가 가 닿을 수 있는 지점이 국가 내 개개인의 '건전한 양식'으로 귀결될 수밖에 없었던 것은 당연한 일이 리라. 그러나 이 개개인들을 추동시키는 것은 당연한 말이지만 '수익'이 다. 합작은 위장이든 실제로든, 돈이 되었던 것이다. 그렇다면 이 영화 들이 비교적 '안정적인' 수익을 가져다 준 이유는 무엇인가?

1970년대 초중반의 지표들은 영화 관객층이 근본적으로 바뀌고 있 음을 보여준다. TV의 보급은 중장년층 특히 여성 관객의 감소에 결정적 인 영향을 미쳤다.[66] 1960년대까지 한국 영화산업의 주된 관객층은 바 로 이들 중장년층 여성 관객이었다. 흔히 '고무신 관객'이라고 비하되었 던 이들의 존재는 1960년대 내내 멜로드라마를 한국영화의 주된 장르 로 유지시키는 데 기여하였다.[67]

---

65 합작영화 관련 연구를 통해 1970년대 제작된 '한홍 위장합작 영화'의 구체적인 편수까 지 밝혀내고 있는 안태근은 위장합작의 두 가지 기준을 제시한다. 첫 번째, '사전에 제작 된 외국영화의 오리지널 완성품이 있는 경우'와 두 번째, 위의 합작 기준(30% 이상의 투자와 국내 촬영, 3명 이상의 한국배우 출연)에 미달하는 경우가 그것이다. 그는 이 기 준 위에 1990년까지의 합작영화 204편 중 122편이 위장합작 영화라는 결론을 제출한 다. 안태근, 「韓國 合作映畵 研究-위장합작영화를 중심으로」, 한국외대 박사논문, 2012. 안태근의 논의는 어디까지를 '한국영화'로 포함시킬 것인가를 논하는 데 있어서 는 여전히 의미 있는 논의일 수 있다. 그러나 이 결론은 1971년 이후 시행된 '당대법' 상 의 기준이라는 단서를 다는 한에 있어서 유의미한 것이다.

66 1960년대 영화평론가이자 프로듀서로도 활동했던 호현찬은 1960년대 한국영화의 가 장 주된 장르였던 멜로드라마의 관객들을 텔레비전 일일 연속극에 빼앗겼다고 주장하 고 있다. 호현찬, 「시나리오」, 『1977년도판 한국영화연감』, 영화진흥공사, 1978, 43쪽.

67 1960년대 영화를 분석하는 데서 이들 관객층의 존재야말로 결정적인 요소가 될 것이다. 이를테면 고부갈등과 처첩갈등을 주된 갈등으로 하는 가족 멜로드라마로서의 신상옥의 일련의 사극들(대표적으로 〈연산군〉 시리즈)은 바로 이러한 관객층을 기반으로 만들어

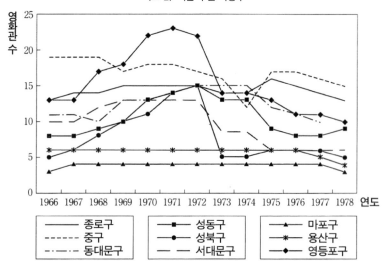

〈표 2〉 서울 구별 극장수

종로구	성동구	마포구
중구	성북구	용산구
동대문구	서대문구	영등포구

이 주요 관객층의 퇴장과 맞물려 새롭게 부상한 관객층은 연령적으로
는 겹치지만 계급적으로는 전혀 다른 두 집단, 즉 교육받은 청년 집단과
급격한 도시화와 맞물려 발생한 도시 하층 계급이었다. 이 점에 있어서
1970년대 서울의 극장 문화를 인터뷰와 관련 자료들을 통해 조사 연구
한 한 보고서는 의미심장한 지표와 분석을 보여준다.[68] 1960년대 말 서
울은 급격히 팽창했다. 1965년부터 1970년까지 서울은 2백만이 넘는
인구 증가를 보였으며, 1970년 당시 서울은 약 540만의 거대 도시로 성
장하였다.[69] 이러한 폭증된 인구를 수용하기 위해서는 대규모의 도시 계

진 것이다. 가족 멜로드라마에 기반한 시대극의 성행과 이들 여성 중장년 관객 사이의
관계에 대해서는 제4장 참조. 한편, 중장년층 여성관객의 퇴장은 1950년대 말 마찬가지
로 TV 보급의 여파 속에서 일본이 처했던 상황과 유사하다. 흥미로운 것은 TV에 이들
관객층을 빼앗긴 시점이 각 지역에서 영화가 '국민문화'로서의 지위를 상실하게 되는
시점과 맞물려 있다는 점이다.
68 이길성 · 이호걸 · 이우석, 앞의 책.

획이 필요했고, 새로운 부도심과 외곽지역이 탄생하였다. 남대문과 동대문, 서대문, 북대문 등 사대문 안을 도심으로, 서울 외곽지역을 20개의 생활권으로 분할했던 1966년의 도시계획안과 여기에 7개의 부도심을 설정, 중심지역을 분산시키고자 했던 1970년의 수정안은 이후 (현재까지 지속되는) 서울의 모습을 상당 부분 결정지었다.[70] 서울 안에서도 산업지역들인 영등포, 성북, 성동, 동대문의 인구 증가는 가히 폭발적이었다.[71] 농촌에서 도시로의 노동력의 급격한 유입과 이에 따른 서울의 개편은 기존의 도심 내 개봉관 중심의 극장 문화를 전면 개편하도록 만들었다. 1970년 이후 부도심 및 주변부 지역의 재개봉관 숫자는 빠른 증가 추세를 보였다.[72]

〈표 2〉에서 특히 가파른 증가 곡선을 보이는 것은 대표적인 공장 밀집지역인 영등포와 지방에서 서울로의 인구 유입 통로인 청량리역 주변 지역이다. 이 곡선은 재개봉관을 찾는 주된 관객층이 누구인가를 알려주

---

69 1965년에서 1970년까지 지방에서 서울로의 순이동량은 1960년에서 1965년까지의 2.5배에 이르는 249만 2천 명이었다. 이는 같은 기간 서울 인구성장률의 74%를 차지하는 숫자였으며, 당시 대한민국 인구의 17.5%에 해당되는 것이었다. 서울육백년사(http://seoul600.seoul.go.kr/seoul-history/sidaesa/txt/8-4-1-2-2.html)(현재 서비스 종료).

70 1970년의 서울 인구는 1966년 도시계획안 설립 당시 1985년에 달성되리라 예측 상정된 인구수였다. 급격한 인구 증가와 도시계획의 변천에 대해서는 서울육백년사(http://seoul600.seoul.go.kr/seoul-history/sidaesa/txt/8-5-3-1-3.html)(현재 서비스 종료).

71 1960년 130만 명이었던 도시 임금노동자의 숫자는 1970년 340만 명으로 늘어나고, 1980년대 중반에 이르면 800만 명으로 증가한다. 한편 당시 도시로 유입된 인구의 절대다수는 15세에서 29세 사이였다. 한국 노동계급의 형성을 재구성해낸 구해근에 따르면 한국의 산업화 특징은 산업화 속도의 신속함, 농업을 희생시킨 도시 중심의 발달, 몇몇 공업도시로의 집중, 그 결과 나타난 한국 노동계급의 대단히 높은 동질성이다. 그는 이러한 한국 산업발전의 속성들이야말로 한국의 노동계급을 하나의 결집된 계급으로서 형성되게 한 주요한 구조적 조건을 제공했다고 주장한다. 구해근, 신광영 역, 『한국노동계급의 형성』, 창비, 2001, 49~78쪽.

72 〈표 2〉는 이길성 · 이호걸 · 이우석, 앞의 책, 80쪽에서 인용.

는 동시에, 전통적인 도심의 개봉관과 주변 지역의 재개봉관이라는 공간의 분할이 계급과 밀접한 연결 고리를 갖고 형성되었음을 알려준다.

도시 인구의 변화와 재구조화는 1970년대 한국영화의 주된 경향을 만들어내는 기반이 되었다. 당시 급부상한 청년문화로부터 자양분을 끌고 들어온 청춘영화, 시골에서 상경한 여성이 결국 술집 종업원이 되는 파란만장한 여정을 그린 호스티스 영화, 10대 소년소녀들의 학교생활과 연애의 추억담인 하이틴 영화, 그리고 무엇보다 홍콩 무협-무술영화의 지대한 영향 속에서 만들어진 일련의 권격영화와 한국식 야쿠자영화인 '협객영화'로 이루어진 액션영화라는 네 가지 경향은 이러한 도시 인구 재편과 관객층의 변화에서 비롯되었다.[73]

이 영화들의 소비는 각 지역의 특성에 따라 나뉘어졌다. 1970년대 서울 변두리 지역의 영화 배급업에 종사했던 자의 증언에 따르면 영등포와 청량리 지역은 액션, 명동과 종로 지역은 멜로가 강세를 보였다.[74] 이 지역들은 각각 노동과 연애를 상징하는 지역들이었다. 또한 개봉관이 외화 위주였다면, 재개봉관은 지역의 리터러시를 고려한 '자막 없는 영화'를 선호하였다. 재개봉관에서 흥행 사이클이 높은 장르는 액션이었으며, 가장 흥행 사이클이 낮은 장르는 하이틴 영화였다.[75] 도시 하위 계층 여성들이 1970년대식 멜로드라마인 호스티스 영화에 반응했으리라

---

73 위의 책, 78~89쪽.
74 김형종 인터뷰, 위의 책, 120쪽.
75 "이처럼 하이틴 영화들이 개봉관의 흥행과 재개봉관의 흥행에서 많은 차이를 보이는 것은 하위 계층 집단이 주류를 이루고 있었던 재개봉관 관객들이 고등학생들의 일상사를 코믹하게 다룬 하이틴 영화에서는 공감할 만한 요소들을 별로 발견할 수 없었던 사실에서 기인하는 것이었다." 위의 책, 99쪽.

는 것은 쉽게 짐작할 수 있는 일이다.[76] 이 장르의 대표작이라고 할 만한 영화는 1970년대 중반 거의 사회적 신드롬이라고 할 만한 반응을 불러일으킨 영화 〈영자의 전성시대〉였다. 이 영화는 시골에서 올라와 식모, 여공, 버스 차장을 거쳐 외팔이 창녀로 전락하는 여자의 이야기를 그렸다. 다시 말해 "독신 남녀, 젊은이, 학생(고교생, 대학생), 비즈니스 걸, 호스티스, 공원, 뒷거리의 청년"[77]들로 묘사되는 이 젊어진 관객층은 계급과 성별에 따른 각각의 장르 선호도가 달랐다. 이 지역별, 세대별, 계급별 관객 분포와 선호 장르의 배치는 도시의 구획과 상당 부분 연관되어 있었다.

요컨대 장르−관객−사회적 공간 및 산업, 계급 재편과 관련하여 위와 같은 사실들이 보여주는 것은 다음과 같은 세 가지이다. 첫 번째, 국민문화에서 계급, 젠더, 세대적으로 분할된 영화시장의 형성. 1970년대 한국영화의 주요 장르들은 각각 특정 소구층을 염두에 두고 있었다. 하길종과 이장호의 영화로 대표되는 청춘영화가 대학생들에게 인기가 있었다면, 연소자 관람가의 하이틴물은 중고등학생에게 인기가 있었다. 호스티스 영화가 하위 계층의 젊은 여성들에게 어필할 수 있었다면, 재개봉관 시장 내에서 압도적 다수를 점했던 홍콩식 권격영화를 포함한 액션영화는 하위 계층의 젊은 남성들에게 어필하였다. 이 세 그룹은 모두 새롭게 출현한 도시의 풍경과 관련되어 있다. 물론 실제 관람

---

76 1960~1970년대 여공들에 관한 담론과 생활사를 중심으로 한 연구를 수행한 김원에 따르면 1960~1970년대 여공들이 매매춘이나 서비스업에 종사하는 일은 결코 드문 일이 아니었다. "여공들은 자신의 자화상이던 영화 〈영자의 전성시대〉를 보면서 눈물을 짓곤 했다." 〈영자의 전성시대〉는 이들의 '자화상'과 같은 영화이기도 한 것이다. 김원, 『여공 1970』, 이매진, 2006, 597쪽.

77 정용탁, 「배급·흥행」, 『1977년도판 한국영화연감』, 영화진흥공사, 1978, 58쪽.

에서 얼마나 이러한 분할이 이루어졌는지에 대해서는 보다 실증적인 분석이 필요하다. 당연한 말이지만 대중영화는 계층과 성별을 넘는 더 많은 관객을 요구하고, 어떤 경향은 종종 섞여서 제시되기도 하였으며(이를테면 청춘영화와 호스티스 영화), 호스티스 영화는 멜로드라마의 문법을 따르지만 또한 남성 관객에게 어필하는 관음증의 구사에도 충실하였다. 그러나 1960년대 영화와 비교했을 때, 1970년대의 영화들이 이른바 '국민문화'적인 공통분모의 모색으로부터 벗어나 있었던 것만은 명백해 보인다.

두 번째, 도시 재편에 따른 지역 극장의 역할 분담 구조. 개봉관과 재개봉관이라는 위계화된 극장은 계층별로 나뉘어져 있었다. 위의 보고서에 따르면 서울의 급격한 팽창은 지옥철, 만원버스라는 말로 대변되는 극심한 교통난을 불러일으켰고, 돈과 시간이 없는 도시 변두리 주민들에게 도심에 위치한 개봉관은 접근이 용이하지 않은 장소가 되어 버렸다. 도시 내에서조차 이동은 피곤하고도 비용이 많이 드는 일이었다. 그때 동시상영이 이루어지는 재개봉관은 적은 돈으로 많은 영화를 관람할 수 있는 매우 '경제적인' 장소로 부상하였다. 실제로 1960년대 말 서울로 이주한 한 택시기사(그는 당시 중국집 배달부로 일했다)에 따르면 돈도 없었고 시간도 없었기에 2편 동시상영을 해 주는 가까운 동네의 재개봉관을 주로 이용했다고 증언하고 있다.[78]

세 번째, 경공업에서 중공업으로의 산업 재편에 따른 경험 및 인구 분

---

[78] "1960년대 말에 서울에 올라와 서대문에 있는 중국집에서 일하던 나로서는 개봉관에 갈 여유가 없었다. 돈이 없었기 때문에 가격이 싸고 한번에 2편을 볼 수 있는 극장들에 주로 갔다. 서대문에 있는 대흥이나 만리동에 있는 봉래와 같은 극장들을 주로 이용하였다." 박윤재 인터뷰, 이길성·이호걸·이우석, 앞의 책, 88쪽.

포의 영화 내적 기입. 1970년대의 주요 장르들 중 도시 하층 계급과 관련 있는 두 장르, 즉 호스티스 영화와 액션영화는 당시 한국의 산업화 양상과 긴밀하게 관련되어 있다. 1960년대 중반 이후의 경공업 중심 산업이 불러온 젊은 여성들의 대규모 이농현상이 호스티스 영화의 내러티브의 원천이 되었다면, 1970년대의 중공업 산업으로의 이동이 남성 중심의 '액션영화' 활성화와 관련되어 있는 것은 명백해 보인다. 허버트 갠스가 그의 고전적 저서에서 피력한 바, 남성 하위 계층 문화의 액션영화에의 지향은 한국의 경우에도 예외가 아니었다.[79] 이를 다시 한번 극장별 계층의 위계라는 문제와 관련지어 이야기하자면 재개봉관의 액션영화 편향은 이 공간이 계급뿐 아니라 성별로도 구획 지어진 공간이라는 사실을 알려준다. 1970년대 재개봉관에 관한 신문기사에서 가장 빈번한 내용은 이 공간의 위생과 폭력 범죄에 관한 것이었다. 재개봉관에 쏟아졌던 가장 큰 비난은 이 장소가 비행 청소년들의 온상지라는 것이다. 이 장소는 정기적으로 사회정화 운동의 차원에서 규제와 단속의 대상이 되었다.[80] 한마디로 이 '불결한' 공간은 계층적으로 또 성적으로 비교적 단일한 집단, 다시 말해 도시 남성 하위 계층에게 친숙한 장소였다.

이쯤에서 다시 트랜스 / 내셔널 시네마로서의 아시아 액션영화라는 논제로 돌아가 보자. 위와 같은 사실들은 왜 〈철수무정〉과 〈십삼태보〉 같은 영화가(그리고 이후 수없이 만들어질 수많은 한국어 더빙의 홍콩 혹은 대만산 영화들) 한국어 더빙으로 보여질 수밖에 없었는가에 관한 또 하나의 이유를 보여준다. 그러니까 이 영화들은 외화 쿼터제에 맞춰 한국영화로

79 허버트 J. 갠스, 강현두 역, 『대중문화와 고급문화』, 삼영사, 1977, 148~151쪽.
80 『경향신문』, 1977.3.28.

카운트되기 위한 '합작'의 외피를 두르는 것도 중요했지만, 이 영화들의 소구층에게 어필하기 위해서도 한국어가 들리는 영화가 되어야 했다. 이 영화들의 관객들은 자막을 읽는 수고로움을 기꺼워하지 않았다.

한국어가 '들리는' 이 영화들의 경험, 합작 / 위장합작의 모호한 경계는 이후 한국에서 홍콩영화의 독특한 위상을 예고하는 것이기도 했다. 홍콩영화는 오랫동안 한국에서 소비할 수 있었던 거의 유일한 같은 얼굴색을 가진 자들이 등장하는 외화였으며, 홍콩의 영화배우는 최근에 이르기까지 공식적으로 한국식 한자 독음 표기로 호명되었다. 그러므로 홍콩영화의 외래성은 습관적으로 지워지곤 했다. 이곳에서 홍콩영화는 외화와 방화 사이에 비스듬히 놓여 있는 존재였다. 이것은 홍콩영화에 관한 한국 담론 특유의 세대적 노스탤지어의 감각과 관련지어진다. 한국에서 홍콩영화는 거의 비평의 대상이 되지 못했으며, 대신에 변천하는 스타들과 긴밀하게 결부된 '청소년기'의 개인적 기억의 대상으로 자리매김하였다.[81] 어쨌든 1970년대 내내 이 공간에서 가장 은성했던 영화, 이른바 (당시 표현을 따르자면) '한중 합작영화'가 홍콩영화의 장르 변동과 매우 밀접히 관련되어 있었던 것은 당연한 것일 게다.[82]

....

81 한국에서 홍콩영화의 향유는 매우 잘게 쪼개진 세대 감각으로 나뉘는 것 같다. 1960년대 말부터 1970년대 초까지 장철 영화의 왕우와 강대위에게 열광했던 이들에게 1973년부터 시작된 이소룡 영화는 어딘가 너무 매끈한 느낌이며, 이소룡 영화에 열광했던 세대에게 1970년대 말 성룡의 코믹 쿵푸영화는 이소룡 영화의 일탈로 비춰진다. 이는 도시 하층 계급과 10대 남성 문화와 결부되어 있던 홍콩영화가 영화사적 계보 이전에 개인적 기억과 결합되어서 수용되어 왔다는 것을 보여준다. 스타 시스템과 강하게 결부되어 있는 홍콩영화가 전시하는 스타의 몸이야말로 바로 이 개인적 열망들의 투사체로 작용하였다.
82 일례로 영화연감이 작성된 1977년과 1978년의 경우, 〈알개전〉(석래명)을 기점으로 하이틴 영화가 유행했던 1977년 당시 4만 명 이상의 관객을 동원했던 한국영화 30편 중 10편이 하이틴 영화였으며, 10편이 합작 무술영화였다(『1977년도판 한국영화연감』, 영화진흥공사, 1978, 36쪽). 〈겨울여자〉(김호선)의 성공으로 호스티스물이 주류를 이루었

태권도, 쿵푸, 가라데 – 명칭을 둘러싼 오인

홍콩영화는 1970년을 기점으로 빠르게 무협에서 쿵푸功夫로 옮겨가고 있었다. 처음으로 주목할 만한 성과를 이룬 것은 〈독비도〉의 스타 왕우가 직접 아이디어를 내고 감독을 맡은 〈용호의 결투龍虎鬥〉(1970)였다. 칼을 버린 왕우는 맨손으로 가라데 고수에 맞서 복수를 완성한다. 이 영화는 곧 쿵푸영화라는 명칭을 얻게 될 이 장르의 영화에서 끊임없이 반복될 서사를 모두 선취하고 있다. 스티븐 테오의 간명한 정리에 따르면 "이 이야기의 전형은 일본과 중국 무술의 고전적인 대치이다. 단독인 영웅은 무리와 대결한다. 이 영웅을 이끄는 것은 복수의 모티브인데, 그는 또한 강렬한 민족주의적 감정에 사로잡혀 있다."[83] 〈용호의 결투〉는 홍콩에서만 2백만 달러(홍콩달러) 이상의 흥행 수입을 올렸으며, 이후의 홍콩영화 지형을 바꿔 놓았다.

1971년 〈권격拳擊〉으로 칼이 아닌 맨몸의 싸움으로 옮겨간 장철은 자신이 만든 이전의 무협영화의 스타일과 주제를 고스란히 반복한 〈마영정馬永貞〉(1972)을 통해 쿵푸영화와 무협영화 사이의 일관성을 과시하였다. 쇼 브라더스 전속이었던 한국인 감독 정창화는 〈죽음의 다섯 손가락天下第一拳〉(1972)으로 쇼 브라더스 영화 최초의 북미 박스오피스 진입이라는 기록을 세웠다. 같은 시기 1960년대 런런쇼의 오른팔이었던 레이

던 1978년의 경우, 총 한국영화 제작 편수 114편 중 31편이 합작영화였으며, 이 중 10편이 5만 명 이상의 관객을 동원하였다(이영일, 「국산극영화」, 『1978년도판 한국영화연감』, 1979, 영화진흥공사, 46~49쪽). 이 사실은 한국영화의 주류 흥행 장르의 변동과 상관없이 합작 무술영화가 1970년대의 가장 꾸준한 인기 장르였다는 사실을 보여준다.

83 Stephen Teo, *Hong Kong Cinema : The Extra Dimensions*, British Film Institute, 1997, p.104.

〈사진 5-7〉〈죽음의 다섯 손가락〉

몬드 초우가 1970년에 세운 영화사 골든하베스트는 이소룡의 〈당산대
형〉, 〈정무문精武門〉, 〈맹룡과강猛龍過江〉으로 단숨에 쇼 브라더스를 앞질
렀다. 이 영화들은 차례로 홍콩 박스오피스 신기록을 갱신해갔으며, 전
세계적인 붐을 불러일으켰다. 1973년 홍콩－미국 합작의 〈용쟁호투龍爭
虎鬪〉를 마지막으로 이소룡이 죽었다. 그리고 전설이 시작되었다.

　무협에서 쿵푸功夫로의 이동이 갖는 함의는 무엇일까? 어떤 의미에서
그것은 협에서 공功 즉 몸의 기예로의 이동을 함축한다. 전통이 새겨진
시간이 아니라 당대에 서 있는 벗은 몸의 '기술'이었다는 점이야말로 중
요하다(무협영화와 달리 쿵푸영화는 상대적으로 현대적인 '의장'을 요구했다. 이 영
화들의 배경은 대부분 민국 시대 이후이며 때때로 현대이기도 했다). 조예, 재주,
솜씨, 기술, 노력 등을 함의하는 '쿵푸'는 한편으로는 무협의 기술화를
뜻하는데, 이 몸의 기예는 기술의 민족적 귀속에 대한 강박과도 관련되
어 있었다.

　이소룡의 전설이 시작되는 지점에서, 일본이 그의 영화에 보인 반응
은 '쿵푸'라는 명칭을 둘러싼 흥미로운 사례를 제시해 준다. 1960년대

홍콩영화의 일본영화에 대한 적극적인 참조에도 불구하고 홍콩영화는 일본에서 거의 공개되지 않았다.[84] '아시아' 영화들의 전범으로 작용했던 일본영화와 여타의 아시아 영화들 간의 관계는 이소룡이 등장하기 이전까지 일방적인 것이었다. 이소룡의 〈용쟁호투〉는 일본에서 공개되어 비평적, 산업적 반향을 불러일으킨 첫 번째 '아시아' 영화였다. 그러나 이 '아시아' 영화는 할리우드를 경유해서야 들어올 수 있었다. 1973년 12월 워너 브라더스의 세계 배급을 통해 일본에 들어온 〈용쟁호투〉는 '영어판'으로 개봉되었으며, 대히트를 기록했다. 1974년 〈당산대형〉과 〈정무문〉의 개봉에 이어 1975년 초 〈맹룡과강〉에 이르기까지 홍콩영화 세 편이 차례로 개봉되면서, 이소룡 붐을 이어 갔다. 일본에서의 이소룡 영화가 받아들여진 방식을 추적하고 있는 요모타 이누히코의 예민한 지적처럼, 〈용쟁호투〉는 '가라데 영화空手映画'라는 명칭으로 소개되었다.[85] 이소룡 영화의 일본인 악역들이 가라데 고수들이라는 사실(특히 〈정무문〉)에서 오는 당혹감이 없었던 것은 아니지만,[86] 이 명칭은 일본

---

84 1961년 도호와 케세이의 합작영화 〈홍콩의 밤(香港の夜)〉(치바 야스키)은 예외적 사례이다. 이 영화는 일본에서 흥행에 성공했으며, 도호와 케세이는 이어서 〈홍콩의 별(香港の星)〉(1962), 〈호놀룰루·도쿄·홍콩(ホノルル·東京·香港)〉(1963)으로 이어지는 연작을 제작하였다. 동남아 지사에 파견된 일본 기업 주재원인 남성과 홍콩 여성의 사랑을 그린 이 시리즈는 명백히 일본의 동남아시아로의 경제적 재진입이라는 '리얼리티' 위에 성립해 있는 것이다. 이 시리즈를 (아마도 시리즈의 첫 번째 영화 〈홍콩의 밤〉이 그 제목을 따왔음이 분명한) 1940년 영화 〈지나의 밤(支那の夜)〉과 겹쳐 보면, 일본의 대(對)아시아에 대한 젠더적 일관성을 확인할 수 있다. 대동아공영권 최대 스타 리샹란(李香蘭=야마구치 요시코)의 등극을 알린 영화 〈지나의 밤〉에서 일본인 병사와 사랑에 빠진 '항일' 중국인 소녀는 대동아공영이라는 일본의 '진심'을 이해하게 된다.

85 四方田犬彦, 『ブルース·リー』, 晶文社, 2005, 20쪽.

86 "실제로 가라데는 적인 일본인의 무기이니, 이 영화들을 평하는 데 적당하지 않다. 앞으로는 쿵푸 액션영화라고 말해야 한다고 생각한다." 原田真人, 「ブルース·リーとは何者なのか」, 『キネマ旬報』, 1973.1, 92쪽.

에서 이소룡 붐이 피크에 달했던 시기인 1974년 〈정무문〉이 개봉될 당시에도 일반적으로 쓰이고 있었다. 1974년 7월 〈정무문〉 개봉에 맞춰 『키네마준보』가 주최한 좌담회에서 가타카나 'カラテ(가라데)'로 표기된 '가라데' 영화는 이소룡 영화의 공식 명칭이었다.[87]

게다가 이 명칭은 일본 안에서만 통용되던 것이 아니었다. 이 좌담회에서 영화평론가 마쓰다 마사오가 전하고 있는 바, 베이루트와 파리에서의 이소룡 영화의 붐 역시 '가라데'라는 말로 표현되고 있었다. 베이루트의 식당 종업원은 이 일본인에게 '가라데'라는 말로 친밀감을 표시하고, 프랑스의 『파리스코프』는 알파벳순으로 소개되는 영화 소개란의 K 항목 아래에 Karate로 분류되는 일군의 홍콩영화들을 소개하고 있다.[88] 이 명칭의 혼동에는 몇 가지 이유가 있을 것이다. 일본의 홍콩영화에 대한 무지와 아시아에 대한 무관심('민족' 무술 간의 대결 구도임에도 불구하고 '적'의 기술의 명칭을 가져다 붙이는 무지!). 이는 요모타 이누히코의 지적처럼 "1970년대 중반 일본에서 동아시아 일대의 무술을 파악하는 어휘가 얼마나 부족"했는지를 보여주는 것이리라.[89] 또한 서방세계를 포함한 아시아 이외의 세계에서 일본영화, 일본문화가 담당하고 있던 아시아의 창구로서의 역할은 쿵푸라는 이 낯선 '액션'에 '가라데'라는 명칭을 붙일

---

87 座談会, 「『ドラゴン怒りの鉄拳』とブルース・リー映画を支える美学」, 『キネマ旬報』, 1974.7, 74~80쪽.

88 요모타 이누히코가 전하고 있는 베이루트에서의 야마구치 요시코의 증언 또한 마쓰다 마사오의 전언과 유사하다. "일본인 청년이 길을 걷고 있으면, 사람들이 한결같이 "가라데, 유도"라고 외치며, 양손가락을 깍지 낀 포즈를 취하니, 가라데의 인기가 어느 정도인지 짐작할 수 있을 겁니다." 山口淑子, 『誰も書かなかったアラブ』, サンケイ新聞社出版局, 1974, 141쪽(四方田犬彦, 앞의 책, 12쪽에서 재인용).

89 四方田犬彦, 앞의 책, 20쪽.

수 있도록 했을 것이다. 이소룡 붐은 일본영화 안에서도 실제로 가라데를 구사하는 일련의 액션영화를 낳았다. 이후 타란티노가 경외를 바치게 될 치바 신이치(소니 치바)는 이 서브장르의 대표적인 이름이 되었다.

그런데 과연 쿵푸영화에 멋대로 자국 무술의 명칭을 붙이는 이 '소화'의 방식이 단지 무지의 소산이라고만 할 수 있을까? 같은 시기 한국에서 쿵푸영화는 '태권도 영화'라는 명칭으로 불렸다. 1974년 '이소룡 붐'이라는 해외 영화계의 기현상을 논하고 있는 한 신문 기사는 프랑스 여배우 카트린느 드뇌브의 다음과 같은 말을 전하고 있다. "남성 중심의 액션영화가 하도 판을 쳐서 **태권도**를 하지 못하는 우리 같은 여배우는 발붙일 곳이 없어요."[90] (강조는 인용자. 이 언급에 대한 사실 여부는 확인할 수 없으나 아마 당시의 프랑스 상황이라면 '가라데'라고 언급했을 확률이 높다.)

〈죽음의 다섯 손가락〉은 미국에서 성공한 '태권도 영화'로 알려졌다.[91] 이 영화는 미국 박스오피스에 오른 쇼 브라더스 최초의 영화이자, 당시 쇼 브라더스 소속이었던 한국인 정창화가 감독한 영화였다. 이 한국 국적 감독의 존재를 빌미로 이 영화는 한홍 합작영화라는 타이틀을 단 채 한국에서 개봉되었다. 〈죽음의 다섯 손가락〉은 일본에서는 물론 '가라데 영화'로 소개되었다.[92] 그리고 곧 "홍콩 제작의 얼치기 태권도 영화가 세계를 휩쓴 데 자극 받은" 한국산의 "참다운 태권도 영화"가 만

90 『경향신문』, 1974.12.26.
91 『동아일보』, 1973.5.4. 〈죽음의 다섯 손가락〉의 한국 개봉 제목은 〈철인〉이었는데, 정창화 본인은 한국에서 재편집된 이 영화는 자신의 영화와 아무 관계가 없다고 말하며, 불편한 심경을 드러내고 있다. 필자와 정창화와의 인터뷰.
92 〈죽음의 다섯손가락〉의 일본 공개 제목은 〈킹복서〉였다. 宇田川幸洋, 「キング・ボクサー」, 『キネマ旬報』, 1974.9, 153쪽. 복서라는 이 미국식 작명은 미국 경유를 통한 홍콩 영화의 일본 영화시장 내의 진입 사정을 잘 보여준다.

들어져야 한다는 논의가 비등하기 시작했다.[93] 정부 조직 한국영화공사는 해외 영화제용으로는 한국의 전통과 분단이라는 상황을 적극적으로 내세우는 영화를 제작하는 한편 해외 시장 개척용으로는 한국산 태권도 영화를 장려한다는 중장기 전략을 세웠다.[94]

쿵푸영화의 초기에 있었던 이 오인은 지금 보면 거의 골계로 보인다. 그러나 일단 이 영화들은 명칭을 통해서 '자국화'될 필요가 있었다. 내가 관심 있는 것은 이 명칭과 내포의 불일치라는 현상 자체, 즉 내포들의 자유로운 치환 가능성이다. 앞서 말했다시피 실제로 가라데와 태권도를 내건 자국용(이자 동시에 홍콩 쿵푸영화가 보여준바, 해외 시장 진출을 적극적으로 고려한) 영화들이 일본과 한국에서 제작되었다. 이 영화들에 관한 당대의 담론들이 보여주는 자의적 해석틀, '국산'에의 강박은 생각보다 그렇게 강력한 자장을 갖는 것이 아니다. 오히려 이 명칭은 자국 관객들을 위한 최소한의 정당화에 불과해 보인다. 이 각각의 '기술들'은 무한히 많은 여타의 다른 기술들로 전치 혹은 교차될 수 있는 것들이었다. 게다가 애초에 이 기술의 오리지널리티 또한 의심스러운 것이다. 실제로 쿵푸, 태권도, 가라데 모두 그 기원이 전혀 전통적일 수 없는 근대의 발명품이자 상호 참조의 연쇄 속에서 창시된 이른바 '만들어진 전통'이었음은 익히 알려져 있다. 그 점에서 이 오독은 오히려 당연한 결과이기도 했다. 태권도가 고유명이 된 것은 이승만 정권 때였으며, 가라데는 20세기 초 오키나와로부터 이입된 수련술로, 오직 제국 일본의 통치역을 전제할 때만 일본산일 수 있다. 바로 이 표상 차원의 혼동, 그러니까 '아시아적'

93 『경향신문』, 1974.2.28.
94 『동아일보』, 1973.5.2.

약호의 자국화 가능한 해석이야말로 이 장르의 무한 증식을 낳은 힘이었던 것은 아닐까.

무협영화는 어떤 의미에서 시대극의 흔적이 잔재해 있는 장르였다. 그에 비해 '무술' 영화는 상호 교차 및 전치가 가능한 장르로서, 자국화와 외국화의 이중적인 벡터를 구성하기에 적합한 장르였다. 민족적 약호를 담보하고 있는 듯하면서도, 이 '기술'들은 기술이라는 의미에서 트랜스내셔널한 전환이 가능한 대상들이었으며 노란 피부의 몸이 이룩한 뛰어난 움직임이라는 점에서는 사실상 거의 같은 것이기도 했다.

5. 이소룡과 모방하는 신체들

이소룡이라는 신체—민족, 계급, 인종이라는 성좌

국제적이고 상호적인 경쟁에서 이기기 위한 무기로써 이소룡의 몸의 전시는 중국, 아시아, 제3세계에서 패배자들의 승리로서 다양하게 찬양되어 왔다. 그것은 또한 각각의 역사에 따라 서로 다른 남성성의 모델과 몸에 대한 이상 내에서 이해되어 왔다.[95]

---

95 크리스 베리, 김은주 역, 「스타의 횡단—초국적 프레임에서 본 이소룡의 몸 혹은 중화주의적 남성성」, 김소영 편, 『트랜스—아시아 영상문화』, 현실문화연구, 2006, 368쪽.

이소룡에 관한 비평사를 추적하면서 크리스 베리는 연구자의 위치에 따라 그의 이미지가 두 개의 다른 맥락 속에서 독해되어 왔다고 주장한다. 성글게 말하자면 이소룡은 비서구권의 포스트콜로니얼리즘의 관점과 인종적·계급적 마이너리티의 관점에서 독해되거나, 퀴어 또는 이와 친밀한 페미니즘의 관점에서 독해되었다. 이 중화권 최초의 국제 스타가 남긴 네 편의 영화를 어떤 일관성 속에서 파악한다는 것은 쉽지 않은 일이다. 무엇보다 이 영화들이 홍콩, 아시아, 나아가 할리우드를 포함한 서구 시장 전반을 대상으로 한 서로 다른 욕망이 낳은 전략과 기획의 산물이었다는 점에서 그러하다. 홍콩의 골든하베스트, 이소룡 자신의 제작사인 콩코드 픽쳐스, 할리우드의 워너 브라더스(마지막 영화 〈용쟁호투〉는 미국 감독 로버트 클라우즈가 연출했으며, 워너 브라더스가 국제 배급에 관여했다)가 이런저런 방식으로 관여한 이 네 편의 영화는 이미 초국적 시장에 대한 고려 위에 만들어졌으며, 그 속에 새겨진 "인종적이며 민족적인 동맹의 광범위함"[96]은 이 영화들을 일관된 서명이라는 작가주의적 분석틀로 포착하는 것을 불가능하게 만들뿐더러 작가주의와 깊은 친연성을 지니고 있는 내셔널 시네마적 어휘로부터도 멀어지게 만든다.

그런데 그럼에도 불구하고 이 영화들은 이소룡이라는 강력한 페르소나 위에서 하나로 엮이며, 미국과 홍콩을 오간 이소룡 자신의 경험 위에서 반추 가능하다. 공장주와 싸우는 이주 노동자(〈당산대형〉), 스승의 복수를 위해 일본인에 맞서는 수제자(〈정무문〉), 로마에 도착한 동양인 촌뜨기(〈맹룡과강〉), 국제 첩보조직과 협력하는 소림자 수제자(〈용쟁호투〉)

---

96 위의 책, 371쪽.

〈사진 5-8〉〈정무문〉

에 관한 이 서로 다른 네 개의 이야기는 민족과 계급, 인종이라는 세 가지 성좌 위에서 펼쳐진다. 그리고 이 성좌가 펼쳐지는 장소는 이소룡이라는 유려하고 아크로바틱한 근육질의 육체이다. 이소룡 사후의 수많은 아류작들이 그의 영화뿐 아니라 '그' 자체를 모방하고자 한 것은 당연한 것처럼 보인다. 왜냐하면 이 독특한 신체야말로 '패배자의 승리'라는 내러티브가 무한 반복될 수 있는 장소이기 때문이다. 지금부터 내가 이야기하고자 하는 것은 바로 이 이소룡이라는 신체를 모방하는 영화들에 관한 것이다. 이 영화들은 '웰 메이드'와는 거리가 멀지만 마찬가지로 초국적인 시장을 겨냥해서 만들어졌으며, 도시 변두리의 재개봉관이라는 매우 한정적이고 또한 공통적인 장소에서 상영되었다.

한국에서 이소룡 붐은 그의 죽음 직후인 7월 〈정무문〉의 공개와 함께 시작되었다. 이 영화는 '이상 과열'[97]이라고 불리는 흥분을 불러일으켰다. 〈정무문〉이 이소룡 영화 중 가장 노골적으로 반일적인 텍스트라는 점을 상기한다면 이 영화가 한국에서 거둔 놀라운 성공은 일견 당연해 보인다. 영화 속 적의 얼굴은 익숙하다 못해 '민족적' 공분을 자아내기에 충분한 것이었고, 민족 무예를 통해 복수를 가한다는 설정은 내셔널리즘이라는 정동을 극대화시키기에 효과적이었다.

1908년 상하이의 일본 조계 지역을 배경으로, 스승을 죽인 일본인 가라데 고수에 대한 이소룡의 복수를 그린 〈정무문〉은 그의 영화 중에서도 가장 민족주의적인 텍스트이다. 정무문의 스승을 독살한 후, 일본 도장은 '동아병부東亞病夫'라고 쓰인 액자를 보낸다. 시대 공기를 압축하듯이 공원에는 '개와 중국인 출입금지'라는 안내문이 붙어 있다. 이소룡은 말 그대로 이 액자와 안내문을 단숨에 부숴 버린다. 〈정무문〉에서 가장 인상적인, 그리고 가장 많이 회자되는 장면은 이 영화의 마지막 장면일 것이다. 모든 복수를 마친 뒤 이소룡은 정무문을 위해서 경찰에 자수하기로 한다. 문 앞에는 경찰들이 총을 겨누고 있다. 걸어 나오던 이소룡은 이들과 카메라를 향해 덤벼든다. 그의 독특한 기합소리와 경찰의 총소리가 연이어 들리고, 뛰어오른 이소룡의 프리즈 프레임에서 영화는 끝난다. 이 마지막 장면이 그토록 강렬한 이유는 소리와 화면이 전달하는 메시지의 불일치에 있다. 화면 바깥에서 총소리가 들리지만, 마치 비상하듯 반쯤 뛰어오른 그의 몸은 그대로 정지한다. 이 장면은 성공의 정점에서 34세의 이른 나이에 죽은 이 스타의 전설을 예감적으로 이미지화한 것 같다.

한국에서 이소룡의 죽음과 함께 도착한 이 프리즈 프레임의 효과는 강력했을 것이다. 이미 죽은 자의 몸은 이 영화적 장치 속에서 영원한 도약 상태로 '현존'한다. 1973년과 1974년 사이에 그의 모든 영화가 개봉

했다. 우연히도 이 시기는 박정희의 유신 체제가 시작되고 경공업 중심에서 중화학 공업 중심으로의 산업 재편이 이루어지던 때와 맞물려 있었다. 1971년 경부고속도로 개통에 이어 같은 대일 청구권 자금으로 만들어진 포항제철이 1973년 첫 성과를 내었으며,[98] 같은 해 현대중공업, 대우중공업의 모태가 될 조선기계제작소, 1974년의 삼성중공업 등 정권의 적극적인 지원 속에서 한국의 대표적인 재벌들의 중공업 산업으로의 진출이 시작되었다. 바로 이 시기 이 단단하고 매끈한 근육질의 몸에 소년들과 청년들은 경외를 바쳤다. 〈정무문〉이 이 구식민지 국가에게 구제국 일본에 대한 승리의 쾌감을 안겨주었다면, 〈당산대형〉의 공장주와 싸우는 이주 노동자 이소룡의 투쟁이 도시 주변부 거류민들에게 주었을 열광을 짐작하는 것은 그리 어려운 일이 아니다. 혹은 로마에 도착한 동양인 청년 이소룡에게 쏟아지는 중년의 백인 여자의 시선으로부터 시작함으로써 인종주의적 독해를 노골적으로 권유하고 있는 〈맹룡과 강〉에서 미국 배우 척 노리스와 벌이는 대결과 최종 승리는 미국 패권하의 냉전 아시아에서 위축되어 있던 동양인 남자들로 하여금 짜릿한 대리만족의 쾌감을 선사했을 것임에 틀림없다.

---

98 포항제철(현 포스코) 설립과 대일 청구권 자금의 활용에 대해서는 다음을 참조. 정대훈, 「대일청구권자금의 도입과 포항제철의 건설」, 한양대 석사논문, 2011. 이 자금의 전용은 2000년대 이후에도 계속해서 문제가 되었다. 2006년 징용 피해자들이 포스코를 상대로 "청구권 자금을 포스코를 설립하는 데 사용해 일제 피해자들에게 귀속되는 것을 방해했다"며 포스코 쪽에 1인당 100만 원씩 위자료를 지급하라는 소송을 냈다. 이 소송은 원고 패소로 판결났다. 그러나 당시 법원은 대일 청구권 자금을 받은 기업의 사회적 책임을 명시적으로 밝힘으로써, 이 문제에 대한 기업의 사회적·윤리적 책임 문제가 공론화되는 계기가 되었다. 「대일청구권 쓴 기업들, 징용피해 지원은 '나몰라라'」, 『한겨레』, 2012.5.30.

오리지날과 아류, 증식의 역사—이소룡부터 당룡까지

곧 이 열기는 한국영화의 한 장르를 근본적으로 바꾸어 놓게 되는데, 이 영화들은 태권도 영화라고도 불리고, 홍콩식으로 권격영화라고도 불렀다. 간단히 말해 맨몸의 주먹과 발을 쓰는 격투 신을 중심으로 구성된 이 영화들은 기존의 한국 내 흥행 장르영화들과 결합된 형태로 혹은 매우 빈번하게 홍콩 혹은 대만산 영화의 더빙 버전으로서의 위장 '한국영화'의 형태로 공개되었다.

첫 번째로 등장한 것은 1960년대 한국영화의 중요한 액션 장르영화였던 식민지 시대 만주를 배경으로 한 '만주물'의 '권격' 버전, 혹은 국제적인 갱 조직(대개는 공산주의 세력이 배후에 있는 간첩단이었음이 밝혀진다)과의 대결을 그린 변용된 스파이 영화였다. 배경은 종종 만주, 홍콩, 일본, 혹은 여타의 동남아시아의 어떤 지역이 되었으며, 그곳에서 시대도 배경도 불분명한 차림새를 한 남자들이 때로는 가라데의 고수들과, 때로는 북괴 공작원과, 때로는 서로 결탁해 있는 이 둘 모두와 맞서 싸운다. 말하자면 이들 영화의 적들은 매우 자국적인 것이었으나(일본인, 공산주의자, 혹은 일본인과 야합한 공산주의자), 무국적한 '패션'과 배경은 이 영화들의 국제적인 수용을 가능케 해 주는 것들이었다. 이 영화들은 엄청난 속도로, 마구잡이로, 때로는 뻔뻔스러울 정도의 베끼기와 짜깁기로 만들어졌다.

1974년 한 해 동안 이두용은 재미교포 출신의 신인 배우 챠리 셀(본명 한용철)을 기용해 소위 '태권도' 영화라고 불리게 될 영화 여섯 편을 만들었다. 〈용호대련〉을 시작으로 〈죽음의 다리〉, 〈돌아온 외다리〉, 〈분

〈사진 5-9〉 챠리 셸(〈돌아온 외다리〉)

〈사진 5-10〉 바비 킴(〈귀문의 왼발잡이〉)

노의 왼발〉, 〈속 돌아온 외다리〉, 〈배신자〉(이두용에 따르면 〈배신자〉는 앞의 다섯 편의 영화 필름의 '재편집'으로 만들어졌다)에 이르기까지 거의 한두 달 간격으로 완성된 이 영화들이 왜 이토록 발 빠르게 만들어져야 했는지의 이유는 자명하다. 이 영화들은 이소룡 영화에 대한 열기를 재빨리 자국 영화시장 내로 전환시키기 위한 대응물이었다. 이 영화들은 모두 식민지 시대 만주를 배경으로 한 일본군 혹은 일본군과 연결되어 있는 일본 야쿠자와의 싸움을 그린 이른바 '만주웨스턴'의 내러티브를 고스란히 끌어들인다(〈돌아온 외다리〉는 후기 '만주물' 영화라 할 수 있을 임권택의 1970년 영화 〈애꾸눈 박〉의 내러티브를 그대로 답습하고 있다).

챠리 셸에 이어 바비 킴(본명 김용경)이 도착했다. 이소룡의 미국 친구라고 소개된 그는 콧수염과 가죽 점퍼, 오토바이 등의 소도구로 1970년대 (미국 청년문화에 강하게 영향 받은) 한국 청년문화의 남성 패션 코드를 공유하면서 보다 강한 남성성으로 어필하였다. 바비 킴의 등장은 챠리 셸의 인기에 대적하기 위한 영화사들 간의 경쟁에서 비롯되었음이 분명하다. 따라서 바비 킴의 영화[99]는 이두용의 '태권도' 영화들과 차별화될 필요가 있었다. 시공간은 현재, 홍콩과 동남아시아의 주요 도시들. 국제간첩물에 가까운 이 형태의 영화들에서 바비 킴은 종종 국적을 알 수 없는 자로 등장한다. 결국 한국인임이 밝혀지지만, 그럼에도 이 모호함은 이후 끊임없이 등장할 수많은 이소룡 아류작들의 국적에 관계된 모호함을 선취하고 있는 것이었다. 그에 대한 당시 한 신문의 보도. "이소룡과 함께 태권도 보급에 힘써 온 한편 미공군사관학교 태권도 사범으로 있

---

99 이 영화들은 대부분 박우상이 감독했고, 그는 이후 미국에서 비디오용 '액션영화'를 찍었다.

던 바비 킴은 당초 영화에는 관심이 없었으나 이소룡이 사망한 뒤 미국 쪽에서 그를 이소룡의 후계자로 내세우려 들자 기왕 태권도 영화에 출연할 바에야 한국영화에서 활약할 생각으로 귀국한 것이다."[100] 이 기사의 진위 여부와는 별도로 미국식 이름을 달고, 미국에서 온 이 새로운 스타들의 등장이 '트랜스내셔널'한 애국적 열기와 접속되어 있었다는 점만은 지적해 두자.

그리고 수많은 '비슷한' 이름들이 동시다발적으로 등장했다. Bruce Li(하종도何宗道), Bruce Le(여소룡呂小龍), Bruce Leung(양소룡梁小龍) Dragon Lee(거룡巨龍), 신일룡申一龍, 왕호Casanova Wang / Ka Sa Va, Bruce Thai 기타 등등. 이들이 출연한 영화들의 대부분은 (위장합작을 포함한) 한국-홍콩, 한국-대만의 합작으로 만들어졌으며, 그때 대상이 되었던 시장은 한국, 대만, 홍콩 그리고 동남아시아 전역이었다. 종종 실제로, 혹은 언설의 차원에서 태권도라는 지역적 귀속 전략이 작동했지만, 그 작용 범위는 자국 내로 한정되어 있었다. 태권도는 국제적으로는 발차기로 수렴되었으며, 개별 동작들의 '유니크함' 정도로 인지되었다. 이 영화들은 시장의 요구에 부응하기 위해서라도, 표상의 차원에서 드러나는 여타의 국가적 아이덴티티를 지울 필요가 있었다. 현대적 의장은 무술의 원천을 지웠다. 아니, 더 정확히 말하자면 이 원천 자체가 과연 지역적 전통과 얼마나 관계 있는가부터가 의심스러운 것이다.

또 하나 뚜렷한 작품 경향을 이루고 있는 것이 소위 한중 합작 무협영화이

100 『동아일보』, 1974.11.23.

〈사진 5-11〉 Bruce Leung, Dragon Lee, Bruce Li, Bruce Le(시계방향)

〈사진 5-12〉 당룡(김태정)

다. 지난 한 해에 18편이나 개봉되었다. 그러나 이러한 합작 무협영화는 대개가 저급한 오락활극이다. 뿐만 아니라 또한 대개가 중국 무술배우나 연출에 얹혀서 말하자면 국적불명의 무술영화가 되어 있다. 그 작품의 배경이나 인물이 모두 황당무계한데도 만화 같은 활극적인 재미가 관객의 스트레스 해소에 도움이 되는 것 같다.[101]

실제로 이 이국적 이름들 중 몇몇은 이미 한국인이 아니었다. 누군가는 대만 출신이었으며(여소룡), 누군가는 홍콩 출신이었다(하종도). 그러나 그가 Bruce Li이거나 Bruce Le거나 Bruce Leung이거나 Dragon Lee일 때, 그의 국적을 묻는 것은 무의미하다. 이소룡의 아류로서 이 이름들은 이미 국제적인 유통망 속에서 소비되었으며, '소비자'들은 이들의 국적에 거의 무관심했기 때문이다.

아마도 이 이름들 속에서 가장 극적인 스토리는 당룡Tang Lung(이 이름은

---

101 이영일, 「국산극영화」, 『1977년도판 한국영화연감』, 영화진흥공사, 1978, 40쪽.

〈맹룡과강〉에서 이소룡이 분했던 역의 이름이기도 하다)이라고 불렸던 한 남자의 이야기가 될 것이다. 본명 김태정. 부산 출신의 그는 우연히 〈정무문〉을 보았고, 이소룡과 같은 배우가 되기 위해 서울로 올라왔다. 다시 한번 강조하지만 배우가 아니라 "이소룡과 같은 배우"야말로 그의 꿈이었다. 그 스스로 고백하건대 동시상영관은 "이소룡과 같은 배우"가 되기 위한 수업의 장소였다. 아침부터 밤까지 똑같은 영화를 보고, 그는 영화 속의 모든 동작을 따라했다. 당시 골든하베스트와 워너 브라더스는 이소룡의 죽음으로 중단된 영화의 이소룡 대역을 찾고 있었다. 이소룡의 마지막 영화의 '대역'이란 이소룡에게 매료된 수많은 아시아의 젊은 남자들의 꿈이었다. 김태정은 바로 이 영화 〈사망유희死亡遊戱〉의 대역으로 발탁되었다(이 영화에서 또 한 명의 이소룡 대역은 1980년대 홍콩영화의 중요한 스타 중 하나가 될 원표元彪였다). 당룡 김태정의 짧은 필모그래피는 이소룡의 대역에서 시작해서 그의 '유령' 역할로 끝났다.[102] 〈사망유희〉 이후 다시 한 번 이소룡이 남긴 필름 푸티지를 사용한 영화 〈사망탑死亡塔〉(1980)에서 이소룡의 동생으로 분한 그는 장 클로드 반담이 출연한 〈특명 어벤저No Retreat, No Surrender〉(1985)에서 이소룡의 유령 역을 맡은 것을 끝으로 '세계' 영화계를 떠났다.

단 한 번도 부산을 벗어나 본 적이 없는 사내, 단 한마디의 중국어도 하지 못했던 일용 노동자가 비록 한순간이나마 꿈꾸었던 바로 그 육체로 화하는 이 픽션 같은 실화[103]에서 그가 꿈을 꿀 수 있었던 장소는 동

---

102 이 국제적인 스타를 꿈꾸었던 인물이 마지막으로 준비했던 프로젝트는 한국, 일본, 홍콩, 미국 합작의 〈야쿠자〉라는 영화였다. 김태정 인터뷰,『무비스트』, 2009.6.
103 이 거짓말 같은 실화는 그대로 '픽션'이 될 수 없다. 한국에서 출간된 한 '이소룡 세대'의 소설은 결국 이소룡이 될 수 없었던 자의 이야기를 그리고 있다. 천명관의 소설『나의

시상영관이다. 부산 변두리의 혹은 서울 변두리의 이 낡은 극장들은 더 이상 종족 공간[104]적인 장소가 아니라, 계급과 젠더와 인종이 재분할되어 결합하는 장소였다. 홍콩과 한국과 일본과 필리핀과 그 외 여타의 수많은 서로 다른 지역의, 그러나 낡고 오래된 의자가 있고 한 번에 두 편 혹은 세 편을 볼 수 있다는 점에서 유사한 이 장소들에서 유사한 열망이 피어난다. 동시상영관은 부산에서 홍콩까지의 거리를 단숨에 압축시키는 장소였다.

제임스 본드적 신체와 이소룡적 신체

로저 무어가 나오는 〈007〉 영화를 보면 우리가 집에 가서 흉내를 내겠어요? 그건 상상의 나라인 거고, 근데 이소룡이 발을 차는 걸 보면 내가 운동하면 저게 가능하겠구나 싶었던 거지.[105]

1973년 대한민국의 한 청년을 사로잡은 이 열망은 어떤 가능성에서

삼촌 브루스 리』(예담, 2012)는 동시상영관에서 이소룡을 꿈꾸던 1970년대 도시 하위 계층 남성들에게 바치는 절절한 송가이다. 이 소설에서 중국집 배달부인 주인공은 우여곡절 끝에 홍콩으로 가는 밀항선에 몸을 싣지만 배는 난파당하고, 그는 같은 꿈을 타고 이 배를 탔던 수많은 이소룡 지망자들과 함께 무인도에 도착한다.

104 이 개념은 이승희의 「조선극장의 스캔들과 극장의 정치경제학」(『대동문화연구』72, 대동문화연구원, 2010, 117~159쪽)에서 빌려왔다. 식민지 조선의 극장을 분석한 이 글에서 이승희는 일본인 거주지역과 조선인 거주지역으로 분리된 영역에 위치해 있는 극장공간이야말로 종족적 공통성을 강하게 느낄 수 있는 장소이며, 지배자에 대한 저항이 촉발될 수 있는 장소라고 주장하고 있다.

105 김태정 인터뷰, 위의 책.

비롯한다. 그건 말하자면, '그'처럼 될 수 있다는 것이다. 두 가지 점에서 그러하다. 첫째, 당연한 말이지만 이소룡은 동양인 남자이며, 둘째, 이 남자는 맨몸을 쓴다. 제임스 본드로부터 이소룡까지의 거리를 가늠해 볼 때, 요절한 이소룡을 둘러싼 한 시기의 아시아적 열망들은 명백히 백인 남성에 대한 동양 남성의 오랜 좌절과 이 좌절에 대한 상상적 극복, 남성성의 재활성화와 연결되어 있다. 그는 세계 전략과 테크놀로지와 신사다움과 지능이 아니라 맨몸으로 다수를 상대한다. 미국 패권하의 아시아 남성들, 특히 계급적 하위자들이 미국에서 온 강한 동양인 이소룡에 매혹당한 것은 어쩌면 매우 당연한 일이리라. 이 재활성화는 잠정적인 '백인 여성'으로부터의 인지를 매개로 한다. 의미심장하게도 〈정무문〉의 미국 개봉 당시 『버라이어티』는 이 영화의 스타 브루스 리가 "미국 여성들에게 어필할 수 있는" "소년다운 차밍함"을 가졌다고 쓰고 있다.[106] 폴 윌먼은 "소년다운 차밍함"이라는 표현에서 경멸을 읽어내지만(즉 미숙한 남성),[107] 그럼에도 이 표현은 이소룡이 백인 여성에게 어쨌든 '남성'으로서는 인지되었다는 점을 보여준다.

김태정의 위의 언급에서 의미심장한 것은 이소룡에 대비되는 백인 남성의 신체가 다른 누구도 아닌 제임스 본드라는 점이다. 다시 말해 이소룡의 몸이 불러일으킨 이 트랜스내셔널한 아시아적 동일성의 감각을 설명하기 위해서는 제임스 본드의 몸을 우회해서 살펴볼 필요가 있다. 이 몸을 살펴보는 데에 있어 '액션영화'에서의 남성 신체를 노동력의 가치와 사용에 대한 자본주의적 판타지로서 분석하고 있는 폴 윌먼의 논의

106 *Variety*, 1972.11.1.
107 Paul Willemen, op. cit., pp.232~234.

는 중요한 시사점을 제공해 준다.

〈007〉 시리즈의 가장 큰 매혹 중 하나는 두말할 나위 없이 매번 새롭게 선보이는 최첨단 기구들의 등장에 있을 것이다. 이 새로운 기계들은 이 오래된 시리즈가 계속될 수 있는 이유 중 하나이기도 한데(심지어 냉전에서 탈냉전 시대에 이르기까지), 왜냐하면 이 기구들이야말로 매번 당대의 테크놀로지와 이 테크놀로지가 신체와 맺고 있는 관계를 반영하기 때문이다. 제임스 본드의 능력은 바로 그 기계에 의해 강화된다. 더 정확히 말하자면 그의 능력은 매번 새로운 기계를 능숙하게 다루는 데서 비롯한다. "그의 생산성은 육체적 힘과 장치의 조합으로 관리되며, (기계에 비축된) 죽은 노동dead labour의 투입에 의해 배가된다."[108]

그에 비해 이소룡(과 홍콩식 권격영화의 몸들)의 능력은 오로지 신체를 통해서만 발현된다. 테크놀로지와 전략을 단련된 몸과 불굴의 의지가 대신한다. 그는 맨몸의 격투기거나 단순하지만 숙련이 필요한 기구(이를테면 쌍절곤)를 사용한다. 동시에 이 '산업 노동자'적 신체의 능력은 오래된 '민족 무예'의 단련으로 가능해진 것이다. 이 단련이야말로 이 신체의 아크로바틱한 움직임을 가능케 한다. 사정은 적들 또한 마찬가지이다. 그들 역시 가라데, 태권도, 킥복싱으로 단련된 몸으로 맞서거나 단순하고 오래된 기구(칼, 철퇴, 창)를 사용한다. 이것은 어떤 의미에서 몸과 그 움직임이라는 확실한 질료, 무기를 기화로 한 '정신 승리법'에 가까운 것이라고 할 수 있을지 모른다. 산업화 시대에 루쉰적인 것은 그렇게 재도래한다.

---

108 Ibid., p.244.

아마도 제임스 본드의 몸과 이소룡 혹은 아시아 권격영화의 몸을 비교할 때, 제임스 본드 영화에서 육체에 첨가된 기구와 같은 역할을 홍콩영화에서 이른바 '전통(의 비급)'이 담당하고 있다고도 말할 수 있을 것이다.[109] 특히 홍콩영화에서 이 강인한 몸들은 사부 혹은 그 사부가 전수해 준 오래된 비급으로 단련된 몸이다. 확실히 이 몸들의 역사-문화적인 전통에 대한 몰두는 홍콩영화의 한 특질로 보인다. 왜냐하면 이 영화들은 1960년대 쇼 브라더스의 시대극부터 무협영화에 이르기까지의 일련의 기획의 연장선상에 있는 것이며, 이 이전의 양식들이 내포하고 있던 '종족적' 문화 민족주의[110]는 마찬가지로 이 영화들에서도 강하게 발현된다. 전통의 비급은 몸과 의지를 만나게 해 준다. 이것은 아시아적 신체와 (가공의) 아시아적 가치, 적어도 아시아적 '의지'가 조우하는 장소였던 것이다.

이를테면 홍콩 권격영화에서 가장 광범위하게 채택된 스토리텔링은 다음과 같다. 주인공은 어떤 도장의 수제자이다. 명망 있고 영향력 있는 이 도장에 가라데를 하는 도전자가 등장한다(혹은 경쟁 관계에 있는 다른 문파의 도전자가 등장한다). 도전자는 도장을 멸망시키고 스승은 살해당한다(혹은 멸문의 위기에 처한다). 주인공은 복수를 결심하고, 새로운 수련을 거친 후 더 강해져서 복수에 성공한다(혹은 위기에서 스승과 문파를 구해낸다). 이 영화는 〈정무문〉에 강력한 영향을 미친 왕우의 〈용호의 결투〉이다(혹은 이 내러티브는 〈용호의 결투〉가 영향받은 〈독비도〉와 유사한 것이기도 하다).

그런데 신체와 관련된 전통의 문제는 이 영화들이 염두에 두었던 시

109 Ibid., p.245.
110 Stephen Teo, *Hong Kong Cinema : The Extra Dimensions*, British Film Institute, 1997, p.114.

장과 이 시장 내에서의 수용과 아류들의 등장까지를 모두 고려에 넣는 다면 조금 더 섬세하게 이야기될 필요가 있다. 첫 번째 질문, 과연 이 권격영화의 동작은 그토록 '오리지널'한가? 먼저 이소룡의 경우를 보자면 그가 절권도를 완성한 장소는 미국이었다. 즉 그의 움직임은 미국의 복합적인 아시안 커뮤니티라는 프리즘을 통과한 결과이다(장철은 이소룡의 발차기를 높이 평가하면서 이것이 태권도의 영향일 것이라고 조심스럽게 추측하고 있다).[111] 한국의 경우 어떠했는가 하면, 챠리 셸, 바비 킴, 왕호, 황정리, 당룡에 이르기까지 이들은 모두 태권도 유단자라고 선전되었다. 그들이 실제로 태권도 유단자였는지 아니었는지는 중요하지 않다. 일단 그렇게 '알려졌다.' 태권도는 이 이국적 이름들을 대한민국 내로 끌어들이는 자력을 가지고 있으며, 더 나아가서 유단자인 그들은 전통 무예의 수련을 내러티브 내에서 반복하고 있는 홍콩영화의 신체들과 이미 맞먹는 수련을 거친 자들로 재탄생할 수 있었다. 그러나 이들이 구사하는 동작이 '태권도'로 수렴되는 장소는 어디까지나 한국 내부였다. 한국을 벗어날 때 이들의 동작은 그저 '발차기'로 수렴되었다. 이소룡의 그것처럼. 요컨대 민족 무예는 트랜스내셔널한 수용과 동시에 내셔널한 감정에도 소구해야 했던 이 영화들의 최소한의 '영화적 장치'였던 셈이다. '민족', '전통'이란 이 신체 동작들에 재기입된 것에 불과하며, 오히려 그래서 충분히 트랜스내셔널한 조작을 가능케 했다. 친숙한 몸과 친숙한 콤플렉스가 만든 공통의 친숙한 가치가 이들 영화에 흐르고 있었고, 공통의 계급, 젠더를 열광시켰다.

---

111 "이소룡은 지도에 '중국 쿵푸'를 그려넣었다. 그러나 그의 가장 큰 힘은 그의 쿵푸가 순수하게 중국적인 것이 아니라는 데에 있다." Chang Cheh, op. cit., p.138.

두 번째 질문, 오리지널의 문제가 의심투성이의 것이라면 발차기라는 모호한 기표로 수렴되는, 종종 상체를 드러낸 채 싸우는 이 남성 신체가 공유했던 아시아적 공통성이란 무엇인가? 다시 앞의 논의로 돌아가 이야기하자면, 제임스 본드와 이소룡 혹은 그 아류들의 차이, 최첨단 기구가 장착된 신체와 수련을 거친 맨몸의 차이는 세계 자본주의 내에서 이 두 지역에 부과된 역할 분담이 이미지의 차원에서 유비된 지역적 메타포라고 보는 편이 타당할 것이다. 다시 말해 제임스 본드의 몸이 "미국 자본의 전 지구화를 대표하고 강제적 기구들을 가지고 관리하는 것을 드라마화한 판타지 시나리오의 일부"로서 작동[112]하는 것이라면, 홍콩과 한국과 대만 등에서 만들어졌던 이 맨몸의 영화들은 전 세계의 중하위 계층에게 값싼 상품을 제공해야 하는 저임금 노동력의 구상화具象化라고 할 만한 것이다. 이것이야말로 이 영화들의 아시아적 공통성의 기반이라고 할 수 있다. 맨몸으로 상경한 자들의 맨몸의 영화가 정치 경제적 아시아와 아시아적 신체를 표상하고 있었다. 물론 거기에 의지와 가치의 몫이 없는 것은 아니지만, 그것은 이 분업의 피로와 인종적 콤플렉스를 뒤집어 놓은 것에 불과한 것인지도 모른다.

질문의 위치를 다시 한국으로 돌려놓아 보자. 그러니까 왜 그때 한국에서 이소룡은 그토록 열광적인 대상이 되었으며, 왜 그렇게 많은 맨몸의 아류들이 등장했는가?

112 Paul Willemen, op. cit., p.250.

강철은 어떻게 단련되는가 —중공업 하이 모던 시대의 아시아적 신체

이소룡 붐이 일었던 1973년과 1974년, 한국은 유신 체제에 접어들었다. 1979년 박정희의 죽음으로 끝나게 될 이 개발근대화 하이 모던 철권통치 기간이 홍콩—한국—대만의 권격영화들이 유행하던 시기와 겹쳐 있는 것은 우연이 아닐 것이다. 유신이라는 독재자의 '결단'은 1970년대 초 박정희 정권이 맞닥뜨리고 있었던 내외부적 위기의 타개책이었다. 1972년 대통령 선거에서 박정희는 김대중에 맞서 힘겨운 싸움을 벌여야 했다. 외부적으로는 미국과 중국의 관계 변화, 냉전 데탕트, 일본—중국의 국교 회복 등 일련의 사건들이 이 정권을 압박해 왔다. 1972년 10월 26일 비상계엄으로 시작된 유신 체제로 정치적 안정을 꾀한 이 정권은 경제적으로 새로운 청사진을 제시함으로써 위기를 극복하려고 했다. 1973년 8월 경제기획원이 발표한 「우리 경제의 장기 전망(1972~1981)」은 이전의 경공업 중심 산업에서 중화학공업화 정책으로의 일대 전환을 알리는 것이었다. 철강, 비철금속, 조선, 기계, 전자, 화학의 6개 산업을 중점 육성산업으로 선정하고 이들 산업의 품목별 생산목표를 설정하는 것을 주요 내용으로 하고 있는 이 새로운 경제정책으로의 전환은 한국이 세계 자본주의 시장 내에서 차지하는 위치의 변화에 조응하는 것이자 또한 북조선과의 체제 경쟁이라는 강한 정치, 군사적 동기에 추동 받은 것이기도 하였다.[113]

---

113 1972년 7월 4일의 남북공동성명 발표 당시 북한을 방문했던 한국의 방문단은 북한 중화학 공업의 발전상에 압도당했으며, 한국의 경공업 위주 경제정책에 강한 위기를 느꼈다. 이상철, 「박정희 시대의 산업정책」, 이병천 편, 『개발독재와 박정희 시대』, 창비, 2003, 123쪽.

바로 이 순간에 등장한 권격영화의 유행은 이 지역 산업화의 맥락에서 다시 한번 이야기될 필요가 있다. 물론 이 유행이 가능했던 이유는 위에 말한 것처럼 이 영화들의 주된 소비층인 도시의 젊은 하층 계급 남성의 증가와 관련되어 있다. 한 영화사가의 지적처럼 이 영화들은 도시 변두리로 유입된 젊은 하층 계급 남성들의 "스트레스 해소에 도움"이 되었다. 조금 이른 시기이지만 이를테면 당대의 대표적 한국소설 중 하나에 등장하는 다음과 같은 장면을 보라.

나는 얼굴이 달아올라서, 철공장 주인의 저택으로 들어가는 골목을 빠져나왔다. 버스길로 나온 나는 바지 주머니 속에 들어 있는 백 원짜리 두 장을 믿고 쓸쓸하게 극장으로 향했다. 깡그리 죽여 없애는 홍콩제 검술영화를 보고 나면 아침부터 확 구겼던 스타일을 다시 펼 수가 있겠지 하는 한심스런 생각이었다.[114]

1971년에 발표된 조선작의 데뷔작 「지사총」에 등장하는 이 장면은 한국에서 어떻게 홍콩영화가 '소비'되었는지에 관한 전형적인 한 장면을 보여준다(조선작은 영화로 만들어져 당대의 경향이 된 외팔이 창녀 이야기 〈영자의 전성시대〉의 원작자이기도 하다. 「지사총」은 「영자의 전성시대」의 전사前史와 같은 이야기이다) 초등학교 중퇴의 거의 문맹에 가까운 젊은 용접공인 주인공은 추석인 오늘 아침 철공장 주인집에서 밥을 얻어먹고 식모인 영자에게 영화를 보러 가자고 했다가 퇴짜를 맞았다. "확 구겼던 스타일"

---

114 조선작, 「지사총」, 『성벽』, 서음출판사, 1976, 292쪽.

을 펴기 위해서 그가 생각해낼 수 있었던 것은 홍콩제 검술 영화였다. 아마도 이 사내가 보고자 했던 홍콩제 검술영화는 장철의 〈십삼태보〉일 가능성이 크다. 〈십삼태보〉는 1970년 추석 시즌에 개봉해서 크게 히트했다.

이 장면이 흥미로운 이유는 두 가지 때문이다. 첫 번째, 이 도시 노동자가 가질 수 있었던 희소한 여가 시간에 그가 찾은 곳이 홍콩제 검술영화가 상영되는 영화관이었다는 점. 두 번째, 홍콩제 검술영화는 이 젊은 남성의 성적 욕망이 좌절되었을 때 그 대체제가 되었다는 점에서 그러하다. 이 젊은 사내에게 홍콩제 검술영화는 남아도는 시간을 때우고 팽팽해진 성적 긴장을 해소할 수 있는, '기분 전환'의 적절한 수단이었다. 앞에서 상술했다시피 이 검술영화(무협영화)는 곧 권격영화로 옮겨갈 것이다. 이미 이 소설이 쓰이던 당시 한국에서 개봉된 왕우의 〈용호의 결투〉는 20만이 넘는 관객을 동원하고 있었다. 다시 말해 남근적 표식들로 가득 찬 이 세계 속에서 스스로의 주먹을 발견하게 되는 것은 시간 문제였다.

주먹까지를 포함한 남근적 표식의 문제와 관련해서 한 가지 짚고 넘어갈 것은, 장철과 이소룡이라는, 이 장르에서 가장 영향력 있는 이 둘의 영화 모두에서 여성이 체계적으로 배제되고 있다는 사실이다. 장철은 여성 주인공에게 아무 관심이 없거나 혹은 아예 제거해 버린다. 이소룡의 경우 자주 지적되어 온 것처럼 여성 주인공은 이성애적 대상이라기보다는 가족관계적 형상, 여동생이나 누이에 가까운 모습으로 재현된다. 여성의 배제와 함께 이 영화들은 이성애적 성애 장면에 극히 인색하다. 장철과 이소룡 영화가 자주 퀴어적 담론으로 해석되는 것은 무리가 아니다. 왜냐하면 이 영화들에서 진정 성애적인 장면은 칼로 찌르고 박거나, 벌거벗은 육체와 육체의 부딪힘이 횡행하는 남성과 남성 사이의 대결 장면이기 때문이다. 물론 이 근육질의 벗은 몸의 형상이 1960년대 이후의 아메리카나이즈된 몸과 밀접하게 관련되어 있는 것은 사실이다. 캄 루이의 지적처럼 이소룡의 영화가 이전의 무협영화들과 결정적으로 다른 점은 그의 몸이 더 이상 칙칙한 중국 전통의상에 감싸여 있지 않다는 점이다. 에로틱한 이소룡의 몸은 그럼으로써 전투적인 용맹성에 치중하는 전통적인 무武적 남성성과 단절하지만 동시에 내러티브 내에서 반反성애적 역을 지속함으로써 전통과의 타협을 이루어낸다.[115] 이 몸을 마찬가지로 상체를 벗거나 신체의 다른 부위를 드러낸 채 등장하는 제임스 본드의 헤테로섹슈얼한 몸과 비교하자면 그 차이는 더욱 확연하게 드러난다. 단적으로 말해 이소룡(혹은 장철의 주인공들)은 제임스 본드와 달리 여성 주인공과 밤을 보내지 않는다.[116] 요컨대 이 영화들은 노골적인 '동성사회적homosocial'[117] 영화들이며, 젠더로 구분지어지는 소비를 염두에 두고 만들어진 영화들이다.

이 영화들의 '동성사회성'은 분명 퀴어 담론과 깊은 친연성을 가지고

---

115 무(武)적 남성성과 미국식 남성성의 하이브리드로서의 이소룡의 신체에 대해서는 Kam Louie, *Theorising Chinese Masculinity : Society and Gender in China*, Cambridge University Press, 2002; 크리스 베리, 김은주 역, 「스타의 횡단―초국적 프레임에서 본 이소룡의 몸 혹은 중화주의적 남성성」, 김소영 편, 『트랜스―아시아 영상문화』, 현실문화연구, 2006.

116 Jachinson Chan, *Chinese American Masculinities : From Fu Manchu to Bruce Lee*, Routledge, 2001, p.89.

117 Eve Kosofsky Sedgwick, *Between Men : English Literature and Male Homosocial Desire*, Columbia University Press, 1985. 이브 세즈윅은 이 기념비적 저작에서 남성들의 강한 연대에 기초한 동성사회가 동성애와 여성에 대한 혐오감으로 특징 지어진다는 점을 간파했다는 사실을 참고할 것.

있다. 그러나 내가 여기에서 말하고자 하는 바는 훨씬 단순한 사실이다. 이 동성사회적 관객 집단은 여기에서 무엇을 보고자 하는가? 그리고 과연 무엇이 이들의 "스트레스 해소에 도움"을 주는가? 권격영화에서 가장 중요한 것은 역시, 다시 한번 싸우는 몸이다. 거의 무적에 가까운, 칼도 창도, 철퇴도 속수무책인 이 강철 같은 몸이야말로 이 집단이 탐닉하고 열광하고 흉내 내는 대상이다. 즉 이 몸은 이 집단의 이상idea이다.

좀 뒤의 일이지만, 1977년의 영화 〈귀문의 왼발잡이〉(박우상)는 당시에 만들어진 한국산 권격영화의 모든 특징을 종합해내고 있다는 점만으로도 흥미로운 영화이다. 흔히 한 양식의 조락기에는 모든 형식과 규범이 클리셰로 반복되는 법이다. 식민지 시대 홋카이도의 탄광촌, 다케지로와 센노스케라는 대립하는 두 일본인 집단과 이들로부터 착취당하는 한국인 광부들이 있다. 어느 날 이곳에 정체불명의 사나이 강일(바비 킴)이 도착한다. 탁월한 싸움 실력으로 다케지로의 눈에 든 강일은 다케지로파에 들어가서 비밀리에 광부들을 돕는다. 그러던 어느 날 강일이 광부들을 도왔다는 것을 안 다케지로는 그의 양다리를 못 쓰게 만든다. 한편 센노스케 일당이 다케지로파를 급습, 다케지로를 죽이고 그의 자리를 차지한다. 광부들과 다케지로 딸의 극진한 간호로 힘을 되찾은 강일은 센노스케 일당과 대결하여 그를 죽이고 드디어 광부들을 해방시켜준다.

이 영화는 식민지 시대를 배경으로 설정하고 있지만, 이 시대 배경을 위한 그 어떤 장치도 마련되어 있지 않다. 영화의 실제 배경은 강원도 남부의 탄광도시 태백이고, 다케지로와 센노스케라는 일본 이름의 등장인물은 각각 수트와 넥타이를 맨 성공한 사업가와 가죽 재킷과 헬멧을 쓴

〈사진 5-13〉〈귀문의 왼발잡이〉

오토바이 폭주족의 형상으로 등장한다. 따라서 설정과 상관없이 이 영화는 탄광도시의 노동자들을 괴롭히는 악덕 사업가의 이야기로 읽히는데, 여기에 거대한 송전탑을 배경으로 악당들을 때려눕히는 주인공은 착취당하는 노동자들을 구해 주는 히어로이다. 이 히어로는 한 번에 스무 명도 넘는 적들을 단숨에 제압한다.

〈귀문의 왼발잡이〉에서 가장 흥미로운 장면은 강일이 다케지로에 의해 못 쓰게 된 다리를 단련하는 장면이다. 다케지로와 그의 부하들이 강일의 다리를 마구잡이로 두들겨 패고, 그는 일어설 수조차 없다. 그러나 이 시련은 연마를 통해서 극복될 것이다. 한쪽 통에는 얼음이, 다른 한쪽 통에는 뜨거운 숯이 준비되어 있다. 강일은 양쪽 통에 번갈아 가며 다리를 넣었다 빼기를 반복한다. 얼음의 차가움과 숯의 뜨거움에 얼굴이 일그러지지만 동작은 쉼 없이 반복되고 결국 그는 망가지기 이전보다 훨씬 강한 다리를 얻는다.[118] 제련소의 상상력 속에서 몸은 중공업 시대의 철의 무의식을 고스란히 드러낸다.

송전탑에 비견될 만한 강한 육체, 이 육체의 파열, 단련, 이로써 얻게 된 전보다 더 강해진 육체. 육체의 능력과 단련을 둘러싼 권격영화의 이 관습적인 내러티브는 왜 이 영화들이 젊은 하위 계급 남성들에게 그토록 열광적인 지지를 이끌어냈는지에 관한 단초를 제공해 준다. 말하자면 이 육체를 둘러싼 판타지-내러티브는 거대한 기계 앞의 노동자들의 두려움과 꿈을 그대로 내러티브화한 것이라고 할 수 있다. 먼저 강력한 육체, 이 육체는 기계만큼 강하다. 그러나 이 육체는 살과 피와 뼈를 지닌 인간의 몸인 이상 기계처럼 단단하지 못하다. 그것은 언제나 파열될 위험에 노출되어 있고, 실제로 파열한다. 당연한 말이지만 권격영화는 싸우는 영화이고, 서로의 발이, 서로의 주먹이 서로의 안면을, 복부를, 가슴을 강타하는 순간 육체는 꺾이고 피를 흘리고 부서진다. 그런데 파열된 육체는 거기에서 끝나지 않는다. 이 신체는 다시 한번 말 그대로 뜨거운 불 속에서 '쇠처럼' 단련된다. 비로소 신체는 '쇳덩이'에 비근한 어떤 것으로 재탄생한다. 철강의 현실과 양강의 상상은 여기에서 하나가 된다.

이 쇳덩이와 인간 신체의 유비 관계로 형성된 내러티브가 1970년대 한국의 산업화와 관련 있다는 것은 명백해 보인다. 왜 그토록 권격영화는 인기가 있었을까? 이 영화들은 당시의 중화학공업화 과정에서의 신

---

118 사실 이 장면은 권격영화의 관습과도 같은 장면이다. 최초의 권격영화라고 할 수 있을 〈용호의 결투〉에서 왕우는 달궈진 자갈에 손을 집어넣어 철사장(iron palm)을 연마하고, 양쪽 다리에 철심을 대고 달림으로써 기공을 익힌다. 그 결과, 그의 육체는 그의 몸이 망가지기 이전보다 훨씬 강해지고, 그는 스승의 복수에 성공한다.

체에 대한 선호의 무의식을 보여줄 뿐 아니라 신체적 한계에 따른 무의
식적인 위기와 저항감을 또한 표현한다. '산업 역군'으로 불렸던 어떤
몸들은 저 강력한 육체를 보면서 거대한 기계 앞에 선 일상적 공포를 상
쇄 받는 동시에 상처 입는 육체, 그래서 내 것과 똑같은 저 육체에 공감
하였을 것이다. 그리고 이 공감은 한국 안에서만 끝나지 않았다. 이미
제작 주체마저 불분명해진 이런 영화들은 더욱 더 많이, 더욱 더 빨리 만
들어져서 아시아 전역을 떠돌며 문화 시장의 최하위에서 소비되었다.
마치 한국의 상품들이 세계 자본주의 시장 안에서 값싼 상품으로 하위
계층에게 소비되었듯이.

6. 아시아라는 환승역, 세계성이라는 종착역

이 영화들이 아시아를 벗어나 본격적으로 전 지구적 소비의 대상이
된 것은 1980년대 이후 비디오라는 새로운 기술복제 장치의 등장 이후
의 일이다. 비디오 산업은 더 많은 콘텐츠를, 더 싼 값에 제공받고 싶어
했다. 네거티브 필름마저 팔려나간 이 영화들은 홍콩영화의 아류로서,
달마다 쏟아지는 비디오 가게의 신작 액션영화 코너를 채워 나갔다. 시
장은 아시아를 벗어나 전 세계적으로 확산된다. 아시안 마샬 아츠 필름
Asian Martial Arts Film이라는 카테고리가 만들어지는 것은 이 순간이다. 이
영화들의 소비자들에게 일본, 홍콩, 한국영화 사이의 위계 혹은 경계는

〈사진 5-14〉〈귀문의 왼발잡이〉(왼쪽)〈최후의 정무문〉(오른쪽)

중요하지 않다. 사실 이 소비자들에게 일본, 홍콩, 한국산 액션영화를 분별하는 것은 쉬운 일이 아니며, 문화적, 민족적 차이는 간단하게 무시된다. 더욱이 이미 '어떤' 영화들의 표상은 문화적, 민족적 경계를 벗어나 있었다. "그럼으로써 이들은 플랫해지고, 단지 간단하게 '아시안'이 되어 버렸다."[119] 그런데 이 카테고리는 결과적으로 모종의 역사와 현실을 정확히 반영한 것이기도 했다.

영화에서 텔레비전으로의 이동에 대응하는 과정에서 생성된 아시아 스펙터클 시대극(4장 참조)은 그 여파로서의 아시아 액션영화의 광역 소비 공간을 구축한다. 이 몸의 장르, 아시아 장르가 이 순간 곧바로 세계로 매개된 것은 아니다. 이소룡 영화와 그 팬덤이라는 환승역을 거쳐, 비디오 문화라는 또 한 번의 미디어 테크놀로지 덕택에 이 일련의 '아시안 마샬 아츠 필름'은 '세계적' 유통망 안으로 호출된다.[120] 그 순간, 이

---

119 David Desser, "Hong Kong Film and the New Cinephilia", Meaghan Morris · Siu Leung Li · Stephen Chan Ching-Kiu ed., *Hong Kong Connections : Transnational Imagination in Action Cinema*, Duke University Press, 2006, p.218.

회전율 높은 장르는 국적불문, 무맥락적 향유의 대상이 되었고, 그렇게 '세계영화사'의 한 장에 등기되었다.

종종 이런 영화를 접한 영화학자들은 '내셔널리티'를 거의 짐작할 수 없는 이 영화들의 상태 때문에 당황하게 된다. 나의 경험을 말하자면, 〈맹수〉의 등장인물들은 영어로 말하고 있었고 〈팔 없는 검객〉의 주인공들은 유창한 독일어 사용자들이었다(그리고 영어 자막이 달려 있었다). 〈귀문의 왼발잡이〉의 주인공들은 프랑스어에 능숙했다. 이와 같은 영화들을 이런 상태로 만나게 되는 이유는 간단하다. 1970년대 중반 이후(구체적으로는 이소룡 영화의 서구에서의 붐 이후) 형성된 '아시안 마샬 아츠 필름' 팬덤은 이 구해 볼 수 없는 영화를 상상할 수 없었던 방식으로 대면하게 한다. 한국과 같은 아시아의 개별 국가 안에서는 아카이브의 희귀한 장서가 된 영화들이, 유럽과 미국의 노천에서 그들의 언어가 입혀진 채로 흘러 넘쳐, 지금 다시 여기로 재귀해 있다.

신상옥은 평생 영화의 국제성이라는 문제에 매달렸다. 대한민국─홍콩─조선민주주의인민공화국─미국으로 이어지는 그의 영화적 여정은 한편으로는 매우 내셔널한 해석을 가능하게 하는 동시에(한국과 북한이라는 두 분단국가에서 그는 하나로서의 한민족이라는 표상을 성립시키는 데 공헌하였

---

120 비디오 시장은 액션영화(action film)라는 카테고리를 장르로서 성립시키는 데 결정적인 역할을 했으며(액션, 드라마, 아동, 호러 등으로 구획되어 있는 비디오 가게의 분류를 생각해보라), 이 액션영화의 하위 카테고리로서 마샬 아츠 필름(martial arts film)이 분류된다. 미국적 맥락 속에서 통용되고 있는 액션영화라는 용어의 성립을 추적하는 폴 윌먼은 액션영화를 관습적으로 장르로서 인지시킨 것은 비디오 시장에서 행해진 분류화의 결과였다고 본다. Paul Willemen, "Action Cinema, Labour Power and the Video Market", Meaghan Morris · Siu Leung Li · Stephen Chan Ching-Kiu ed., *Hong Kong Connections : Transnational Imagination in Action Cinema*, Duke University Press, 2006.

다) 영화의 트랜스내셔널리티라는 문제와 접속시킨다. 과연 영화에 있어서 '보편적 시각성'이란 무엇인가에 대한 오래된 논쟁도 그중 하나이다. 결국 신상옥이 추구했던 '보편적 시각성'이라는 명제가 글로벌한 비디오-DVD 시장에서 하위 장르를 구성해냈던 '아시안 마샬 아츠 필름' 신에서 이루어졌다는 것은 꽤 아이러니해 보인다. 계급적으로, 성적으로 명확하게 분할되어 있는 이 세계(이 시장을 주도하는 것은 전 세계의 하위 계층 남성이다)에서 내셔널은 그저 액션의 약호에 불과할 뿐이다. 필요에 따라 가라데, 무에타이, 소림권, 태권도 등등으로 끊임없이 분화되어 가는. 물론 이 의장에는 이유와 스타일에 대한 사후 정당화가 필요하다. 하지만 이 이유들 역시 당대 안에 있었다. 아시아적 가치가 서양식 모던의 극한─하이 모던 기획을 정당화하는 근거로 제시되듯이.

전 세계의 하위 계층 남성들에 의해 주도되는 이 플랫한 소비 속에서 영화는 드디어 내셔널 영화의 그 어떤 위계도 없이, 진정한 '공통성'의 형태를 얻었다. 이것은 매우 아이러니한 순간이다. 왜냐하면 전 세계 노동자들의 (무의식적인) '감각적' 단결과 전 세계 자본의 순환이 함께 거기에 작용했기 때문이다. 오래된 영화의 명제, 산업이자 예술로서의 영화는 상품에 가장 가까운 형태를 얻은 순간, 비로소 세계성의 획득에 성공하였다. 이 '아시아' 상품은, 다른 아시아의 상품들처럼 저임금 노동의 값싼 상품이라는 점에서 경쟁력을 지녔다. 그리고 이 소비에 내셔널리티를 염두에 두는 자는 거의 없다. 누가 당신의 셔츠가 메이드 인 베트남인지, 메이드 인 대만인지, 메이드 인 코리아인지 신경 쓰는가?

아시아의 현재적 공통성, 공통적인 것the common의 진정한 영화 내적 등장에서 아시아의 몫은 문화적 전통이나 냉전 아시아 그 자체와는 다

소 무관한 방식으로 진행되었다. 세계문화로서의 아시아 영화는 1960
~1970년대라는 동아시아 산업화의 국면에서, '인터내셔널'이라는 오
래된 공통 테제를 그 가장 하위의 위치에서 발견하였던 것인지도 모른
다. 여기서 아시아 혹은 세계의 거처란 모든 의장들이 사라진 몸의 자리
였다. 이 움직이는 몸, 노동하는 몸들은 권격의 육체 속에서 스스로의
영화적 현신을 발견하고 환호한다.

익명의 상품을 향하여

나는 이 책을 통해서 전후 일본, 한국, 홍콩의 액션영화를 대상으로 1950년 이후 '자유 아시아'라는 이름으로 다시금 하나의 장 속에서 조우하게 되는 이 전후 국민국가들의(홍콩의 경우 '식민지 국가') 정치 무의식이 남성 신체를 통해 드러나는 방식을 해명하고자 했다. 구세국과 구식민지(구점령지)라는 '역사', 즉 난반사亂反射하는 사건의 기억들을 통해 얽혀 있으며, 냉전이라는 동일한 이해 기반 위에 놓여 있는 개별 장소들에서 '공통으로' 나타난 일련의 '폭력'과 '적대'의 이미지들을 해명하기 위해, 이 책에서는 영화에 있어서의 광역권 혹은 '동아시아'라는 범주(확정적 '권역'이 아니다)에 새삼 주목해 보았다.

한국, 홍콩, 일본의 1960~1970년대를 풍미한 액션영화에 대한 이해는 일국영화사의 틀 안에서는 결코 해소될 수 없다. 이것들은 상호적 관계 속에서 파악해야 한다. 왜냐하면 이 영화들이 드러내고 있는 개별 지역의 정치 무의식은 '모순'과 '조율' 단위로서의 '동아시아'라는 공통의 장 위에서 형성된 것이기 때문이다. 개별 지역의 정치적 과정에 작용한 식민-피식민의 기억과 냉전 질서는 이 지역에 '과거'를 둘러싼 투쟁과 책임=응답 가능성의 범위를 뜻하는 고유한 '모순'의 장을 남겨 놓았으며, 이 모순은 냉전—특히 팍스 아메리카라는 새로운 질서에 의해 '조정'되었다. 이 모순과 조율 장치로서의 동아시아라는 라인 위를 관류하고 회전한 것이 동아시아 액션영화이다. 이 장르 안에서 적대와 공감, 문화적 공동 전선과 심각하지만 속임수 많은 쟁투들이 자의적으로 결합했다. 이것은 각각의 장소의 고유한 정치성을 부정하는 것이 아니라, 이 고유한 정치성이 공통의 조건 위에서 서로 다르게 맥락화된다는 것을 의미한다.

즉 이 책에서의 질문의 방식은 패전과 미점령기를 거쳐 새로이 '단일민족' 국가로서 재정립된 일본과, '해방'과 한국전쟁의 결과 성립된 포스트 식민 분단국가 대한민국, 그리고 1949년 중국혁명 이후 본토 중국인들의 반영구적 피난처이자 화교 자본의 거점지가 된 영국 식민지 홍콩이라는 개별 장소의 문화 전략을 공통의 전제, 냉전과 제국-식민지(점령지)의 유산, 그리고 이 지역의 산업화라는 맥락에 비추어 묻는 것이었다. 그리고 이 물음은, 최대치의 구체성을 확보하기 위해, 동아시아 하위 계급의 남성 신체의 운동과 싸움으로부터 촉발되거나, 거기로 수렴되었다. 이 책의 연구 대상은 동아시아 액션영화의 남성 신체표상이며, 보다 정확히는 '아시아적 신체'라 부를 수 있을 영화적 표현들—그중에서도 1960~1970년대 한국, 홍콩, 일본이 실체적으로 공유했던 영화 양식을 문제 삼았다. 왜 그때, 그 장소, 1960~1970년대의 일본과 홍콩, 그리고 한국에서 액션영화는 개별 사회 '각각의' 하위 계급 남성들의 정치 무의식을 '공통적으로' 대변하는 장르가 될 수 있었는가?

이는 각각의 비교항, 즉 개별 국가-영화를 불변의 고정된 실체로 파악하는 것을 의미하지 않는다. 오히려 공통 전제 위에서의 비교의 방식은 개별 장소의 문화 전략을 상대화시킬 수 있으며, 그럼으로써 내셔널 시네마라는 단위의 성립을 가능케 한 정치문화적 기획을 파악할 수 있게 해준다. 요컨대, 여기에서 밝히고자 한 것은 이 내셔널한 욕망이 실은 트랜스 / 내셔널한 구도 속에서 구조화된 것이라는 점이다. 이 구도는 다음과 같다. (기억을 둘러싼 투쟁을 포함하여) 제국 일본이라는 판도 아래 놓였던 '하나'의 과거, 냉전하 미국 패권 아래 놓인 동일한 이해관계, '자유로운' 하이 모던 사회라는 동일한 미래 전망, 그리고 무엇보다 그러한 시간 축의 요동 속에서도 상존했던 계급 분할의 현실과 '아시아적' 남성성 회복에의 열망.

이들 개별 국가의 전후적 양상은 냉전 아시아라는 이데올로기적 한계, 경제적 이해의 최대 난위와 매개 단위에 대한 고려 위에서 살펴보아야 한다. 또한 이 냉전 아시아 자체가 구제국 일본의 식민지 혹은 점령지였던 기억을 공유하면서 그 유산을 끌어안고 있었던 사정 역시 간과해서는 안 된다. 무엇보다, 중요한 것은 가장 내셔널한 표상들과 그에 얽힌 정치적 열망과 무의식이, 동시에 초국가적인 수용과 이해를(많은 경우 오해를 포함한) 동반하며 범지역적으로 향유되었다는 사실이다.

주지하다시피 1950~1960년대는 이 지역에 있어서 매우 강렬한 내셔널 시네마의 성립기이기도 하였다. 내셔널 시네마는 국민국가 창설기의 수행적 내셔널리즘이 요구한 강력한 당위이자, 동시에 이 지역(뿐만 아니라 미국 주도의 자유 진영 전체에 있어서)의 영화적 '보편'으로 설정된 할리우드 영화에 대한 대항 '가치'로서의 의미를 지녔다. 할리우드에 대치하는 고유명은 거의 언제나 (지역이 아니라) '국가'의 이름이며, 이 대치는 거의 항상 문화적 위기의 언설과 관련된다. 영화는 정체성 형성과 공동체 구축을 위한 주요한 국민문화적 자원이었으며, 이 개별 정치 공동체의 정치 무의식이 발현되는 표상 장치로 기능하였다. 그러나 동시에 영화는 언제나 더 넓은 시장을 요구하는 산업의 논리 속에서 개별 정치 공동체의 범위를 넘어서기를 욕망한다.

해외 시장의 문제는 '진출'이라는 19세기 제국주의적 수사 혹은 냉전 후의 경제주의로 물들어 있으며, 종종 제작 단계에서부터 트랜스 / 내셔널한 가치는 중요한 고려의 대상이 되었다. 물론 실제로 할리우드 영화를 제외한 많은 '내셔널 시네마'들의 해외 시장에서의 수익이 자국 시장 내에서의 수익에 훨씬 못 미치는 것이었다고 할지라도, 영화가 자본주의 시장 논리의 산물인 한 해외 시장 개척이란 언제나 잠재적으로 영화 산업에 요구되는 명제로서 작용한다. 문제는 여기서의 '개척'이란 공유 기억, 공동의 한계, 공동의 비전뿐 아니라 공동의 모순과 투쟁 가능한 장소를 전제로 한다는 사실이다. 내가 일본, 홍콩, 한국의 액션영화를 해명하기 위해 설정했던, 모순과 조율의 단위 혹은 장치로서의 동아시아란 그런 의미에서 그 자체로 정치적이고도 경제적인 개념이다.

신상옥과 런런쇼, 그리고 이들의 선배격인 나가타 마사이치와 같은 열렬한 문화 민족주의자들이 동시에 해외 시장 진출에 가장 적극적이었던 영화 자본가들이기도 했다는 사실은 민족(국민)국가의 유력한 표상 장치이자 산업인 영화의 이와 같은 속성을 잘 드러내 주는 사례일 것이다. 한편 이들이 자국 영화시장을 넘어서고자 할 때 공통적으로 즐겨 거론했던 것은 '아시아적 가치' 혹은 이 가치를 내장한 '아시아적 미학'이라는 말이었다. 그것은 종종 '민족적'이라 불린 것들과 의식적 / 무의식적으로 혼동되기도 했다. 왜냐하면 근대성이 '서양'이라는 지역적 원천과 관계 맺고 있는 한, 그에 대한 대항 가치 역시 지역적 매개 / 조정을 필요로 했고, 그것이 민족적인 것을 겨냥하는 순간에조차 '지역적인' 범주에 의한 유통을 피할 수 없기 때문이다.

아시아와 가치를 처음으로 연결시킨 것이 제국 일본의 아시아주의였다는 것을 염두에 둔다면 '아시아적 가치'를 언급하는 수사에 제국의 역사-경험이 개입되는 것은 우연이 아닐 것이다. 본문에서 언급했지만 한 일본의 영화 제작자는 필리핀(즉 구점령지)에서 열린 아시아 영화제의 개최 관람기에서 "영화에 의한 대동아문화권이 아름답게 꽃피고 있다"고 감격하고 있다. 요컨대 이 지역의 영화는 국가, 아시아, 세계라는 세 항의 역사적인 상호관련 속에서 파악되어야 하는데, 이때 아시아는 국가와 세계 사이의 가변적인 '매개항'으로서 작용하며, 이 매개항은 매번 새롭게 재구성되고 있는 것이다.

그렇다면 왜 동아시아 액션영화인가? 식민과 냉전을 관류하는 아시아의 정치 무의식을 해명하는 데, 나아가 영화의 정치적 성격을 문제 삼는 데, 동아시아 액션영화는 어떤 시준점을 제공할 수 있는가? 이 책이 남성 신체의 움직임을 주된 질료로 삼는 액션영화를 대상으로 삼은 이유는 세 가지 때문이었다. 먼저 액션영화는 적의 형상을 명확히 함으로써 하나의 정치 공동체가 무엇에 대한 적대를 통해 구성되는지를 선명히 보여준다. 다시 말해 적대와 연대의 내러티브로 구성되는 액션영화는 적과 동지의 구별 속에서 '정치적인 것의 개념'의 가장 명료한 영화적─나아가 표상적representative 현현presentation을 보여준다. 두 번째, 거의 대부분 남성 근대화론자들에 의해 만들어진 이 지역의 문화 산물들에서 여성이 민족의 불변하는 실체로서 의미화되는 데 반해, 공적 정치 주체로서 의미화되는 남성은 보다 현재적 의미의 정치 무의식을 반영한다. 액션영화 속 인물들의 싸움은 동시대의 개별 사회의 분노와 열망, 때때로 동아시아 '자유세계'의 정치적 모순과 비전을 노골적으로 노출시킨다. 세 번째, 이 지역에서 실제로 가장 활발한 인적─물적 교류가 행해진 이 장르영화는 가장 폭넓게 초국가적으로 유통된 영화라는 점에서 영화에서의 국가와 시장, 정치경제학이라는 벡터를 탐구하는 데 유용한 분석 지점들을 제공한다. 해석의 장 이전에 존재하는 인적 이동, 기술적 교섭, 산업적 유통의 문제는 해석 그 자체에도 결정적인 영향을 미친다.

한국과 일본, 홍콩을 오가며 1950년대부터 1970년대까지를 기술하고 있지만 나는 이 책을 구상하면서 가능한 한 개별 장소들의 병렬적이고 순차적인 나열과는 거리를 두고자 하였다. 이는 앞에서 말했듯이 각각의 단위(일본, 한국, 홍콩영화)를 고정적인 것으로 파악하지 않기 위해서였으며, 이러한 방법은 또한 폐쇄적으로 시계열화時系列化된 개별 내셔널 시네마 히스토리들 '사이의' 실제적 상호 연관을 해명하기 위한 불가피한 선택이기도 하였다. 특히 동시다발적으로 나타난 수다한 히어로들과 그 등장 요인을 가능한 한 다면적으로 기술하기 위해서는, 개별사個別史 간의 비교가 아니라, 다른 장소들의 표상적 연속의 시퀀스들을 계기적으로 서술할 필요가 있었다.

제1장에서는 반공 전쟁영화부터 대륙물, 대한민국 성립기의 정치 깡

패를 주인공으로 삼은 협객물에 이르기까지 한국의 액션영화들을 대상으로 내전과 냉전 위에 성립된 이 정치 공동체가 어떤 적의 형상을 기반으로 구축되어 갔는지를 살펴보았다. 이 시기의 액션영화는 구성된 체제constituted regime의 이전 혹은 바깥을 상상하는 구성적 힘constitutional power과 관련된 '대륙물'로부터 체제 성립 이후 혹은 체제 내적인 폭력의 전시라 할 수 있을 '협객물'로 완만히 이동해 갔다. 여기에서는 그 원인을 전자의 경우에는 (식민지에 관한) '점령'의 서사 및 1961년의 한국 군사 '쿠데타'라는 역사적 상황과 연동시키는 한편, 후자의 경우는 군사독재 개발 체제하에서 폭력이 국가에 의해 독점되는 과정―특히 경제개발 계획하의 대중적 동의 체제와 관련지어 설명하고자 했다. 한국 영화와 폭력을 문제 삼은 이 장에서는 한국 액션영화의 고유한 원 형식archi-type을 반공영화로 파악했다. 한국 반공 전쟁영화가 같은 얼굴을 한 적이라는 내전의 딜레마에서 자유롭지 못했다면, 식민지 시기 만주를 배경으로 한 대륙물은 적을 일본군의 얼굴로 교체시킴으로써 이 딜레마를 벗어났다. 동시에 이 적으로부터 거둬들이는 반복적인 승리를 통해 '교전 / 항쟁과 해방'이라는 국가 창생의 내러티브를 (적어도 상징적으로는) '성공적'으로 달성하였다. 그러나 포스트 식민지 분단국가 대한민국은 일본과 더불어 또 하나의 적을 요구하였다. 대한민국 성립기의 정치 깡패를 주인공으로 삼은 협객물은 일본인과 빨갱이라는 두 적을 순차적으로 상대함으로써 대한민국이라는 정치 공동체의 현현을 과시한다. 대륙물에 이어 1970년대 박정희의 유신 체제 성립기에 도착한 소위 '협객물' 영화들은 법이 자의적인 방식으로 출몰하고 있는 이곳에서 상상할 수 있었던 폭력의 한 형태를 보여준다. 즉 법의 도래와 함께 투항하는 범법자를 주인공으로 한 폭력의 체제 내적인 수렴 과정이 그것이라고 할 수 있다.

제2장과 제3장에서는 한국영화와 전후 일본영화의 비교라는 관점에서 개별 '국민국가' 형성 기획의 영화적 형상을 추적하는 한편 그 연장선에서 이 각각의 국가에 나타나는 서로 다른 신체장애 표상을 분단과 패전이라는 개별 국가의 기원적 사건이 부과한 서로 다른 정치체의 형상이라는 관점에서 분석하였다. 한국전쟁과 패전이라는 두 국가의 원점이 되는 사건, 구제국과 구식민지라는 역사에 대한 기억의 방식, 미국주도의 냉전 아시아라는 공통의 장소—이 세 가지 조건은 각각의 신체장애의 표상에 흔적을 남겼다. 어떤 흔적인가?

놀라운 검술의 달인인 맹인 히어로 영화 〈자토이치〉는 일본 국내뿐 아니라 국제적으로 폭넓은 인기를 구가했으며, 일본영화가 금지되어 있던 한국에서 〈자토이치〉 시리즈는 '자유 진영 아시아'의 교통로인 홍콩경유로 알려졌다.(〈외팔이와 맹협〉) 이 이미지들의 순환 속에서 한국과 홍콩에서 더 우세한 장애의 형상이 된 것은 외팔이(혹은 외다리, 애꾸눈)였다. 이 '번안'이 의미하는 것은 무엇일까?

〈자토이치〉의 국제적 흥행과 관련 있는 홍콩의 이른바 '잔협殘俠영화'들에서 맹목은 왜 느닷없이 절단의 이미지로 '번안'되고 있는가? 왜 한국에서는 이 번안된 이미지, 〈독비도〉와 같은 지체장애의 히어로가 그토록 폭발적인 호응을 얻게 되었으며, 이후 수많은 외팔이, 외다리 히어로의 등장을 낳게 되었는가? 나는 〈자토이치〉의 맹목이 냉전의 한 가운데에서 번영을 구가하고 있는 전후 일본의 역사에 대한 망각과 냉전하 민주주의 평화국가라는 '위안慰安 / 위선僞善'과 관계되어 있었다고 파악하였다. 저 강고한 맹인무사의 형상이야말로 확장적 황군皇軍 다음에 온 자기안위적 '자위대', 나아가 '평화국가' 일본의 메타포로 읽을 수 있는 것은 아닐까. 또한 〈자토이치〉의 맹목은, 패전 후 미국으로부터의 증여물로서 성립된 일본이라는 '주권국가'에서 벌어진 국가 공동체 그 자체에 대한 근원적 사유와 맞닿아 있다. 즉 〈자토이치〉의 맹목이 견지하는 시각 공동체에 대한 등돌림은 국가 공동체가 소여의 것이 아닌 '제작'되는 것임을 경험할 수밖에 없었던 전후 일본에서 왜 그토록 국가에 대한 급진적인 사유가 가능할 수 있었는지를 보여준다. 촉각의 세계로까지 향하는 이 한계 개념으로서의 공동체는 근대 일본 국가의 망집에 대한 하나의 논평일 수 있다.

한국의 경우, 두 개의 중국 사이에 놓인 홍콩에서 건너온 〈독비도〉라는 형상 자체가 그토록 광범위한 영향을 미칠 수 있었던 것은 이것이 분단과 그것의 극복이라는 소망에 적합했기 때문이다. 잃어버린 팔과 다리는 '잘려진 강토'에 대한 결여의 의식과 회복에의 열망을 추동한다. 한편, 무력과 정신력에 의한 히어로의 최종 승리는 분단 체제의 상징적 극복을 겨냥한다. 그러나 그러한 대리보충에도 불구하고 이 결여는 여전히 물리적 결여로서 남는다.

제4장에서는 아시아 영화제와 이 영화제를 통해 이루어진 한국과 홍콩 사이의 합작영화를 대상으로 '아시아 영화'라는 카테고리와 이를 둘러싼 냉전 아시아라는 문화장의 성립에 대해 논하였다. 여기에서는 두 개의 '민족영화' 자본을 결합시켰던 국제정치적 힘들과 산업적 위기의식, 국내적 필요들, 나아가 이러한 기계적 결합이 왜 실패에 이를 수밖에 없었는가를 살펴보려 했다. 아시아 영화제는 한국전쟁 휴전 직후의

일본의 대東 아시아로의 재진입에 대한 욕망, 중국혁명 이후 새로운 판로를 개척해야 하는 화교 자본가들의 요구, 내셔널 시네마 구축기에 들어선 여타의 아시아 신흥 독립국가들의 자기 전시의 장에 대한 필요가 결합하면서 생겨났다. 이 영화제에서 신상옥과 런런쇼라는 전형적인 문화민족주의자이자 근대화론자인 두 명의 영화 자본가가 만나게 되는 것은 우연이 아니다. 왜냐하면 이 영화제는 그 자체로 문화 내셔널리즘과 더 넓은 시장에 대한 요구, 할리우드라는 '보편'과 유럽영화제에 대한 대타항으로서 설정된 것이기 때문이다. 아시아 영화제는 오래된 야욕의 경제적 순화 형태, 스스로를 전시하려는 뉴 러너의 조바심, (그 자체로 유럽이라는 광역의 모방인) 강력한 보편 형식에 대한 대항의 공동전선과 관계되어 있었으며, 무엇보다 세계성을 매개하고 세계로 나아가는 조율 단위로서의 '아시아'를 이 지역의 문화 기획자들에게 뚜렷이 환기시켰다. 신상옥의 신필름과 런런쇼의 쇼 브라더스는 〈달기〉와 〈대폭군〉이라는 두 편의 스펙터클 시대극을 만들었다. 그러나 두 내셔널 시네마의 평면적 결합을 통해 공통의 관객을 창출할 수 있으리라는 이들의 믿음은 실패로 끝났다. 이 실패가 보여주는 것은, 각각의 단위들을 고정된 실체로서 인식하고 이 단위들 사이에 '이미' 공유되는 가치(미학)가 있다는 믿음의 공허함이었다. 게다가 바로 그 공유되는 가치(미학), 즉 아시아적 가치 혹은 미학이라고 불리는 것이 불변한다는 믿음은 명백하고도 치명적인 산업적 실패에 부딪혀 깨어졌다. 아시아적 가치, 아시아적 미학, 아시아의 공통성은 오히려 과거가 아니라, 바로 지금, 발견되지 않은 채 있었던 것이다.

이후 '세계' 영화사에 '아시안 마샬 아츠 필름'으로 기입되게 될 일련의 영화를 다루고 있는 제5장은 시간 순으로도, 또 '이미 종합인 사건'들로 인해 지금까지의 서술의 교차와 환승을 포함하는 일종의 종착지이다. 이 장은 영화의 내셔널한 성격과 트랜스 / 내셔널한 움직임 사이의 길항 관계를 추적해 온 이 책의 일종의 결말에 해당한다. 여기에서 대상으로 삼고 있는 것은 1960년대 중후반 등장한 쇼 브라더스의 '신파무협편'과 그 직접적인 상속물인 1970년대의 쿵푸영화, 그리고 여타의 국적을 물을 수 없는 아류 '권격영화'들이다. 제3장에서 논한 대규모 합작 스펙터클 시대극과도 관련 있는 쇼 브라더스의 시대극과 일본 사무라이 영화의 영향 속에서 만들어진 신파무협편은 쇼 브라더스가 1960년대 내내 추진했던 글로벌라이제이션 전략의 위대한 성과라고 할 수 있다. 이 영화들은 곧이어 쿵푸영화로 이동해 갔으며, 쿵푸영화는 이소룡이라는 국제적인 스타의 등장을 기화로 전 세계로 확산되었다. 이소룡 영화의 붐은 한국과 같은 강력한 국가 통제와 (일본 역시 포함된) 내셔널 시네마의 이념이 강하게 작용하는 장소에서도 예외 없이 적용되었다. 이소룡 영화는 수많은 아류들을 낳았는데, 특히 이 지역적 변용에서 중요한 것은 한국–홍콩, 한국–대만의 일련의 합작영화들이다. 한국인 배우와 스태프 등의 인력 참가를 빌미로, 혹은 완성된 영화의 재편집을 통해, 또는 단지 서류상의 조작을 통해 이루어진 위장합작 영화까지 포함하여, 이 국적 불명의 영화들은 내부적으로는 최소한의 내셔널의 외피를 둘러싼 채(혹은 둘러싼 척하면서) 지속적으로 소구되었다. 여기서 나는 다시 한번 다음과 같은 사실을 강조할 필요를 느낀다. 이소룡 영화를 포함하여 권격영화에 대한 광범위한 호응은 산업화 시대의 도시 남성 하위 주체의 발생과 관련 있었다. 동시에 이소룡과 이 신체를 모방하는 아류

영화들은 글로벌 자본주의가 이 지역에 부과한 역할을 메타포화한 것이라고 할 수 있다. 즉, 홍콩과 한국, 대만 등지에서 만들어진 이 맨몸의 영화들은 전 세계의 중하위 계층에게 값싼 상품을 제공해야 하는 저임금 노동력을 구상화具象化한다. '아시아적 신체', 그러니까 아시아적 가치의 현재적 형태이자 아시아적 미학의 구체적 질료가 거기 있었다. 그때 그 시기 아시아 영화의 보편성 혹은 공통감은 과거나 미래의 정신적이고 문화적이며 고급한 가치 속에 있는 것이 아니었다. 그것의 자리는 보다 누추하지만 뚜렷한 가시성을 가진 것이었으며, 전 세계 자본주의의 지역적 편제, 보다 구체적으로는 그러한 편제가 개인의 신체에 편재하는 방식 속에서 발견되어야 할 것이었다.

최종적으로, 이 영화들은 영화에서 보편성이란 무엇인가에 관한 하나의 답변을 들려준다. 비디오 산업 시대 이후 '아시안 마샬 아츠 필름'은 전 세계의 하위 계층 남성들에게 보여졌으며, 이 플랫한 '소비' 속에서 영화는 드디어 내셔널 영화의 그 어떤 위계도 없이, 진정한 '공통성'의 형태를 얻었다. 아시안 마샬 아츠 필름의 이 전 세계적인 유통이야말로 전 세계 노동자들의 '감각적' 단결과 전 세계 자본의 순환이 함께 작용한 결과라는 점에서, 매우 아이러니한 순간이라고 할 수 있을 것이다. 어쩌면, 형용사로서의 '아시안'이라는 가상적 가치 혹은 미학으로 포장된, 이 상품으로서의 영화가 그럼으로써 비로소 '세계성'의 획득에 성공할 수 있었던 이 사례는 '자유 아시아'라는 자본주의 진영의 영화가 도달할 수 있었던 잔혹하게 상징적이고 물리적으로 의미심장한 최종 귀결이었는지도 모른다. 이 귀결을 실재적인 것 혹은 상징적인 것만으로 이해해서는 안 될 것이다. 이 쟁투의 드라마에는 아시아 남성 하위 주체가 열망했던 욕망의 최대치가, 신체라는 실재적이고도 상징적인 한계 아래 새겨져 있기 때문이다.

참고문헌

1 . 신문 및 잡지

『조선일보』, 『동아일보』, 『경향신문』, 『한국일보』, 『매일경제』, 『서울신문』, 『대한신문』, 『신아일보』, 『한겨레』.

『東京日日新聞』, 『毎日新聞』, 『朝日新聞』, 『読売新聞』, 『産経新聞』.

『시네21』, 『KINO』, 『무비스트』, 『사상계』, 『여원』.

『キネマ旬報』, 『映画芸術』, 『社会タイムス』, 『映画評論』, 『婦人公論』.

『南国電影 Southern Screen』.

Variety.

2 . 논문 및 단행본

강해수, 「최남선의 '만몽(滿蒙)' 인식과 제국의 욕망」, 『역사비평』 76, 역사비평사, 2006.

고 은, 『1950년대』, 청하, 1989(1972년 초판).

공영민, 「아시아 영화제를 통해 본 한국영화」, 중앙대 석사논문, 2008.

구로사와 아키라, 김경남 역, 『자서전 비슷한 것』, 모비딕, 2014.

구해근, 신광영 역, 『한국노동계급의 형성』, 창작과비평사, 2001.

국민대 일본학연구소 편, 『한일회담 외교문서 해제집』, 동북아역사재단, 2008.

김구, 도진순 주해, 『백범일지』, 돌배게, 1997.

김남진, 「통치행위와 사법심사」, 『사법행정』 30-5, 한국사법행정학회, 1989.

김대중, 『김대중 자서전』, 삼인, 2010.

김두한, 『김두한 자서전』, 메트로신문사, 2002(『피로 물들인 건국전야』 1963년 초판).

김미현, 「한국 시네마스코프에 대한 역사적 연구」, 중앙대 박사논문, 2004.

김미현 책임편집, 『한국영화사 開化期에서 開花期까지』, 커뮤니케이션북스, 2006.

김민배, 「유신헌법과 긴급조치」, 『역사비평』 30, 역사비평사, 1995.

김민선, 「전후(1953-1958) 북한소설의 '제대군인' 표상 연구」, 동국대 석사논문, 2008.

김성근, 채록연구 권용숙, 『한국영화사 구술채록연구 시리즈 〈생애사〉 김성근』, 한국영사자료원, 2010.

김소영, 『근대의 원초경』, 현실문화연구, 2010.

김수영, 「지식인의 사회참여」, 『사상계』, 1968.1.

_____, 「반시론」, 『김수영 전집』 2(산문), 민음사, 1981.

_____, 「시작노트 2」, 『김수영 전집』 2(산문), 민음사, 1981.

김수용, 『나의 사랑 씨네마』, 씨네21북스, 2005.

김영민, 『한국현대문학비평사』, 소명출판, 2000.

김 원, 『여공 1970』, 이매진, 2006.

김유진, 「트랜스내셔널 장르로서의 만주활극─만주활극의 형성 및 변화과정 연구」, 중앙대 석사논문, 2008.

김윤식, 『이광수와 그의 시대』, 솔출판사, 2001.

김종엽, 「기념의 정치학─동작동 국립묘지의 형성과 그 문화 · 정치적 의미」, 『인문과학』 88, 연세대 인문학연구원, 2004.

김한상, 『조국근대화를 유람하기─박정희정권 홍보드라이브 '팔도강산' 10년』, 한국영사자료원, 2008.

_____, 「주한미국공보원(USIS) 영화선전의 표상과 담론─1950년대, 국가 재건과 자립 한국인의 주체성」, 『사회와 역사』 95, 한국사회사학회, 2012.

레이 초우, 정재서 역, 『원시적 열정』, 이산, 2003.

류시현, 「최남선, 친일로의 자기 부정, 해방 후 변명으로 이중 부정」, 『내일을 여는 역사』 20, 내일을여는역사재단, 2005.

마루야마 마사오, 김석근 역, 『현대정치의 사상과 행동』, 한길사, 1997.

마루카와 데쓰시, 장세진 역, 『냉전문화론』, 너머북스, 2010.

미셸 푸코, 오생근 역, 『감시와 처벌』, 나남출판, 1994.

민족문제연구소 편, 『친일인명사전』 2, 민족문제연구소, 2009.

박기성, 『대중문화와 문화산업』, 평민사, 1992.

박명림, 『한국전쟁의 발발과 기원』 1 · 2, 나남출판, 1996.

_____, 「민주화 이후 국제관계와 세계인식」, 『역사비평』 80, 역사문제연구소, 2007.

박정희, 『지도자도 혁명과정에 처하여』, 국가재건최고회의, 1961.

_____, 「사법부 독자성 발휘로 국민요청 부응하길」, 『사법행정』 3-11, 한국사법행정

학회, 1962.

_____, 『혁명과업 완수를 위한 지도자의 길·국민의 길－1962년 시정방침』, 공보부, 1962.

_____, 『국가와 혁명과 나』, 향문사, 1963.

_____, 『박정희 대통령 연설문집』 1, 대통령 공보비서관실, 1965.

_____, 『박정희 대통령 연설문집』 2, 대통령 공보비서관실, 1966.

_____, 『박정희 대통령 연설문집』 3, 대통령 공보비서관실, 1967.

_____, 『박정희 대통령 연설문집 최고회의편』, 대통령비서실, 1973.

_____, 『박정희 대통령 연설문집』 제16집, 대통령비서실, 1979.

_____, 『한국국민에게 고함』, 동서문화사, 2005.

박지연, 「영화법 제정에서 제4차 개정기까지의 영화정책(1961년~1984년)」, 김동호 외, 『한국영화정책사』, 나남출판, 2005.

박희병, 『한국고전인물전연구』, 한길사, 1992.

배주연, 「귀환 모티브로서의 '돌아온' 시리즈 연구－1960~1970년대 남한에서의 민족국가 담론형성과 탈식민 동학을 중심으로」, 한예종 예술전문사논문, 2006.

베네딕트 앤더슨, 윤형숙 역, 『상상의 공동체』, 나남출판, 2003.

서석배, 「단일 언어 사회를 향해」, 『한국문학연구』 29, 동국대 한국문학연구소, 2005.

송효정, 「식민지 배경 종로액션영화 〈장군의 아들〉 연구」, 『한국문학이론과 비평』 60, 한국문학이론과비평학회, 2013.

신상옥, 『난, 영화였다』, 랜덤하우스코리아, 2007.

신필름채록연구팀, 『2008년 한국영화사 구술채록 연구 신필름』 1, 한국영상자료원, 2008.

_____, 『2008년 한국영화사 구술채록 연구 신필름』 2, 한국영상자료원, 2008.

신현준, 「이장희와 1970년대－실종된 1970년대, 퇴폐 혹은 불온?」, 『당대비평』 28, 생각의나무, 2004.

신현준·최지선·이용우, 『한국 팝의 고고학 1970－한국 포크와 록, 그 절정과 분화』, 한길아트, 2005.

아리프 딜릭, 황동연 역, 『포스트모더니티의 역사들』, 창작과비평, 2005.

안태근, 「韓國 合作映畵 硏究－위장합작영화를 중심으로」, 한국외대 박사논문, 2012.

야마무로 신이치, 윤대석 역, 『키메라, 만주국의 초상』, 소명출판, 2009.

에티엔 발리바르, 최원·서관모 역, 『대중들의 공포』, 도서출판b, 2007.

오병수, 「아시아 재단과 홍콩의 냉전(1952~1961)」, 『동북아역사논총』 48, 동북아역 사재단, 2015.

오승욱, 『한국액션영화』, 살림출판사, 2003.

이길성, 「1960, 70년대 영화관의 변화와 관객문화」, 한국영상자료원편, 『한국영화사 공부 1960-1979』, 한국영상자료원, 2004.

이봉범, 「1950년대 문화정책과 영화 검열」, 『한국문학연구』 37, 동국대 한국문학연구 소, 2009.

이상철, 「박정희 시대의 산업정책」, 이병천 편, 『개발독재와 박정희시대』, 창작과비평 사, 2003.

이승만, 「상이군인 제대식에 보내는 치사」, 『대통령 이승만담화집』, 대한민국공보처, 1953.

이승만, 『대통령 이승만 박사 담화집』, 공보처, 1953.

이승희, 「조선극장의 스캔들과 극장의 정치경제학」, 『대동문화연구』 72, 대동문화연 구원, 2010.

이영일, 『한국영화주조사』, 영화진흥공사, 1988.

_____, 『이영일의 한국영화사를 위한 증언록』, 도서출판 소도, 2002.

_____, 『한국영화전사』, 도서출판 소도, 2004(1969년 초판).

이영재, 『제국 일본의 조선영화』, 현실문화연구, 2008.

_____, 「황군(皇軍)의 사랑, 왜 병사가 아니라 그녀가 죽는가―〈조선해협〉, 기다림의 멜로드라마」, 『여성문학연구』 25, 한국여성문학학회, 2011.

이우석·이길성·이호걸, 『1970년대 서울의 극장산업 및 극장문화연구』, 영화진흥위 원회, 2004.

이임하, 「상이군인, 국민 만들기」, 『중앙사론』 33, 중앙대 중앙사학연구소, 2011.

이재명, 『일제 말 친일 목적극의 형성과 전개』, 소명출판, 2012.

이호걸, 「신파양식 연구―남성신파 영화를 중심으로」, 중앙대 박사논문, 2007.

임권택, 『임권택이 임권택을 말하다』 1·2(정성일 대담), 현실문화연구, 2003.

임종국, 『친일문학론』, 민족문제연구소, 2003(1966년 초판).

임지현, 「국민국가의 안과 밖―동아시아의 영유권 분쟁과 역사논쟁에 부쳐」, 『인문연 구』 48, 영남대 인문과학연구소, 2005.

장 자크 루소, 이환 역, 『사회계약론』, 서울대 출판부, 1999.

장세진, 「해방기 공간 상상력의 전이와 '태평양'의 문화정치학」, 『상허학보』 26, 상허 학회, 2009.

전성곤, 「최남선의 「불함문화론」 다시 읽기」, 『역사문제연구』 16, 역사문제연구소, 2006.

전재성, 「1965년 한일국교정상화와 베트남 파병을 둘러싼 미국의 대한(對韓)외교정책」, 『한국정치외교사논총』 26-1, 한국정치외교사학회, 2004.

전형준, 『무협소설의 문화적 의미』, 서울대 출판부, 2003.

정다함, 「조선 초기의 '征伐'-천명, 시계, 달력, 그리고 화약무기」, 『역사와 문화』 21, 문화사학회, 2011.

정성일, 정우열 그림, 「장철의 무협영화에 바치는 피끓는 십대 소년의 막무가내 고백담」, 『언젠가 세상은 영화가 될 것이다』, 바다출판사, 2010.

정창화, 채록연구 박선영, 『한국영화사 구술채록연구 시리즈〈생애사〉-정창화』, 한국영상자료원, 2008.

조갑제, 『내 무덤에 침을 뱉어라』 8, 조선일보사, 2001.

조동일, 『한국문학 이해의 길잡이』, 집문당, 1996.

조르조 아감벤, 박진우 역, 『호모 사케르』, 새물결, 2008.

조선작, 「지사총」, 『성벽』, 서음출판사, 1976.

조소앙, 「여협남자현전」, 『震光』, 1934.1(중국 항주)(『조소앙 선생 문집』 上, 삼균학회, 1979).

조준형, 『영화제국 신필름-한국영화 기업화를 향한 꿈과 좌절』, 한국영상자료원, 2009.

천명관, 『나의 삼촌 브루스 리』, 예담, 2012.

최남선, 「동방민족의 중원진출과 역사상으로 본 아세아제민족의 향방」, 『在滿朝鮮人通信』, 1937.11, 흥아협회.

_____, 「만몽문화」, 『육당 최남선 전집』 10, 현암사, 1974.

_____, 『朝鮮獨立運動史』, 동명사, 1946(『육당 최남선 전집』 2, 동방문화사, 2008).

최용철, 「의적 일지매 고사의 연원과 전파」, 『중국어문논총』 30, 중국어문연구회, 2006.

최은희, 『최은희의 고백』, 랜덤하우스코리아, 2007.

최인훈, 「총독의 소리」, 『최인훈 전집』 9, 문학과지성사, 1999.

최하림, 『자유인의 초상』, 문학세계사, 1982.

친일인명사전편찬위원회, 『친일인명사전』, 민족문제연구소, 2009.

크리스 베리, 김은주 역, 「스타의 횡단-초국적 프레임에서 본 이소룡의 몸 혹은 중화주의적 남성성」, 김소영 편, 『트랜스-아시아 영상문화』, 현실문화연구, 2006.

프라센지트 두아라, 한석정 역, 『주권과 순수성-만주국과 동아시아적 근대』, 나남출판, 2008.

한국군사혁명편찬위원회, 『한국군사혁명사』 1, 국가재건최고회의 한국군사혁명사편찬위원회, 1963.

한국영상자료원 편, 『한국영화를 말한다－1950년대 한국영화』, 이채, 2004.

_____, 「김기덕」, 『한국영화를 말한다－한국영화의 르네상스 1』, 이채, 2005.

_____, 「이경희」, 『한국영화를 말한다－한국영화의 르네상스 1』, 이채, 2005.

_____, 『한국영화사 공부 1960~1979』, 이채, 2004.

한국영화진흥공사 편, 『한국영화자료편람－초창기~1976』, 영화진흥공사, 1977.

_____, 『1977년도판 한국영화연감』, 영화진흥공사, 1978.

_____, 『1978년도판 한국영화연감』, 영화진흥공사, 1979.

한국영화진흥위원회 편, 『2000년도판 영화연감』, 영화진흥위원회, 2000.

_____, 『2011년도 한국영화결산』, 영화진흥위원회, 2011.

한국혁명재판사편찬위원회 편, 『한국혁명재판사』 1-5, 한국혁명재판사편찬위원회, 1962.

한기형, 「노블과 식민지－염상섭소설의 통속과 반통속」, 『대동문화연구』 82, 대동문화연구원, 2013.

한석정, 『만주국 건국의 재해석』, 동아대 출판부, 1999.

_____, 「박정희, 혹은 만주국판 하이 모더니즘의 확산」, 『일본비평』 3, 일본비평, 2010.

한수영, 「전후세대의 문학과 언어적 정체성」, 임형택·한기형·류준필·이혜령 편, 『흔들리는 언어들－언어의 근대와 국민국가』, 성균관대 동아시아학술원, 2008.

함석헌, 『뜻으로 본 한국역사』, 제일출판사, 1964.

허은, 「냉전시대 미국의 민족국가 형성 개입과 헤게모니 구축의 최전선 주한미공보원 영화」, 『한국사연구』 155, 한국사연구회, 2011.

홍종욱, 「북한 역사학의 3·1운동 인식」, 『서울과 역사』 99, 서울역사편찬원, 2018.

황병주, 「박정희 체제의 지배담론－근대화 담론을 중심으로」, 한양대 박사논문, 2008.

_____, 「유신체제의 대중인식과 동원 담론」, 『상허학보』 32, 상허학회, 2011.

후지이 다케시, 「돌아온 국민－제대군인들의 전후」, 『역사연구』 14, 역사학연구소, 2004.

浅野豊美, 『帝国日本の植民地法制－法域統合と帝国秩序』, 名古屋大学出版会, 2008.

阿部生雄, 『近代スポーツマンシップの誕生と成長』, 筑波大学出版会, 2009.

石田耕造(崔載瑞), 「一億の決意」, 『国民文学』, 1945.5.

李珍宇・朴壽南, 『罪と死と愛と』, 三陽社, 1963.

市野川容, 『身体/生命』, 岩波書店, 2007.

岩崎稔・上野千鶴子・北田暁大・小森陽一・成田龍一 編, 『戦後日本スタディーズ』, 紀伊
　　　国屋書店, 2009.

植野真澄, 「傷痍軍人・戦争未亡人・戦災孤児」, 倉沢愛子・杉原達・成田龍一・テッサ・
　　　モーリス・スズキ・油井大三郎・吉田裕 編, 『アジア・太平洋戦争6 日常生活の
　　　中の総力戦』, 岩波書店, 2006.

＿＿＿＿, 「占領下日本の再軍備反対論と傷痍軍人問題－左派政党機関紙に見る白衣の傷
　　　痍軍人」, 『大原社会問題研究所雑誌』550・551, 2004.

宇田川幸洋, 「キング・ボクサー」, 『キネマ旬報』, 1974.

内野達郎, 『戦後日本経済史』, 講談社, 1978.

江藤文夫, 「日本映画の伝説『釈迦』」, 『映画評論』, 1961.12.

大島渚, 『大島渚1968』, 青土社, 2004.

岡部牧夫, 『満州国』, 講談社, 2007.

荻昌弘, 「申相玉監督について」, 『映画評論』, 1962.8.

小熊英二, 『『日本人』の境界』, 新曜社, 1998.

＿＿＿＿, 『『民主』と『愛国』－戦後日本のナショナリズムと公共性』, 新曜社, 2002.

小熊英二・姜尚中 編, 『在日一世の記憶』, 集英社新書, 2008.

川瀬俊治, 「在日朝鮮人と援護行政」, 吉岡増雄編, 『在日朝鮮人と社会保障』, 1978.

木畑洋一, 「アジア諸戦争の時代1945－1960年」, 和田春樹 外編, 『東アジア近現代通史』
　　　7, 岩波書店, 2011.

金時鐘, 『『在日』のはざまで』, 平凡社, 2001.

草壁久四郎, 「ソウルでアジア映画祭」, 『キネマ旬報』, 1962.

黒澤明, 「蝦蟇の油－自伝のようなもの」, 浜野保樹 編, 『大系黒澤明』第1巻, 講談社, 2010.

＿＿＿＿, 浜野保樹 編, 『大系黒澤明 第4巻』.

＿＿＿＿, 聞き手原田眞人, 『黒澤明語る』, 福武書店, 1991.

酒井直樹, 「多民族国家における国民的主体の制作と少数者の統合」, 小森陽一 外編, 『総力
　　　戦下の知と制度』, 岩波書店, 2002.

佐々木隆爾, 『サンフランシスコ講和』, 岩波書店, 1988.

座談会, 「『ドラゴン怒りの鉄拳』とブルース・リー映画を支える美学」, 『キネマ旬報』, 1974.

_____, 「『羅生門』と日本映画界」, 『婦人公論』, 1951.12(現代日本映画論大系編集委員, 『戦後映画の出発』(現代日本映画論大系 1), 冬樹社, 1970, 再収録).

佐藤勝巳 編, 『在日朝鮮人の諸問題』, 同成社, 1972.

佐藤忠男, 「刀にまつわるヒロイズム」, 『映画芸術』, 1962.3(現代日本映画論大系編集委員, 『日本ヌーベルバーグ』(現代日本映画論大系 3), 冬樹社, 1970, 再収録).

_____, 『日本映画史』 2, 岩波書店, 1995.

_____, 『日本映画史』 3, 岩波書店, 1995.

_____, 『日本映画の模索』, 岩波書店, 1987.

澤井淳, 『勤労と結婚』, 健文社, 1944.

時事通信社 編, 『1954年版 映画年鑑』, 時事通信社, 1954.

_____, 『1955年版 映画年鑑』, 時事通信社, 1955.

_____, 『1963年版 映画年鑑』, 時事通信社, 1963.

_____, 『1964年版 映画年鑑』, 時事通信社, 1964.

_____, 『1967年版 映画年鑑』, 時事通信社, 1967.

篠田英明, 『「国家主権」という思想, 国際立憲主義への軌跡』, 勁草書房, 2012.

高崎宗司, 『検証日韓会談』, 岩波書店, 1996.

高橋哲也, 『国家と犠牲』, NHKブックス, 2005.

永田哲朗, 『殺陣チャンバラ映画史』, 社会思想史, 1993.

中村政則, 『戦後史』, 岩波書店, 2005.

生瀬克己, 「日中戦争期の障害者観と傷痍軍人の処遇をめぐって」, 『桃山学院大学人間科学』 24, 2003.

西牟田重雄, 『戦争と結婚』, 1942(小島春江 編, 『婦人一生の知識』(近代女性文献資料叢書 9), 大空社, 1997).

西本正, 山田宏一・山根貞夫(聞き手), 『香港への道』, 筑摩書房, 2004.

日本傷痍軍人会, 『日本傷痍軍人会十五年史』, 戦傷病者開館, 1967.

原田真人, 「ブルース・リーとは何者なのか」, 『キネマ旬報』, 1973.

藤田省三, 『現代日本思想大系』, 第3巻月報, 筑摩書房, 1965.

増村保造, 「ある弁明―情緒と真実と雰囲気に背を向けて」, 『映画評論』, 1958(佐藤忠男・岸川真 編, 『映画評論の時代』, カタログハウス, 2003 再収録).

_____, 「谷崎の世界とギリシャ的論理性」, 『映画芸術』, 1964('小川徹 外編, 『土着と近代の相剋』(現代日本映画論大系 4), 冬樹社, 1971 再収録).

松田正男, 「新座頭市 破れ!唐人剣」, 『キネマ旬報』, 1971.2.

松山英夫, 「アジアにかける映画の橋 第8回アジア映画祭の記」, 『キネマ旬報』, 1961.4.

丸川哲史, 『リージョナリズム』, 岩波書店, 2003.

_____, 『冷戦文化論』, 双風舎, 2005.

丸山真男, 『日本の思想』, 岩波新書, 1957.

_____, 「「現実」主義の陥穽」, 『丸山眞男全集』第五卷, 岩波書店, 1995.

_____, 「日本におけるナショナリズム」, 『丸山眞男全集』第五卷, 岩波書店, 1995.

_____, 「戦後日本のナショナリズムの一般考察」, 『丸山眞男全集』 第五卷, 岩波書店,
          1995.

_____, 「近代日本の思想と文学」, 『丸山眞男全集』第八卷, 岩波書店, 1996.

_____, 「「文明論之概略」を読む(一)」, 『丸山真男全集』第十三卷, 岩波書店, 1996.

三宅明正, 「日本の戦後改革」, 和田春樹 外編, 『東アジア近現代通史』7, 岩波書店, 2011.

山口淑子, 『誰も書かなかったアラブ』, サンケイ新聞社出版局, 1974.

山室信一, 『キメラ─満州国の肖像』, 中央公論新社, 2004.

邱淑婷, 『香港・日本映画交流史』, 東京大学出版会, 2007.

保田与重郎, 「蒙疆」, 『保田与重郎全集』16, 講談社, 1987.

梁石日, 『アジア的身体』, 青峰社, 1990.

横田順彌, 『熱血児 押川春浪─野球害毒論と新渡戸稲造』, 三一書房, 1991.

四方田犬彦・斉藤綾子, 『映画女優若尾文子』, みすず書房, 2003.

四方田犬彦, 「チャンバラと武侠片」, 京都映画祭実行委員会 編, 『時代劇映画とは何か』, 人
          文書院, 1997.

_____, 『李香蘭と東アジア』, 東京大学出版会, 2001.

_____, 『ブルース・リー』, 晶文社, 2005.

_____, 『大島渚と日本』, 筑摩書房, 2010.

和田春樹, 「歴史の反省と経済の論理」, 東京大学社会科学研究所 編, 『現代日本社会7 国際
          化』, 東京大学出版会, 1992.

E・H・カントロヴィチ, 小林公 訳, 『王の二つの身体』, 筑摩書房, 2003.

G・C・スピヴァク, 『サバルタンは語ることができるか』, 上村忠男 訳, みすず書房, 1998.

イヴ・K・セジウィック, 上原早苗・亀澤美由紀 訳, 『男同士の絆 イギリス文学とホモソー
          シャルな欲望』, 名古屋大学出版会, 2001.

エティエンヌ・バリバール, 松葉祥一・亀井大輔 訳, 『ヨーロッパ市民とは誰か─境界・国

　　家・民衆』, 平凡社, 2007.

カール・シュミット, 田中浩・原田武雄 訳, 『政治的なものの概念』, 未来社, 1970.

カール・マルクス・フリードリヒ・エンゲルス, 水田洋 訳, 『共産党宣言・共産主義の諸原
　　理』, 講談社, 2008.

ジョン・ダワー, 三浦陽一・高杉忠明・田代泰子 訳, 『敗北を抱きしめて』, 岩波書店, 2001.

スーザン・バック-モース, 堀江則雄 訳, 『夢の世界とカタストロフィ』, 岩波書店, 2008.

ドナルド・リチー, 三本宮彦 訳, 『黒澤明の映画』, 社会思想社, 1991.

マックス・ヴェーバー, 脇圭平 訳, 『職業としての政治』, 岩波書店, 1980.

ミシェル・フーコー, 田村俶 訳, 『監獄の誕生』, 新潮社, 1977.

レイ・チョウ, 本橋哲也・吉原ゆかり 訳, 『プリミティヴへの情熱』, 青土社, 1999.

張徹, 『張徹談香港電影』, 三聯書店(香港)有限公司, 2012.

邱淑婷, 『港日影人口述歷史 化敵爲友』, 香港大學出版社, 2012.

Chang Cheh, "Creating the Martial Arts Film and the Hong Kong Cinema Style",
　　The Making of Martial Arts Films : As Told by Filmmakers and Stars, Hong Kong Urban
　　Council, 1999.

＿＿＿＿＿＿, *Chang Cheh : A Memoir*, Hong Kong Urban Council, 2004.

Chua Lam, "Transnational Collaborations and Activities of Shaw Brothers and
　　Golden Harvest"(An Interview with Chua Lam), Law Kar ed., *Border
　　Crossing in Hong Kong Cinema*, Hong Kong Urban Council, 2000.

David Desser, "Making Movies Male", Laikwan Pang・Day Wong ed., *Masculinities
　　and Hong Kong Cinema*, Hong Kong University Press, 2005.

Emilie Yeh Yueh-yu, "From Shaw Brothers to Grand Motion Picture：
　　localization of Huangmei Diao Films", Wong Ain-lin ed., *Li Han-hsiang. Sto-
　　ryteller*, Hong Kong Urban Council, 2007.

Hu Ke, "Hong Kong Cinema in the Chinese Mainland(1949~1979)", Law Kar
　　ed., *Border Crossings in Hong Kong Cinema*, Hong Kong Urban Council, 2000.

Kinnia Yau Shuk-ting, Teri Chan trans., "Shaw's Japanese Collaboration and
　　Competition as Seen Through the Asian Film Festival Evolution", *The
　　Shaw Screen-A preliminary Study*, Hong Kong Urban Council, 2003.

＿＿＿＿＿＿＿＿, "On Love with an Alien", Wong Ain-long ed., *The Shaw
　　Screen : A Preliminary Study*, Hong Kong Urban Council, 2003.

Kung James · Zhang Yueai, "Hong Kong Cinema and Television in the 1970s : A Perspective", Li cheuk-to ed., *A Study of Hong Kong Cinema in the Seventies*, Hong Kong Urban Council, 1984.

Lau Shing-hon, "Three Interviews 徐增宏(Xu Zhenghong)", *A Study of the Hong Kong Swordplay Film (1945-1980)*, Hong Kong Urban Council, 1981(Revised edition, 1996).

Law Kar, "Crisis and Opportunity : Crossing Borders in Hong Kong Cinema", Law Kar ed., *Border Crossing in Hong Kong Cinema*, Hong Kong Urban Council, 2000.

Law Wing Sang, "Cultural Cold War and the Diasporic Nation", *Collaborative Colonial Power : The Making of the Hong Kong Chinese*, Hong Kong University Press, 2009.

Poshek Fu, "Going Global : A Cultural History of The Shaw Brothers Studio, 1960-1970", Law Kar ed., *Border Crossings in Hong Kong Cinema*, Hong Kong Urban Council, 2000.

_____, "The Shaw Brothers Diasporic Cinema", Poshek Fu ed., *China Forever*, University of Illinois, 2008.

Sek Kei, *A Study of the Hong Kong Martial Arts Film*, Hong Kong Urban Council, 1980.

Teresa Ma, "Chronicles of Change : 1960s-1980s", *Changes in Hong Kong Society Through Cinema*, Hong Kong Urban Council, 1988.

Unknown, 「Li Li-hua as Goddes of Mercy」, 『南国電影』, 1965.

_____, 「Shaws Launches "Action Era"」, 『南国電影』, 1965.

Xu Zhenghong, *A Study of the Hong Kong Swordplay Film (1945-1980)*, Hong Kong Urban Council, 1981(Revised edition 1996).

Abe, Ikuo, "Muscular Christianity in Japan : The growth of a hybrid", *The International Journal of the History of Sport* 23-5, Koutledge, 2006.

Anderson, Perry, "Internationalism : a Breviary", *New Left Review* 14, New Left Review Ltd, 2002.

Berry, Chris, "Stellar Transit : Bruce Lee's Body or Chinese Masculinity in a Transnational Frame", Fran Martin · Larissa Heinrich ed., *Embodied Modernities : Corporeality, Representation, and Chinese Cultures*, University of Hawaii

Press, 2006.

Bordwell, David, *Planet Hong Kong*, Harvard University Press, 2000.

Buck-Morss, Susan, *Dreamworld and Catastrophe : The Passing of Mass Utopia In East and West*, The MIT Press, 2000.

Chan, Jachinson, *Chinese American Masculinities : From Fu Manchu to Bruce Lee*, Routledge, 2001.

Chan, Kenneth, *Remade in Hollywood : The Global Chinese Presence in Transnational Cinemas*, Hong Kong University Press, 2009.

Cho Tong-jae · Park Tae-jin, *Partner for Change : 50 Years of The Asia Foundation in Korea 1954-2004*, Asia Foundation, 2004.

Desser, David, "Hong Kong Film and the New Cinephilia", Meaghan Morris · Siu Leung Li · Stephen Chan Ching-Kiu ed., *Hong Kong Connections : Transnational Imagination in Action Cinema*, Duke University Press, 2006.

Dirlik, Arif, *Postmodernity's Histories : The Past as Legacy and Project*, Rowman & Littlefield Publishers, 2000.

Duara, Prasenjit, *Sovereignty and Authenticity : Manchukuo and the East Asian Modern*, Rowman & Littlefield Publishers, 2004.

Durovicová, Nataa · Newman, Kathleen E. ed., *World Cinemas, Transnational Perspectives(AFI Film Readers)*, Routledge, 2009.

Ezra, Elizabeth · Rowden, Terry ed., *Transnational Cinema, The Film Reader*, Routledge, 2006.

Foucault, Michel, Alan Sheridan trans., *Discipline and Punish : The Birth of the Prison*, Vintage Books, 1977.

Frayling, Christopher, *Spaghetti Westerns : Cowboys and Europeans from Karl May to Sergio Leone (Cinema and Society)*, I.B. Tauris, 2006.

Gans, Herbert J., *Popular culture and high culture; an analysis and evaluation of taste*, Basic Books, 1974.

Hall, Sheldon · Neale, Steve, *Epics, Spectacles, and Blockbusters : A Hollywood History*, Wayne State University, 2010.

Hunt, Leon · Leung, Wing-Fai ed., *East Asian Cinemas : Exploring Transnational Connections on Film*, I. B. Tauris, 2008.

Jay, Martin, "In the Empire of the Gaze", David Couzens Hoy ed., *Foucault : A*

Critical Reader, Basil Blackwell, 1986.

Kam, Louie, *Theorising Chinese Masculinity : Society and Gender in China*, Cambridge University Press, 2002.

Kim, Dae Jung "Is Culture Destiny?", *Foreign Affairs*, Nov · Dec 1994 Issue, Council on Foreign Relations.

Law, Kar · Bren, Frank, *Hong Kong Cinema : A Cross-Cultural View*, Scarecrow Press, 2004.

Law, Wing Sang, *Collaborative Colonial Power : The Making of the Hong Kong Chinese*, Hong Kong University Press, 2009.

Lee, Sangjoon, *The Transnational Asian Studio System : Cinema, Nation-State, and Globalization in Cold War Asia*, A dissertation for the degree of Doctor of Philoshphy, New York University, 2011.

Morris, Meagan, "Transnational imagination in action cinema : Hong Kong and the Making of a Global Popular Culture", *Inter-Asia Cultural Studies* 5, Routledge, 2004.

Mulvey, Laura, " Visual Pleasure and Narrative Cinema", *Screen 16*, 1975.

Ong, Aihwa, *Flexible Citizenship : The Cultural Logics of Transnationaliity*, Duke University Press, 1999.

Rozman, Gilbert, *Northeast Asia's Stunted Regionalism : Bilateral Distrust in the Shadow of Globalization*, Cambridge University Press, 2004.

Scott, James, *Seeing Like a State : How Certatin Schemes to Improve the Human Condition Have Failed New Haven*, Yale University Press, 1998.

Sedgwick, Eve Kosofsky, *Between Men : English Literature and Male Homosocial Desire*, Columbia University Press, 1985.

Smith, Mark M., *Sensing the Past : Seeing, Hearing, Smelling, Tasting, and Touching in History*, University of California Press, 2008.

Tasker, Yvonne, *Spectacular Bodies : Gender, Genre and the Action Cinema*, Routledge, 1993.

_____, "Fists of Fury", Dimitris Eleftheriotis · Gary Needham ed., *Asian Cinemas : A Reader and Guide*, University of Hawaii Press, 2006.

Teo, Stephen, *Hong Kong Cinema : The Extra Dimensions*, British Film Institute, 1997.

_____, *Chinese Martial Arts Cinema*, Edinburgh University Press, 2009.

Valck, Marijke de, *Film Festivals : From European Geopolitics to Global Cinephilia*,

Amsterdam University Press, 2008.

Willemen, Paul, "Action Cinema, Labour Power and the Video Market", Meag-han Morris · Siu Leung Li · Stephen Chan Ching-Kiu ed., *Hong Kong Connections : Transnational Imagination in Action Cinema*, Duke University Press, 2006.

_____, "Detouring through Korean cinema", *Inter-Asia Cultural Studies* 3-2, 2002.

Yau, Esther C. M., "Hong Kong Cinema in a Borderless World", Esther C. M. Yau ed., *At Full Speed*, University of Minnesota, 2001.

Yoshimoto, Mitsuhiro, *Kurosawa : Film Studies and Japanese Cinema*, Duke University Press, 2000.

Zakaria, Fareed, "A Conversation with Lee Kuan Yew", *Foreign Affairs*, Mar · Apr 1994, Council on Foreign Relations, 1994.

3. 웹사이트

1960년대 영화에 관한 일본 개인 블로그 http://www.geocities.jp/dayfornight041 8/topics/apff/apff6.html (현재 서비스 종료)

김갑의 인터뷰 http://interview365.mk.co.kr/news/1188

대한민국 국방부, 『2010년 국방백서』, http://www.mnd.go.kr

대한민국 법제처 국가법령센터 http://www.law.go.kr

서울육백년사편집위원회, 『서울육백년사』 http://seoul600.seoul.go.kr (현재 서비스 종료)

정성일, 「임권택×102」, https://www.kmdb.or.kr/story/5/1338

한국역사정보통합시스템 http://db.history.go.kr

한국영상자료원 http://www.kmdb.or.kr

Empire Magazine poll(2008) http://www.imdb.com 소재

Interview with Lau Kar-leung, http://changcheh.ocatch.com/lau-int.htm

Sight & Sound Greatest Films Poll(2002) http://www.imdb.com 소재

国家会議録検索システム http://kokkai.ndl.go.jp/cgi-

사진 차례

〈사진 3-9〉, 〈사진 4-3〉, 〈사진 4-7〉, 〈사진 5-10〉 영상자료원 사진 제공

연표

연도	일본	한국	홍콩
1945	**8.15** 종전조칙방송(녹음) 스즈키 내각 총사직 **9.2** 도쿄만의 미군전함 미주리호 선상에서 항복문서 조인. 연합군총사령부(GHQ)설치 **9.19** GHQ, 프레스 코드 발표 **9.27** 천황, 맥아더 방문 **10.11** GHQ, 5대개혁 지령 **11.2** 일본사회당 결성 **11.9** 일본자유당 결성 **11.16** 일본진보당 결성 **12.15** GHQ, 국가와 신도神道 분리 지령 **12.17** 부인참정권을 인정하는 신선거법 성립	**8.15** 해방과 동시에 여운형을 중심으로 한 한국건국준비위원회 (이하 건준) 결성 **8.18** 임화가 주도한 조선문화건설본부를 중심으로 조선문화건설중앙협의회 결성. 산하조직인 조선영화건설본부에서 〈해방 뉴스〉 제작 **9.6** 건준, 조선인민공화국수립 선포 **9.8** 미군 인천상륙 **9.9** 연합군최고사령부, 북위38도선을 경계로 미소 양군의 분할점령 방안 공표. 미군정 수립(군정사령관 존 리드 하지) **10.16** 이승만, 도쿄를 경유하여 미국으로부터 귀국 **11.3** 임시정부 주석 김구, 하지의 반대로 개인 자격으로 귀국 **12.27** 미·영·소가 참가한 모스크바 3상회의, 미소공동위원회에 의한 5년간의 신탁통치 방침 발표	**8.28** 장개석과 모택동, 거두회담 경회담)(10.10 '쌍십협정双十체결) **9.16** 일본군, 항복문서 서명 **10.10(~12)** 산시성 상당上黨 지구 내 전서 팔로군 대승上黨戰役. 전참여한 국민당군의 1/3에 하는 3만 5천 명 사망.
1946	**1.1** 천황, 인간선언 **1.4** GHQ, 군국주의자의 공직추방과 27개 우익단체 해산명령 **2.1** 제1차 농지개혁 실시 **2.28** 공직추방공포령 **3.1** 노동조합법 시행 **4** 문학자의 전쟁책임론 대두 **4.6** 만주로부터 최초의 집단 귀환자 209명 도착 **4.25** GHQ 명령의 '민주영화'선구	**2.7** 경기도 경찰국장 명의로 '극장및흥행취체령' 공포 **3.5** 북조선임시인민위원회 '북조선토지개혁에 관한 법령' 발표 **3.20** 제1차 미소공동위원회 개최(5월 6일 결렬) **4.12** 미군정령 제68호 '극장및흥행취체령' 공포로 주관책임이 경찰에서 공보부로 이관 **6.3** 이승만, 남한 단독의 정부수립	**1.1** 국공 양군 휴전협정 성립 **5.1** 홍콩, 군인정부에서 문사文士부로 회복 **6.26** 국민당정부군, 해방구 공격. 공내전 재발 **7** 빅토리아 피크에 중국인 거를 금지하는 거주조례 폐지 **8** 마크 애치슨 영 홍콩 총독, 헌개정 계획 발표(Young Plan) **12.5** 전후 홍콩 최초의 만다린어

	일본	한국	홍콩
	작 〈민중의 적民衆の敵〉(이마이 다다시) 개봉 **5.3** 극동국제군사재판 개정 **5.19** 황거 앞 광장에서 식량 메이데이 집회, 약 25만 명 참가 **10.21** 제2차 농지개혁 **11.3** 신헌법인 '일본국헌법' 공포	주장(정읍 발표) **7** 여운형과 김규식 주도의 좌우합작회담 개시 **9.6** 미군정, 박헌영에 체포령 **9~10** 전국 각지에서 미군정의 사회, 경제정책에 반대하는 파업 발생 **10** 대구를 중심으로 미군정의 식량 정책에 항의하는 데모 격화 (10·1 사건) **10.8** 미군정령 115호로 영화 상영과 배급에 관한 허가제 도입 **10.22** 〈자유만세〉(최인규) 개봉	화 〈정염情焰〉(莫康詩) 개봉 장선곤張善琨 홍콩 이주
47	**1.4** 사할린으로부터 1,013명 귀환, 소련으로부터 2,500여 명 귀환. 공직추방령, 재계·언론계·유력회사로 공직범위 확장 **1.31** 맥아더, 2·1 총파업 중지명령 **3** 나가타 마사이치, 다이에이사장 취임 **4.14** 독점금지법 공포 **4.17** 지방자치법 공포(5.3 시행) **4.25** 제23회 중의원 총선거(사회 143, 자유 131, 민주 126, 국협 31, 공산 4, 일본농민 4, 기타 16, 무소속 11) **5.3** 일본국헌법 시행 **6.8** 일본교직원조합 결성 **8.15** 민간무역 재개 **10** 기도 시로, 하야시 모리오, 네기시 간이치, 가와키타 나가마사, 나가타 마사이치 등 영화계 유력자 31명, 공직추방해당자로 지정 **12.17** 경찰법 공포	**1.24** 김구를 중심으로 반탁투쟁위 결성 **2.11** 공민증 제도 실시 **5.21** 제2차 미소공동위원회 개최(7월 10일 결렬) **7.19** 여운형 암살. 좌우합작운동 실패로 끝남 **9.17** 조선문제를 UN으로 이관(미국 찬성, 소련 반대) **10.21** 미소공동위원회 해산 **11.14** 유엔, 조선임시위원단 구성, 유엔 감시하에 총선을 통한 독립 정부 수립 결정 **12** 북한 화폐개혁실시	**1.1** 홍콩 최초의 16미리 칼라영화 〈금분예상金粉霓裳〉(黃岱) 개봉 **1.27** 전후 최초의 광동어 영화 〈랑귀만郎歸晩〉(黃岱)이 홍콩, 싱가폴, 베트남, 타이 등 동남 아시아 화교 사회에서 흥행 대성공 **7** 영국, 영플랜에 '원칙적'으로 동의 **7.25** 알렉산더 그랜텀Alexander Grantham 22번째 홍콩총독 취임 **10** 영화영업공사永華影公司 성립
48	**1.6** 로얄 미육군장관, 샌프란시스코에서 '일본은 공산주의의 방벽'이라고 연설(미국의 일본점령 정책 전환) **3.15** 민주자유당(전 자유당) 결성(총재 요시다 시게루) **4.8** 제3차 도호東宝쟁의 개시	**1.6** 유엔 임시위원단 입국, 북측은 거부 **2.7** 남로당과 전선, 단선단정을 반대하며 2월 7일을 기해 전국적인 대규모 파업 **4.3** 제주도 4·3 사건 **4.19** 평양에서 남북연석회의 개최	**9.30** 홍콩 최초의 35미리 칼라 〈나비부인蝴蝶夫人〉(黃岱) 개봉 남양영업공사南洋影業公司, 소씨부자邵氏父子로 개명, 만다린어 영화제작 개시 **10.8** 첫 번째 황비홍 영화 〈황비홍 정전黃飛鴻正傳〉(胡鵬) 개봉

연도	일본	한국	홍콩
	4.24 조선학교 폐쇄에 항의하는 조선인 수천 명이 효고현청 앞에서 시위, 1,700명 체포 **5** 나가타 마사이치, 공직추방에서 해제(6월 15일 다이에이 사장직 복귀) **8.19** 도쿄재판소, 도호의 키누타촬영소에 가처분집행. 무장경관 2,000명과 7대의 미군 전차, 3대의 비행기, 기병중대 하나가 출동 **9.18** 전학련 결성 대회 **11.12** 극동국제군사재판소, 도죠 히데키 등 7명에게 사형 판결(12월 23일 집행)	(박헌영, 김구, 김규식, 김일성, 조소앙 등 참여) **5.10** 제헌 국회 구성을 위한 총선거 **8.15** 남한, 대한민국 정부수립 선포 **8.16** 미군정, 대한민국 정부에 정권 이양 **9.9** 북한, 조선민주주의인민공화국 선포 **9.22** 반민족행위처벌법 공포 **9.30** 국회, 한글전용법안 가결 **10.19** 여수순천 사건 **11.14** 공보처 공보국에 현상과 설치 (1961년 6월 국립영화제작소로 전신) **12.1** 국가보안법 공포 **12.12** 유엔총회 대한민국을 조선반도 유일의 합법정부로 인정	**12** 영국 정부, 홍콩 식민지 유지 언 **12.31** 홍콩정부, 사회복리서福利署립. 국민당 정부의 박해를 홍콩으로 이주한 좌익영화에 의해 남국영업공사南國影司 설립. 복만창卜萬蒼, 홍콩옮겨 영화영업공사에 재적. 혼国魂〉발표
1949	**1.23** 제24회 중의원 총선거(민자 264, 민주 69, 사회 48, 공산 35, 국협 14, 노농 7, 사혁 5, 신자 2, 농민 1, 기타 9, 무소속 12) **3.1** GHQ 경제고문 조셉 닷지 방일. 맥아더, 일본 방위 결의 표명 **4.15** 닷지, 균형예산 실시와 보조금 폐지 강조(닷지 라인) **6.14** GHQ의 요청으로 영류 발족 **7.19** 〈푸른 산맥青い山脈〉(이마이 다다시) 개봉. 흥행 대성공 **8.17** 마쓰카와 사건 **9** 교직원 레드퍼지 전국적으로 확대 **10** 일본전몰학생수기편집위원회 편, 『들어라 와다쓰미의 목소리きけわだつみのこえ』 출판	**1.5** 반민족행위 특별조사위원회 발족 **4.9** 최초의 16미리 칼라 극영화 〈여성일기〉(홍성기) 개봉 **4.20** 사상 감시 및 전향자 감찰을 위해 국민보도연맹 설립 **6.6** 반민특위 습격사건. 내무차관 장경근 등이 반민특위 사무실 습격, 관련서류를 압수하고 특경대원들을 폭행, 분산 감금. **6.11** 이승만, 반민특위 습격이 자신의 지시였다고 발표 **6.21** 농지개혁법 제정 **6.26** 안두희, 김구 암살 **10.4** 반민족행위처벌법 관련 반민족행위특별조사위원회, 특별검찰부, 특별재판부 모두 해산	**4** 채초생, 하연夏衍 등을 발기으로 '광동어영화 추진위원발족 **4.8** '광동어영화 추진위원회'에동한 오초범吳楚帆 등의 홍콩재 영화인 164명 연명으로동어영화청결운동선언」발 **4.20** 어메시스트호 사건 **7** 장선곤, 장성영업공사長城影司 설립. 〈탕부심蕩婦心〉(臣발표 **8** 긴급공안법제정 **10.1** 중화인민공화국 성립 **10** 신분증제도 도입 **12** 트램 파업 **12.7** 남경의 중화민국정부, 대만으피난
1950	**1.1** 맥아더, 연두성명에서 일본의 방위 강조 **1** 도호영화사 제작 재개 **1.6** 코민포름, 일본공산당 지도자 노자카 산조野坂参三의 평화혁명론 비판	**1.12** 미국무장관 애치슨, 애치슨 라인 발표 **6.25** 한국전쟁 발발 **6.28** 조선인민군, 서울 점령 **7.8** 맥아더, UN군 최고사령관 취임 **7.20** 대구에 임시수도	**1.11** 구룡의 불법 목조가옥 주거에서 화재 발생. 4천 가옥 이소실, 부상자 27명, 15,000이 집을 잃음 **2** 광동성에서 50편의 홍콩영상영금지

도	일본	한국	홍콩
2	2 노자카 산조, 자기비판 발표 3 신도 가네토新藤兼人, 요시무라 고지로吉村公三郎, 도노야마 다이지殿山泰司 근대영화협회 결성 4.21 소련, 일본인 귀환 완료 발표 5.3 맥아더, 공산당은 침략의 선봉이라고 공격 6.2 집회와 시위 금지 6.6 맥아더, 공산당 간부 추방 지령 7.8 맥아더, 경찰예비대(75,000명) 창설과 해상보안청 8,000명 증원 지령 8.10 경찰예비대 공포령 8.26 〈라쇼몽〉(黑澤明) 개봉 8.28 한국전쟁특수 140억 엔 초과 8.30 GHQ, 전노련 해산 지령 9 쇼치쿠, 도호, 다이에이 등 대형영화사 레드퍼지. 100명 이상이 공산주의자 혐의로 영화계 추방 10.13 공직추방 해제 1만 90명 발표 12.6 중국에 대한 수출 정지 12.28 일본영화산업진흥심의회 발족, 나가타 마사이치 위원장	9.15 UN군, 인천상륙에 성공 9.28 UN군과 한국군, 서울 탈환 10.19 UN군과 한국군, 평양 점령 10.25 중국인민의용군, 한국 전선 출동 12.4 UN군과 한국군, 평양 철수 12.14 홍남철수 작전 개시(~12.24) 12.24 중국군, 38선 돌파	3.2 중국-영국간 회담개시 4.28 홍콩 정부, 국경에 펜스 설치. 입경조례 제정 5 홍콩 정부, 영화계의 적화 단속 12.4 심수보(深水埗) 지구에 화재 발생. 5백 가옥 이상 소실, 2,419명이 집을 잃음 12.19 미국, 중국봉쇄 결정. 49년에서 50년 사이, 중국대륙으로부터 약 75만 명이 홍콩으로 이주
1951	3.21 일본 최초의 칼라영화 〈카르멘 고향에 돌아오다カルメン故郷に帰る〉(기노시타 게이스케) 개봉 4.1 도요코영화, 오이즈미영화, 도쿄영화배급 3사 합병으로 도에이東映 영화사 발족 4.11 맥아더 해임 4.14 매슈 리지웨이 총사령관 취임 6.8 주민등록법 공포(52년 7월 1일부터 시행). 1966년 주민기본대장법 재정으로 폐지 6.20 제1차 추방해제 6만 8,000명 9.8 샌프란시스코 강화조약조인(소련, 폴란드, 체크 등을 제외한 49개국), 미일안보조약 조인 9.10 〈라쇼몽〉 베니스 영화제에서	1.4 유엔군 한강 남쪽으로 후퇴, 이후 38도선 부근에서 전쟁 교착 상태 2 국회에서 국민방위군 사건 폭로(1950년 12월부터 1951년 2월까지 고위장교의 군수물자 부정횡령으로 국민방위군 약 9만에서 12만 명 아사) 2.11 한국군에 의한 거창양민학살사건 발생 3.31 UN군 38선 돌파 4.24 중국군, 38선 돌파 5.23 중국군 전면철수 개시 6.29 리지웨이, 북한과 중국군에게 휴전제안(7월 1일 수락) 7.10 개성에서 휴전회담 개시	1.17 미국, 원료수입금지. 홍콩 공업에 대타격 10 본토에서 홍콩영화 〈금혼기禁婚記〉 상영금지 리리화, 엄준, 린다이 우익 영화계로 전향 장선곤, 원동영업공사遠東影業公司 설립 물자 수입금지 영향으로 제작편수 전년(196편)에 비해 27편 감소 국태國泰그룹, 싱가포르에서 국제전영발행공사國際電影発行公司 설립

연도	일본	한국	홍콩
	금사자상 수상	10.6 한국과 일본, 한일회담 예비회의(도쿄) 10.20 연합군 총사령의 주선으로 한일예비회담 시작 12.19 자유당 결성	
1952	1.16 요시다 수상의 딜레스 서간 발표(강화조약 발효 직후 대만 국민당 정부와 국교) 1.31 〈라쇼몽〉아카데미 외국어영화상 수상 3.17 GHQ. 수출무역관리권 이양 4.28 강화조약과 미일안보조약 발효. 대만과의 일화조약 체결 5.2 전국전몰자추도식 6 전학련 제5회 대회에서 공산당 국제파를 배제하고 주류파가 주도권을 잡음 7.1 도쿄국제공항 발족 7.4 중의원, 파괴활동방지법안 수정가결 성립(7.21 시행) 7.21 한국전쟁 특수백서(2개년 6억 4,000만 달러) 7 전학련, 전국에서 농촌조사공작 활동 개시 8 〈서학일대녀西鶴一代女〉(미조구치 겐지), 베니스 영화제 금사자상 수상 10.15 경찰예비대, 보안대로 개조 10.16 천황, 야스쿠니신사 참배	1.19 이승만 대한민국의 인접해양에 대한 대통령 선언(평화선 혹은 이승만 라인) 2.15 제1차 한일회담 5.7 거제도 포로수용소 집단시위 5.26 부산 정치파동 7.4 이승만, 재선을 위해 국회에서 개헌안을 강제통과시킴 8.5 제2대 대통령 선거(대통령 이승만, 부통령 함태영) 12.2 아이젠하워 원수 방문 12.3 유엔총회, 한국전 포로문제에 관한 결의안 채택. 신상옥 〈악야〉로 감독 데뷔	1 사마문림司馬文森, 유경劉瓊, 적적狄適 등 파업 선동의 혐의로 콩 정부로부터 출국 금지 2.29 신련영업공사新聯影業公司 창립 4.22 좌익 파벌들 국외 추방 9 영국 내각, 홍콩 개헌 플랜에 수 10.24 홍콩 주재 일본 영사관 재개 11 중국 대륙으로부터 온 대량 이민자들의 주된 주거지인 룽 동두촌東頭村에서 화재 발 15,000명이 집을 잃음 11.14 광동 오페라 배우와 영화배의 공연 중지
1953	2.1 NHK 도쿄TV국, 일본 최초의 텔레비전 방송 개시 3.23 중국으로부터의 귀환 개시. 3,968명 도착 5 사단법인 영화산업진흥회 발족. 이사장 나가타 마사이치 7 나가타 마사이치, 동남아시아 순방 8.28 일본 최초의 민영방송국 니혼 TV 방송 개시 9.4 닛카쓰, 제작 재개 발표	1.27 이승만, '평화선' 양보는 없을 것이라고 언명 2.17 원에서 환으로 화폐단위 변경 4.26 휴전회담, 본회담 개최 6.2 미국, 한국전쟁 전비 지출이 총 150억 달러에 달했음을 발표 6.18 반공포로 석방 사건 7.27 휴전협정 조인 10.1 한미상호방위조약 조인 10.6 제3차 한일회담(10일에 결렬)	8 신화영업공사 〈소봉선小鳳仙〉〈추근秋瑾〉(屠光啟), 〈벽혈황화碧血黃花〉(卜萬蒼) 등 국민당 핵 용사 영화 제작 홍콩 정부, 저소득층 대상 공주택公共房屋 계획 수립 중련中聯〈봄春〉(李晨風)과 성의 〈절대가인絶對佳人〉(李儁)이 중화인민공화국 문화 영예상 수상 다이에이영화제 개최. 〈우게

	일본	한국	홍콩
	9.10 쇼치쿠, 다이에이, 도호, 도에이, 신도호 5사협정 조인 9 가와키타 나가마사, 영화제작자국제연맹총회에 출석하기 위해 유럽 방문. 〈우게쓰 이야기雨月物語〉(미조구치 겐지) 베니스 영화제 은사자상 수상 10.30 MSA(상호방위원조) 미일공동성명, 18만 명 규모의 육상부대 창설 합의 10.31 일본 최초의 이스트만 칼라영화 〈지옥문地獄門〉(기누가사 데이노스케) 개봉 12.1 시베리아로부터 귀환, 3년 7개월 만에 재개		이야기〉 등 6편 상영 10.29 '자유영화인' 대만 방문 11 홍콩 정부, 영화검열규칙 공포 국태그룹, 국제영편발행공사 홍콩에 설립 12.24 구룡 서부 석협미石硤尾에서 홍콩 최대의 화재 발생. 13명 사망, 51명 부상, 5만 8,230명이 집을 잃음
54	3.1 다이고후쿠류마루호, 비키니에서의 미국 수소폭탄 실험으로 피폭 3.8 MSA 관계 4개 협정 조인(5.1 발효) 4.10 〈지옥문〉 칸느 영화제에서 그랑프리 수상 5.8 제1회 동남아시아 영화제, 도쿄에서 개최 6.8 개정 경찰법 공포 7.1 방위청(자위대), 경시청(도부터 현까지의 경찰) 발족 9.6 〈7인의 사무라이7人の侍〉(구로사와 아키라), 〈산쇼다유山椒大夫〉(미조구치 겐지) 베니스 영화제에서 수상 11.3 〈고지라〉(혼다 이시로) 개봉, 흥행 대성공 11.24 일본민주당 결성	1.6 네루, 한국의 포로문제로 이승만 비난 1.28 공산측, 친공산포로를 적십자에 인수 3.31 국산영화장려책으로 국산영화 입장료면세 실시 11.29 제2차 헌법개정 가결(사사오입 개헌) 12.15 최초의 민방 CBS 개국	1.1 최초의 일본 로케영화 〈후지산의 사랑富士山之恋〉(莫康詩) 개봉 5 홍콩영화계, 장개석 총통취임 축하를 위해 대만 방문 5.13 홍콩 최초의 와이드스크린 6.18 신화영업공사의 국민당 혁명용 사물 〈벽혈황화碧血黄花〉 대만총통상 수상 6.30 중국총리 주은래 홍콩방문 7.22 석협미 대갱동목옥구石硤尾大坑東木屋區에서 화재발생. 9명 사망, 100명 부상, 2만 4,000명이 집을 잃음
55	1 일본공산당, 극좌모험주의에 대한 자기비판 4.11 통산성 내 원자력과 발족 5.3 다이에이와 쇼 브라더스 합작 〈양귀비楊貴妃〉(미조구치 겐지) 개봉	1.16 〈춘향전〉(이규환) 서울과 부산에서 동시개봉, 흥행성공 1.17 한미군사원조협정 조인 5 한국영화인들, 싱가폴에서 개최된 제2회 동남아시아 영화제에 옵서버로 참가(이듬해부터 동남아시아영화제작자 연맹에 정식으	6.22 쇼 브라더스, 이향란 주연의 〈금병매金瓶梅〉(王引) 개봉 11.1 구룡의 불법 목조가옥 지구에서 화재 발생. 5명 사망, 20명 이상 부상자 발생. 6,810명이 집을 잃음

연도	일본		한국		홍콩
	8.6 제1회 원수폭 금지 세계대회, 히로시마에서 개최 **10** 영화관 건설 붐, 전국영화관 수 7,400관 **11.15** 자유민주당 결성(보수합동) **12.19** 원자력기본법 공포		로 가입) **8.18** 대일무역 금지		우익 영화인 49명, 대만정부로ン 영예상 수상 싱가폴 국태그룹, 영화영업공사ン 影業公司 접수. 국제영편공사國際影 司 설립 상해전영 제작의 〈천선배天仙配 揮〉, 홍콩에서 개봉. 흥행 대성ン
1956	**1** 6개 영화사, 2본위 체제로 흥행 **1.31** 네덜란드에 대한 전시보상금 백만 달러 타결 **3** 〈미야모토 무사시宮本武藏〉(이나가키 히로시) 아카데미 외국어영화상 수상 **4~7** 기노시타 게이스케, 소련·중국 친선여행 **4.26** 조선대학 창립 **5.9** 필리핀에 대한 5억 5천만 달러 배상협정 조인 **7.16** 『경제백서』, 전후는 끝났다 발표 **9** 〈버마의 하프ビルマの竪琴〉(이치가와 곤) 베니스 영화제 산조르조상 수상 **12.12** 일본-소련 국교복원. 안보리, 일본가맹안 채결 **12.18** UN총회, 전원일치로 일본가맹안 채결 **12.26** 소련으로부터 마지막 집단귀환자 1,025명 일본에 도착		**5.15** 제3대 대통령 선거, 이승만 당선(대립후보 조봉암 건투) **6.9** 〈자유부인〉(한형모) 개봉. 흥행 기록 수립 **8** 김일성, 대규모 숙청으로 권력 유지에 성공(8월 종파 사건) **11.10** 진보당 결성(위원장 조봉암) 아시아재단, 미첼카메라와 휴스턴 자동현상기 등 6만 달러 상당의 영화기자재를 한국영화 문화협회에 기증 **12** 북한, 박헌영 사형집행		**6** 제3회 동남아시아 영화제 ン 에서 개최. 이듬해부터 아ン 영화제로 개칭 국제영편공사, 국제전영ン 공사國際電影懋業公司(MP&GI, '전무'로 표기)로 개명 **10.10** 쌍십폭동으로 60명 사망, ン 명 이상 부상자 발생 **10.12** 홍콩 정부, 구룡반도 계엄ン 포
1957	**1.8** 스페인에 대한 배상 55만 달러 타결 **3** 일본영화해외보급협회 성립 **4.2** 첫 번째 이스트만 칼라 시네마스코프 영화 〈봉성의 신부鳳城の花嫁〉(마쓰다 사다쓰구) 개봉 **4.29** 와이드스크린 영화 〈메이지천황과 러일전쟁明治天皇と日露大戦争〉(와타나베 구니오) 개봉. 흥행 성공 **5.20** 기시 노부스케, 아시아 6개국		**4** 최초의 한국-홍콩 합작영화 〈이국정원〉(와카스기 미쓰오, 전창근, 도광계) 촬영을 위해 전창근 등 홍콩으로 출국 **5.25** 자유당 독재를 규탄하기 위한 장충단에서의 시국강연회에 정치깡패(이정재, 임화수, 유지광 등) 난입 **5** 제4회 아시아 영화제(도쿄)에서 〈시집가는 날〉(이병일) 특별 희극상 수상		**1.7** 장선곤, 도쿄에서 사망 란란쇼, 싱가폴에서 홍콩ン 활동 거점 이동 **2.3** 광동로에서 화재 발생. 59명 망, 10명 부상 **4** 〈이국정원〉 촬영을 위해 전 근 등의 한국 스탭과 와카스 미쓰오, 촬영의 니시모토 ン 시 홍콩 입국 **5.29** 홍콩 최초의 방송국 RTV(현ン ATV) 개국

도	일본	한국	홍콩
	순방. 전후 최초의 일본 수상의 아시아 방문	정부, 5편의 작품 선정, 한편 제작당 한편의 외국영화 수입권(외화쿼터)를 주는 우수국산영화 선정 제도 신설	**10** 영국과 미국 사이에 중국이 홍콩을 공격할 때 미국이 홍콩을 보호한다는 내용의 비밀협약 체결
	5 도쿄에서 제4회 아시아 영화제 개최		**12.22** 쇼 브라더스 제작 이향란 주연의 〈신비미인神秘美人〉(若杉光夫) 개봉
	8.1 5사 협정 해소. 닛카쓰를 포함한 6개 영화사 협정체결		
	9.20 스웨덴에 대한 배상 5억 엔 타결		이 해부터 홍콩의 중소 프로덕션 쇠퇴, 대만으로 거점 이동이 시작됨
	10.4 네루 수상 일본 방문		중국 '대약진 운동' 시작
	11.1 일본원자력발전회사 발족		
958	**1** 인도네시아와 평화협정 및 2억 2,358만 달러의 배상협정 조인	**1.12** 진보당 사건. 위원장 조봉암 등 간부 7명을 간첩 혐의로 체포	**1** 23번째 홍콩총독으로 로버트 브라운 블랙 부임
	5 NHK 텔레비전 계약 대수 100만대 돌파	**2.15** 〈이국정원〉 개봉	**2.6** 〈이국정원〉 개봉
	7.8 〈순애 이야기純愛物語〉(이마이 다다시) 베를린 영화제 감독상 수상	**3** 북한, 천리마 운동 개시	**7.27** 도호영업(홍콩)유한공사 설립. 대표는 황천시黃天始
	8 고마쓰가와 사건	**7.2** 진보당 사건 제1심 공판, 조봉암 징역 5년 선고, 재판소에 이정재 등 정치깡패들 난입	**8.15** 쇼 브라더스 제작, 이향란 주연의 〈일야풍류一夜風流〉(卜萬蒼) 개봉
	9.7 〈무호마쓰의 일생無法松の一生〉(이나가키 히로시) 베니스 영화제 금사자상 수상	**12.24** 제3차 국가보안법 개정에 반대하는 야당의 개악 반대투쟁에도 불구하고 자유당 날치기 통과(보안법 파동)	
	10.22 일본 최초의 칼라 장편 애니메이션 〈백사전白蛇伝〉(藪下泰司) 개봉		
	12.10 공산당에서 제명된 전학련 간부 공산주의동맹(분트) 결성		
	이 해에 영화관 입장객 11억 2,700만 명 돌파, 영화 관객 수 피크에 도달.		
959	**3.1** 후지TV 개국	**1** 국가보안법에 반대하는 시위 전국적으로 확산	**8.26** 홍콩상업 전 대香港商業電台, Commercial Radio Hong Kong 방송 시작
	3.28 안보개정 저지 국민회의 결성 (사회당, 총평 등)	**2.4** 『경향신문』 공명선거에 대한 단평에 의해 내란선동 혐의로 기소, 폐간 명령(1960년 4월 27일 복간)	
	4.10 황태자 결혼식, 텔레비전 시청자 1,500만 명 추정		니시모토 다다시西本正와 레이몬드 초우鄒文懷, 쇼 브라더스 입사
	5.5 베트남에 대한 배상교섭 타결 (북베트남 정부는 불승인)	**2.27** 진보당 사건, 상고심에서 조봉암에게 사형선고(7월 31일 사형 집행)	
	6.10 일본·북한의 적십자 대표회담, 송환문제 타결		

연도	일본	한국	홍콩
	7.8 〈숨은 요새의 세 악인隱し砦の三惡人〉(구로사와 아키라) 베를린 영화제 금곰상 수상 **11.27** 안보 저지 시위대 2만 명 국회로 진입 **12.14** 첫 번째 북한 송환선 니가타 출항(12월 16일 북한 청진항 도착)	**4.6** 문교부의 '국산영화장려 및 영화오락순화를 위한 보상특혜조치' 공포 **4.15** 최초의 민방 부산문화방송 개국 **10.28** 이승만, 주일대사에게 북한 송환사업 저지에 전력을 다해줄 것을 지시	
1960	**1.19** 미일신안보조약 조인 **5.19** 중의원, 자민당만으로 신안보조약 강행 승인(6.23 발효) **6.15** 전학련 주류파 국회돌입, 경찰의 과잉진압으로 도쿄대생 간바 미치코樺美智子 사망 **7.15** 기시 노부스케 내각 퇴진 **8.11** 텔레비전 수신계약수 약 500만 돌파 **9.5** 자민당, 경제혁신책 발표(1970년 국민소득 2배 목표) **9.10** NHK·민방 칼라TV 방송 시작 **10.12** 아사누마 이네지로 사회당 위원장 우익소년 야마구치 오토야에게 사살. 오시마 나기사의 〈일본의 밤과 안개日本の夜と霧〉 극장 공개 4일 만에 상영 중지. 오시마, 쇼치쿠와 결별	**3.15** 제5대 정·부통령 선거실시. 이승만과 부대통령 이기붕 당선. 부정선거 규탄시위 확산 **4.10** 마산에서 부정선거 규탄시위에 참가했던 고등학생 김주열의 시신 발견 **4.19** 4·19 발발 **4.26** 이승만 하야성명(하와이 망명) **5** 〈독립협회와 청년 이승만〉(신상옥) 제작에 국고금 4백만 환이 부정출자된 혐의로 검찰, 공보실 조사 **7.29** 총선거 결과 민주당 압승. 제2공화국 성립 **7** 경제재건 5개년계획 발표 **9** 한국 최초의 민간검열 기구인 영화윤리전국위원회 발족	**2** 다이에이 영화제 개최 **11.3** 도호 영화제 개최, 〈7인의 사라이〉 등 공개 **11.22** 홍콩공업총회 성립 **12** 쇼 브라더스와 MP&GI, 스펙클 시대극 경쟁
1961	**2.1** 대일본애국당의 소년, 『중앙공론中央公論』에 발표된 「풍류몽담風流夢譚」(深沢七郎)에 분노, 중앙공론사의 사장집에 침입하여 가정부 살해 **7.3** 일본-홍콩 합작영화(도호-MP&GI) 〈홍콩의 밤香港の夜〉(지바 야스키) 개봉 흥행 성공 **7.13** 〈벤허〉 외국영화 사상 최고 흥행기록 수립 **11.1** 최초의 70미리 영화 〈석가釋迦〉(미스미 겐지) 개봉 **11.15** 일본 아트시어터길드(ATG) 발족 **11.16** 이케다 수상, 동남아시아 순방	**1** 신상옥의 〈성춘향〉과 홍성기의 〈춘향전〉 경작 **2.8** 한미경제협정 조인 **4** 신상옥의 〈춘향전〉, 74일간 최장기 흥행기록과 동시에 최고 흥행기록 수립(38만 명) **5.16** 박정희의 5·16군사쿠데타 발생 **6.6** 국가재건비상조치법 공포 **7.3** 반공법 공포 **7** 〈오발탄〉(유현목) 당국의 재검열 지시로 상영중단 **8** 혁명재판소, 이정재와 임화수, 『민족일보』 사장 조용수 등에게 사형 선고	**1.16** 산곡도山谷道 불법 목조가옥서 화재 발생.4명 사망, 10명 부상, 11,264명이 집을 잃음 **2.25** 쇼 브라더스 제작, 니시모토 다시 촬영의 칼라 시네마스프 〈천교백미千嬌百媚〉(陶秦) 봉. 그해 최고의 흥행기록 **5.15** 심수보深水埗의 공업 원료 창에 화재 발생. 29명 사망, 45부상. **9.21** 〈홍콩의 밤〉 개봉 **12** 쇼 브라더스, 클리어 워터베 스튜디오 1기 건설 완성 이 해의 인구통계에 따르면 310

도	일본	한국	홍콩
	12.21 중앙공론사, 천황제를 특집으로 한 『사상의 과학思想の科学』 1962년 1월 호 발매 중지	**9** 박정희 정부 방침으로 영화사 통폐합 **11.12** 박정희-이케다 회담 **12** KBS TV 개국	명 인구 중 120만 명이 이상이 15세 이하
62	**3.1** TV 수신계약수 1,000만대 돌파. 보급률 48.5퍼센트 **4** 5개 영화사 회의에서 각사 전속 주연 스타의 타사 출연 금지 결정 **4.18** <자토이치> 시리즈 제1작 <자토이치 이야기座頭市物語>(미스미 겐지) 개봉 **5** 홍콩영화 <강산미인江山美人>(李翰祥) 도쿄에서 개봉 **7.14** 일본-홍콩 합작영화 <도호・MP&GI> <홍콩의 별香港の星>(지바 야스키) 개봉 이 해 도쿄도의 인구 세계 최초로 1,000만 돌파	**1.13** 경제개발5개년계획 발표 **1.21** 영화법 공포 **2** <벤허> 개봉. 외국영화 사상 최고 흥행기록 수립 **3.16** 정치활동정화법 공포 **3.30** 제1회 대종상 영화제 개최(공보부 제정) **3** 화폐단위를 환에서 원으로 변경 **5.12~16** 서울에서 제9회 아시아 영화제 개최 **7** 신필름의 <심청전>(이경균) 도쿄에서 수중촬영(쓰부라야 에이지 참여) **12.5** 1년 6개월 만에 계엄령 해제 **12.17** 박정희, 국민투표로 헌법 개정안 확정(제6차 개헌)	**2** 홍콩 대회당 준공 **4** 홍콩 공공도서관 설립 **5** <양귀비楊貴妃>(李翰祥) 칸느 영화제에서 고등기술위원회 특별상 수상 대만 정부 금마장 창설. <성성월량태양星星月亮太陽>(易文)이 작품상 수상 **9** 신상옥과 런런쇼, 합작계약 체결 **10.2** 쇼 브라더스 제작, 니시모토 다다시 촬영, 쓰부라야 에이지 특촬의 <백사전白蛇傳>(岳楓) 개봉
63	**1.1** 일본 최초의 TV 애니메이션 시리즈 <철완 아톰>(후지TV) 방영 시작 **1.25** 버마에 대한 배상각서 서명. 배상 1억 4,000만 달러, 차관 3,000만 달러 **5.24** 각의, 매년 8월 15일 전몰자추도식을 정부 주도로 개최할 것을 결정 **6.28** 수출로 고도성장을 유지한다는 『통상백서』 발표 **7.2** <무사도잔혹이야기武士道残酷物語>(이마이 다다시) 베를린 영화제 금곰상 수상 **8.15** 제1회 전몰자추도식 이 해에 일본영화 관객 수, 최전성기의 1/2 이하인 5억 1,200만 명 기록	**2** 영화사 등록요건 강화를 주안으로 하는 영화법 제1차 개정으로 21개 영화사 중 4개 영화사만이 유지 **10.15** 박정희, 대통령 당선 **12.17** 제3공화국 출범	**1.11** 도호・MP&GI 합작 <도쿄・홍콩・호놀룰루東京·香港ホノルル>(千葉泰樹) 개봉 **1.21** 도호 영화제 개최 **6.13** 쇼 브라더스 제작, 니시모토 다다시 촬영, 사이토 이치로 음악 <무측천武則天>(李翰祥) 개봉 **10.10** 홍콩중문대학 창립 **12** 이한상, 쇼 브라더스를 떠나 대만으로 활동 거점 이동. 국련영업공사国聯影業公司 설립
964	**4.1** 관광목적의 해외여행 자유화(1	**2** 한국영화인협회를 중심으로 영	**6.20** 육운도陸運寿를 비롯한 MP&GI

연도	일본	한국	홍콩
	년에 1회, 외화 500달러 미만)	화법폐기위원회 발족	의 중역 57인을 태운 비행기, 만에서 열린 아시아 영화제가를 위해 운항 중 추락. 전원 망
	4.28 일본, OECD 가맹	**5.14** 존슨 미대통령 방한	
	7.1 외국영화수입자유화	**6** 일본과의 국교정상화 반대 시위 격화.	**7.17** 쇼 브라더스 제3기 스튜디오 성
	10.10 도쿄올림픽 개최	**6.3** 박정희, 비상계엄령 선포	린다이林黛 자살
	10.27 일본 정부, 남베트남 총액 100만 달러 긴급원조 결정	**8.14** 김형욱 중앙정보부장, 반정부 조직 인민혁명당 결성 혐의로 학생, 언론인 41명 검거 발표. 노골적 날조로 소장검사들 집단반발, 13명 기소 (제1차 인혁당 사건)	**8.27** 〈달기〉 개봉. 린다이 추모 일
	11.12 미국의 원자력항공모함 시드래곤 사세보에 입항		
	12 제7차 한일회담 개시	**9.11** 제1차 베트남 파병 (이동외과병원 및 태권도교관단)	
		9 신필름·쇼 브라더스 합작영화 〈달기〉 개봉	
1965	**1.13** 미국-일본, 아시아 안정을 긴급히 강화할 것과 중국문제에 관한 상시 연락을 골자로 하는 공동성명 발표	**1.26** 국회, 제2차 베트남 파병 동의안 가결 (비전투부대)	**1.30** 명덕明德은행 파산
		2.5 〈7인의 여포로〉 감독 이만희, 반공법 위반혐의로 구속	**2.8** 광동신탁은행 파산
	3.20 〈도쿄올림픽東京オリンピック〉(이치카와 곤) 개봉. 약 2천만 명의 관객 동원	**6.22** 한일기본조약 조인	**6.6** 전무電懋、국태기구유한공사泰機構(香港)有限公司로 개명, 주 량朱国良이 책임자로 취임
	4.24 '베트남에 평화를! 시민연합' (약칭 베헤이렌), 첫 번째 데모행진	**7** 유현목, 한국문화자유회의에서 발표한 문서「은막의 자유」로 반공법 위반 조사	**10.1** 쇼 브라더스, 〈강호기협江湖奇侠〉(徐增宏)으로 신파무협편시
	5 〈괴담怪談〉(고바야시 마사키) 칸느 영화제에서 심사위원 특별상, 〈도쿄올림픽〉 비평가협회상 수상	**8.6** 국회, 한일협정 비준 동의안 가결 (야당은 불참)	**11.10** 중국, 오함吳哈의 연극『해서파관海瑞罷官』에 대한 요문원姚의 비판을 기점으로 '해서파사건 발생
	6.22 한일기본조약 조인	**8.13** 국회, 제3차 베트남파병 동의안 가결 (전투부대)	
	10 한일조약비준저지를 위해 사회당과 공산당 통일행동. 10만 명이 국회청원 시위	**8.22** 고등학생, 대학생 주도의 한일협정 비준 무효화 시위	
	12.10 일본, UN안보리 비상임이사국으로 선정	**8.26** 한일협정 반대 시위 확산으로 서울에 위수령 발동	
		9.5 고려대와 연세대 무기휴교 명령	
1966	**1** 요코하마국립대학 학예학부 학생 무기파업 (3월 해제)	**1** 『창작과 비평』 창간	**2.13** 박정희 부처 홍콩 방문
	1.8 와세다대학 전공투 대학본부 점거 (6월 22일 해제)	**3.20** 국회, 제4차 베트남 파병동의안 가결 (전투부대 증파)	**3** 쇼 브라더스의 대형 스튜디가 12개로 확장
	3.1 각의, 남베트남 난민원조에 7,000만 엔 지출 결정	**6.5** 서울에서 제13회 아시아 영화제 개최. 영화제 기간 중 5편의 일본영화에 대해 영화인특별공개를 개최 (〈라쇼몽〉, 〈할복〉, 〈괴	**4.4** 소수충蘇守忠, 스타페리호의 임인상에 항의를 시작으로 룡 폭동 발발. (~4월 10일)

	일본	한국	홍콩
	6.29 비틀즈 일본 공연 7.4 신도쿄국제공항 건설지로 치바현 나리타시(산리즈카) 결정 9.22 방위청, 베트남에 군사시찰단 파견 10.21 총평, 베트남 반대 통일 파업에 54개 산하 노동조합의 186만 명 참가 발표. 일본교직원노조 수업 거부 독립 11.24 메이지대 학생회, 수업료 인상 반대투쟁	담〉, 〈인류학입문〉, 〈무사도잔혹 이야기〉) 7 미군에 대한 재판권을 포기한 한미행정협정 조인. 야마모토 사쓰오山本薩夫의 서울 아시아 영화제 감독상 수상이 문제시되면서 심사위원장이었던 신상옥, 용공혐의로 검찰에서 조사 임종국 『친일문학론』 간행 7.29 제2차 경제개발5개년 계획 공표 8 영화법 제2차 개정(영화사 등록 요건 완화, 스크린 쿼터제 실시) 9 신필름의 '위장합작' 영화 〈서유기〉가 관세법 위반으로 벌금 처분 9.22 신필름과 쇼 브라더스의 두번째 합작영화 〈대폭군〉(홍콩 제목 '관세음') 개봉 김두한, 삼성의 사카린 밀수 사건의 국회 대응에 대한 항의로 국회에서 오물 투척(이후 의원직 사퇴) 10.31 존슨 미대통령 방한	4.7 시위대와 경찰의 대치로 한 명 사망 4.7 〈대취협大醉俠〉(胡金銓) 개봉 5.16 중화인민공화국, 중앙의 '5·16' 통지. 문화대혁명의 시작 이 해부터 이노우에 우메쓰구井上梅次, 쇼 브라더스 전속으로 영화작업 시작(1972년 〈옥녀희춘玉女嬉春〉까지 총 17편)
67	2.11 기원절 부활의 움직임 속에서 전년도 국민 축일로 건국기념일 제정, 1967년부터 실행 8.3 공해대책기본법 공포 8 교토대, 자위관의 대학원 입학 반대 전학교 파업 11.12 사토 에이사쿠 수상 방미 저지 시위(제2차 하네다 사건) 12.19 『세계경제백서』 국민총생산 일본이 세계 3위임을 발표 이 해에 미군이 압수했던 원폭기록영화 반환 제14회 아시아 영화제, 홍콩 폭동으로 주최지 도쿄로 변경	2 〈춘몽〉으로 감독 유현목, 외설혐의 기소 3 국립영화제작소 제작의 국책영화 〈팔도강산〉 개봉. 신민당이 정부의 관객동원 및 선거법 위반으로 중앙선거관리위원회에 문제제기하나 선관위 무혐의 처리. 3.27 〈대취협〉(한국 개봉제목 방랑의 결투) 개봉. 흥행 성공 5.3 제6대 대통령 선거, 박정희 당선 6.30 사토 에이사쿠 수상 방한. 한국·미국·일본·대만의 4개국 수뇌회담 12 영화각본심의위원회 설치를 내용으로 하는 공보부 내칙 38호 공포	1 미원자력항공모함 엔터프라이즈호 홍콩에 입항 2.8 이노우에 우메쓰구 감독 〈향강화월야香江花月夜〉 개봉 3.22 〈관세음〉(한국 제목 '대폭군') 개봉 4.11 후루카와 타쿠미(중국명 戴高美) 감독의 〈검은 매鷹〉 개봉 5.6 구룡 신남포의 플라스틱조화공장에서 발생한 노동쟁의를 도화선으로 67폭동 발생(다음해 1월까지) 5.17 홍콩−영국박해투쟁위원회港九各界同胞反對港英迫害鬥爭委員會 결성 6.7 시위가 절정에 이르고, 폭동 기간 중 51명 사망, 800명 부상 7.12 홍콩 구룡 지구 계엄령 나카히라 고우(중국명 楊樹希) 감

연도	일본	한국	홍콩
			독의 〈특경 009 特警009〉 기 7.26 〈독비도獨臂刀〉(張徹) 개봉, 흥 행 대성공 7.28 홍콩 전역 90개 이상의 장소 서 폭탄 발견 8.11 홍콩 국경 폐쇄 10.13 완차이에서 폭탄 테러. 경 과 중학생 사망 10.26 나카히라 고우 감독의 〈비 랑飛天女郎〉 개봉 11.1 입법평의회, 공공질서법 기 11.19 홍콩 민방 TVB 개국 12 정창화, 쇼 브라더스와 전속 약(1977년 〈파계破戒〉를 마지 로 한국에 돌아옴)
1968	1 미원자력항공모함 엔터프라이 즈호, 사세보입항. 입항저지를 준비중이던 시위대, 경찰의 급 습으로 131명 검거(예방검속) 2.20 김희로 사건 2.26 나리타공항 반대의 삼파전학련 198명 체포 5 닛카쓰, 스즈키 세이준 감독 돌 연 해고, 스즈키 세이준 문제 공 투회의 개시 5.27 전학공투회의 결성 6 니혼대 분쟁 격화, 도쿄대 투쟁 확대. ATG 100만 엔 영화제작 개시. 이 프로젝트로 오시마 나기사 의 〈교사형〉 완성 7 전국 54개 대학, 대학분쟁 9.26 정부, 미나마타병 발생 보고 12 년 만에 공해병으로 정식 인정 9 도쿄대, 10개 학부 무기파업 12.29 도쿄대와 도쿄교육대 입시 중 지 결정	1.21 북한 무장간첩 31명 서울 침입 사실을 정부 공표 1.23 푸에블로호 납치사건 4 향토예비군 창설 5 크리스찬 아카데미 주최 '영화 검열의 한계' 심포지움 개최 5.23 〈독비도〉(한국 개봉 제목 '의리의 사나이 외팔이') 개봉. 흥행 성공 8 중앙정보부, 통일혁명당 간첩 사건 발표. 158명 검거, 50명 구속 10.30 울진·삼척 무장 공비 침투 사건 11 주민등록제 실시 12.5 국민교육헌장 선포 12.21 경인고속도로 개통	6.18 홍콩 노사관계협회 설립 6.22~9.10 홍콩 근해에서 중국문화대 의 여파로 약 60구의 사체 빌 11.1 나카히라 고우 감독의 〈광 狂恋特〉 개봉 이 해에 광둥어 영화 제작편수 2 편이 감소, 총 87편
1969	1.18~19 도쿄대 야스다강당 봉쇄 해 제 2 도쿄대 투쟁 후 전국 대학분쟁	6 박정희의 3선을 위한 개헌 반대 시위 확산 7 신상옥의 〈내시〉, 박종호의	7.18 홍콩 관보, 일부일처법안 발 (1971년 발효) 10.4 정창화 감독의 〈천면마녀千

	일본	한국	홍콩
	71개교로 확대. 니혼대와 도쿄 교육대학에 기동대 투입 **5.24** 정부·자민당, 대학운영임시조치법(대학입법) 국회제출 **8.3** 대학입법, 강행 채결 **9** 전국전공투 결성대회 **10.21** 국제반전의 날, 사회당·공산당·총평 등 86만 명 통일 행동 **10.29** 소니, 비디오 카세트 발표 **11.16** 반反안보전국실행위 '사토 방미 항의집회' 개최, 기동대와 충돌. 1,940명 체포	〈벽속의 여자〉, 이형표의 〈너의 이름은 여자〉 외설혐의로 검찰에 입건 **9.14** 대통령의 3선 연임을 허용하는 개헌안, 국회에서 변칙통과 **10.17** 개헌안, 국민투표로 확정	女〉 개봉 **10.6** 제1회 홍콩절香港節 개최 **12.17** 원동증권거래소Far East Exchange Limited 설립
70	**1** 닛카쓰 본사 빌딩 매각 **3.14** 오사카만국박람회 개최(~9.13) **3.31** 적군파, 요도호 하이재킹 사건 **6.1** 다이에이와 닛카쓰 배급부문 통합, 다이니치 영배 설립 **6.23** 미일안보조약 자동연장 **11.25** 미시마 유키오 자결 **12.18** 공해관계 14법안 성립 **12.20** 오키나와 코자시의 미군 교통사고로부터 촉발된 반미 시위 격화	**1** 농림부, 농촌근대화 10개년계획 발표 **2** 베트남 파병, 연간 20만 명 기록 **4.8** 서울 와우아파트 붕괴, 사망자 33명, 부상자 38명 **4.22** 박정희, 새마을 운동 제창 **5** 김지하, 「오적」 발표(『사상계』 5월 호) **6** 중앙정보부, 야당인 신민당에 난입하여 「오적」이 게재된 신민당기관지 『민주전선』 압수. 김지하와 『사상계』 대표 부완혁, 편집장 김승균, 『민주전선』 출판국장 김용성을 반공법 위반으로 체포(9.29 『사상계』 강제 폐간) **7.7** 경부고속도로 개통 **8** 『문학과 지성』 창간 제3차 개정 영화법 공포 **11.13** 전태일 분신자살	**2.28** 원동증권교역소 오픈 **4.9** 홍콩 정부, 홍콩이공대학(현재 홍콩공과대학) 설립 동의 **5** 레이몬드 초우鄒文懷, 등천가화오락유한공사橙天嘉禾娛樂有限公司, Golden Harvest 창립 **11.13~14** 홍콩 근해에서 중국 본토로부터 흘러온 45구의 사체 발견 이 해의 광동어 영화 35편까지 감소
71	**6.17** 오키나와 반환협정, 도쿄와 워싱턴에서 텔레비전 조인식 **10.1** 다이니치 해산 **11.8** 도호, 제작부문을 분리하여 주식회사 도호영화 설립 **11** 닛카쓰 로망 포르노 시작 **12.21** 다이에이 파산 선고	**1** 군사교련반대 시위, 전국 대학으로 확산 **1.30** 한국영화 유일의 70미리 영화 〈춘향전〉(이성구) 개봉 외국영화 쿼터 할당을 둘러싸고 한국영화제작자협회 분규 **2.9** 제3차 경제개발계획 발표 **4.27** 제7대 대통령 선거, 김대중과	**2.18** 조어도 보호운동의 여파로 홍콩 학생들 반일 시위 **3.14** 금은증권거래소 개소 **5** MP&GI, 제작중지. 촬영소는 골든하베스트로 양도 **7.1** 교육부, 무료 초등교육 실시 발표(9.1~) **10.31** 이소룡의 〈당산대형〉(羅維) 개

연도	일본	한국	홍콩
	12.24 중일무역교섭 각서타결	근소한 차이로 박정희 당선 6 서울에서 제18회 아시아 영화제 개최. 이 해부터 비경쟁영화제로 전신 7.26 〈신자토이치 부셔라! 중국검〉(한국 개봉제목 '외팔이와 맹협') 개봉, 흥행성공 8.10~12 경기도 광주의 철거민 집단 이주지역에서 수만 명의 주민들이 정부의 일방적 행정행위에 항거, 폭동을 일으킴(광주대단지 사건) 10.15 고려대에 무장군인 난입. 시위 확산으로 서울에 위수령 발동. 각 대학 휴교령 12.6 박정희, 국가비상사태선언. 모든 국내 체제를 전시체제로 전환한다고 발표 12.25 대연각호텔 화재. 사망자 166명, 부상자 68명, 실종 25명 12 공보부, 비상사태에 따른 문화시책발표(영화와 가요 등 모든 엔터테인먼트를 안보 중심으로)	봉, 이소룡 붐의 시작 11.19 크로포드 머레이 맥클레호 제25대 홍콩총독 취임 11 TVB, 칼라 TV 영상 송출 이 해에 처음으로 본토로부터의 이민자가 아닌 홍콩 출생자가 인구 50퍼센트를 넘음
1972	2.3 삿포로 동계올림픽 개최 2.19 연합적군 5명, 아사마 산장에서 농성(28일 총격전 후 체포) 5.15 오키나와 반환협정 발효. 오키나와현 발족 9.29 중일공동성명 조인으로 중일국교정상화 10.28 중국 정부, 일본에 판다 두 마리 기증	4.13 베트남 주둔 한국군 제1차 철수 완료 7.4 남북공동성명 발표. 자주통일, 평화통일, 민족대단결이라는 3대 원칙 천명 8.30 남북적십자회담, 평양에서 개최 9 영화계, 극도의 불황을 타개하기 위해 '영화계불황대책위원회' 발족 10.17 박정희, 국회해산과 전국 비상계엄령 선포(10월 유신) 10 한국영화진흥조합, 영화제작자협회, 영화인협회 등 주요 영화관계협회들, 10월 유신 지지 성명 발표 10.31 울산, 8개의 석유화학 공장 준공 12.27 대통령 간접선거와 대통령에게	1 이한상, 쇼 브라더스 복귀 3.13 영국과 중국, 정식으로 국교 3.22 이소룡의 〈정무문〉(精武) 개봉. 홍콩영화사상 최고의 흥행기 4.28 정창화의 〈천하제일권天下第一拳〉(죽음의 다섯 손가락) 개봉. 듬해 3월 미국에서 개봉, 처음으로 미국에서 흥행에 성공한 홍콩영화로 기록됨 6.18 폭우로 인해 구룡의 공영주택단지, 홍콩섬, 반산구 등에서 홍콩 최대의 토사 재해 발생. 사망자 156명, 부상자 117명 6.23 홍콩 정부, 홍콩 달러가 영국 파운드와 같이 국제통화시장에서 자유롭게 변동가능하다고 발표 6.24 홍콩 금융시장, 대혼란. 구룡의 증권거래소 폐쇄

	일본	한국	홍콩
		긴급조치권, 국회해산권, 국회의원의 1/3과 법관해임권을 부여하는 등 박정희의 영구집권을 내용으로 하는 유신헌법 확정 이 해에 서울 인구 600만 돌파	7.6 홍콩화폐, 영국의 파운드 본위제에서 미국 달러 본위제로. 1US$＝5.65HK$ 8.1 홍콩공과대학 성립(현 홍콩이공대학) 9 홍콩 증권 붐 11 UN총회, 홍콩과 마카오를 식민지 리스트에서 제외. 영국, 홍콩을 영국 정부 직할식민지로부터 속령dependent territory으로 변경 12.3 이소룡의 〈맹룡과강〉(李小龍) 개봉
73	1.13 〈의리없는 전쟁仁義なき戦い〉(후카사쿠 긴지) 개봉. 흥행 대성공 5.15 일본과 동독 국교 수립 9.5 경시청, 김대중사건으로 한국대사관의 서기관 출두요청. 한국대사관 거부 9.15 〈도쿄＝서울＝방콕 실록마약지대 東京＝ソウル＝バンコック 実録麻薬地帯〉(나카지마 사다오) 개봉 12.22 〈용쟁호투〉 개봉, 이소룡 붐 시작 12.19 〈일본침몰日本沈没〉(모리타니 시로) 개봉, 대히트	2.9 제4차 개정 영화법(영화사 설립 허가제, 영화진흥공사 창립) 제작실적에 따른 외국영화 쿼터 할당 정책으로 인해 국산영화의 졸속 제작이 문제화 3.3 베트남 주둔 한국군 제2차 철수 완료 7.3 포항 종합제철 준공 7.27 〈정무문〉 개봉, 이소룡 붐 시작 8.8 도쿄에서 김대중 납치사건 발생 10 서울대, 유신체제하 최초의 반독재, 민주화 시위 전개. 이후 전국 대학으로 확산 12 함석헌, 장준하 등 개헌청원 100만 명 서명운동 전개	2.13 키신저, 홍콩 방문 3.26 주식시장 폭락 7.20 이소룡 급서 8.26 홍콩 시민들과 학생들, 부패경찰 피터 핏즈로이 가드버Peter Fitzroy Godber에 대한 '반부패' 집회 9.22 2년만의 광동어 영화 〈72가방객七十二家房客〉(楚原) 개봉 10.17 입법회의, 경찰 오직사건 조사를 별도의 독립기관(염정공서의 전신)에서 담당할 것을 발표 10.18 이소룡의 유작 〈용쟁호투〉(로버트 클라우즈) 개봉
74	1.4 일본 엔과 주식, 급락. 1달러＝318엔 50전으로 폭락 1.7 다나카 수상, 동남아시아 순방. 인도네시아와 타이 등에서 반일 감정 확인 1.26 베헤이렌 해산 10.6 TV 애니메이션 시리즈 〈우주전함 야마토〉(요미우리방송) 방영 시작 11.18 미대통령 포드 방일	1 개헌논의를 금지하는 긴급조치 1호와 비상군법회의 설치를 내용으로 하는 긴급조치 2호, 국민생활안정의 긴급조치 3호 선포 시위 확산을 막기 위해 중앙정보부 주도로 전국 민주청년학생총연맹사건(민청련) 조작. 180명의 구속자 중 인혁당 관계자 8명에게 사형선고 4.26 〈별들의 고향〉(이장호) 개봉. 46만 명 관객동원으로 한국영화 흥행 기록 8.15 육영수 피격사건	1.5 중국어와 영어를 동일한 법적 효력과 지위를 갖는 공용어로 인정 2.15 총독 직할 독립기구로 부패방지독립위원회 설립, 산하에 염정공서廉政公署 Independent Commission Against Corruption 설립 11 자유변동환율제 실시

연도	일본	한국	홍콩
		10 전국 각지에서 시위 확산. 전국 대학 휴교 상태 11.22 미대통령 포드 방한	
1975	4.9 도와주식회사를 도호도와주식회사로 개칭 7.8 〈산다칸 팔번창관 망향サンダカン八番娼館 望郷〉(구마이 게이) 베를린 영화제 은곰상 수상 7.24 김대중 사건, 정부 간 결착 8.15 미키 다케오 수상, 개인 자격으로 야스쿠니 참배 9.30 천황 미국 방문 10.31 천황, TV 녹화 중계 기자회견에서 '원폭투하는 애석한 일이지만 어쩔 수 없는 일이었다'고 발언	2.11 〈영자의 전성시대〉(김호선) 개봉, 36만 명 관객 동원 4.9 인혁당사건으로 8명 사형집행. 이에 대해 국제 앰네스티 강력 항의 4.10 긴급조치 7호 선포. 고려대 휴교령 5.14 긴급조치 9호 선포 8 KBS, TV 수상기 보유가 190만 대에 이르렀음을 발표. 문화공보부 '폭력영화 제작 및 수입 불허 기준' 발표. 영화검열 강화 8.17 장준하 의문사 11 신상옥의 신프로덕션, 당국으로부터 영업허가 취소	1.7 염정공서, 피터 핏즈로이 가버 체포 5.4 엘리자베스 영국 여왕 홍콩 방문. 같은 날 화물선 '장춘호' 베트남 난민 3,743명 입항
1976	4.29 〈데루스 우잘라〉(구로사와 아키라) 아카데미 외국어영화상 수상 5.15 고베 축제에서 폭주족과 군중들 폭주, 카메라맨 살해. 전국 폭주족 2,650단체, 2만 5천 명 추정 7.26 록히드 사건으로 다나카 가쿠에이 전수상 체포 7.28 경시청, 오시마 나기사의 〈감각의 제국〉 시나리오-스틸북에 대해 외설문서판매 혐의로 조사 10.16 〈이누가미 일족大神家の一族〉(이치카와 곤)개봉, 흥행기록 수립	1 문화공보부, 국책영화제작 지원책 확정 3.1 김대중, 윤보선, 함석헌 등 민주구국선언문 발표. 곧이어 관련자 11명, 정부 전복 선동 혐의로 입건. 김대중 구속 5 신민당 각목사건 8.18 북한군, 판문점 공동경비구역에서 미군을 도끼로 살해	3 고룡古龍의 무협소설을 영화한 〈유성호접검流星蝴蝶劍〉(추... 개봉. '고룡무협영화' 붐의 시... 8.26 〈조회跳灰〉(梁普智, 蕭芳芳) 가... 홍콩 뉴웨이브의 선구 9.9 모택동 사망 10.26 중국 지도부 4인방(강청, 장춘... 요문원, 왕홍문) 체포. 문화대... 명 종결 12.16 허관문許冠文의 〈미스터 부半... 兩〉개봉. 이 해 최고의 흥행기...
1977	1.31 록히드 사건으로 전일본공수 첫 공판 3.16 다나카파 해산 선언 8.15 시나리오-스틸북 『감각의 제국』의 저자 오시마 나기사와 출판사 산이치쇼보, 외설혐의로 기소 9.28 일본 적군파에 의한 일본항공	3 리스피아르 조사연구소의 앙케이트 결과, 영화 관객의 66.1%를 10~20대가 점유 11.11 이리역 폭발사고. 사망자 59명, 부상자 1,343명. 7,800여 명의 이재민 발생 12.2 해직교수협의회, '민주교육선언' 발표	4.16 영국 보수당 당수 마거릿 대... 홍콩 방문 6 대량의 베트남 난민, 홍콩 연일 유입, 사회문제화 6.27 제1회 홍콩 영화제 개막 10.28 홍콩 경찰과 부패방지독립위원회 사이의 분쟁 발생. 5명의 정공서 직원이 경찰로부터

	일본	한국	홍콩
10	472편 납치사건 발생 재방송과 외국제작 프로그램을 제외한 흑백 텔레비전 방송 중지. 완전 칼라 방송 송출	12.22 수출목표 100억 달러 달성.	타, 부상. 11.5 맥클레호스 홍콩 총독, 1977년 1월 이전의 경찰 오직 사건을 묻지 않는다는 사면명령 발표
78	3.26 사회민주연합 발족 4.6 제1회 일본 아카데미상 수상식 개최. 〈행복의 노란 손수건幸福の黄色いヘンカチ〉(山田洋二) 작품상 수상 5.20 나리타 공항 개항 6.27 『통상백서』, 국가 적자를 줄이기 위해 수입 확대를 강조 8.12 중일평화우호조약 조인 10.22 등소평 방일	1.14 홍콩에서 최은희 납북 2.21 동일방직, 깡패들을 동원해 여성 노동자들을 집단 폭행 4.20 대한항공 902편, 소련영공 침범, 소련 전투기에 의해 격추. 탑승객 109명 중 2명 사망 7.19 홍콩에서 신상옥 납북	5.10 성룡의 〈취권醉拳〉(袁和平) 개봉. 대히트 12 2,700명의 베트남 난민 홍콩 입항 12.14 홍콩 뉴에이브의 대표작〈가리배茄哩啡〉(嚴浩) 개봉 12.18 중국공산당 제 11기 중앙위원회 제3회 전체회의에서 개혁개방정책 제안
79	1.4 외화준비고 330억 달러로 증가 4.7 TV 애니메이션 시리즈〈기동전사 건담〉방영 시작 4.18 A급 전범, 야스쿠니 신사에 합사 7.1 소니, 워크맨 발표 10.19 도쿄지방재판소, '감각의 제국 외설 혐의' 무죄 판결 12.15 〈루팡 3세〉(미야자키 하야오) 개봉	8.11 YH 무역의 여성노동자들, 야당인 신민당에서 농성시위. 경찰의 강제해산으로 한 명 사망 10.4 김영삼 의원 제명 파동 10.16 부산과 마산에서 유신체제에 항의하는 대규모 시위 발발(10.18 부산에 계엄령 선포) 10.26 박정희, 중앙정보부장 김제규에 의해 살해 12.12 전두환 등에 의해 군사쿠데타 발발	3.24 맥클레호스 홍콩 총독, 중국 방문(~4.4) 등소평과 회담. 7.20 서극徐克 〈접변蝶變〉으로 감독 데뷔 11.2 허안회許鞍華 〈풍겁瘋劫〉으로 감독 데뷔 11.6 장국명章國明 〈점지병병點指兵兵〉으로 감독 데뷔 이 해에 TV에서 영화계로 진출한 신세대에 의한 본격적 뉴웨이브 시작

찾아보기

주제어

인명

간행사_ 동아시아 심포지아·메모리아 총서를 펴내며

'동아시아 심포지아'와 '동아시아 메모리아'는 한국연구원과 성균관대학교 비교문화연구소가 공동으로 기획하여 출간하는 총서다. 향연을 뜻하는 라틴어에서 딴 심포지아는 플라톤의 『심포지온』에서 비롯되었으며, 오늘날 학술토론회를 뜻하는 심포지엄의 어원이자 복수형이기도 하다. 메모리아는 과거의 것을 기억하고 기념하기 위해 현재의 기록으로 남겨 미래에 물려주어야 할 값진 자원을 의미한다. 한국연구원과 성균관대학교 비교문화연구소는 지금까지 축적된 한국학의 역량을 바탕으로 새로운 동아시아 인문학의 제창에 뜻을 함께하며, 참신하고 도전적인 문제의식으로 학계를 선도하고 있는 신예 연구자의 저술을 적극적으로 지원하기 위해 학술 총서 '동아시아 심포지아'와 자료 총서 '동아시아 메모리아'를 펴낸다.

한국연구원은 학술의 불모 상태나 다름없는 1950년대에 최초의 한국학 도서관이자 인문사회 연구 기관으로 출범하여 기초 학문의 토대를 닦는 데 기여해 왔다. 급속도로 달라지고 있는 학술 환경 속에서 신진 학자와 미래 세대에 대한 후원에 공을 들이고 있는 한국연구원은 한국학의 질적인 쇄신과 도약을 향한 교두보로 성장했다. 성균관대학교 비교문화연구소는 2000년대 들어 인문학 연구의 일국적 경계와 폐쇄적인 분과 체제를 극복하기 위해 분투해 왔다. 제도화된 시각과 방법론의 틀을 벗어나기 위해서는 서로 다른 영역이 끊임없이 대화하고 소통하면서 실천적인 동력을 찾아내야 한다는 것이

성균관대학교 비교문화연구소가 지닌 문제의식이자 지향점이다. 대학의 안과 밖에서 선구적인 학술 풍토를 개척해 온 두 기관이 힘을 모음으로써 새로운 학문적 지평을 여는 뜻깊은 계기가 마련되리라 믿는다.

최근 들어 한국학을 비롯한 인문학 전반에 심각한 위기의식이 엄습했지만 마땅한 타개책을 찾지 못하고 있다. 한편으로는 낡은 대학 제도가 의욕과 재량이 넘치는 후속 세대를 감당하지 못한 채 활력을 고갈시킨 데에서 비롯되었고, 또 다른 한편으로는 시대의 변화를 선도하는 학문 정신과 기틀을 모색하지 못했기 때문이라는 것이 우리의 진단이자 자기반성이다. 의자 빼앗기나 다름없는 경쟁 체제, 정부 주도의 학술 지원 사업, 계량화된 관리와 통제 시스템이 학문 생태계를 피폐화시킨 주범임이 분명하지만 무엇보다 학계가 투철한 사명감으로 대응하지 못했을 뿐 아니라 오히려 자발적으로 길들여져 온 것이 엄연한 현실이다.

지금 우리에게 절실한 과제는 새로운 학문적 상상력과 성찰을 통해 자유롭고 혁신적인 학술 모델을 창출해 내는 일이다. 이를 위해서는 다음 시대의 학문을 고민하는 젊은 연구자에게 지원을 망설이지 않아야 하며, 한국학의 내포와 외연을 과감하게 넓혀 동아시아 인문학의 네트워크 속으로 뛰어들기를 두려워하지 말아야 한다. 그 첫걸음을 '동아시아 심포지아'와 '동아시아 메모리아'가 기꺼이 떠맡고자 한다. 우리가 함께 내놓는 학문적 실험에 아낌없는 지지와 성원, 그리고 따끔한 비판과 충고를 기다린다.

한국연구원 · 성균관대학교 비교문화연구소

동아시아 총서 기획위원회